알기 쉽게 풀어쓴
납세자를 위한
세법

알기 쉽게 풀어쓴 납세자를 위한 세법

발행일	2019년 10월 18일		
지은이	정진오		
펴낸이	손형국		
펴낸곳	(주)북랩		
편집인	선일영	편집	오경진, 강대건, 최예은, 최승헌, 김경무
디자인	이현수, 김민하, 한수희, 김윤주, 허지혜	제작	박기성, 황동현, 구성우, 장홍석
마케팅	김회란, 박진관, 조하라, 장은별		
출판등록	2004. 12. 1(제2012-000051호)		
주소	서울시 금천구 가산디지털 1로 168, 우림라이온스밸리 B동 B113, 114호		
홈페이지	www.book.co.kr		
전화번호	(02)2026-5777	팩스	(02)2026-5747

ISBN   979-11-6299-896-0 13360 (종이책)   979-11-6299-897-7 15360 (전자책)

알기 쉽게 풀어쓴

납세자를 위한
세법

납세자의 권리와 의무를
중심으로 한
세법 기본서

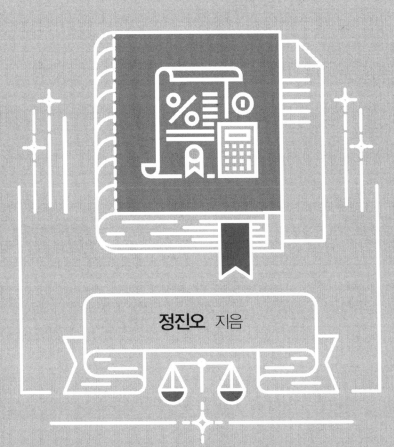

정진오 지음

북랩 book Lab

　　그동안 세법 관련 도서 대부분은 주로 총론 내용 위주의 쟁점 설명이나, 특정 세목별 세부적인 내용 위주로 기술하거나, 수험 목적으로 세법의 전반적이고 기본적인 내용 등을 설명하면서 국세기본법 등 세법전의 순서에 따라 관련 내용을 서술하는 형태로 발간되어 왔고, 독자들도 이러한 순서에 익숙해져 왔다.

　　그러나 이러한 방식의 도서 편집체계는 구체적인 문제해결에는 도움을 줄 수 있는 장점은 있으나, 분량이 너무 방대하고 내용도 아주 세세한 부분까지 포함하고 있어 책을 활용하고 이해하는 데는 많은 시간과 노력이 필요하다는 단점이 있다고 볼 수 있다.

　　한편, 납세자 입장에서는 반드시 알아야 할 사항 위주로 세법 내용을 이해하고 활용할 필요가 있으므로 적정한 분량과 기본적이고 핵심적인 내용을 담고 있는 세법 관련 책자가 필요하다고 생각된다.

　　이러한 점에 착안하여 이 책에서는 세법 전체적으로 납세자 등 세법 수요자가 반드시 알아야 할 기본적이면서 핵심적이고 중요한 내용 위주로 세법에 관한 전반적인 내용을 기술하였다. 특히 납세의무의 이행과정에서 과세관청과 납세자가 행사할 수 있는 권리 또는 의무의 내용을 상세하게 설명함으로써 납세자 권익보호에도 도움을 줄 수 있도록 하였다.

　　납세자뿐만 아니라 세법을 집행하는 세무공무원 또는 세무대리인 등은 상담자료 또는 빠른 시간 내에 세법의 중요 내용을 파악할 수 있는 자료로 활용할 수 있게 하는 한편, 기타 세법 관련 지식이 필요한 수요자는 이 한 권의 책으로도 세법의 전반적이고 중요한 내용을 효율적으로 이해하고 활용될 수 있기를 바라면서 본 도서는 아래와 같은 방법으로 집필하였다.

　　첫째, 세법전 편제에 의한 천편일률적인 순서를 지양하고 납세의무의 성립과 세목별 납세의무의 범위, 그리고 과세관청과 납세자의 권리와 의무 등의 순서로 설명하였다. 특히 개별

세법에 흩어져 규정되어 있는 납세자의 권리와 의무를 별도의 장으로 분류하여 일목요연하게 그 내용을 살펴볼 수 있도록 하여 시간을 줄이면서 효과적으로 본 책자를 활용할 수 있도록 하였다.

둘째, 세법의 의미내용을 최대한 쉽게 설명하기 위하여 필요한 경우 법령 규정 내용대로 기술하지 않고 규정 내용을 다시 풀어 설명하였으며, 일정한 산식과 수치로 설명해야 하는 세부적인 사항에 대하여는 내용을 생략하여 효율성을 높였다. 제도의 취지, 법령해석상 자주 논란이 되는 부분에 대하여는 대법원 판례, 심사결정 사례, 질의회신, 사전답변, 과세기준 등을 보충하여 실무서로의 활용 가능성도 제고하였다.

셋째, 납세의무를 사업자의 납세의무와 비사업자의 납세의무로 구분하여 사업자의 납세의무는 소득세, 법인세, 부가가치세 등 위주로 세목별 납세의무의 범위와 과세소득의 내용 등을 요약 설명하였고, 비사업자의 납세의무로 근로소득, 양도소득, 상속 및 증여, 종부세 등 관련 납세의무의 내용과 과세소득의 범위에 대하여 전반적으로 설명하였다. 과세관청의 권한과 관련하여 세무조사 행사의 요건과 절차에 대하여도 설명하였으며 조세범처벌법 등에 관한 내용도 설명하여 조세범칙행위의 요건과 절차도 이해할 수 있도록 하였다.

넷째, 일반 시민들의 관심이 많은 양도소득세 분야와 상속세 및 증여세 분야는 자주 발생할 수 있는 부분 위주로 그 내용을 최대한 이해하기 쉽게 서술하였으며, 그 내용의 정확성을 기하기 위하여 다수의 판례 등을 보충하였다. 다만, 분량 제한상 구체적인 세액 산출 과정은 생략하였다.

아무쪼록 사업자 등 납세의무자, 세무공무원, 세무대리인, 세법의 전반적인 내용을 짧은 시간 내에 효과적으로 알고 싶은 자, 세법의 전반적인 내용을 정리하고 싶은 자, 납세자를 상대로 한 세무 상담용 또는 강의용 교재가 필요한 분 등이 본 교재를 통하여 최대한 도움을 받을 수 있기를 바란다.

제2편 납세자의 권리와 의무

제3편 과세관청의 권한

납세의무 일반

제1장

납세의무의
발생과 소멸

제1절 **납세의무의 성립**

1. 납세의무의 성립 요건

납세의무의 성립이란 납세의무자·과세물건·과세표준·세율 등 세법이 정하는 과세요건이 충족되어 추상적 납세의무가 발생된 상태를 말한다. 납세의무자나 과세관청 어느 쪽의 행위도 필요 없고 과세요건 사실만 존재하게 되면 그 시점에서 법률상 당연히 납세의무는 성립하게 된다.

납세의무인 조세채무는 법률이 정하는 과세요건이 충족되는 때에는 그 조세채무의 성립을 위한 과세관청이나 납세의무자의 특별한 행위가 필요 없이 당연히 자동적으로 성립한다.

가. 납세의무자

납세의무자란 조세법률관계에 있어서 조세채무를 부담하는 자를 말한다. 조세채무자라고도 할 수 있다. 국세기본법상 납세의무자는 세법에 따라 국세를 납부할 의무가 있는 자를 말한다.

즉, 납세의무자란 해당 세목의 과세물건이 귀속되는 자를 말하는 것으로 과세물건의 귀속이란 어떤 과세물건과 가장 밀접하게 연관되어 있거나 지배하고 있는 상태를 말한다.

일반적으로 사업자등록상 명의자를 납세의무자로 보고 있으며, 예외적으로 실질과세원칙에 의하여 과세대상의 실질적 귀속자를 납세의무자로 보는 경우가 있다.

납세의무자는 다시 본래의 납세의무자, 연대납세의무자, 제2차 납세의무자, 물적납세의무자 등이 있다.

(1) 본래의 납세의무자

개인 또는 법인, 그리고 기타 단체 등이 납세의무자가 될 수 있다. 사업성이 있는 경우에는 부가가치세, 소득세, 법인세 납세의무가 있으며, 사업을 영위하지 않더라도 소득세법상 근로소득, 기타소득 등이 있는 개인 등은 소득세 납세의무가 있고, 상속 또는 증여에 의하여 재산권을 취득하는 경우에는 상속세 또는 증여세 납세의무자가 될 수 있다.

(가) 부가가치세 납세의무자

사업자로서 개인, 법인, 국가 및 지방자치단체와 지방자치단체조합, 법인격 없는 사단·재단 또는 그 밖의 단체와 재화를 수입하는 자는 부가가치세를 납부할 의무가 있다.

사업자란 사업목적이 영리이든 비영리이든 관계없이 사업상 독립적으로 재화 또는 용역을 공급하는 자를 말한다.

(나) 소득세 납세의무자

① 일반적인 경우

거주자는 국내외에서 발생하는 세법에 열거된 소득에 대하여 납세의무가 있으며, 비거주자는 국내원천소득 중 세법에 열거된 소득에 대하여 소득세를 납부할 의무를 진다. 국세기본법에 따라 법인으로 보는 단체 외의 사단·재단 및 그 밖의 단체는 거주자 또는 비거주자로 보아 소득세 납세의무를 부담한다.

이 경우 1거주자로 보는 단체의 소득은 그 대표자나 관리인의 다른 소득과 합산하여 과세하지 아니한다.

② 공동사업의 경우 납세의무자

지분 또는 손익분배비율에 의하여 분배되었거나 분배될 소득금액에 대해서 해당 공동사업자별로 납세의무를 진다. 다만, 이익의 분배방법이나 분배비율이 정해져 있지 아니한 단체 등은 1거주로 본다.

③ 소득세 원천징수납부의무자

거주자, 비거주자, 내국법인, 외국법인의 국내지점 또는 국내영업소는 원천징수한 소득세를 납부할 의무를 진다.

(다) 법인세 납세의무자

영리법인과 수익사업을 영위하는 비영리법인은 법인세 납세의무가 있다.

① 영리법인

영리법인은 상법에 의하여 영리를 목적으로 설립된 주식회사 등 법인을 말하며, 영리법인 중 국내에 본점이나 주사무소가 있는 법인은 국내외에서 발생하는 모든 소득에 대하여 납세의무가 있으며, 외국에 본점 또는 주사무소를 둔 법인은 국내에서 발생하는 소득 중 일정한 소득에 대한 납세의무가 있다.

② 비영리법인

비영리법인이란 민법 제32조에 따라 설립된 법인, 사립학교법 기타 특별법에 의하여 설립된 법인으로서 민법 제32조와 유사한 목적을 가진 법인, 농협 등 비영리법인으로 보는 조합법인, 법인 아닌 사단, 재단, 기타 단체 중 국세기본법에 의하여 법인으로 보는 단체를 말한다.

법인격 없는 사단은 법인격 없는 재단과는 달리 주무관청의 허가를 받아 설립된 것이 아니라면 세법의 적용에 있어서 법인으로 볼 수 없고, 법인격 없는 사단인 종교단체에 대하여도 달리 해석되지 않는다고 할 것이다(대법원 2002.2.8. 선고 2000두1652 판결).

비영리법인이 일정한 수익사업을 영위하거나 토지 등 양도소득이 있는 경우 법인세 납세의무가 있다.

한편, 외국에 본점 또는 주사무소가 있는 비영리법인은 국내에서 발생하는 소득 중 수익사업에서 발생한 소득과 토지 등 양도소득이 있는 경우 법인세 납세의무가 있다.

③ 국가 및 지방자치단체

국가 및 지방자치단체는 과세주체에 해당하므로 법인세 납세의무가 없다.

(라) 상속세 납세의무자

① 일반적인 납세의무자

상속세 납세의무자는 상속인과 유언 또는 사인증여에 의한 수유자, 특별연고자로 분여 및 유증을 받은 비영리법인이다. 다만 영리법인은 상속세 납세의무가 없다.

② 특별한 경우 납세의무자

민법상 상속포기자, 상속결격자, 추정상속인, 유업집행자, 상속재산관리인도 특별한 경우 상속세 납세의무자가 될 수도 있다.

(마) 증여세 납세의무자

① 일반적인 경우

수증자가 거주자 또는 국내에 본점 또는 주사무소가 있는 비영리법인인 경우 원칙적으로 증여세 납세의무가 있다.

영리법인은 증여세 납세의무가 없으나 일정한 경우 영리법인의 주주가 증여세 납세의무자가 될 수 있다.

② 수증자가 비거주자 등인 경우

증여자와 수증자가 모두 비거주자 등인 경우에는 증여세 과세대상이 되는 국내에 소재한 재산의 증여에 대하여 수증자가 증여세 납세의무가 있다.

증여자가 거주자이고 수증자가 비거주자 등인 경우에는 일정한 금액의 국외 예금, 국외 적금 및 자산총액 중 국내 소재 자산 등을 증여받은 경우 수증자가 증여세 납세의무가 있다.

거주자 외 비영리법인은 증여세 과세대상이 되는 국내외에 소재한 모든 재산을 증여받은 경우에 증여세 납세의무가 있다.

(2) 연대납세의무자

(가) 의의

연대납세의무란 2인 이상의 납세의무자가 하나의 동일한 채무를 각각 독립하여 전체의 납세의무를 부담하고, 그중 1인이 체납된 세금을 전액 납부하면 모든 납세의무자의 납세의무가 소멸하는 납세의무를 말한다.

즉, 복수의 사람이 연대하여 하나의 납세의무를 부담하는 경우에 그들을 연대납세의무자라고 한다.

(나) 연대납세의무의 종류

① 공유물 공동사업의 연대납세의무

공유물 공동사업 또는 그 공동사업에 속하는 재산에 관계되는 국세·가산금과 체납처분비는 공유자 또는 공동사업자가 연대하여 납부할 의무를 진다.

② 분할 등의 연대납세의무

법인이 분할되거나 분할합병된 후 분할되는 법인이 존속하는 경우에는 분할법인, 분할신설법인, 분할합병의 상대방 법인은 분할등기일 이전에 분할법인에 부과되거나 납세의무가 성립한 국세 및 체납처분비에 대하여 분할로 승계된 재산가액을 한도로 연대하여 납부할 의무가 있다.

③ 분할합병으로 해산하는 경우 연대납세의무

법인이 분할 또는 분할합병한 후 소멸하는 경우 분할신설법인, 분할합병의 상대방 법인은 분할법인에 부과되거나 분할법인이 납부하여야 할 국세 및 체납처분비에 대하여 분할로 승계된 재산가액을 한도로 연대하여 납부할 의무가 있다.

④ 「채무자 회생 및 파산에 관한 법률」에 의한 연대납세의무

위 법률에 의하여 신회사를 설립하는 경우 기존의 법인에 부과되거나 납세의무가 성립한 국세 및 체납처분비는 신회사가 연대하여 납부할 의무가 있다.

⑤ 연결법인의 연대납세의무

연결법인은 법인세법 제76조의14 제1항에 따른 각 연결사업연도의 소득에 대한 법인세(각 연결법인의 법인세법 제55조의2에 따른 토지 등 양도소득에 대한 법인세를 포함한다)를 연대하여 납부할 의무가 있다.

⑥ 공동사업자의 특수관계인 연대납세의무

주된 공동사업자에게 합산과세되는 경우 그 합산과세되는 소득금액에 대해서는 주된 공동사업자의 특수관계인은 손익분배비율에 해당하는 그의 소득금액을 한도로 하여 주된 공동사업자와 연대하여 납세의무를 진다.

⑦ 배우자 등의 이월과세 연대납세의무

거주자가 특수관계인에게 자산을 증여한 후 그 자산을 증여받은 자가 그 증여일부터 5년 이내에 다시 타인에게 양도한 경우로서 증여자가 그 자산을 직접 양도하는 것으로 보는 경우에 그 양도소득에 대해서는 증여자와 증여받은 자가 연대하여 납세의무를 진다.

⑧ 공동상속인의 연대납세의무

피상속인의 유산 전체액을 과세표준으로 하여 계산한 상속세에 대하여 상속인 또는 수유자 각자가 받았거나 받을 재산을 한도로 하여 연대하여 상속세를 납부할 의무를 진다.

각자가 받았거나 받을 재산이라 함은 상속으로 인하여 얻은 자산총액에서 부채총액과 그 상속으로 인하여 부과되거나 납부할 상속세를 공제한 가액을 말한다.

사전증여재산 역시 상속인 각자가 받았거나 받은 재산에 해당하고 그 재산에 대하여 부과된 증여세액은 공제하여야 한다(대법원 2018.11.29. 선고 2016두1110 판결).

⑨ 증여세 연대납세의무

증여자는 수증자의 주소나 거소가 분명하지 아니한 경우로서 조세채권을 확보하기 곤란한 경우, 수증자가 증여세는 납부할 능력이 없다고 인정되는 경우로서 체납으로 인하여 체납처분을 하여도 조세채권을 확보하기 곤란한 경우, 수증자가 비거주자인 경우에는 수증자가 납부할 증여세를 연대하여 납부할 의무가 있다.

(다) 연대납세의무자에 대한 서류의 송달

연대납세의무자에 대한 서류를 송달할 때에는 그 대표자를 명의인으로 하며, 대표자가 없을 때에는 연대납세의무자 중 국세를 징수하기에 유리한 자를 명의인으로 한다. 다만, 납세의 고지와 독촉에 관한 서류는 연대납세의무자 모두에게 각각 송달하여야 한다.

(3) 제2차 납세의무자

(가) 의의

제2차 납세의무는 원래의 납세의무자가 조세를 체납한 경우에 그 재산에 대하여 체납처분을 하여도 징수하여야 할 조세에 부족이 있다고 인정되는 경우 그 납세의무자와 일정한 관계에 있는 제3자에 대하여 원래의 납세의무자로부터 징수할 수 없는 세액을 한도로 보충적으로 납세의무를 부담하게 하는 제도이다.

제2차 납세의무가 성립하기 위해서는 주된 납세의무에 징수부족액이 있을 것을 요건으로 하지만, 일단 주된 납세의무가 체납된 이상 그 징수부족액의 발생은 반드시 주된 납세의무자에 대하여 현실로 체납처분을 집행하여 부족액이 구체적으로 생기는 것을 요하지 아니하고, 체납처분을 하면 객관적으로 징수부족액이 생길 것으로 인정되면 된다(대법원 1996.2.23. 선고 95누14756 판결).

세무서장은 납세자의 체납액을 제2차 납세의무자로부터 징수하려면 제2차 납세의무자에게 징수하려는 체납액의 과세기간·세목·세액 및 그 산출근거·납부기한·납부장소와 제2차 납세의무자로부터 징수할 금액 및 그 산출근거와 그 밖에 필요한 사항을 적은 납부통지서로 고지하여야 한다. 이 경우 납세자에게 그 사실을 통지하여야 한다.

일반적으로는 형식적으로 제3자에 귀속되어 있는 경우라고 하더라도 실질적으로는 원래의 납세의무자에게 그 재산이 귀속되어 있는 것으로 보아도 공평을 잃지 않는 경우 등 형식적 권리의 귀속을 부인하여 사법질서를 어지럽히는 것을 피하면서 그 형식적 권리귀속자에게 보충적으로 납세의무를 부담케 하여 징수절차의 합리화도 아울러 도모하려는 제도(대법원 1982.12.14. 선고 82누192 판결)라고 보고 있다.

(나) 제2차 납세의무의 성립시기

한편 제2차 납세의무가 성립하기 위해서는 주된 납세의무자의 체납 등 그 요건에 해당되는 사실이 발생하여야 하는 것이므로, 그 성립시기는 적어도 주된 납세의무의 납부기한이 경과한 이후라고 해야 한다(대법원 2005.4.15. 선고 2003두13083 판결).

(다) 제2차 납세의무의 부종성

제2차 납세의무는 본래의 납세의무를 대신하는 것이기 때문에 주된 납세의무의 존재를 전제로 하여 성립하고 주된 납세의무에 관하여 생긴 사유는 제2차 납세의무에도 그 효력이 있다. 따라서 주된 납세의무가 무효이거나 취소되면 제2차 납세의무도 무효로 되고 주된 납세의무의 내용에 변경이 생기면 제2차 납세의무의 내용도 변경되며, 주된 납세의무가 소멸하면 제2차 납세의무도 소멸한다.

한편, 국세에 관한 제2차 납세의무는 그 발생, 소멸에 있어 주된 납세의무에 부종하는 것이므로 주된 납세의무자에 대한 시효의 중단은 제2차 납세의무자에 대하여도 그 효력이 있다(대법원 1985.11.12. 선고 85누488 판결).

(라) 제2차 납세의무 지정·통지에 대한 불복

제2차 납세의무자로서 납부통지서를 받은 자는 조세법에 따른 처분에 의하여 권리나 이익을 침해당하게 될 이해관계인으로서 위법 또는 부당한 처분의 취소 또는 변경을 청구하거나 그 밖에 필요한 처분을 청구할 수 있다.

(마) 제2차 납세의무의 종류

① 청산인 등의 제2차 납세의무

법인이 해산한 경우에 그 법인에 부과되거나 그 법인이 납부할 국세 및 체납처분비를 납부하지 아니하고 청산 후 남은 재산을 분배하거나 인도하였을 때에 그 법인에 대하여 체납처분을 집행하여도 징수할 금액에 미치지 못하는 경우에는 청산인 또는 청산 후 남은 재산을 분배받거나 인도받은 자는 그 부족한 금액에 대하여 제2차 납세의무를 진다.

② 출자자의 제2차 납세의무

법인의 재산으로 그 법인에 부과되거나 그 법인이 납부할 국세 및 체납처분비에 충당하여도 부족한 경우에는 그 국세의 납세의무 성립일 현재 무한책임사원 또는 과점주주에 해당하는 자는 그 부족액에 대하여 제2차 납세의무를 진다.

즉, 조세징수의 확보를 위하여 원래의 납세의무자인 법인의 재산에 대하여 체납처분을 하여도 징수하여야 할 조세에 부족이 있다고 인정되는 경우에 사법질서를 어지럽히는 것을 최소화하면서 실질적으로 법인의 운영을 지배할 수 있는 출자자에 한하여 법인으로부터 징수할 수 없는 액을 한도로 하여 보충적으로 납세의무를 부담케 하는 제도이다(대법원 1995.6.13. 선고 94누1463 판결).

여기서 과점주주란 주주 또는 유한책임사원 1명과 그의 특수관계인 중 ⓐ 친족관계 ⓑ 경제적 연관관계 ⓒ 경영지배관계 중 일정한 관계에 있는 자로서 그들의 소유주식 합계 또는 출자액 합계가 해당 법인의 발행주식 총수 또는 출자총액의 100분의 50을 초과하면서 그에 관한 권리를 실질적으로 행사하는 자들이다.

즉, 법인의 주주에 대하여 제2차 납세의무를 지우기 위해서는 과점주주가 주금을 납입하는 등 출자한 사실이 있거나 주주총회에 참석하는 등 운영에 참여하여 그 법인을 실질적으로 지배할 수 있는 위치에 있음을 요하며, 형식상 주주명부에 등재되어 있는 것만으로는 과점주주라고 할 없다(국세기본법 기본통칙 39-0-2).

또한 일견 주주로 보이는 경우에도 실은 주주명의를 도용당하였거나 실질소유주의 명의가 아닌 차명으로 등재되었다는 사정이 있는 경우에는 단지 그 명의만으로 주주에 해당한다고 볼 수 없다. 이는 주주가 아님을 주장하는 그 명의자가 입증하여야 한다(대법원 2004.7.9. 선고 2003두1615 판결).

한편, 특수관계인 친족 중에서 배우자와 사실상 혼인관계 있는 자를 포함한다.

과세실무상 형식상 과점주주라고 하더라도 체납법인으로부터 배당을 받은 사실이 없고, 주주로서 권한을 행사했다고 볼 만한 사항도 확인되지 않으며, 실제 소유자 형식상 과점주주에게 주식을 명의신탁하였다는 확인서를 작성, 제출하는 등 체납법인의 과점주주라기보다 명의만 빌려준 사실이 확인되면 2차 납세의무에 해당 않는다(심사-기타 0015,2019.4.24.).

③ 법인의 제2차 납세의무

국세의 납부기한 만료일 현재 법인의 무한책임사원 또는 과점주주(출자자)의 재산으로 그 출자자가 납부할 국세 및 체납처분비에 충당하여도 부족한 경우에는 정부가 출자자의 소유주식 또는 출자지분을 재공매하거나 수의계약으로 매각하려 하여도 매수희망자가 없는 경우, 법률 또는 그 법인의 정관에 의하여 출자자의 소유주식 또는 출자지분의 양도가 제한된 경우에 그 법인은 그 부족한 금액에 대하여 제2차 납세의무를 진다.

④ 사업양수인의 제2차 납세의무

사업이 양도·양수된 경우에 양도일 이전에 양도인의 납세의무가 확정된 그 사업에 관한 국세 및 체납처분비를 양도인의 재산으로 충당하여도 부족할 때에는 사업장별로 그 사업에 관한 모든 권리와 모든 의무를 포괄적으로 승계한 사업의 양수인은 그 부족한 금액에 대하여 양수한 재산의 가액을 한도로 하여 제2차 납세의무를 진다.

사업에 관한 권리·의무를 포괄적으로 승계한 자 중 양도인과 특수관계인 또는 양도인의 조세회피를 목적으로 사업을 양수한 자가 제2차 납세의무를 진다.

(4) 물적납세의무자

(가) 개념

물적납세의무란 본래의 납세자가 납부하여야 할 국세 등에 대하여 제3자가 특정한 재산으로 납부책임을 지는 것을 말한다. 양도담보권자로부터 납세자의 체납액을 징수하려면 양도담보권자에게 납부의 고지를 하여야 한다.

(나) 양도담보권자의 물적납세의무

납세자가 국세 및 체납처분비를 체납한 경우에 그 납세자에게 양도담보재산이 있을 때에는 그 납세자의 다른 재산에 대하여 체납처분을 집행하여도 징수할 금액에 미치지 못하는 경우 그 양도담보재산으로써 납세자의 국세 및 체납처분비를 징수할 수가 있어 양도담보권자가 물적납세의무를 진다.

양도담보권자에게 보충적 납세의무를 지우는 취지는 양도담보가 설정되면 법률상으로 그 양도담보재산의 소유권은 채권자인 양도담보권자에게 귀속됨에 따라 양도담보 설정일보다 국세 등의 법정기일이 빠른 경우에도 양도담보재산에 대한 체납처분을 할 수 없는 문제점 때문이다.

한편, 압류되기 전에 양도담보재산이 양도담보권자로부터 다시 제3자에게 양도가 된 경우에는 설령 고지가 된 경우에도 물적납세의무는 소멸한다.

(다) 수탁자의 물적납세의무

부가가치세 및 체납처분비를 체납한 납세의무자에게 일정한 신탁재산이 있는 경우 그 납세의무자의 다른 재산에 대하여 체납처분을 하여도 징수할 금액에 미치지 못할 때에는 수탁자는 그 신탁재산으로 법정기일이 신탁 설정일 이후에 도래하는 신탁재산과 관련된 부가가치세 등을 납부할 의무가 있다.

(라) 명의신탁 재산에 대한 물적납세의무

명의신탁 증여의제에 의하여 과세된 증여세를 체납한 실제소유자의 다른 재산에 대해 체납처분을 집행하여도 징수 금액에 미치지 못하는 경우에 명의신탁재산으로 체납액을 징수할 수 있다.

나. 과세물건(과세대상)

(1) 의의

과세물건이란 납세의무의 성립과 발생을 위하여 필요로 하는 물적 요소로 과세의 목표 또는 원인이 되는 물건·행위 또는 사실을 말한다. 과세객체라고도 한다. 즉, 조세부과의 목표가 되는 물체 또는 사실을 말한다. 소득세 또는 법인세에 있어서는 소득금액, 부가가치세 또는 개별소비세에 있어서는 소비행위, 상속세에 있어서는 상속재산이 증여세에 있어서는 증여재산이 각각 과세물건이 된다.

과세되는 소득의 범위와 관련하여 순자산증가설과 소득원천설로 나누어진다.

순자산증가설에 의하면 소득이란 일정 기간 내의 재산증가 총액에서 그 기간 내에 발생된 재산감소 총액을 차감한 잔액이라고 하는 입장이고 현행 법인세법에서 채택하고 있다. 즉, 법인세법 제14조에서 내국법인의 각 사업연도의 소득은 그 사업연도에 속하거나 속하게 될 익금의 총액에서 그 사업연도에 속하거나 속하게 될 손금의 총액을 공제한 금액으로 한다고 규정하고 있다.

반면 소득원천설에 의하면 소득이란 일정한 수입원천으로부터 계속적·반복적으로 생기는 수입을 소득으로 보고 일시적·우발적인 소득은 원천을 알 수 없기 때문에 과세소득에서 제외하는 입장이다. 현행 소득세법은 기본적으로 소득원천설의 입장에 서 있으나, 기타소득에 일시적·우발적 소득을 과세소득으로 규정하고 있는 등 보완적으로 순자산증가설 입장을 일부 채택하고 있다.

(2) 과세물건의 귀속시기

(가) 권리확정주의의 의의

권리의무확정주의란 권리와 의무의 확정시기와 소득의 실현 또는 의무의 이행시기 사이에 차이가 있는 경우 총수입금액 또는 필요경비를 권리 또는 의무의 득실변경이라는 법적 기준에 의하여 인식하려는 원칙이다.

권리확정주의에 의하며 소득의 원인이 되는 권리의 확정시기와 소득의 실현시기와의 사이에 시간적 간격이 있는 경우에는 과세상 소득이 실현된 때가 아닌 권리가 확정적으로 발생한 때를 기준으로 하여 그때 소득이 있는 것으로 보고 당해 과세연도의 소득을 계산하게 된다(대법원 2014.1.29. 선고 2013두18810 판결).

권리확정주의의 취지는 과세시기를 획일적으로 파악해 법적안정성을 도모하고 과세의 공평을 기하며 납세자의 자의를 배제하기 위하여 권리의무 확정주의를 채택하고 있다.

(나) 확정의 기준

권리의 확정주의에서 확정의 개념은 소득의 수입시기에 관한 예외 없는 일반원칙으로 단정하여서는 아니 되고, 구체적인 사안에 관하여 소득에 대한 관리·지배와 발생소득의 객관화 정도, 납세자금의 확보시기 등까지도 함께 고려하여 그 소득의 실현 가능성이 상당히 높은 정도로 성숙·확정되었는지 여부를 기준으로 수입시기를 판단하여야 한다(대법원 2002.7.9. 선고 2001두809 판결).

(다) 소득세법과 법인세법상 권리확정주의 내용

소득세법상 거주자의 각 과세기간 총수입금액 및 필요경비의 귀속연도는 총수입금액과 필요경비가 확정된 날이 속하는 과세기간으로 한다라고 규정하고 있으며, 법인세법에서는 내국법인의 각 사업연도의 익금과 손금의 귀속사업연도는 그 익금과 손금이 확정된 날이 속하는 사업연도로 한다라고 규정하여 권리확정주의를 채택하고 있다.

(3) 과세표준

과세표준이란 세액 산정을 위한 과세물건의 크기를 말하는 것으로 금액, 가격, 수량 등으로 표시한다. 즉, 세법에 따라 직접적으로 세액산출의 기초가 되는 과세대상의 수량 또는 가액을 말한다.

(4) 세율

세율이란 세액산출을 위하여 과세표준에 곱해야 할 율을 말한다. 세율은 다시 과세표준의 크기에 관계없이 일정한 비율인 비례세율과 과세표준이 증가함에 따라 세율이 함께 커지는 누진세율이 있으며, 누진세율은 다시 과세표준이 커짐에 따라 전체 가액에 높은 세율을 적용하는 단순누진세율과 과세표준을 단계로 구분하여 상위단계에서 더 높은 세율을 적용하는 초과누진세율이 있다.

한편, 실효세율이란 각종 조세특례가 없는 경우의 과세표준에 대한 실제 부담의 비율을 말한다.

2. 납세의무의 성립시기

가. 개념

납세의무는 각 세법이 정하는 과세요건의 충족, 즉 특정 시기에 특정한 사실 또는 상태가 존재함으로써 과세대상이 납세의무자에게 귀속되고 세법이 정하는 바에 따라 과세표준의 산정 및 세율의 적용이 가능하게 되는 때에 성립하며 구체적인 성립시기는 다음과 같다.

나. 구체적인 납세의무의 성립시기

ⓐ 소득세·법인세: 과세기간이 끝나는 때. 다만, 청산소득에 대한 법인세는 그 법인이 해산 또는 합병을 하는 때

ⓑ 상속세상속이 개시되는 때

ⓒ 증여세: 증여에 의하여 재산을 취득하는 때

ⓓ 부가가치세: 과세기간이 끝나는 때. 다만, 수입재화의 경우에는 세관장에게 수입신고를 하는 때

ⓔ 개별소비세·주세·교통세: 과세물품을 제조장으로부터 반출하거나 판매장에서 판매하는 때 또는 과세장소에 입장하거나 과세유흥장소에서 유흥음식행위를 한 때 또는 과세영업장소에서 영업행위를 한 때. 다만, 수입물품의 경우에는 세관장에게 수입신고를 하는 때

ⓕ 인지세: 과세문서를 작성한 때

ⓖ 증권거래세: 해당 매매거래가 확정되는 때

ⓗ 교육세: 국세에 부과되는 교육세는 해당 국세의 납세의무가 성립하는 때. 금융·보험 업자의 수익금액에 부과되는 교육세는 과세기간이 끝나는 때

ⓘ 농어촌특별세: 농어촌특별세법 제2조 제2항에 따른 본세의 납세의무가 성립하는 때

ⓙ 종합부동산세: 과세기준일

ⓚ 가산세: 가산할 국세의 납세의무가 성립하는 때

ⓛ 원천징수하는 소득세·법인세: 소득금액 또는 수입금액을 지급하는 때

인정상여의 경우에는 법인세법에 의하여 처분되는 상여에 대하여는 당해 법인이 소득금액변동통지를 받은 날에 소득금액을 지급한 것으로 보게 되어 있고 국세기본법 제21조 제2항, 제22조 제2항의 각 규정에 의하여 원천징수하는 소득세의 납세의무는 소득금액을 지급하는 때에 성립함과 동시에 특별한 절차 없이 확정되는 것이므로 위 인정상여에 대한 원천세의 조세채권은 소득금액변동통지서가 당해 법인에 송달된 때에 성립함과 동시에 확정된다(대법원 1991.2.26. 선고 90누4631 판결).

ⓜ 납세조합이 징수하는 소득세 또는 예정신고납부하는 소득세: 과세표준이 되는 금액

이 발생한 달의 말일

ⓝ 중간예납하는 소득세·법인세 또는 예정신고기간·예정부과기간에 대한 부가가치세: 중간예납기간 또는 예정신고기간·예정부과기간이 끝나는 때

ⓞ 수시부과하여 징수하는 국세: 수시부과할 사유가 발생한 때

3. 납세의무의 확정

가. 개요

납세의무는 과세요건의 충족에 의하여 성립한다. 그런데 이렇게 추상적으로 성립한 조세 채무에 관하여 국가 등이 그 이행을 청구하고 납세의무자가 이를 납부하는 등 그 납세의무의 내용이 구체적으로 실현되려면 그 조세채무의 내용을 구체적으로 확인하여야 한다. 즉 조세채무의 내용은 먼저 과세요건 사실을 파악하고, 다음으로 이에 관련세법 규정을 적용하여 과세표준과 세액을 계산하는 등 조세법률 관계의 당사자 중 어느 일방이 이를 확인하여야 하는데, 이러한 절차를 조세채무의 확정이라고 한다.

조세채무의 성립에는 아무런 절차를 요하지 않는 데 반하여 조세채무의 확정에는 조세법률 관계 당사자의 일정한 확인행위가 요구된다는 점이 성립과 동시에 확정되는 민사채무와 차이점이다. 이때 그 확인을 제1차적으로 납세의무자에게 맡기는 제도가 신고납세제도이고, 그 확인을 과세관청의 조사결정에 의하도록 하는 것이 부과과세제도이다.

나. 확정의 방식

조세채무를 확정하는 방식은 신고납세방식과 부과과세방식, 그리고 자동으로 확정되는 방식이 있다.

(1) 신고납세방식

납세의무자가 과세표준과 세액을 정부에 신고했을 때 확정된다. 이에 해당되는 세목으로는 부가가치세, 소득세, 법인세 등이 있다(국세기본법 제22조 제2항). 납세의무자가 수정신고를 하는 경우에는 당초의 신고에 따라 확정된 과세표준과 세액이 증액되어 확정되며, 당초 확정된 세액의 권리·의무에는 영향이 없다(국세기본법 제22조2).

(2) 부과과세방식

과세관청의 부과처분에 의하여 확정되는 방식으로 정부가 과세표준과 세액을 결정하는 때에 납세의무가 확정된다. 이에 해당되는 세목으로 상속세 및 증여세가 대표적이다.

한편, 납세의무자가 과세표준과 세액의 신고를 하지 아니하거나 신고한 과세표준과 세액이 세법이 정하는 바에 맞지 아니한 경우에는 정부가 과세표준과 세액을 결정하거나 경정하는 때에 그 결정 또는 경정에 따라 확정된다.

(3) 자동확정방식

납세의무가 성립하는 때에 특별한 절차 없이 그 세액이 확정되는 방식이다. 이에 해당되는 세목으로 원천징수하는 소득세와 법인세, 인지세 등이 있다.

다. 확정의 시기

소득세·법인세·부가가치세 등 신고납세제도를 채택하고 있는 조세에 있어서는 정부에 과세표준과 세액을 신고하는 때에 납세의무가 확정된다. 부과과세제도에 있어서는 과세관청의 부과처분이 있어야 비로소 납세의무가 확정된다.

다만, 납세의무자가 과세표준과 세액의 신고를 하지 아니하거나 신고한 과세표준과 세액이 세법이 정하는 바에 맞지 아니한 경우에는 정부가 과세표준과 세액을 결정하거나 경정하는 때에 그 결정 또는 경정에 따라 확정된다.

4. 납세의무의 이행

일반적인 사법상의 채권·채무의 이행시기는 당사자가 합의한 바에 의하여 정하여지나, 조세채무의 이행시기는 개별 세법에서 정하는 시기에 당사자의 의사와 관계없이 확정된다. 즉, 세목별로 납부기한이 개별 세법에 규정되어 있고, 납세의무자는 원칙적으로 이 기한까지 이행하여야 하고 이행하지 않을 경우에는 이행지체로 인한 가산금 부과와 함께 자력집행권에 기한 체납처분이 가능하다.

신고납세방식인 부가가치세는 1기분은 매년 1월 25일, 2기분은 매년 7월 25일이 이행기가 되고, 소득세는 매년 5월 31일, 12월 말 결산 법인세는 매년 3월 31일이 법정이행기한이다(법정납부기한). 정부부과방식인 상속세 및 증여세는 고지에 의한 납부기한이 이행기가 된다.

5. 납세의무 내용의 변경

가. 수정신고

(1) 수정신고 의의

과세표준신고서를 법정신고기한까지 제출한 자가 세법에 의하여 신고하여야 할 과세표준과 세액에 미달하게 신고한 때에 해당 국세의 과세표준과 세액을 결정 또는 경정하여 통지하기 전까지 당초 신고한 과세표준과 세액을 납세의무자 스스로 고쳐 과세표준과 세액을 증가시켜 신고하는 것을 말한다.

(2) 수정신고 사유
ⓐ 과세표준신고서에 기재된 과세표준 및 세액이 세법에 따라 신고하여야 할 과세표준 및 세액에 미치지 못할 때
ⓑ 과세표준신고서에 기재된 결손금액 또는 환급세액이 세법에 따라 신고하여야 할 결

손금액이나 환급세액을 초과할 때

ⓒ 원천징수의무자가 정산 과정에서 근로소득 등 원천징수 대상 소득을 누락하여 불
완전한 신고를 한 때

ⓓ 세무조정 과정에서 법인세법에 따른 국고보조금 등에 상당하는 금액을 익금과 손
금에 동시에 산입하지 아니하여 불완전한 신고를 한 때

(3) 수정신고의 효력

국세의 수정신고는 당초의 신고에 따라 확정된 과세표준과 세액을 증액하여 확정하는 효
력을 가진다. 다만, 수정신고는 당초 신고에 따라 확정된 세액에 관한 권리·의무관계에는 영
향을 미치지 아니한다.

(4) 가산세의 감면

법정신고기한이 지난 후 6개월 이내에 수정신고한 경우에는 해당 과소신고·초과환급신고
가산세의 100분의 50에 상당하는 금액을 감면한다.

법정신고기한이 지난 후 6개월 초과 1년 이내에 수정신고한 경우에는 해당 과소신고·초과
환급신고 가산세의 100분의 20에 상당하는 금액을 감면한다.

법정신고기한이 지난 후 1년 초과 2년 이내에 수정신고한 경우에는 해당 과소신고·초과
환급신고 가산세의 100분의 10에 상당하는 금액을 감면한다.

나. 기한 후 신고

(1) 의의

법정신고기한까지 과세표준신고서를 제출하지 아니한 자는 관할 세무서장이 세법에 따라
해당 국세의 과세표준과 세액을 결정하여 통지하기 전까지 기한 후 과세표준신고서를 제출
할 수 있으며, 기한 후 과세표준신고서를 제출한 경우 관할 세무서장은 세법에 따라 신고일
로부터 3개월 이내에 해당 국세의 과세표준과 세액을 결정하여야 한다.

(2) 가산세 감면

법정신고기한이 지난 후 1개월 이내에 기한 후 신고를 한 경우에는 무신고가산세 등 해당 가산세의 100분의 50에 상당하는 금액을 감면한다.

법정신고기한이 지난 후 1개월 초과 6개월 이내에 기한 후 신고를 한 경우에는 무신고가산세 등 해당 가산세의 100분의 20에 상당하는 금액을 감면한다.

6. 납세의무의 승계

가. 의의

납세의무의 승계란 일정한 사유로 인하여 본래의 납세의무자로부터 다른 자에게로 납세의무가 이전되는 것을 말한다. 이것은 본래의 납세의무는 소멸하고 권리, 의무의 포괄승계가 일어나는 분할합병이나 상속의 경우에 조세의 납부책임도 의무의 하나로서 승계시키고자 하는 것인데, 이러한 승계는 당사자의 의사에 관계없이 법정요건의 충족에 의하여 강행적으로 별도의 지정조치 없이 당연 승계된다.

나. 납세의무 승계 내용

(1) 법인의 합병

법인이 합병한 경우 합병 후 존속하는 법인 또는 합병으로 설립된 법인은 합병으로 소멸된 법인에 부과되거나 그 법인이 납부할 국세 및 체납처분비를 납부할 의무를 진다.

(2) 상속

(가) 승계자의 범위

상속이 개시된 때에 민법상 상속인, 상속재산관리인, 수유자는 피상속인에게 부과되거나 그 피상속인이 납부할 국세 및 체납처분비를 상속으로 받은 재산의 한도에서 납부할 의무를 진다.

다만, 상속을 포기한 사람은 피상속인의 납세의무를 승계하는 자에 포함되지 않는다(대법원 2013.5.23. 선고 2013두1041 판결).

(나) 상속으로 받은 재산의 한도

상속으로 받은 재산의 가액에 사인증여 및 유증의 목적이 된 재산은 포함되나, 사전증여 재산은 상속으로 인한 재산에 포함하지 아니한다.

그 밖에 피상속인의 일신에 전속하는 권리, 피상속인의 수탁재산은 상속으로 얻은 재산에 포함하지 않는다.

다만, 상속포기자가 피상속인의 사망으로 인하여 보험금을 받은 때에는 보험금을 상속받은 재산으로 보아, 피상속인의 납세의무가 승계된다. 이 경우 승계되는 납세의무의 범위는 수령한 보험금의 한도 내이다.

이는 보험금의 수익자로 가입된 상속인이 상속포기를 함으로써 피상속인에게 부과된 세금 등을 회피하고 보험금만 수령하는 편법을 방지하기 위한 규정이다.

한편, 상속재산의 한도 내에서 피상속인의 체납 국세의 납부의무를 승계한 상속인이 그 납세의무를 이행하지 아니하는 경우 그 징수를 위하여 하는 압류는 반드시 상속재산에만 한정된다고 할 수 없고 상속인의 고유재산에 대하여도 압류할 수 있다(대법원 1982.8.24. 선고 81누162 판결).

제2절 납세의무의 소멸

1. 의의

과세요건의 충족에 의하여 당연히 성립하여 신고 또는 부과처분에 의하여 확정된 납세의무는 여러 가지 원인에 의하여 소멸하게 된다. 납세의무는 그 본질이 채무이기 때문에 사법상의 채무가 급부의 이행으로 소멸하듯이 통상 세액의 납부에 의하여 소멸하는 것이 원칙이다.

사법상의 채무가 상계에 의하여 소멸하는 것과 마찬가지로 납부할 세액을 납세의무자의 국가에 대한 국세환급금으로 충당하는 방법으로도 소멸한다. 기타 채무자가 조세채무를 임의로 이행하지 않을 경우 체납처분을 통한 강제집행에 의하여 소멸하고 부과권의 제척기간의 경과, 국세징수권의 소멸시효의 완성으로도 납세의무가 소멸한다.

2. 납세의무 소멸 사유

가. 납부

조세채무의 소멸원인으로서 가장 일반적인 것이 납부에 의한 소멸이다. 사법상의 채무가 변제에 의하여 소멸하듯이 납부는 가장 일반적인 조세채무의 소멸원인이다.

나. 충당

충낭이라 함은 압류한 금선 빛 교부청구에 의하여 받은 금전을 체납자가 납부할 조세의 수납으로 처리하여 조세채무를 소멸시키는 것을 말한다.

즉, 국가가 조세채권을 가지고 납세의무자의 채권과 상계하는 것은 가능하다. 이처럼 국가가 상계하는 경우를 충당이라고 한다. 국가가 내주어야 할 세금이 있고, 그와 동시에 받아야 할 세금이 있는 경우 국세기본법에 따라 이를 서로 상계할 수 있다. 납세의무자 스스로 상계할 수 없지만 충당해 줄 것을 신청할 수 있다.

즉, 세무서장은 국세환급금으로 결정한 금액을 납세고지에 의하여 납부하는 국세, 체납된 국세 및 체납처분비, 세법에 따라 자진납부하는 국세에 충당하여야 한다. 다만 납세고지에 의하여 납부하는 국세와 세법에 따라 자진납부하는 국세에의 충당은 납세자가 그 충당에 동의하는 경우에만 한다. 충당의 순서는 체납처분비, 국세, 가산금의 순위에 따른다.

한편, 국가가 압류와 공매 등 강제환가 절차를 통하여 체납세액에 충당하는 경우에도 납세의무가 소멸된다.

다. 국세부과의 제척기간 경과

국세부과제척기간이란 국세를 부과할 수 있는 일정한 법정기간이다. 국세부과권에 대하여 국세기본법에서는 제척기간을 설정하고 그 기간 내에 조세의 부과처분이 없으면 조세채무 자체가 소멸하는 것으로 규정하고 있다. 이는 법률관계가 언제까지나 불확정한 상태로 놓이는 것은 바람직하지 않기 때문에 이를 신속히 확정하기 위한 것이다.

제척기간의 기산일은 과세표준과 세액을 신고하는 국세의 경우 해당 국세의 과세표준과 세액에 대한 신고기한 또는 신고서 제출기한의 다음 날이 된다.

제척기간에는 중단제도를 인정하지 않는데, 그것은 권리의 존속 여부를 객관적이고 획일적으로 확정시키는 것이 제도의 취지이기 때문에 권리의 성질상 중단이 있을 수 없다. 또한 국세 부과제척기간제도의 입법취지는 조세법률관계의 신속한 확정에 있기 때문이다.

라. 국세징수권 소멸시효기간 경과

국세의 징수를 목적으로 하는 국가의 권리를 행사할 수 있는 때로부터 5년 또는 10년 동안 행사하지 아니하면 소멸시효가 완성되어 납세의무가 소멸된다.

국가의 권리를 행사할 수 있는 때란 과세표준과 세액의 신고에 의하여 납세의무가 확정되는 국세의 경우 신고한 세액에 대해서는 그 법정 신고기한의 다음 날이 되고, 과세표준과 세액을 정부가 결정, 경정 또는 수시부과하는 경우 납세고지한 세액에 대해서는 그 고지에 따른 납부기한의 다음 날을 의미한다.

제2장

사업자의
납세의무

제1절 부가가치세 납세의무

1. 부가가치세 제도 개요

가. 의의

부가가치세는 대표적인 소비세로 사업자가 각 생산단계에서 창출된 부가가치에 대하여 과세하는 세목을 말하는 것으로 우리나라는 1977년에 도입하여 현재까지 시행하고 있다. 여기서 부가가치란 각 생산단계의 매출액과 매입액의 차이를 합한 것이라고 할 수 있다. 한편 부가가치의 구성요소는 이윤, 급료, 이자, 임대료 등으로 되어 있다.

나. 소비세

(1) 소비세의 의의

소비세란 재화의 소비 또는 화폐의 지출로써 담세력을 추측하여 과세하는 조세를 말한다. 소비세는 소비의 사실을 포착하여 과세하는 것을 말한다.

소비세는 다시 직접소비세와 간접소비세, 그리고 일반소비세와 개별소비세 등으로 구분할 수 있다.

(2) 직접소비세와 간접소비세

소비세는 소비의 최후단계에서 포착하여 과세하는 직접소비세와 그 이전의 단계에서 과세하는 간접소비세가 있다. 직접소비세에 해당하는 것으로는 과거에 있었던 입장세, 유흥음식세 등과 자동차세 등이 이에 해당한다.

간접소비세는 관세와 내국소비세가 있다. 간접소비세는 일단 납세자가 납세를 하고 그 후에 조세의 전가의 과정을 거쳐서 조세의 부담이 최종소비자에게 귀착됨으로써 납세의무자와 조세부담자가 다른 조세이다.

(3) 간접소비세 중 일반소비세와 개별소비세

일반소비세는 원칙적으로 사업자가 공급하는 모든 재화와 용역을 과세대상으로 하는 것으로 부가가치세가 해당된다.

개별소비세는 특정한 물품, 특정한 장소에의 입장행위, 특정한 장소에의 유흥음식행위 및 특정한 장소에서의 영업행위에 대하여 과세되는 것으로 사치성 소비의 억제 및 재정수입의 확보를 위하여 과세된다.

(4) 단일단계일반소비세와 다단계일반소비세

단일단계일반소비세는 그 과세단계에 의하여 제조, 도매 또는 소매 중 한 단계만을 과세하는 일반소비세를 말한다. 이에 해당하는 것으로는 주세와 담배소비세가 있다.

다단계일반소비세는 제조, 도매 및 소매의 전단계 또는 다단계에서 과세하는 것으로 이에 해당하는 것으로 부가가치세가 있다.

(5) 소비형 부가가치세의 의미

국민 총생산에서 중간재와 자본재를 차감한 금액을 부가가치로 보고 과세한다. 즉, 소비 지출된 금액에 대하여만 과세한다는 의미이다. 중간재와 자본재를 차감하기 위하여 전단계 세액공제법에 의한 매입세액으로 공제한다.

중간재란 일상생활에서 직접 소비하는 재화를 생산하기 위하여 사용되는 재화를 말한다. 자본재란 공장에서 물건을 생산하는 기계장치를 말하는 것으로 가령 반도체 제조기계, 휴대폰 제조기계, 라면 제조기계 등이 있다.

다. 부가가치세 제도의 특징

(1) 거래징수

사업자가 재화 또는 용역을 공급하는 때 해당 재화 또는 용역에 대한 과세표준에 정해진 세율을 정하여 그 공급받는 자로부터 부가가치세를 징수하여야 하는데 이를 거래징수라 한다.

따라서 사업자가 재화 또는 용역을 공급하는 때에는 부가가치세를 그 공급받은 자로부터 징수하여야 한다.

그 취지는 부가가치세 상당액을 공급받는 자에게 차례로 전가시킴으로써 궁극적으로 최종소비자에게 이를 부담시키겠다는 데에 있다(대법원 1997.4.25. 선고 96다40677 판결).

한편, 거래당사자 사이에 부가가치세 부담에 관한 별도의 약정이 있는 경우에 사업자는 그 약정에 기하여 공급 받은 자에게 부가가치세 상당액의 지급을 직접 청구할 수 있다(대법원 1999.11.12. 선고 99다33984 판결).

(2) 세금계산서 수수

세금계산서 수수를 통해 거래 양 당사자자의 매출·매입 사실을 상호 검증하는 기능을 갖게 되므로 탈세가 방지되고 근거에 의한 합리적 과세가 가능하다.

세금계산서 수수에 의하여 과세가 이루어지므로 세원이 양성화되는 등 안정적으로 세수를 확보할 수 있다.

(3) 부가가치세 제도의 단점

세금계산서의 작성·보관 및 신고 등에 소요되는 납세자의 납세협력 비용과 과세관청의 신고서 접수, 자료의 전산처리 등 세액징수에 필요한 인적·물적 징세행정 비용이 타 세목에 비해 높다.

라. 부가가치세 과세방법

(1) 직접공제법(전단계 매입공제법)

각 생산단위에서 매출액과 매입액의 차이로 부가가치세를 계산하고 거기에 세율을 적용하는 방법을 말한다.

(2) 가산법

각 생산단위에서 부가가치를 항목별로 계산 파악하고 합산하여 부가가치 총액을 계산하고 거기에 세율을 적용하여 계산하는 방법을 말한다.

(3) 전단계 세액공제법

각 거래단계에서 매출액 전체에 세율을 적용하여 매출세액을 계산하고 매입한 총액에 대해서도 세율을 적용하여 매입세액을 계산한 후 그 차액으로 납부세액 또는 환급세액을 계산하는 제도로 현행 우리 세법은 이 방법을 채택하고 있다.

세액공제방법을 사용할 경우 전단계 거래의 세금계산서를 받지 않으면 세액공제를 받을 수 없기 때문에 세금계산서 수수 유인이 생기고 각 납세단위가 유기적으로 연결되어 탈세를 억제하는 효과가 있다.

2. 부가가치세 납세의무자

가. 사업자

(1) 개념

사업자란 사업 목적이 영리이든 비영리이든 관계없이 사업상 독립적으로 재화 또는 용역을 공급하는 자를 말하며, 부가가치를 창출해 낼 수 있는 정도의 사업형태를 갖추고 계속적이고 반복적인 의사로 재화 또는 용역을 공급하여야 한다.

따라서 사업자가 아닌 개인 또는 면세사업자가 우발적 또는 일시적으로 재화 또는 용역을 공급하는 경우에는 부가가치세 납세의무가 없다.

한편, 사업자등록 여부 또는 재화나 용역을 공급할 때 부가가치세의 거래징수 여부에 관계없이 해당 재화 또는 용역의 공급에 대하여 사업자는 부가가치세를 신고납부하여야 한다.

(2) 사업자의 형태

사업자는 개인·법인·국가·지방자치단체·지방자치단체조합과 법인격 없는 사단·재단 또는 그 밖의 단체가 있다.

(3) 신탁관계에 의한 사업자(납세의무자)

수탁자가 위탁자로부터 이전받은 신탁재산을 관리·처분하면서 재화를 공급하는 경우 부가가치세 납세의무자는 재화의 공급이라는 거래행위를 통하여 그 재화를 사용·소비할 수 있는 권한을 거래상대방에게 이전한 수탁자로 보아야 한다(대법원 2017.5.18. 선고 2012두22485 판결).

나. 납세의무자의 분류

납세의무자는 공급가액(공급대가)의 규모에 따라 일반과세자와 간이과세자로 분류할 수 있다.

(1) 일반과세자

일반과세자는 간이과세자가 아닌 납세의무자를 말한다. 일반과세자에는 개인사업자와 법인사업자가 있다.

한편, 광업·제조업·도매업 영위 사업자, 법인사업자와 과세유흥장소, 전문직 사업자 등 간이배제업종을 영위하는 사업자, 일반과세 사업장을 보유하고 있는 사업자(예외 있음), 일반과세 사업을 양수한 사업자 등은 공급가액 규모에 상관없이 당연히 일반과세자 적용을 받는다.

그 밖에 간이과세자에서 직전 연도의 공급대가의 합계액이 4,800만 원 이상이 되고 당해 2과세기간 개시 20일전까지 그 사실을 통지받은 사업자와 간이과세 포기 신고자도 일반과세자에 해당한다.

(2) 간이과세자

간이과세자는 직전 연도의 공급대가의 합계액이 4,800만 원에 미달하는 사업자로서, 부가가치세법에 따라 간편한 절차로 신고·납부하는 개인사업자를 말한다. 즉, 영세한 납세자에 대하여는 부가가치세의 납세순응이 용이하도록 하기 위하여 간편한 간이과세제도를 두고 있는데 이러한 특례규정의 적용을 받는 개인사업자를 간이과세자라고 한다.

신규로 사업을 시작하는 경우에는 사업을 시작한 날이 속하는 연도의 공급대가 합계액이 연간 4,800만 원에 미달될 것으로 예상되면, 사업자등록 신청 시 납세지 관할 세무서장에게 간이과세의 적용 여부를 함께 신고하여야 한다.

계속사업자의 경우 직전 과세기간의 공급대가 합계액이 4,800만 원에 미달하는 경우에는 당해 연도 7월 1일부터 그다음 해의 6월 30일까지는 간이과세를 적용한다.

간이과세자는 과세표준 계산, 거래징수, 납부세액 계산 방법 등에서 일반과세자와 차이가 있다.

3. 부가치세 과세 단위

가. 사업장의 의의

부가가치세는 사업장 단위로 과세하는 것을 원칙으로 하고 있다. 따라서 사업장별 사업자 등록 등 납세협력의무를 이행하여야 한다.

사업장이란 사업자가 사업을 하기 위하여 거래의 전부 또는 일부를 행하는 고정된 장소를 말한다. 일반적으로는 업무를 총괄하는 장소가 되고, 법인의 경우 등기부상 본점 또는 지점의 소재지가 된다.

거래의 전부 또는 일부를 한다는 것은 최소한 해당 사업자의 사업활동에 수반하는 거래의 일부 이상이 수행되어야 한다는 것이고, 고정된 장소라 함은 최소한 계약상 또는 법률상의 모든 원인이 이루어지는 장소, 재화의 인도 또는 양도의 원인행위가 이루어지는 장소를 의미한다(질의회신, 법령해석부가-1154, 2019.4.29.).

사업장을 별도로 두지 않은 경우 개인이 사업자인 경우에는 주소 또는 거소를, 법인이 사업자인 경우에는 법인의 본점 또는 주사무소의 소재지를 사업장으로 한다.

나. 업종별 사업장

ⓐ 광업: 광업사무소 소재지

ⓑ 제조업: 최종제품을 완성하는 장소

ⓒ 건설업·운수업과 부동산매매업: 개인은 사업에 관한 업무를 총괄하는 장소, 법인은 등기부상 소재지

ⓓ 수자원을 개발하여 공급하는 사업: 사업에 관한 업무를 총괄하는 장소

ⓔ 방문판매 등에 관한 법률에 따른 다단계판매원이 재화나 용역을 공급하는 사업: 등록한 다단계판매업자의 주된 사업장 소재지

ⓕ 전기통신사업법에 따른 전기통신사업: 사업에 관한 업무를 총괄하는 장소, 법인은 본점 소재지

ⓖ 무인자동판매기를 통하여 재화·용역을 공급하는 사업: 사업에 관한 업무를 총괄하는 장소

ⓗ 한국철도공사가 경영하는 사업: 사업에 관한 업무를 지역별로 총괄하는 장소

ⓘ 우편법에 의한 소포우편물을 배달하는 용역을 공급하는 사업: 사업에 관한 업무를 총괄하는 장소

ⓙ 전기사업법에 따른 전기판매사업: 사업에 관한 업무를 총괄하는 장소

ⓚ 국가, 지방자치단체 또는 지방자치단체조합이 공급하는 사업: 사업에 관한 업무를
총괄하는 장소

ⓛ 부동산임대업: 부동산의 등기부상 소재지

다. 사업자단위과세와 주사업장총괄 납부

(1) 사업자단위과세

사업자단위과세제도란 2 이상의 사업장이 있는 사업자가 사업자단위로 본점 또는 주사무소 관할세무서장에게 등록한 경우 사업자등록, 세금계산서 발급, 부가가치세 신고·납부, 경정 등의 납세의무를 본점 또는 주사무소에서 이행하는 것을 말한다.

이때 사업자단위과세 적용 사업장에는 한 개의 사업자등록번호가 부여된다.

사업장 단위로 등록한 기존 사업자가 사업자단위과세를 적용받고자 하는 경우에는 사업자단위과세 사업자로 적용받으려는 과세기간 개시 20일 전에 사업자단위과세승인신청서를 관할 세무서장에게 제출하여야 한다.

그리고 사업장이 하나인 사업자가 추가로 사업장을 개설하면서 추가 사업장의 사업 개시일이 속하는 과세기간부터 사업자단위과세 사업자로 적용받으려는 경우에는 추가 사업장의 사업개시일로부터 20일 이내에 사업자의 본점 또는 주사무소 관할 세무서장에게 변경등록을 신청하여야 한다. 이 경우 해당 신청일이 속하는 과세기간부터 사업자단위과세가 적용된다.

(2) 주사업장 총괄 납부

사업장이 둘 이상인 사업자가 관할 세무서장에게 주사업장 총괄 납부를 신청한 경우 납부할 세액을 주된 사업장에서 총괄하여 납부할 수 있는 제도이다.

신규사업자가 주된 사업장에서 총괄납부하려는 경우에는 주된 사업장의 사업자등록을 받은 날로부터 20일 이내에 관할 세무서장에게 신청하고 승인을 받은 경우에는 해당 신청일이 속하는 과세기간부터 총괄하여 납부할 수 있다.

계속사업자의 경우에는 납부하려는 과세기간 개시 20일 전에 주사업장 총괄 납부 신청서를 주된 사업장 관할 세무서장에게 제출하여야 한다.

사업장이 하나이나 추가로 사업장을 개설하려는 자는 추가 사업장의 사업 개시일로부터 20일 이내에 주사업장 총괄 납부 신청서를 주된 사업장의 관할 세무서장에게 제출한 경우에는 해당 신청일이 속하는 과세기간부터 총괄하여 납부한다.

4. 과세되는 재화 또는 용역의 공급

가. 재화의 공급

(1) 재화의 의의

재화란 재산적 가치가 있는 물건 및 권리를 말하는 것으로 물건이란 모든 유체물과 관리할 수 있는 자연력을 말한다.

따라서 상품, 제품, 원료, 기계, 건물 등과 전기, 가스, 열 등 관리할 수 있는 자연력, 광업권, 특허권, 저작권 등 물건과 권리 외에 점포권리금 등 재산적 가치가 있는 모든 것이 재화에 해당한다.

부가가치세 과세거래인 권리의 공급에 해당하기 위해서는 그 권리가 현실적으로 이용될 수 있고 경제적 교환가치를 가지는 등 객관적인 재산적 가치가 인정되어야 한다(대법원 2015.6.11. 선고 2015도1504 판결).

한편, 도박과 관련하여 도박은 참여한 사람들이 서로 재물을 걸고 우연한 사정이나 사태에 따라 재물의 득실을 결정하는 것이다. 따라서 도박행위는 일반적으로 부가가치를 창출하는 것이 아니므로 부가가치세 과세대상이 아니다. 그러나 도박사업을 하는 경우 고객이 지급한 돈이 단순히 도박에 건 판돈이 아니라 사업자가 제공하는 재화 또는 용역에 대한 대가에 해당한다면 부가가치세 과세대상이다. 따라서 스포츠 도박 사업자가 정보통신망에 구축된 시스템 등을 통하여 고객들에게 도박에 참여할 수 있는 기회를 제공하고 이에 대한 대가로서 금전을 지급받는 경우에는 비록 그 행위가 사행성을 조장하더라도 재산적 가치가 있는 재화 또는 용역의 공급에 해당하므로 부가가치세 과세대상으로 보아야 한다(대법원 2017.4.7. 선고 2016도19704 판결).

(2) 재화의 공급의 의미

재화의 공급이란 계약상·법률상의 모든 원인에 의하여 재화를 인도 또는 양도하는 것을 말한다.

즉, 현금판매·외상판매·할부판매·장기할부판매·조건부 및 기한부 판매·위탁판매·기타 매매계약에 의하여 재화를 인도 또는 양도하는 것을 말한다.

사업자가 계약상 또는 법률상의 원인에 의하여 재화를 인도 또는 양도하는 경우에는 부가 가치세를 면제하거나 부과하지 아니한다는 특별한 규정이 없는 한, 모두 부가가치세를 납부 할 과세대상이 되는 것으로, 사업자가 주된 사업으로서 계속적 반복하여 재화 등을 공급하 는 것이 아니라 주된 사업과 관련하여 우연히 또는 일시적으로 재화 등이 공급되는 경우에 도 과세대상이 된다(대법원 2001. 2. 23. 선고 98두16644 판결).

재화의 공급은 다시 재화를 사용 또는 소비할 수 있는 소유권을 이전하는 실질적인 공급 과 최종소비자의 지위에서 사용 또는 소비하거나 면세사업에 전용하는 등 일정한 사유에 해 당하는 경우 재화의 공급으로 보는 간주공급이 있다.

한편, 그 인도 또는 양도는 재화를 사용·소비할 수 있도록 소유권을 이전하는 행위를 전 제로 하는 것이라고 할 것인바, 사업자가 건물을 매도하기로 하는 매매계약을 체결한 다음, 매매대금이 청산되거나 거래상대방 명의로의 이전등기를 경료하기 이전이라도, 거래상대방 으로 하여금 사실상 소유자로서 당해 건물에 대한 배타적인 이용 및 처분을 할 수 있도록 점유를 이전하였다면, 이는 부가가치세법상 재화의 공급에 해당한다(대법원 2006.10.13. 선고 2005두2926 판결).

(3) 재화의 실질적 공급

(가) 개요

실질적 공급은 계약상 또는 법률상의 모든 원인에 따라 재화를 인도하거나 양도하는 것으로 재산적 가치가 있는 물건 및 권리이어야 한다.

재화의 공급으로 보는 재화의 인도 또는 양도는 궁극적으로 재화를 사용·소비할 권한의 이전이 수반되는 것이어야 할 것이다(대법원 1990. 8. 10. 선고 90누3157 판결). 즉, 재화의 공급이란 계약상 또는 법률상의 모든 원인에 의하여 재화를 인도 또는 양도하는 것을 말하는 것으로서 부가가치세의 성질에 비추어 보면, 그 인도 또는 양도는 재화를 사용·소비할 수 있도록 소유권을 이전하는 것을 전제로 하는 것이라고 할 수 있다.

한편, 건물에 대한 소유권 이전등기를 경료하기 전이라도 재화의 공급이 있는 것으로 보기 위해서는 적어도 토지 소유자로 하여금 그 건물의 사실상 소유자로서 그 건물에 대한 배타적인 이용 및 처분을 할 수 있도록 그 점유를 이전하여야 한다.

(나) 계약상 원인에 의한 재화의 공급

계약상의 원인으로는 현금판매·외상판매·할부판매·장기할부판매·조건부 및 기한부 판매·위탁판매 기타 매매계약에 등에 의하여 재화를 인도 또는 양도하는 것을 말한다.

따라서 매매계약 또는 교환계약에 따라 재화를 인도 또는 양도하는 경우, 소비대차계약에 의하여 차용하거나 반환하는 것은 각각 재화의 공급에 해당한다. 기타 원인에 의하여 재화를 인도 또는 양도하는 경우 부가가치세가 과세된다.

한편, 부동산 임대업을 영위하는 사업자가 자기의 과세사업에 사용하던 건물을 특수관계자에게 증여하는 경우 부가가치세가 과세되며, 당해 건물의 시가를 과세표준으로 하여 세금계산서를 발급하여야 한다(법령해석 부가-0145. 2016.4.18.).

법인 또는 공동사업자가 출자지분을 현물로 반환하는 것은 재화의 공급에 해당한다.

한편, 사업자가 보유하고 있는 재고자산을 양수자에게 양도하기로 계약을 체결하면서 계약서상 위탁판매특약으로 해당 재고자산을 양수자에게 이전하지 않고 재고자산의 소유에 따른 위험을 계속적으로 양도자가 부담하면서 위탁판매하기로 하여 사실상 차입거래에 해당하는 경우에는 부가가치세 과세대상에 해당하지 않는다(사전답변, 법령해석부가-0232, 2018.4.19.).

(다) 법률의 규정에 의한 소유권 변동으로 인한 재화의 공급

수용이나 판결·경매와 같은 법률의 규정에 의한 경우에도 재화의 공급에 해당한다. 다만, 경매 중 민사집행법에 의한 것은 정책상의 이유로 과세되는 재화의 공급으로 보지 않는다. 즉, 경매 재화 공급자는 폐업·파산 등으로 세금부담능력이 없어 체납하는 반면, 경락자는 매입세액공제를 받아 세수 일실만 초래하는 점을 감안하여 민사집행법에 따른 경매도 재화 공급의 범위에서 제외하였다.

한편, 사업시행자가 재화 또는 용역의 공급에 대한 대가관계 없이 해당 건물의 임차인에게 토지보상법에 따른 휴·폐업으로 인한 영업손실 및 시설이전비를 지급하는 경우 해당 영업손실 및 시설이전비는 부가가치세 과세대상에 해당하지 아니한다(사전답변, 법령해석부가-0891, 2018.1.12.).

(4) 재화의 간주공급

(가) 의의

사실상 재화의 공급에 해당하지 않지만 일정한 요건에 해당하는 거래를 세법상 재화의 공급으로 간주하는 것을 말한다. 간주공급에는 자가공급, 개인적 공급, 사업상 증여, 폐업 시 잔존재화가 있다. 한편 용역의 자가공급 또는 무상공급은 과세대상에서 제외한다.

(나) 자가공급

사업자가 자기의 과세사업과 관련하여 생산하거나 취득한 재화를 자기의 사업을 위하여 직접 사용하거나 소비하는 것을 말하며, 자가공급은 기업회계상 내부거래이지만 부가가치세법 상으로는 재화의 공급으로 가준된다. 자가공급에는 면세사업으로의 전용, 비영업용 소형승용 차와 그 유지를 위한 재화로의 사용, 다른 사업장으로 판매목적용 재화의 반출 등이 있다.

① 면세전용

사업자가 자기의 과세사업과 관련하여 생산하거나 취득한 재화로서 매입세액이 공제된 재화를 자기의 면세사업을 위하여 직접 사용하거나 소비하는 것은 재화의 공급으로 본다.

가령 오피스텔 신축판매업을 운영하는 사업자가 완공한 오피스텔을 임대한 경우로서 임차인이 이를 상시 주거용으로 사용하는 경우 해당 오피스텔, 부가가치세가 과세되었던 재화가 법령개정으로 면세로 전환된 경우 전환 당시의 재고재화, 사업자가 과세되는 미분양주택을 면세되는 주택임대사업으로 전환한 것으로 볼 수 있는 경우 등이 이에 해당하다.

② 비영업용 소형승용차와 그 유지를 위한 재화로의 사용

사업자가 자기의 과세사업을 위하여 자기가 생산·취득한 매입세액이 공제된 재화를 승용자동차 판매용, 운수사업용 등 고유의 사업목적에 사용하지 않고 비영업용 또는 업무용(출퇴근용)으로 사용한 경우, 영업용 소형승용차를 종업원에게 무상으로 인도하는 경우, 영업용 차량을 면세용역으로 전용한 경우 등이 이에 해당된다.

③ 다른 사업장으로 판매목적용 재화의 반출

사업장이 둘 이상인 사업자가 자기의 사업과 관련하여 생산 또는 취득한 재화를 판매할 목적으로 자기의 다른 사업장에 반출하는 것은 재화의 공급으로 본다.

다만, 사업단위과세 사업자로 적용을 받는 과세기간에 자기의 다른 사업장에 반출하는 경우, 주사업장 총괄납부의 적용을 받는 과세기간에 자기의 다른 사업장에 반출하는 경우에는 자가공급으로 보지 않는다.

(다) 재화의 개인적 공급

사업자가 자기가 생산 또는 취득한 재화를 사업과 직접적인 관계없이 자기의 개인적인 목적이나 그 밖의 다른 목적을 위하여 사용·소비하거나 그 사용인 또는 그 밖의 자가 사용·소비하는 것으로서 사업자가 그 대가를 받지 아니하거나 시가보다 낮은 대가를 받는 경

우, 명절, 근로자의 날, 생일 등을 맞이하여 종업원 등에게 기념품을 무상을 지급하는 경우 재화의 공급으로 본다.

다만, 작업복·작업모·작업화, 직장체육·직장연예와 관련된 재화, 소액의 경조사비용과 설날·추석·창립기념일 및 생일 등 실비변상적·복리후생적인 재화의 공급은 개인적 공급에서 제외한다.

(라) 재화의 사업상 증여

사업자가 자기가 생산 또는 취득한 재화를 자기의 고객이나 불특정 다수에게 증여하는 경우에는 재화의 공급으로 본다. 다만 증여하는 재화의 대가가 주된 거래인 재화의 공급에 대한 대가에 포함되는 경우에는 제외한다.

가령 사업장 증여에 의하여 재화로 지급하는 현금을 제외한 장려금품, 사업자가 자기의 고객 중 추첨을 통하여 당첨된 자에게 재화를 경품으로 제공하는 경우, 사업을 위하여 대가를 받지 아니하고 다른 사업자에게 인도하거나 양도하는 견본품 등이 이에 해당한다.

다만, 재난 및 안전관리 기본법의 적용을 받는 특별재난지역에 공급하는 물품, 지식적립 마일리지 등으로만 전부를 결제받고 공급하는 재화, 자기가 생산 또는 취득한 재화를 자기의 사용인에게 복리후생을 위하여 실비변상적인 것이거나 무상으로 공급하는 작업복 등, 자기기 생산 또는 취득한 재화를 광고선전 목적으로 불특정 다수인에게 무상으로 배포하는 재화, 자기의 제품 또는 상품을 구입하는 자에게 구입 당시 그 구입액의 비율에 따라 증여하는 기증품 등은 사업장 증여로 보지 않는다.

(마) 폐업 시 잔존재화

사업자가 폐업할 때 자기가 생산 또는 취득한 재화 중 남아 있는 재화는 자기에게 공급한 것으로 본다.

나. 용역의 공급

(1) 용역의 의의

용역이란 재산적 가치가 있는 모든 역무와 그 밖의 행위를 말한다. 과세대상 용역에 해당되는 것으로는 건설업, 숙박 및 음식점업, 운수업, 방송통신 및 정보서비스업, 금융 및 보험업, 전·답·과수원·목장용지·임야·염전, 공익사업을 위한 토지 등의 취득 및 보상에 관한 법률에 따른 공익사업과 관련해 지역권·지상권을 설정하거나 대여하는 사업 등을 제외한 부동산업 및 임대업, 전문, 과학 및 기술서비스업과 사업시설관리 및 사업지원서비스, 공공행정, 국방 및 사회보장 행정, 교육 서비스업, 보건업 및 사회복지 서비스업, 예술, 스포츠 및 여가 관련 서비스업, 협회 및 단체, 수리 및 기타 개인서비스업, 가구 내 고용활동 및 달리 분류되지 않은 자가소비 생산활동, 국제 및 외국기관 사업 등이 있다.

(2) 용역 공급의 개념

용역의 공급이란 계약상 또는 법률상의 모든 원인에 따라 역무를 제공하거나, 시설물, 관리 등 재화를 사용하게 하는 것을 말한다.

한편 대가를 받기로 하고 타인에게 용역을 공급한 이상 실제로 그 대가를 받았는지의 여부는 부가가치세 납부의무의 성립 여부를 결정하는 데 아무런 영향도 미칠 수 없다(대법원 1995.11.28. 선고 94누11446 판결).

과세되는 용역은 재산적 가치가 있는 모든 역무와 그 밖의 행위를 말한다. 용역에 해당되는 것으로는 건설업, 숙박업 및 음식점업, 운수업, 통신업, 금융업 및 보험업, 부동산임대업, 교육서비스업, 보건 및 사회복지사업, 오락, 문화 및 운동 관련 서비스업, 기타 공공 수리 및 개인서비스업, 가사서비스업 등이 있다.

한편, 건설업은 용역의 공급에 해당하며, 건설업자가 건설자재의 전부 또는 일부를 부담하는 것, 자기가 주요자재를 전혀 부담하지 아니하고 상대방으로부터 인도받은 재화를 단순히 가공만 해 주는 것은 용역의 공급에 해당한다.

(3) 과세되는 용역의 공급

ⓐ 건설업의 경우 건설업자가 건설자재의 전부 또는 일부를 부담하는 것

ⓑ 자기가 주요자재를 전혀 부담하지 아니하고 상대방으로부터 인도받은 재화를 단순히 가공만 해 주는 것

ⓒ 산업상·상업상 또는 과학상의 지식·경험 또는 숙련에 관한 정보를 제공하는 것

ⓓ 타인의 명의로 타인의 상품을 거래하는 대리판매점, 상품중개인, 중개인 및 경매인 등이 구매자와 판매자를 연결시켜 주어 그들의 상업적 거래를 대리하는 것

ⓔ 인터넷 등을 이용하여 반복적으로 특정 정보를 게재하고 그 정보를 이용하는 자로부터 정보이용료를 받는 경우

ⓕ 의료보건용역 중 쌍꺼풀 수술, 코성형 수술, 유방암 수술과 관련 없는 유방 확대·축소술, 지방흡입술, 주름살제거술, 안면윤곽술, 치아성형(치아미백, 래미네이트, 잇몸성형) 등 성형수술(다만, 성형수술로 인한 후유증 치료, 선천성 기형의 재건수술과 종양제거에 따른 재건수술은 제외한다), 안악면 교정술(다만, 치아교정치료가 선행되는 안악면 교정술은 제외한다), 색소모반, 주근깨, 흑색점, 기미치료술, 여드름 치료술, 제모술, 탈모치료술, 모발이식술, 문신술 및 문신제거술, 피어싱, 지방융해술, 피부재생술, 피부미백술, 항노화 치료술 및 모공축소술 등은 부가가치세가 과세되는 용역이다.

ⓖ 공동주택의 입주자대표자회의가 단지 내 주차장, 운동시설 등 공동주택 부대시설을 운영·관리하면서 해당 시설을 입주자에게 이용하도록 하고 실비 상당의 이용료를 받는 경우에는 부가가치세가 과세되지 아니하나, 외부인들로부터 받는 이용료에 대하여는 부가가치세가 과세된다(기획재정부 부가가치세제과-631, 2017.12.04.).

다. 부수재화 또는 부수용역의 공급

주된 재화 또는 용역의 공급에 대한 대가에 통상적으로 포함되어 공급되는 재화 또는 용역 또는 거래의 관행으로 보아 통상적으로 주된 재화 또는 용역의 공급에 부수하여 공급되는 것으로 인정되는 재화 또는 용역 등은 주된 재화 또는 용역의 공급에 부수되어 공급되는 것

으로 본다. 그러므로 과세 및 면세 여부 등은 주된 사업의 과세 및 면세 여부 등에 따른다.

(1) 국민주택 부수용역

발코니 확장 건설용역은 수분양자의 선택에 따라 그 공급 여부가 결정되는 것일 뿐, 국민주택 공급용역에 필수적이거나 통상적으로 부수하여 공급된다고 보기 어렵다 할 것이므로, 면세되는 아파트 공급에 필수적으로 부수되는 용역에 해당한다고 볼 수 없다(대법원 2014.12.11. 선고 2014두40036 판결).

(2) 장례식장 부수용역

장례식장에서 음식물 제공용역의 공급은 일반인이 아니라 특정 조문객만을 대상으로 빈소 바로 옆 공간이라는 제한된 장소에서 이루어지는 것이 일반적인 점 등에 비추어 보면, 거래의 관행상 장례식장에서의 음식물 제공용역의 공급이 부가가치세 면제 대상인 장의용역의 공급에 통상적으로 부수되고 있음을 인정할 수 있다(대법원 2013.6.28. 선고 2013두932 판결).

(3) 기타 부수용역

면세되는 교육용역 제공 시 필요한 교재실습자재 기타 교육용구의 대가를 수강료 등에 포함하여 받거나, 별도로 받는 때에는 주된 용역인 교육용역에 부수되는 재화 또는 용역으로서 면제된다.

또한 의료보건용역을 제공하는 사업자가 입원환자에게 직접 제공하는 음식은 면제대상이다.

그 밖에 은행이 사업에 사용하던 건물을 양도하는 경우 주된 사업인 금융업이 면세되므로 부수 재화인 건물의 양도는 부가가치세가 면제된다.

라. 재화의 수입

재화의 수입에 대한 과세취지는 동일한 재화가 국내에서 생산되어 소비되는 경우와 과세형평을 도모하고 소비지국 과세원칙에 따라 국내에서 소비되거나 사용될 것으로 예상되는 것에 대하여 부가가치세를 과세하기 위함이다.

5. 과세되지 않는 재화 또는 용역의 공급

(1) 실질적인 재화의 공급으로 보지 않은 경우

① 담보목적으로 제공하는 동산, 부동산 또는 부동산상의 권리

재화를 담보로 제공하는 것으로서 질권·저당권 또는 양도담보의 목적으로 동산·부동산 및 부동산상의 권리를 제공하는 것은 재화의 공급으로 보지 아니한다.

저당권은 등기·등록에 의하여 공시할 뿐 목적물에 대한 소유권과 점유권을 채권자에게 이전시키지 않고 저당권 설정자가 종전대로 목적물을 사용·수익하는 반면, 채권자는 교환가치만을 지배하므로 재화의 공급이 될 수 없고 질권은 유치적 효력에 의하여 점유의 이전이 필요하지만 질권자는 채무자의 채무불이행이 있을 때 경매 및 간이변제 충당권만 있을 뿐 목적물을 수익할 권능은 없기 때문에 인도가 되더라도 재화의 공급으로 보지 않는다.

② 신탁재산에 대한 수익자 지정

채무자인 위탁자가 기존 채무의 이행을 담보하기 위하여 수탁자에게 재산을 신탁하면서 채권자를 수익자로 지정하였더라도 그러한 수익권은 신탁계약에 의하여 원시적으로 채권자에게 귀속되는 것이어서 위 지정으로 인하여 당초 수탁자에 대한 신탁재산의 이전과 구별되는 위탁자의 수익자에 대한 별도의 재화 공급이 존재한다고 볼 수 없다

(대법원 2017.6.15. 선고 2014두6111 판결).

③ 신탁재산의 이전

위탁자로부터 수탁자에게 신탁재산을 이전하는 경우 또는 신탁재산의 종료로 신탁재산을 수탁자로부터 위탁자에게 이전하는 경우, 수탁자가 변경되어 새로운 수탁자에게 신탁재산을 이전하는 경우에는 실질적인 재화의 공급으로 볼 수 없다.

(2) 재화의 인도 또는 양도가 있어도 실질적인 재화의 공급으로 보지 않는 경우

① 사업의 포괄적 양도 양수

사업장별로 사업용 자산을 비롯한 인적·물적시설 및 권리와 의무를 포괄적으로 승계시키는 것을 말한다. 다만, 사업과 관련 없는 건물, 토지, 미수금, 미지급금은 승계되지 않아도 된다. 양수자가 승계받은 사업 외에 새로운 사업의 종류를 추가하거나 사업의 종류를 변경한 경우에도 사업의 동일성이 유지되는 것으로 본다.

다만, 사업자가 한 사업장 내에서 둘 이상의 과세사업을 겸영하던 중 특정 과세사업만을 포괄적으로 양도하는 경우, 부동산매매업자 또는 건설업자가 일부 부동산 또는 일부 사업장의 부동산을 매각하는 경우, 종업원 전부, 기계시설 등을 제외하고 양도하는 경우, 부동산임대업자가 임차인에게 부동산임대업에 관한 일체의 권리와 의무를 포괄적으로 승계시키는 경우 등은 사업의 포괄적 양도 양수로 보지 않는다.

② 국세징수법에 의한 공매와 민사집행법에 의한 경매로 재화의 이전

민사집행법에 의한 경매는 재화의 공급으로 보지 않는다. 왜냐하면 국세를 체납하여 압류된 경우와 채무를 변제하지 못하여 강제집행하는 경우에 공매 또는 강제경매를 통해 재화가 인도 또는 양도될 때 국세를 체납하거나 채무를 변제하지 못하였던 경매재화의 공급자가 부가가치세를 거래징수하여 납부하여야 하나, 경매재화의 공급자는 대부분 폐업·파산 등으로 세금부담 능력이 없기 때문에 부가가치세를 납부하지 못하

는 반면, 경매재화의 구입자, 즉 경락자는 매입세액을 공제받기 때문에 과세관청의 입장에서 세수 일실만 초래하기 때문이다.

③ 상속세 및 증여세법, 종합부동산세법에 따라 물납하는 사업용 자산

④ 도시 및 주거환경정비법, 공익사업을 위한 토지 등의 취득 및 보상에 관한 법률 등에 따라 수용되어 대가를 받은 경우에는 실질적인 재화의 공급으로 보지 아니한다.

⑤ 건설업을 영위하는 사업자가 자기의 해외건설공사에 건설용 자재로 사용·소비할 목적으로 국외로 반출하는 재화

⑥ 사업자가 영세율을 적용받지 않고 위탁가공을 위하여 원자재를 국외의 수탁가공 사업자에게 대가 없이 반출할 때

⑦ 사업자가 폐품처리하여 장부가액을 소멸시킨 고정자산 또는 재고자산

⑧ 폐업 시 잔존재화로 과세된 후에 실제로 처분하는 재화

⑨ 수재·화재·도난·파손·재고감모손 등으로 인하여 멸실 또는 망실된 재화

⑩ 공동사업을 영위하는 구성원이 다른 동업예정자에게 양도하는 공동사업 지분

⑪ 위약금 또는 손해배상금
　공급받을 자의 해약으로 인하여 공급할 자가 재화 또는 용역의 공급 없이 받는 위약금 또는 이와 유사한 손해배상금, 소유재화의 파손·훼손·도난 등으로 인하여 가해자로부터 받은 손해배상금, 도급공사 및 납품계약서상 그 기일의 지연으로 인하여 발주자가 받는 지체상금 등은 과세대상이 되지 않는다.

⑫ 기타 재화의 공급으로 보지 않는 경우

    ⓐ 주사업장 총괄납부를 받은 사업자가 판매할 목적으로 제품을 직매장에 반출하는
       경우

    ⓑ 사업자가 자기가 생산하거나 취득한 재화를 과세사업에 사용·소비하거나 자기의
       다른 사업장에 판매목적 외의 용도로 반출하는 때

    ⓒ 사업자가 자기의 사업과 관련하여 생산하거나 취득한 재화를 자기사업의 광고선전
       목적으로 불특정 다수인에게 광고선전용 재화로서 무상으로 배포하는 경우

    ⓓ 토지를 취득할 수 있는 권리의 양도

    ⓔ 외상매출금의 양도

    ⓕ 협회 등 단체가 재화의 공급 또는 용역의 제공에 따른 대가관계없이 회원으로부터
       받는 협회비·찬조비 및 특별회비 등은 과세대상이 아니다.

    ⓖ 수표·어음 등의 화폐대용증권의 양도

(3) 과세되는 용역의 공급에 해당되지 않는 것

    ⓐ 사업자가 대가를 받지 아니하고 용역을 공급하는 경우

    ⓑ 사업자가 자기의 사업과 관련하여 사업장 내에서 그 사용인에게 음식용역을 무상으
       로 제공하는 경우

    ⓒ 고용관계에 따라 근로를 제공하는 경우

    ⓓ 산학협력단과 대학 간 사업용 부동산의 무상 임대용역

    ⓔ 공공주택특별법에 따른 공공주택사업자와 부동산투자회사 간 사업용 부동산 무상
       임대용역

(4) 용역의 무상제공으로 용역의 공급에 해당되는 경우

    ⓐ 사업자가 자신의 용역을 자신의 사업을 위하여 대가를 받지 아니하고 공급함으로써
       다른 사업자와의 과세형평이 침해되는 경우

    ⓑ 사업자가 대가를 받지 아니하고 일정한 특수관계인에게 용역을 공급하는 경우

    ⓒ 사업자가 부동산임대용역을 공급하고 그 대가를 확정한 후 해당 대가의 전부 또는

일부를 면제하는 경우

6. 재화와 용역의 공급시기

(1) 재화의 공급시기 일반

재화의 공급시기는 재화의 이동이 필요한 경우에는 재화가 인도되는 때, 재화의 이동이 필요하지 아니한 경우에는 이용가능하게 되는 때, 그 밖의 경우에는 재화의 공급이 확정되는 때이다.

(2) 상품 또는 제품

상품 또는 제품 등의 현금판매, 외상판매, 단기할부 판매의 경우에는 상품 또는 제품이 인도되거나 이용가능한 때, 상품 또는 제품 등의 장기 할부판매의 경우에는 대가의 각 부분을 받기로 한 때이다.

(3) 부동산 공급

해당 부동산 소유권이전등기가 되어 이용 가능하게 되는 때, 중간지급조건부로 부동산을 공급하기로 계약하였으나 소유권이전 전 부동산이 이용 가능한 경우에는 해당 부동산을 이용가능하게 한 때(사용수익일).

사회기반시설을 신축하여 일정 기간 사용·수익한 후에 부동산을 기부채납하는 경우에는 그 기부채납 절차가 완료된 때이다.

(4) 재화의 현물출자

현물출자의 목적물인 재화를 인도하는 때이나, 등기 등록 기타 권리의 설정 또는 이전이 필요한 경우에는 이에 관한 서류를 완비하여 발급하는 때이다.

(5) 조건부 판매 및 기한부 판매

그 조건이 성취되거나 기한이 경과되어 판매가 확정되는 때이다.

(6) 간주공급의 경우

면세전용, 비영업용 소형 승용차와 그 유지를 위한 재화로의 사용, 개인적 공급의 경우에는 재화를 사용하거나 소비하는 때, 직매장 반출은 재화를 반출하는 때, 사업상 증여는 재화를 증여하는 때, 폐업 시 잔존재화는 폐업일이다.

(7) 수출하는 재화

내국 물품의 외국 반출, 중계무역방식의 수출은 수출재화의 선적일, 원양어업, 위탁판매수출은 수출재화의 공급가액이 확정되는 때, 위탁가공무역방식의 수출, 외국인도수출은 외국에서 해당 재화가 인도되는 때, 내국신용장에 의한 재화의 공급은 재화를 인도하는 때이다.

(8) 보세구역에서 수입하는 재화

사업자가 보세구역 안에서 보세구역 밖의 국내에 재화를 공급하는 경우 재화의 수입신고 수리일이다.

(9) 위탁매매의 경우

수탁자 또는 대리인의 공급시기를 기준으로 공급시기 판정한다. 다만 위탁자 또는 본인을 알 수 없는 경우 위탁자와 수탁자 또는 본인과 대리인 사이에도 공급이 이루어진 것으로 보아 공급시기를 판정한다.

(10) 리스자산 공급

사업자가 등록된 시설대여업자로부터 리스자산을 임차하고, 해당 리스자산을 공급자 또는 세관장으로부터 직접 인도받은 경우 해당 사업자가 재화를 공급자로부터 직접 공급받거나 외국으로부터 직접 수입한 것으로 보아 공급시기를 판정한다.

(11) 용역의 공급시기

① 일반적인 용역 제공의 경우

일반적인 용역 제공의 경우에는 역무제공이 완료되는 때, 시설물, 권리 등 재화가 사용되는 때로 한다.

역무제공의 완료시는 거래사업자 사이의 계약에 따른 역무제공의 범위와 계약조건 등을 고려하여 역무의 제공사실을 가장 확실하게 확인할 수 있는 시점, 즉 역무가 현실적으로 제공됨으로써 역무를 제공받는 자가 역무제공의 산출물을 사용할 수 있는 상태에 놓이게 된 시점으로 본다(대법원 2008.8.21.선고 2008두5117 판결).

역무제공 완료 여부가 불분명한 경우에는 역무제공이 완료되고 그 공급가액이 확정되는 때이다.

② 중간지급 조건부, 완성도 기준지급 조건부

완성도 기준지급 조건부 용역의 공급이라 함은 장기간에 걸쳐 용역을 공급하는 경우 진행도 또는 완성도를 확인하여 그 비율만큼 대가를 지급하는 거래 형태를 말한다.

대가지급에 관해 약정한 지급일이 있는 경우에는 대가의 각 부분을 받기로 한 때, 다만 그 지급일을 명시하지 아니한 경우에는 공사기성고가 결정되어 그 대금을 받을 수 있는 때, 대가가 검사를 거쳐 각 부분의 지급이 확정되는 경우에는 검사 후 대가의 지급이 확정되는 때.

중간지급 조건부 또는 완성도 기준지급 조건부 용역 중 잔금을 준공검사일 이후 지급한 경우에는 건설용역의 제공이 완료되는 때이다.

대가를 받기로 한 때는 실제로 대금을 수령하였는지 여부와 상관없이 약정에 의하여 대가의 각 부분을 받기로 한 날을 의미한다(대법원 1995.11.28. 선고 94누11446 판결).

한편, 당사자 간에 기성고 등에 대한 다툼에 있는 경우에는 법원의 판결에 의하여 대가가 확정되는 때가 공급시기이다.

중간지급 조건부 또는 완성도 기준지급 조건부 용역 제공 중 대가지급에 관한 약정이 없는 경우에는 용역의 제공이 완료되는 때가 공급시기가 된다. 다만 용역 제공의 완료 여부가 불분명한 경우에는 준공검사일이 된다.

③ 완성도 기준지급 조건부와 중간지급 조건부의 혼합인 경우

계약에 따라 대가의 각 부분을 받기로 한 때이다.

④ 임대보증금에 대한 간주임대료

부동산임대용역을 제공하고 전세금 또는 임대보증금을 받아 간주임대료를 계산하는 경우 예정신고기간 또는 과세기간의 종료일.

부동산임대 사업자가 부동산임대용역을 계속적으로 공급하고 그 대가를 월별, 분기별, 또는 반기별로 기일을 정하여 받기로 한 경우에는 그 대가의 각 부분을 받기로 한 때.

부동산 임대업자가 공급시기가 도래하기 전에 선불로 받은 대가에 대하여 임차인에게 세금계산서 또는 영수증을 발급하는 경우에는 그 발급한 때.

부동산임대업자가 2과세기간 이상에 걸쳐 부동산임대용역을 공급하고 그 대가를 선불 또는 후불로 받는 경우에는 예정신고기간 또는 과세기간의 종료일.

부동산임대업자가 임차인과 임대료에 대한 다툼이 있어 그 임대로 상당액이 법원의 판결에 의하여 확정되는 경우 해당 용역의 공급시기는 법원의 판결에 의하여 해당 대가가 확정되는 때.

임대차 계약의 유효 여부 및 임대료 등이 법원의 판결에 의하여 확정되는 경우에는 임대료 상당액 등이 법원의 판결에 의하여 확정되는 때가 공급시기에 해당한다(사전답변-2016- 법령해석 부가 -0061, 2016.2.25.).

⑤ 공급시기 도래 전 선발행 세금계산서의 경우

사업자가 재화 또는 용역의 공급시기가 되기 전에 재화 또는 용역에 대한 대가의 전부 또는 일부를 받고, 이와 동시에 그 받은 대가에 대하여 세금계산서 또는 영수증을 발급하면 그 세금계산서 등을 발급하는 때를 각각 그 재화 또는 용역의 공급시기로 본다.

원칙적으로 사업자가 용역의 공급시기가 되기 전에 세금계산서를 발급하고 그 세금계산서 발급일부터 7일 이내에 대가를 받으면 해당 세금계산서를 발급한 때를 용역의 공

급시기로 본다.

다만 예외적으로 그 세금계산서 발급일로부터 7일이 지난 후 대가를 받더라도 일정한 경우에는 해당 세금계산서를 발급한 때를 용역의 공급시기로 본다.

⑥ 기타 용역의 공급시기

재화의 공급으로 보는 가공은 가공된 재화를 인도하는 때, 둘 이상의 과세기간에 걸쳐 계속적으로 제공하고 대가를 선불로 받는 스포츠센터 연회비, 상표권 사용, 그 밖에 이와 유사한 용역은 예정신고기간 또는 과세기간 종료일, 전력 기타 공급단위를 구획할 수 없는 재화 또는 용역을 계속적으로 공급하는 경우 대가의 각 부분을 받기로 한 때, 그 밖의 용역의 공급은 역무의 제공이 완료되고 그 공급가액이 확정되는 때이다.

7. 면제되는 재화 또는 용역의 공급

가. 면세제도 개요

(1) 면세제도의 취지

부가가치세 면제란 특정한 재화 또는 용역의 공급에 대하여 부가가치세 납세의무를 면제하는 것을 말하며, 부가가치세가 면제되는 재화 또는 용역을 공급하는 사업자를 부가가치세 면제사업자라고 한다.

주요 면제 대상으로는 사회, 공익, 문화 등 조세정책 목적상 특정한 요건이나 성격을 갖춘 재화나 용역의 공급과 재화의 수입에 대하여 부가가치세를 면제하고 있다.

(2) 면세의 효과

최종 소비자의 조세부담을 줄여 세부담의 역진성을 완화시키는 효과가 있다.

(3) 면세사업자의 의무

면세사업자는 부가가치세법에서 정하는 사업자등록, 거래징수, 신고·납부 등 제반 의무가 없으나 재화 또는 용역을 공급받으면서 거래징수당한 매입세액은 부담하여야 한다.

나. 면세되는 재화 또는 용역의 범위

(1) 기초생활필수품 및 관련 용역

(가) 미가공식료품, 농·축·수·임산물

미가공식료품이란 가공되지 아니하거나 원생산물 본래의 성질이 변하지 아니하는 정도의 1차 가공을 거쳐 식용으로 제공하는 것을 말한다.

또한 우리나라에서 생산되어 식용으로 제공되지 아니하는 농산물, 축산물, 수산물과 임산물로서 원생산물, 원생산물 본체의 성상이 변하지 아니하는 정도의 원시가공을 거친 것에 대하여 면제한다.

조세법률주의 원칙상 비과세요건은 엄격하게 해석하여야 하는바, 부가가치세법령이 채소류와 김치를 면세대상으로 규정하고 있지만, 김치 가공용역에 대하여는 면세대상으로 한다는 아무런 규정이 없으므로 김치 가공용역을 면세 대상으로 해석할 수 없다(대법원 1995.2.,14. 선고 94누13381 판결).

(나) 수돗물, 연탄 및 무연탄

(다) 여객운송용역

항공사업법에 따른 항공기에 의한 여객운송 용역, 여객자동차 운수사업법에 따른 운수사업 중 운행형태가 고속인 시외버스운송사업, 전세버스운송사업, 일반택시운송사업 및 개인택시운송사업, 자동차대여사업, 수중익선, 에어큐션선, 자동차운송 겸용 여객선, 항해시속 20노트 이상의 여객선 운송용역은 면세하지 않는다.

그 밖에 철도의 건설 및 철도시설 유지관리에 관한 법률에 따른 고속철도에 의한 여객운송용역, 유람선 등 관광 또는 유흥 목적의 운송수단에 의한 궤도운송법에 따른 삭도에 의한 여객운송용역(스키장, 관광지 등의 케이블카), 관광진흥법에 따른 관관유람선업, 관광순환버스업 또는 관광궤도업에 제공되는 운송수단에 의한 여객운송용역(관광용 모노레일 등), 관광 사업을 목적으로 운영하는 철도의 건설 및 철도시설 유지관리에 관한 법률에 따른 일반철도(바다열차 등)에 의한 여객운송용역은 면세하지 않는다.

(라) 주택과 그 부수토지의 임대용역

주택은 상시 주거용으로 사용되어야 하고, 주택의 부수토지는 주택의 연면적(지하층의 면적, 지상층의 주차장 면적 및 주민공동시설의 면적 제외)과 주택 정착면적의 5배(도시지역 외의 토지는 10배)를 곱하여 산정한 면적 중 큰 면적을 초과하지 않는 범위 내에서 토지를 면제한다.

면세되는 임대주택과 과세되는 사업용 건물이 함께 있는 경우에는 주택부분의 면적이 사업용 건물 면적보다 큰 경우에는 그 전부를 면제되는 주택의 임대로 본다. 주택부분의 면적이 사업용 건물 부분의 면적보다 작거나 같은 때에는 사업용 건물 부분은 면제되는 주택의 임대로 보지 않는다. 이때 면세되는 임대주택에 부수되는 토지의 면적은 총 토지면적에 주택 부분의 면적이 차지하는 비율을 곱하여 계산한다.

(마) 여성용 생리처리 위생용품

(바) 공동주택 어린이집 임대용역

(2) 국민후생 관련 용역

(가) 의료보건용역, 혈액

면세되는 의료보건용역은 의료법 등에 따른 의사, 한의사, 간호사, 접골사, 안마사, 임상병리사, 물리치료사, 치과기공사 등이 제공하는 용역과 약사의 의약품 조제용역이다.

조제란 일정한 처방에 따라서 두 가지 이상의 의약품을 배합하거나 한 가지의 의약품을 그대로 일정한 분량으로 나누어서 특정한 용법에 따라 특정인의 특정된 질병을 치료하거나 예방하는 등의 목적으로 사용하도록 약제를 만드는 것을 말한다.

다만, 의료법에 따른 면허나 자격이 없는 자가 제공하거나 의료법상의 업무범위를 벗어나서 제공하는 의료용역, 피부과의원에 부설된 피부관리실에서 제공하는 피부관리용역은 부가가치세 과세대상이다.

또한 의료보건용역을 제공하는 사업자가 입원환자에게 직접 제공하는 음식용역은 부수용역으로 면세대상이나 외래환자, 환자의 보호자 및 일반인 등에게 제공하는 음식용역은 과세대상이다.

비의료인이 의료인 명의로 병원을 개설하여 비의료인의 책임과 계산 하에 공급하는 의료용역은 부가가치세가 과세되는 것이며, 이 경우 면세사업자 명의로 발급받은 세금계산서의 매입세액은 등록 전 매입세액에 해당하여 비의료인의 매출세액에서 공제되지 아니한다(과세기준자문 -2016-법령해석부가-0039, 2016.4.8.).

의료법에 규정하는 안마사가 아닌 사람을 의료법에 규정하는 안마사와 공동으로 안마시술소를 개설할 수 없다고 할 것이므로, 의료법에 규정하는 안마사가 아닌 사람과 의료법에 규정하는 안마사가 공동으로 안마시술소를 개설한 다음 의료법에 규정하는 안마사를 고용하여 제공하는 안마용역도 부가가치세 면제대상에 해당하지 않는다(대법원 2013. 5. 9. 선고 2011두5834 판결).

(나) 교육용역 등

일정한 시설 등에서 학생, 수강생, 훈련생, 교습생 또는 청강생에게 지식, 기술 등을 가르치는 것에 대하여 면세한다.

일정한 시설기준이란 주무관청의 허가·인가 또는 승인을 얻어 설립하거나 주무관청에 등록 또는 신고한 학교, 학원·강습소, 훈련원, 교습소, 비영리단체의 교육용역 등이다.

한편 비영리단체의 경우 정부의 허가 인가를 받아 설립된 모든 비영리단체를 의미하는 것이 아니라, 초·중등교육법, 고등교육법, 영유아보육법, 유아교육법, 학원의 설립·운영 및 과외교습에 관한 법률, 체육시설의 설치·이용에 관한 법률, 평생교육법 등과 같이 학교나 학원 등에 대한 구체적 시설 및 설비의 기준을 정한 교육시설 관련법에 따른 허가나 인가를 받아 설립된 비영리단체를 의미한다(대법원 2008. 6.12. 선고 2007두23255 판결).

그 밖에 면세되는 교육용역으로는 청소년활동진흥법에 따른 청소년수련시설 등에서 지식·기술 등을 가르치는 것, 산업교육 진흥 및 산학협력촉진에 관한 법률에 의한 산학협력단의 교육용역, 사회적기업육성법에 따른 인증받은 사회적 기업의 교육용역, 과학관의 설립·운영 및 육성에 관한 법률에 의한 과학관, 박물관 및 미술관 진흥법에 따라 등록한 박물관 및 미술관 등이 제공하는 교육용역은 면세한다.

(3) 문화 관련 용역

(가) 도서, 신문, 잡지, 통신 방송 등 관련 용역, 다만 광고 용역은 과세된다.

(나) 예술창작품, 예술행사, 문화행사, 비직업운동경기 등 관련 용역

예술행사 및 문화생사는 행사 주최에 관계없이 영리를 목적으로 하지 아니하는 문학·미술·음악·연극 및 문화 등의 발표회·연주회·경연대회 등을 말한다.

(다) 도서관·과학관·박물관·미술관·동물원 또는 식물원에의 입장 등

열람, 관람하기 위한 입장료에 대해서만 면세하고, 영리목적이 있어도 면세하며, 공공시설이 아니어도 면세한다.

(4) 부가가치 생산요소

부가가치 생산의 요소는 토지, 노동, 자본인데 그 자체가 부가가치 창출요소이므로 면제한다. 이에 따라 토지의 공급, 금융보험용역, 일정한 인적용역이 면세 대상이다.

(가) 토지의 공급

(나) 금융보험용역

면세되는 금융보험용역에는 은행업, 집합투자업, 신탁업, 투자일임업, 금전대부업, 환전업,

상호저축은행업, 신용보증기금업, 보증업, 보험업, 여신전문금융업 및 그 밖의 금전대부업이 포함된다.

면세되는 부수용역에는 담보재화 등 자산평가용역, 투자조사 및 상담용역, 면세용역제공에 사용하는 유가증권용지 등 업무용 재화, 금융·보험업무에서 취득한 재화, 유가증권의 대체결제업무·명의개서대행업무, 보험의 보상금 결정에 관련된 업무 등이 있다.

(다) 일정한 인적용역

ⓐ 개인이 물적시설 없이 근로자를 고용하지 아니하고 독립된 자격으로 제공하는 근로의 제공과 유사한 용역

ⓑ 문화·예술·창작 및 연예활동

ⓒ 직업운동가·가수 등 스포츠연예의 기능을 가진 자와 이들의 감독매니저 등 직업운동가 등의 기능발휘를 지도·주선하는 자가 개인의 독립된 자격으로 물적시설 없이 근로자를 고용하지 않고 제공하는 용역

ⓓ 정한 학술연구용역과 기술연구용역, 법인이 일정한 기술연구용역을 공급하더라도 이를 독립된 사업으로 영위하면서 과세사업에 부수되지 아니하는 인적용역을 공급하는 경우라야 부가가치세가 면제된다(대법원 2001.11.27. 선고 99두10131 판결).

ⓔ 형사소송법 및 군사법원법 등에 따른 국선변호인의 국선변호와 일정한 법률구조용역 등

ⓕ 중소기업창업지원법에 따른 중소기업상담회사가 제공하는 창업상담용역

ⓖ 국세기본법에 따른 국선대리인의 국선대리 용역

ⓗ 민법에 따른 후견인 및 후견감독인의 후견사무 용역

(5) 공익 또는 정책적 면세

(가) 공익단체가 무상 또는 실비로 공급하는 재화 또는 용역

주무관청에 등록된 종교·자선·학술·구호·기타 공익을 목적으로 하는 단체가 그 고유의 사업목적을 위하여 일시적으로 공급하거나 실비 또는 무상으로 공급하는 것이다.

(나) 학술 및 기술 발전을 위하여 학술 및 기술의 연구와 발표를 주된 목적으로 하는 단체가 그 연구와 관련하여 실비 또는 무상으로 공급하는 재화 또는 용역

(다) 주무관청에 등록된 종교 등 공익단체가 공급하는 일시적으로 운영관리하는 수입사업과 관련하여 공급하는 재화 또는 용역

(라) 문화재보호법에 따른 지정문화재를 소유하거나 관리하고 있는 종교단체의 경내지 및 경내지 안의 건물과 공작물의 임대용역

(마) 공익을 목적으로 기숙사를 운영하는 자가 학생이나 근로자를 위하여 실비 또는 무상으로 공급하는 음식 및 숙박 용역

(바) 국가, 지방자치단체 또는 지방자치단체조합이 공급하는 일정한 재화 또는 용역 중 일정한 용역

다만, 우정사업조직이 제공하는 소포우편물을 방문접수하여 배달하는 용역, 우편주문판매를 대행하는 용역, 고속철도에 의한 여객운송용역, 부동산임대업, 도매 및 소매업, 숙박업, 골프장 및 스키장 운영업, 기타 스포츠시설 운영업 등에 대하여는 면세하지 않는다.

기타 국가, 지방자치단체 또는 지방자치단체조합이 그 소속 직원의 복리후생을 위하여 구내에서 식당을 직접 경영하여 음식을 공급하는 용역 이외의 음식점업에 대하여는 면제하지 않는다.

(사) 국가, 지방자치단체, 지방자치단체조합 또는 공익단체에 무상으로 공급하는 재화 또는 용역

사업자가 공익단체인 의료법인에 무상으로 공급하는 재화는 부가가치세 면제대상이나, 채무인수조건으로 기부하는 경우 그 채무액에 해당하는 부분은 유상공급이므로 부가가치세 과세대상이다(조심 2013전1239, 2013.6.10.).

피담보채무와 함께 건물을 출연하는 경우 피담보채무액을 제외한 나머지 부분은 무상공급으로 보아 부가가치세가 면제된다(대법원 2013.11.28. 선고 2013두16838 판결).

(아) 국민주택 및 국민주택 건설용역과 리모델링용역

건설산업기본법, 전기공사업법, 소방시설공사업법, 정보통신사업법, 주택법, 하수법, 가축분뇨의 관리 및 이용에 관한 법률에 의하여 등록을 한 자가 공급하는 국민주택 건설용역과 건축사업, 전력기술관리법, 소방시설공사업법, 기술사법 및 엔지니어링산업 진흥법에 따라 등록 또는 신고를 한 자가 공급하는 설계용역과 건축법에 의하여 등록을 한 자가 공급하는 리모델링용역.

국민주택규모 이하의 관리주체, 경비업자 또는 청소업자가 공동주택에 공급하는 일반관리용역, 경비용역 및 청소용역 등은 부가가치세를 면제한다. 그 밖에 입주자 대표 등이 관리소장 및 관리직원, 경비원, 미화원을 직접고용하여 일반관리용역 등을 공급하는 경우에도 면세한다.

다만, 국민주택규모를 초과하더라도 읍·면지역에 위치하거나, 전용면적이 135평방미터 이하인 일정한 공동주택의 일반관리비 등 용역은 2020년까지 한시적으로 면세한다.

한편, 부가가치세가 면제되는 국민주택은 그 법의 목적 등에 비추어 적어도 주택의 용도로 적법하게 건축허가를 받아 그에 따라 건축된 건물만 해당되어야 한다(대법원 2013.2.28. 선고 2012두24634 판결).

조세특례제한법에 따라 부가가치세가 면제되는 국민주택의 공급은 주택법에 따른 국민주택규모 이하의 주택 공급에 한해 적용하는 것으로 오피스텔은 주택법에 따른 주택에 해당하지 않으므로 이를 적용할 수 없다(기획재정부 부가가치세제과-563, 2014.9.24.).

(6) 기타 면세

(가) 우표, 인지, 증지, 복권 및 공중전화, 특수용 담배

(나) 특수용도 석유류

전기사업자가 전기를 공급할 수 없거나 상당한 기간 전기공급이 곤란한 도서로서 도서지방의 자가발전에 사용할 목적으로 수산업협동조합중앙회에 직접 공급하는 석유류.

(다) 공장, 광산, 학교 등의 구내식당 음식용역

해당 사업장 등의 구내식당에서 식당을 직접 경영하여 공급하거나 학교장의 위탁을 받은 학교급식사업자가 위탁급식의 방법으로 해당 학교에 직접 공급하는 음식용역.

(라) 농·어업 대행용역

영농조합법인 및 농업회사법인이 농업경영 및 농작업의 대행용역과 영어조합법인이 공급하는 어업경영 및 어작업의 대행용역.

(마) 정부업무대행단체가 공급하는 재화 또는 용역 중 고유의 목적사업으로 면세사업과 관련된 것

8. 부가가치세 과세표준 계산

가. 개요

(1) 과세표준의 개념

부가가치세 과세준이란 과세기간이 경과함으로써 추상적으로 발생한 납세의무를 구체화하기 위하여 해당 과세기간에 대한 세액 산출의 기준이 되는 과세물건의 가액을 말하며, 해당 과세기간에 공급한 재화 또는 용역의 공급가액을 합한 금액을 말한다.

(2) 공급가액의 의미

공급가액이란 거래상대방으로부터 받은 대금, 요금, 수수료 등을 말하는 것으로 일반과세자에게 적용되는 것이며, 부가가치세가 포함되지 않은 물품가격으로 기업의 순수한 매출액과 같은 의미를 가지고 있다.

한편, 재화나 용역의 공급대가가 아닌 위약금이나 손해배상금 등은 공급가액이 될 수 없다(대법원 1984.3.13. 선고 81누412 판결, 대법원 2016.8.26. 선고 2015두58959 판결).

(3) 재화 또는 용역의 공급과 대가관계

전기·가스요금 등 공공요금의 경우 그것이 재화 또는 용역의 공급과 대가관계에 있는지 여부에 따라 부가가치세 과세표준에 포함되는지가 결정될 것이고, 단순히 재화 또는 용역의 공급자가 거래상대방을 위하여 그가 부담하는 공공요금을 재화 또는 용역공급에 따른 대가와 구분하여 편의상 함께 수령하여 납부를 대행한 것에 불과하다면 그 공공요금은 재화 또는 용역의 공급과 대가관계에 있다고 볼 수 없다(대법원 2007.9.6. 선고 2007두9778 판결).

나. 구체적인 경우 공급가액

(1) 금전 등으로 대가를 받은 경우

(가) 일반적인 경우

원칙적으로 거래상대방으로부터 받은 대금, 요금, 수수료 등이 공급가액이 된다.

그 밖에 도달 전 파손·훼손 또는 멸실된 재화의 가액, 공급대가의 지급지연으로 인하여 지급받은 연체이자, 반환조건 용기대금, 대가와 구분되고 지급사실이 확인되는 봉사료 등은 공급가액에서 제외한다.

한편, 전기·가스요금 등 공공요금의 경우 그것이 재화 또는 용역의 공급과 대가관계에 있는지 여부에 따라 부가가치세의 과세표준에 포함되는지가 결정될 것이고, 단순히 재화 또는 용역의 공급자가 거래상대방을 위하여 그가 부담하는 공공요금을 재화 또는 용역의 공급에 따른 대가와 구분하여 징수편의상 함께 수령하여 납부를 대행한 것에 불과하다면 그 공공요금은 재화 또는 용역의 공급과 대가관계에 있다고 볼 수 없다(대법원 2007.9.6. 선고 2007두9778 판결).

(나) 봉사료의 경우

신용카드 등에 그 대가와 구분하여 적고 봉사료를 해당 종업원에게 지급한 사실이 확인되는 경우에는 그 봉사료는 공급가액에 포함되지 아니하나, 사업자가 자기의 수입금액으로 계상한 경우에 봉사료는 공급가액에 포함된다.

한편, 미용서비스업을 영위하는 사업자가 미용용역을 공급하고 고객으로부터 그 용역대가와 함께 자유직업소득자인 헤어디자인에 대한 봉사료 명목으로 결제대금의 일정률 상당액을 신용카드매출전표에 구분·기재하여 수령한 후 해당 금액과 대응되지 아니하는 내부기준에 따라 산정한 금액을 헤어디자이너에게 지급하는 경우 해당 봉사료 명목으로 지급받은 금액은 신용카드매출전표 등에 구분하여 기재하더라도 부가가치세 과세표준에 포함한다(서면답변-2017-부가-3606, 2018.3.29.).

(다) 수입재화인 경우

관세의 과세가격과 관세, 개별소비세, 주세, 교육세, 농어촌특별세 및 교통에너지환경세의 합계액이 공급가액이 된다.

(라) 개별소비세, 교통에너지환경세 및 주세가 과세되는 재화 또는 용역의 경우

개별소비세, 주세, 교육세, 농어촌특별세 및 교통에너지환경세 상당액이 포함된 재화 또는 용역의 대가.

(마) 사업자가 재화 또는 용역을 공급하고 그 대가로 받은 금액에 공급가액과 세액이 별도 표시되어 있지 않거나 부가가치세가 포함되어 있는지가 분명하지 아니한 경우

그 대가로 받은 금액의 110분의 100을 곱한 금액을 공급가액으로 한다.

(바) 간이과세자의 경우

공급대가의 합계액이 과세표준이 된다.

(사) 공급가액에서 제외되는 대가

매출에누리, 환입된 재화의 가액, 재화 또는 용역의 공급과 직접 관련 없는 국고보조금과 공공보조금은 공급가액에서 제외된다.

① 매출에누리

매출에누리란 재화나 용역을 공급할 때 그 품질이나 수량, 인도조건 또는 공급대가의 결제방법이나 그 밖의 공급조건에 따라 통상의 대가에서 일정액을 직접 깎아 주는 금액을 말한다.

이러한 매출에누리는 공급자가 재화나 용역의 공급 시 통상의 공급가액에서 일정액을 공제 차감한 나머지 가액만을 받는 방법뿐만 아니라 공급가액을 전부 받은 후 그 중 일정액을 반환하거나 또는 이와 유사한 방법에 의하여 발생할 수 있다(대법원 2015.12.23. 선고 2013두19615 판결).

매출에누리에 해당하는 경우로 사업자가 고객에게 재화를 공급하는 1차 거래를 하면서 매출액의 일정비율에 해당하는 점수를 적립해 주고, 향후 고객에게 다시 재화를 공급하는 2차 거래를 하면서 적립된 점수 상당의 가액을 공제하고 나머지 금액만 현금으로 결제할 수 있도록 한 경우 2차 거래에서 적립된 점수 상당만큼 감액된 가액은 결국 사업자와 고객 사이에서 미리 정해진 공급대가의 결제조건에 따라 공급가액을 직접 공제, 차감한 것으로 에누리액에 해당한다(대법원 2016.8.26. 선고 2015두58959 판결).

또한 지마켓을 운영하는 회사가 아이템 할인이나 바이어 쿠폰의 사용을 통하여 상품거래가 이루어지는 때 할인액만큼의 금액을 판매회원의 서비스 이용료에서 공제하여 준 경우 서비스 이용료에서 직접 공제되는 것으로서 에누리액에 해당한다(대법원 2016.3.23. 선고 2014두298 판결).

② 환입된 재화의 가액

환입이란 일단 공급한 재화가 품질 기타 계약조건 위반 등으로 반품된 것을 말하는 것으로 공급가액에 포함하지 않는다.

③ 재화 또는 용역의 공급과 직접 관련되지 아니하는 국고보조금과 공공보조금

이는 재화 또는 용역을 공급함으로써 부가가치세 납세의무를 지는 사업자가 국고보조금의 교부대상이 되는 보조사업의 수행자로서 재화 또는 용역을 공급하고 국고보조금을 지급받은 경우에 당해 사업자의 재화 또는 용역의 공급에 따른 부가가치세 과세표

준에 국고보조금 상당액을 포함시키지 않는다는 것을 의미한다(대법원 2001.10.9. 선고 2000두369 판결).

④ 매출할인

공급에 대한 대가를 약정기일 전에 받았다는 이유로 사업자가 당초의 공급가액에서 할인해 준 금액은 공급가액에 포함되지 않는다.

⑤ 마일리지 등

마일리지 등이란 재화 또는 용역의 구입실적에 따라 마일리지, 포인트 또는 그 밖에 이와 유사한 형태로 별도의 대가 없이 적립 받은 후 다른 재화 또는 용역의 구입 시 결제수단으로 사용할 수 있는 것과 재화 또는 용역의 구입실적에 따라 별도의 대가 없이 교부받으며 전산시스템 등을 통하여 그 밖의 상품권과 구분 관리되는 상품권을 말한다.

일정한 마일리지 등으로 대금의 전부 또는 일부를 결제 받은 경우에는 마일리지 등을 적립하여 준 사업장에서 사용한 자기적립마일리지 등은 공급가액에 포함하지 않는다. 이 경우 마일리지 등은 매출할인 성격으로 본다. 즉, 장려금이 아닌 매출할인 성격이 있다는 것이다.

그러나 자기적립마일리지 등 외의 마일리지로 결제 받은 부분에 대하여는 재화 또는 용역을 공급받은 자 외의 자로부터 보전받았거나 보전받을 금액과 마일리지 등 외의 수단으로 결제받은 금액의 합계액이 공급가액이 된다.

⑥ 판매장려금

판매장려금이란 판매촉진, 시장개척 등을 목적으로 사전약정에 의하여 거래수량이나 거래금액에 따라 지급하는 금품을 말한다.

판매장려금을 현금으로 지급하는 경우에는 별도의 과세표준(공급가액)에 포함시키지 않는다.

반면, 판매장려금을 현금이 아닌 재화로 공급하면 사업상 증여에 해당되어 재화의 현물시가액을 별도로 과세표준에 포함시켜야 한다. 다만 세금계산서는 발행하지 않는다.

⑦ 기타 공급가액에 포함하지 않는 금액

    ⓐ 공급받는 자에게 도달하기 전에 파손되거나 훼손돼 멸실한 재화의 가액

    ⓑ 공급에 대한 대가의 지급이 연체되었음을 이유로 받는 연체이자

    ⓒ 공급자가 어떠한 공급과 관련하여 재화나 용역을 공급받은 자가 아닌 제3자(홈쇼핑업체)로부터 금전 또는 금전적 가치가 있는 것을 받는 경우에 그것이 그 공급과 대가관계가 있는 때에는 부가가치세의 과세표준에 포함될 수 있을 것이나, 그것이 해당 공급과 구별되는 제3자와 공급자의 다른 공급과 관련되어 있을 뿐 해당 공급과 대가관계에 있다고 볼 수 없는 경우에는 해당 공급에 관한 부가가치세의 과세표준에 포함되지 않는다(대법원 2016.6.23. 선고 2014두 144 판결).

(2) 금전 이외의 대가를 받은 경우, 부당행위계산 부인에 의하는 경우

공급한 재화 또는 용역의 시가가 공급가액이 된다.

(3) 부동산 임대용역의 경우

사업자가 부동산 임대용역을 공급하고 전세금 또는 임대보증금을 받는 경우에는 전세금 또는 임대보증금을 1년 정기예금이자율로 계산한 금액 중 과세기간 해당액을 공급가액으로 한다.

사업자가 부동산 임대용역을 공급하고 전세금 또는 임대보증금을 받는 경우에는 금전 이외의 대가를 받는 것으로 보아 간주임대료를 과세표준으로 한다.

부동산 임대에 있어서 임대료가 주된 대가라고 할 수 있으나 임대보증금 또는 전세보증금의 경우에도 그 자체는 대가라 할 수 없어도 보증금을 받는 경우 그 보증금에 상당하는 만큼의 월세가 경감되는 것이 거래관행임을 고려하여 보증금의 이자상당액을 대가로 보아 이를 과세표준에 산입한다.

또한 전세금 또는 임차보증금으로 정기예금에 가입하여 이자수익을 얻거나 전세금 또는 임차보증금으로 투자를 하여 투자수익을 얻는 등 전세금 또는 임차보증금을 보유하는 계약기간 동안 이를 운용하면서 수익을 창출할 수 있게 되므로, 이를 부동산 임대용역에 대한 대가로 볼 수 있다.

과세되는 부동산 임대용역과 면세되는 주택 임대용역을 함께 공급하여 임대료 등의 구분이 불분명한 경우에는 일정한 산식에 의하여 순차로 계산한 금액이 공급가액이 된다.

사업자가 둘 이상의 과세기간에 걸쳐 부동산 임대용역을 공급하고 그 대가를 선불 또는 후불로 받는 경우에는 해당 금액을 계약기간의 개월 수로 나눈 금액의 각 과세대상기간의 합계액이 공급가액이 된다.

한편, 부동산 임대에 따른 용역 제공 시 임차인이 부담하여야 할 보험료·수수료 및 공공요금 등을 별도로 구분징수하여 납입을 대행하는 경우 해당 금액은 부동산임대관리에 따른 대가에 포함하지 않는다.

(4) 간주공급의 경우

폐업 시 잔존재화에 과세하는 경우에는 잔존하는 재화의 시가, 자가공급 등의 경우에는 공급한 재화 또는 용역의 시가, 직매장 반출의 경우에는 취득가액을 공급가액으로 본다.

(5) 기타의 공급가액

(가) 외상판매 및 할부판매의 경우

공급한 재화의 총 가액.

(나) 장기할부 판매, 완성도 기준지급 조건부 또는 중간지급 조건부, 계속적 재화

(다) 완성도 기준 등에 의한 재화 또는 용역을 공급하는 경우

계약에 따라 받기로 한 대가의 각 부분.

(라) 기부채납의 경우

기부채납의 근거가 되는 법률에 따라 기부채납된 가액.

(마) 과세사업과 면세사업에 공통적으로 사용되는 재화를 공급하는 경우

일정한 산식에 의하여 안분한 가액.

(바) 토지와 건물 등을 함께 공급하는 경우

각각의 실지거래가액이 공급가액이 되고 실지거래가액이 불분명한 경우에는 안분한 가액이 공급가액이 된다.

안분방법은 기준시가가 있으면 기준시가에 따라 계산한 가액에 비례하여 안분계산한 금액. 기준시가가 없으면 감정평가액에 의하여 안분계산한 금액에 의한다.

(사) 과세되는 부동산임대용역과 면세되는 주택임대용역을 함께 공급하여 그 임대료 등의 구분이 불분명한 경우

일정한 산식에 의하여 계산한 금액의 합계액.

(아) 감가상각자산의 경우

취득가액을 일정한 감가율에 의하여 계산한 금액.

다. 거래징수

(1) 거래징수의 의의

사업자가 재화 또는 용역을 공급하는 때에 그 공급을 받는 자로부터 세금을 징수하는 것을 거래징수라고 한다. 이를 증명하기 위하여 공급받은 자에게 교부하는 영수증을 세금계산서라고 한다. 전단계세액공제 방식의 부가가치세를 채택하고 있는 경우 소비세 부담을 전가시키는 기능이 있다.

(2) 거래징수의 법적성격

거래징수의 법적성격은 선언적인 규정일 뿐, 거래 상대방에게 사법상의 권리를 인정한 것

은 아니다. 다만, 거래당사자 사이에 부가가치세를 부담하기로 하는 약정이 따로 있는 때에는 사업자는 그 약정으로 공급을 받은 자에게 부가가치세 상당액의 지급을 직접 청구할 수 있다(대법원 1999.11.12. 선고 33984 판결).

한편, 공급자는 거래징수를 하였는지와 관계없이 매출세액을 부담하여야 한다.

라. 세금계산서 제도

(1) 세금계산서의 의의

세금계산서란 거래징수의무자인 사업자가 재화 또는 용역을 공급하는 때에 그에 대한 부가가치세를 거래상대방으로부터 징수하고 그 사실을 증명하기 위하여 부가가치세법에 따라 거래상대방에게 작성·발급하는 계산서를 말한다.

(2) 세금계산서의 기능

세금계산서는 납세자가 재화 또는 용역을 공급하는 때 부가가치세를 징수하였음을 증명하는 기능과 거래증빙자료로서 부가가치세와 소득세 그리고 법인세의 과세자료로 활용된다.

(3) 세금계산서의 중요성

부가가치세는 재화나 용역의 유통과정 단계에서 창출된 부가가치를 과세대상으로 하는데 계산방식은 사업자가 공급한 재화나 용역의 매출에서 다른 사업자로부터 공급받은 재화나 용역에 대한 매입세액을 공제하여 납부세액을 계산하는 이른바 전단계세액공제법을 채택하고 있다. 이에 따라 거래사실을 증명하기 위하여 세금계산서 수수가 반드시 필요하다.

(4) 세금계산서 발급의무자

법인사업자와 일반사업자는 원칙적으로 재화를 공급하고 공급시기에 반드시 세금계산서를 공급받는 자에게 발급하여야 한다. 다만 일정한 경우에는 발급의무가 면제된다.

(5) 세금계산서 발급의무가 면제되는 경우

ⓐ 택시운송 사업자, 노점 또는 행상을 하는 사업자, 무인자동판매기를 이용하여 재화
　나 용역을 공급하는 자

ⓑ 소매업 또는 미용, 욕탕 및 유사 서비스업을 경영하는 자가 공급하는 재화 또는 용역

ⓒ 간주공급으로 보는 재화의 공급(자가공급, 개인적 공급, 사업상 증여, 폐업 시 잔존재화)

ⓓ 사업양도에 해당하는 재화의 공급

ⓔ 부동산임대용역 중 간주임대료

ⓕ 공인인증기관이 전자서명법에 따라 공인인증서를 발급하는 용역

ⓖ 공급받는 자에게 신용카드매출전표 등을 발급한 경우 해당 재화 또는 용역

ⓗ 국내사업장이 없는 비거주자 또는 외국법인에 공급하는 재화 또는 용역

ⓘ 수출하는 재화의 공급. 단 예외가 있음

ⓙ 국외제공용역과 선박, 항공기의 외국항행용역 중 공급받는 자가 국내사업장이 없는
　비거주자 또는 외국법인인 경우, 항공기에 의한 외국항행용역, 항공법에 따른 상업
　서류 송달용역

ⓚ 기타 일정한 외화획득사업

(6) 전자세금계산서

(가) 의의

종이세금계산서 수수에 따른 납세협력비용을 줄이고 자료상 혐의자를 조기에 색출하는
등 거래의 투명성을 확보하기 위하여 법인사업자와 일정 규모 이상의 개인사업자에 대하여
는 전자적 방법에 의한 세금계산서, 즉 전자세금계산서의 작성·발급을 의무화하고 있다.

그리고 과세당국에서는 전자세금계산서 조기 경보 시스템을 구축하여 전자세금계산서 수
수상황을 실시간 모니터링하여 부가가치세 신고 전·후 자료상 혐의가 있는 사업자에 대하
여 세무조사를 실시하거나 부당공제 혐의자를 색출하는 데 활용하고 있다.

(나) 발급방법

표준인증을 받은 발급대행시스템(ERP 및 ASP)을 이용하는 방법과 국세청장이 구축한 전자세금계산서 발급시스템을 이용하는 방법이 있다.

(다) 전자세금계산서 발급에 대한 혜택과 제재

전자세금계산서를 발급한 경우에는 세금계산서합계표 제출의무가 면제된다.

그러나 전자세금계산서 의무 발급 대상자가 발급하지 않거나, 지연발급, 종이발급, 미전송, 지연전송 시에는 일정한 가산세가 부과된다.

(7) 매입자 발행 세금계산서

세금계산서 교부의무가 있는 사업자가 재화나 용역을 공급하고 교부시기에 세금계산서를 발급하지 아니한 경우에 그 재화 또는 용역을 공급받은 사업자가 공급자 관할 세무서장의 거래사실 확인을 받은 후 확인한 거래일자를 작성일자로 하여 매입자발생세금계산서를 발행하여 공급자에게 교부하는 제도를 말한다.

이 경우 거래사실 확인 통지를 받은 때에 공급받은 자가 매입자발행세금계산서를 공급자에게 교부한 것으로 보며, 확정신고 시 매입자 발행 세금계산서 합계표를 제출한 경우 매입세액으로 공제받을 수 있다.

매입자 발행 세금계산서를 교부하기 위해서는 영수증 등 거래사실 입증자료를 첨부하여 거래사실 확인 신청을 공급시기가 속하는 과세기간 종료일로부터 6개월 이내에 하여야 한다.

(8) 세금계산서에 반드시 기재되어야 하는 사항

공급하는 사업자의 사업자등록번호와 사업자 또는 상호, 공급받는 자의 사업자등록번호, 작성연월일, 공급가액과 부가가치세액.

(9) 세금계산서 발급시기

(가) 일반적인 경우

사업자가 재화 또는 용역을 공급하는 경우에는 공급시기가 도래하고 동시 또는 그 이후 대가를 받은 경우에는 공급시기에 세금계산서를 그 공급받는 자에게 발급하여야 한다. 수동세금계산서는 세금계산서에 기재된 작성일자가 발급시기가 되며, 전자세금계산서는 입력일이 된다.

한편, 재화 또는 용역의 공급시기가 속하는 과세기간에 대한 확정신고 기한이 지난 후 세금계산서를 발급받았더라도, 그 세금계산서의 발급일이 확정신고 기한 다음 날부터 6개월 이내에 해당하여, 수정신고서 또는 경정청구서를 세금계산서와 함께 제출하거나, 납세지 관할 세무서장 등이 거래사실을 확인하여 결정 또는 경정하는 경우에도 매입세액 공제가 가능하다.

(나) 공급시기 이전 세금계산서 발급

사업자가 재화 또는 용역의 공급시기가 도래하기 전이라도 대가의 전부 또는 일부를 받은 시기에 세금계산서를 발급할 수 있다. 이 경우 세금계산서를 발급하는 때가 공급시기이다.

이 경우 세금계산서 발급일로부터 7일 이내에 대가를 받아야 한다. 다만, 세금계산서 발급 이후 7일 이후에 대가를 받은 경우에는 계약서 등에 대금청구시기와 지급시기가 기재되고, 대금청구시기와 지급시기 사이의 기간이 30일 이내이거나, 세금계산서 발급일과 대금을 지급받은 것이 동일한 과세기간에 해당되는 것이 확인되는 경우에 가능하다.

따라서 부가가치세를 부담하지 아니한 채 매입세액을 조기환급 받을 의도로 공급시기 전에 미리 세금계산서를 발급받는 등의 특별한 사정이 없는 한 공급시기 전에 발급된 세금계산서라도 그 발급일이 속한 과세기간 내에 공급시기가 도래하고 그 세금계산서의 다른 기재사항으로 보아 거래사실도 진정한 것으로 확인되는 경우에는 매입세액 공제를 허용해야 한다(대법원 2016.2.18. 선고 2014두35706 판결).

한편, 공급시기 이전에 세금계산서를 발급받았으나 재화 또는 용역의 공급시기가 그 세금계산서 발급일로부터 30일 이내에 도래하고 거래사실을 확인하여 결정 또는 경정한 경우에도 매입세액 공제가 가능하다.

(다) 수정세금계산서 발급

세금계산서를 발급한 후 그 기재사항에 관하여 착오나 정정 등 일정한 사유가 발생한 경우에 재화 또는 용역을 공급할 때 세금계산서를 발급한 사업자는 세금계산서를 수정하여 발급할 수 있다.

세금계산서를 수정할 수 있는 사유로는 ㉠ 처음 공급한 재화가 환입된 경우 ㉡ 계약의 해제로 재화 또는 용역이 공급되지 아니한 경우 ㉢ 계약의 해지 등에 따라 공급가액에 추가되거나 차감되는 금액이 발생한 경우 ㉣ 재화 또는 용역을 공급한 후 공급시기가 속하는 과세기간 종료 후 25일 이내에 내국신용장이 개설되었거나 구매확인서가 발급된 경우, 필요적 기재사항 등이 착오로 잘못 적힌 경우, 필요적 기재사항 등이 착오 외의 사유로 잘못 적힌 경우 등이다.

한편, 부동산매매업자가 사업용 건물 신축분양 시 계약금 및 중도금을 받고 세금계산서를 교부하여 신고하였으나 분양이 취소되고 분양대금이 반환되었다면 수정세금계산서를 교부할 수 있다(심사부가 2004-7107, 2004.12.06.).

(10) 세금계산서 발급특례

전기사업자가 전력을 공급하는 경우로서 전력을 공급받는 명의자와 전력을 실제로 소비하는 사업자가 서로 다른 경우에는 그 전기사업자가 전력을 공급받은 명의자를 공급받는 자로 하여 세금계산서를 발급하고 그 명의자가 발급받은 세금계산서에 적힌 공급가액의 범위에서 전력을 실제로 소비하는 자를 공급받는 자로 하여 세금계산서를 발급할 수 있다.

마. 매입자납부제도

정상적인 거래인 경우 공급자(매출자)가 공급받은 자(매입자)로부터 부가가치세를 거래징수하여 매출세액으로 납부하는 데 반해 매입자 납부란 공급자(매출자)가 공급받은 자(매입자)로부터 부가가치세를 징수하지 아니하고 매입자가 매입세액을 지정 금융기관을 통하여 납부하는 제도를 말한다.

공급자 납부제도의 허점을 이용한 부가가치세 탈루를 방지하기 위하여 금지금, 구리스크랩 등 특정 업종의 사업자 간 거래에만 의무적으로 적용하고 있다.

불이행시에는 매입세액 불공제 등 제재가 따른다.

바. 대리납부제도

국내사업장이 없는 비거주자 또는 외국법인이 국내에서 용역 또는 권리를 공급하는 경우에 공급받은 자가 과세사업에 제공하지 않거나, 매입세액이 공제되지 아니한 용역인 경우에는 그 대가를 지급하는 때에 공급자로부터 부가가치세를 징수하여 납부하여야 한다.

이는 통관절차를 거치지 않아 거래사실의 포착이 어렵고, 비거주자 등의 용역공급자들의 성실한 납세의무이행을 기대하기 어려운 점을 감안하여 국내용역거래와의 과세형평을 기하기 위한 취지이다.

또한 일반유흥업종, 무도유흥업종을 영위하는 사업자가 제공한 용역 대가를 소비자가 신용카드로 결제하는 경우 신용카드사는 신용카드 결제금액(봉사료 제외)의 4/110에 해당하는 금액을 징수하여 매 분기가 끝나는 날의 다음 달 25일까지 부가가치세를 납부하여야 한다.

9. 부가가치세액의 계산

가. 의의

부가가치세액이란 부가가치세법상 과세표준에 세율을 적용하여 계산한 금액을 말한다. 이를 다시 매출세액과 매입세액으로 구분할 수 있으며, 전단계세액공제방식에 따라 매출세액에서 매입세액을 차감하여 납부할 부가가치세액을 계산한다.

나. 매출세액

(1) 개념

매출세액이란 부가가치세 과세대상이 되는 재화나 용역의 공급에 대하여 거래상대방으로부터 거래징수를 하였거나 거래징수를 할 부가가치세를 말한다.

매출세액에는 세금계산서 발급분, 매입자 발행 세금계산서, 신용카드·현금영수증 발행분, 기타 등이 있다.

(2) 대손세액 차감

(가) 개념

사업자가 부가가치세가 과세되는 재화 또는 용역을 공급하는 경우 공급받은 자의 파산, 강제집행 기타 이와 유사한 사유로 인하여 당해 재화 또는 용역의 공급에 대한 외상매출금 기타 매출채권의 전부 또는 일부가 대손되어 회수할 수 없는 경우에 대손금액에 10/110을 곱하여 계산한 금액을 그 대손이 확정된 날이 속하는 과세기간의 매출세액에서 차감할 수 있는데 이를 대손세액이라 한다. 대손세액공제를 받기 위해서는 반드시 대손금액이 발생한 사실을 증명하는 서류를 제출하여야 한다.

(나) 대상채권

  ⓐ 상법에 따른 소멸시효가 완성된 외상매출금 및 미수금

  ⓑ 어음법에 따른 소멸시효가 완성된 수표

  ⓒ 수표법에 따른 소멸시효가 완성된 수표

  ⓓ 민법에 따른 소멸시효가 완성된 대여금 및 선급금

  ⓔ 채무자 회생 및 파산에 관한 법률에 따른 회생계획인가의 결정 또는 법원의 면책결

정에 따라 회수불능으로 확정된 채권, 회생계획인가결정에 따라 채권을 출자전환하는 경우의 채권 장부가액과 주식 시가와의 차액

ⓕ 민사집행법 제102조에 따라 채무자의 재산에 대한 경매가 취소된 압류채권

ⓖ 채무자의 파산, 강제집행, 형의집행, 사업의 폐지, 사망, 실종 또는 행방불명으로 회수할 수 없는 채권

ⓗ 부도발생일로부터 6개월이 지난 수표 또는 어음상의 채권 및 외상매출금, 다만 외상매출금은 조세특례제한법상 중소기업의 외상매출금으로 부도발생일 이전의 것에 한정한다. 그러나 해당 법인이 채무자의 재산에 대하여 저당권을 설정하고 있는 경우에는 제외한다.

ⓘ 재판상 화해, 화해권고 결정, 조정을 갈음하는 결정 등 확정판결과 같은 효력을 가지는 것으로서 일정한 회수불능으로 확정된 채권

ⓙ 회수기일이 6개월 이상 지난 채권 중 채무자별 채권가액의 합계액 기준으로 채권가액이 20만 원 이하인 경우

(다) 공제범위

대손세액 공제의 범위는 사업자가 부가가치세가 과세되는 재화 또는 용역을 공급한 후 그 공급일로부터 5년이 지난날이 속하는 과세기간에 대한 확정신고 기한까지이다.

(라) 대손금 회수 시 처리

대손세액이 확정되어 확정일이 속하는 과세기간에 자기의 매출세액에서 대손세액을 차감하였으나, 그 후 당해 사업자가 대손금액의 전부 또는 일부를 회수한 경우에는 회수한 대손금액에 관련된 대손세액은 회수한 날이 속하는 과세기간의 매출세액에 가산한다.

다. 매입세금계산서에 의한 매입세액

(1) 의의

사업자가 공급받은 재화나 용역에 대해 공급자가 징수하는 매입세액을 말한다. 매출세액에서 차감하는 매입세액은 공급받은 재화 또는 용역이 자기의 사업을 위하여 사용되었거나 사용될 매입세액이어야 한다.

(2) 매출세액에서 차감하는 매입세액 요건

매출세액에서 차감하기 위한 매입세액이 되기 위해서는 재화 또는 용역에 대한 부가가치세액으로 거래징수당하고 세금계산서를 발급받아 매입처별 세금계산서합계표를 제출하는 경우 그 거래시기가 속하는 예정신고 또는 확정신고 기간의 매출세액에서 차감한다. 다만, 재화 또는 용역의 공급시기 이후에 발급받은 세금계산서라 하더라도 해당 공급시기가 속하는 과세기간에 대한 확정신고 기한까지 세금계산서를 발급받는다면 당해 매입세액은 매출세액에서 공제 가능하다.

또한 수입하는 재화의 경우 수입세금계산서를 발급받아 그 수입일이 속하는 예정신고 또는 확정신고기간의 매출세액에서 공제받을 수 있다.

(3) 매출세액에서 차감하지 못하는 매입세액

① 매입처별 세금계산서합계표를 제출하지 아니한 경우

② 제출한 매입처별 세금계산서합계표의 기재사항 중 거래처별 등록번호 또는 공급가액의 전부 또는 일부가 적히지 아니하였거나 사실과 다르게 적힌 경우

세금계산서의 기재내용이 사실과 다르다는 의미는 세금계산서의 필요적 기재사항의 내용이 재화 또는 용역에 관한 당사자 사이에 작성된 거래계약서 등의 형식적인 기재내용에도 불구하고 그 재화 또는 용역을 실제로 공급하거나 공급받는 주체와 가액 및 시기 등과 서로 일치하지 아니하는 경우를 가리키는 것이다(대법원 1996.12.10.선고 96누617 판결).

따라서 공급하는 자의 성명이 사실과 다르게 적힌 경우에는 사실과 다른 세금계산서에 해당되어 세금계산서의 매입세액은 매출세액에서 공제될 수 없다(대법원 2016.10.13.선고 2016두43077 판결)

다만, 세금계산서의 공급자와 실제 공급자가 다른 경우에도 공급받는 자가 세금계산서의 명의위장 사실을 알지 못하였고 알지 못한 데에 과실이 없다면 그 세금계산서에 의한 매입세액은 공제 내지 환급받을 수 있다(대법원 2002.6.28. 선고 2002두2277 판결).

그리고 거래의 실질이 위탁매매 또는 대리인에 의한 매매에 해당하지 않음에도 불구하고 거래 당사자 간 계약에 따라 위탁매매 또는 대리인에 의한 매매가 아닌 거래로 하여 세금계산서를 발급받은 경우로서 그 거래사실이 확인되고 납세지 관할 세무서장에게 납부세액을 신고납부한 경우에는 매입세액 공제가 가능하다.

한편 세금계산서에 기재된 거래와 관련하여 조세범처벌법 위반 혐의로 처벌받은 사실이 없다고 하더라도 이는 범죄사실을 인정할 증거가 충분하지 않다는 의미에 해당할 뿐이고, 그러한 사정만으로 거래상대방의 선의 또는 무과실이 증명된다고 볼 수 없다(대법원 2013.3.14. 선고 2013두2143 판결).

과실여부와 관련하여 그 상대방이 거래적격자에 해당하는지의 여부를 판단하기 위한 자료를 수집하는 과정에서 밝혀진 사실관계를 기초로 하여 판단하여 볼 때 위장사업자라고 의심할 만한 충분한 사정이 있어야만, 그 상대방이 위장사업자라는 사실을 알지 못한 데 대하여 과실이 있다고 보아야 할 것이다(대법원 1997.9.30. 선고 97누7660 판결).

③ 면세사업 등에 관련된 매입세액

사업자가 면세되거나 비과세되는 재화 또는 용역을 공급받고 과세거래로 오인하여 부가가치세를 부담하고 발급받은 세금계산서의 매입세액은 매출세액에서 공제하지 아니한다.

과세사업에 실지귀속된 것이 분명한 경우에는 자기의 매출세액에서 전액 공제하고, 면세사업에 실지귀속이 분명하면 면세사업 관련 매입세액으로 전액 불공제한다.

과세사업과 면세사업을 겸영하는 사업자가 과세사업과 면세사업에 공통으로 사용되어 그 실지귀속을 구분할 수 없는 매입세액은 과세사업에 관련된 매입세액과 면세사업에 관련된 매입세액으로 일정한 산식에 의하여 계산한다. 안분계산은 원칙적으로 공급가액의 비율에 의하나 예외적으로 예정사용면적비율에 의하는 경우도 있다.

한편 비과세사업에 해당하는 용역의 공급에 대해 거래상대방으로부터 별도로 공급대가를 지급받는 경우가 아니라 국가나 지방자치단체로부터 국고보조금 등을 지급받는 경우라면 이는 비과세사업에 해당하는 용역의 공급에 대한 대가로 볼 수 없으므로 실지귀속을 구분할 수 없어 과세사업과 관련된 매입세액, 면세사업과 관련된 매입세액으로 안분계산할 수 없다(대법원 2016.3.24. 선고 2013두19875 판결).

④ 사업과 직접 관련이 없는 지출과 관련된 매입세액

ⓐ 사업자가 그 업무와 관련 없는 자산을 취득·관리함으로써 발생하는 취득비·유지비·수선비와 이와 관련되는 경비.

ⓑ 사업자가 그 사업에 직접 사용하지 아니하고 종업원을 제외한 타인이 주로 사용하는 토지 또는 건물 등의 유지비·수선비·사용료와 이와 관련되는 지출금.

ⓒ 사업과 관련 없이 지출한 접대비: 법인이 골프회원권을 자산의 취득으로 분류하여 장부에 계상하였다고 하더라도 그것이 오로지 접대를 목적으로 취득한 것이 분명하다면 그 취득비용은 매입세액 불공제 대상인 접대비에 해당한다(대법원 2013.11.28. 선고 2013두14887 판결).

ⓓ 개인적 용도로 구입한 식료품, 유흥주점 이용분, 골프장 이용분, 공휴일사용분, 백화점 잡화 구입 등이 이에 해당될 수 있다.

⑤ 자본적 지출 토지 관련 매입세액

ⓐ 토지의 취득 및 형질변경, 공장부지 및 택지의 조성 등에 관련된 매입세액.

ⓑ 건축물이 있는 토지를 취득하여 그 건축물을 철거하고 토지만 사용하는 경우에는 철거한 건축물의 취득 및 철거비용과 관련된 매입세액.

ⓒ 토지의 가치를 현실적으로 증가시켜 토지의 취득원가를 구성하는 비용에 관련된 매입세액 그러나 공장 또는 건물을 신축하면서 건축물 주변에 조경공사를 하여 정원을 만든 경우 해당 공사 관련 매입세액, 과세사업에 사용하기 위한 지하건물을 신축

하기 위하여 지하실 터파기에 사용된 중기사용료, 버팀목 및 버팀 철근 등에 관련된 매입세액, 토지와 구분되는 감가상각자산인 옹벽, 석축, 하수도, 맨홀 등 구축물 관련 매입세액, 공장 구내의 토지 위에 콘크리트 포장공사를 하는 경우 해당 공사 관련 매입세액, 과세사업에 사용하여 오던 자기 소유의 노후 건물을 철거하고 신축하는 경우 해당 철거비용과 관련된 매입세액은 매출세액에서 공제된다.

⑥ 영업용(사업용)이 아닌 소형승용차의 구입과 임차 및 유지에 관한 매입세액

영업용인 소형승용차란 운수업, 자동차판매업, 자동차임대업, 운전학원업, 기계경비업무를 하는 경비업 및 이와 유사한 업종에서 사용되는 개별소비세가 과세되는 소형 승용차를 말한다.

구입과 임차 및 유지에 관한 매입세액에는 해당 자동차의 취득비, 수선비, 소모품비, 유류비 등 차량의 운행과 관련하여 발생하는 직접 비용뿐만 아니라 주차장 임차료, 주차장 관리비와 같은 간접비용, 비영업용 소형 승용차 렌트비용 및 유지비용 등도 포함한다.

다만, 개별소비세가 과세되지 않은 일정한 소형승용차(경차) 등은 영업용 여부를 불문하고 사업과 관련성이 있는 경우 매입세액 공제 대상이 될 수 있다.

또한 사업자가 캠핑카와 캠핑카 외 자동차를 제조하여 판매하는 특장제조회사로부터 자동차관리법에 따라 적법하게 승인받아 제작·등록한 승합자동차(이동업무차량)를 구입하고 사업과 직접 관련 있는 지출에 해당하는 경우에는 매출세액에서 공제한다(사전답변, 법령해석부가-0193, 2019.5.24.).

⑦ 등록 전 매입세액

사업자등록을 신청하기 전의 매입세액은 원칙적으로 공제할 수 없다. 다만, 공급시기가 속하는 과세기간이 끝난 후 20일 이내에 사업자등록을 하는 경우에는 그 과세기간의 매입세액은 공제할 수 있다. 즉 미등록 기간이 있는 경우 해당 과세기간 종료 후 20일 이내에 사업자등록을 하여야만 등록 전 매입세액을 공제하여 준다는 의미이다.

⑧ 명의위장 사업자로부터 수취한 매입세액

원칙적으로 타인 명의로 사업자등록을 하고 부가가치세 신고납부하여 관할 세무서장 등이 경정하는 경우 명의위장 가산세와는 별도로 타인 명의로 발급받은 세금계산서의 매입세액은 실질과세 원칙에 따라 매출세액에서 공제한다(부가가치세법 기본통칙 60-108-1). 그러나 정상 사업장이 있는 상태에서 명의위장 사업자등록을 한 후 이 번호로 받은 매입세액은 매출세액에서 공제하지 아니한다.

가령 사업자등록을 하고 부동산자문업 등을 영위하고 있으면서 자신의 명의가 아닌 직원 명의로 사업자등록을 하고 세금계산서를 수취한 경우에 매입세액 불공제 처분은 정당하다(대법원 2009.1.15. 선고 2008두19642 판결).

또한 사업자등록을 한 사업자가 타인의 명의를 이용하여 일반과세자로 등록한 후 실제 사업을 영위하면서 명의를 대여한 타인 명의로 교부받은 세금계산의 매입세액은 매출세액에서 공제하지 아니한다(질의회신, 부가가치세과-777, 2014.9.11.).

⑨ 매입세액에서 대손세액 차감

재화를 공급받은 사업자가 대손세액에 해당하는 금액의 전부 또는 일부를 매입세액으로 공제받은 경우로서 공급자의 대손이 당해 공급을 받은 사업자의 폐업 전에 확정되는 때에는 관련 대손세액 상당액을 대손이 확정되는 날이 속하는 과세기간의 매입세액에서 차감한다.

⑩ 매입세액에서 대손세액 가산

대손세액을 매입세액에서 차감한 해당 사업자가 대손금액의 전부 또는 일부를 변제한 경우에는 변제한 대손금액에 관련된 대손세액을 변제한 날이 속하는 과세기간의 매입세액에 가산한다.

라. 기타 매입세액

(1) 신용카드매출전표에 의한 매입세액

일정한 업종을 제외한 일반과세자로부터 재화 또는 용역을 제공받고 부가가치세액이 별도로 구분되는 신용카드매출전표 등을 발급받은 경우로서 신용카드매출전표 등 수령명세서를 제출하거나 사업용신용카드를 등록하여야 하며, 신용카드매출전표를 일정기간 동안 보관하여야 한다.

제외되는 업종은 목욕·이발·미용업, 전세버스운송사업을 제외한 운송업, 입장권을 발행하여 경영하는 사업, 무도학원, 자동차운전학원, 의사 등이 제공하는 쌍꺼풀 수술 등 일정한 진료용역 등이다.

(2) 화물운전자 복지카드에 의한 매입세액

화물사업자가 주유소에서 경유를 공급받고 일정한 은행을 통하여 발급받은 화물운전자 복지카드를 사용한 경우 유가보조금을 제외한 사용분에 대하여 매입세액으로 공제가능하다.

(3) 의제매입세액

(가) 의의

사업자가 부가가치세가 면제되는 농산물, 축산물, 수산물, 임산물을 공급받아 이를 원재료로 하여 제조, 가공한 재화의 공급이 과세되는 경우 원재료인 면세 농산물 등을 공급받을 때 징수당한 부가가치세가 없어도 그 구입금액의 일정액을 매입세액으로 공제하여 주는 제도가 의제매입세액 공제이다.

(나) 대상업종

일반과세자는 업종에 관계없이 적용되고, 간이과세자는 제조, 음식 업종을 영위하는 사업자만 해당된다.

(다) 매입세액 공제 범위

재화의 제조, 가공과정 또는 용역을 창출하는 데 직접적으로 사용되는 원료와 재료가 공제 대상이다. 원재료의 매입가액은 운임 등의 부대비용을 제외한 매입원가로 한다.

(라) 공제방법

의제매입세액으로 공제받기 위해서는 매입처별계산서합계표, 신용카드매출전표 등 수령명세서를 제출하여야 한다. 다만, 제조업을 경영하는 사업자가 농어민으로부터 면세농산물 등을 직접 공급받는 경우에는 의제매입세액 공제신고서만 제출한다.

(4) 재고매입세액

(가) 의의

부가가치세 과세유형이 간이과세자에서 일반과세자로 전환되는 경우 전환일 현재 보유하고 있는 재고품 및 감가상각자산에 대하여 일반과세자라면 공제되었을 세액을 계산하여 매입세액으로 공제하는 것을 말한다.

(나) 대상 자산

간이과세자에서 일반과세자로 전환되는 날 현재의 재고품, 건설 중인 자산 및 감가상각자산이다.

(5) 재활용 폐자원 매입세액

폐기물관리법에 의하여 폐기물중간처리업 허가를 받은 자 또는 폐기물재활용 신고를 한 자, 한국환경공단, 재생재료 수집 및 판매를 주된 사업으로 하는 자 등이 간이과세자 또는 면세사업자로부터 원래의 용도로 사용할 수 없는 고철, 폐지, 폐유리, 폐합성수지, 폐합성고무, 폐금속캔, 폐건전지, 폐비철금속류, 폐타이어, 폐섬유, 폐유 등 폐자원을 매입하여 제조·가공하거나 공급한 경우 일정금액을 매입세액으로 공제한다.

(6) 중고자동차의 재활용 폐자원 매입세액

자동차관리법에 따라 자동차매매업등록을 한 자, 자동차관리법에 따라 중고자동차를 수출하는 자 등 중고자동차를 수집하는 사업자가 간이과세자 또는 면세사업자로부터 취득하여 공급하는 경우에 취득가액의 일정금액을 매입세액으로 공제한다.

10. 영세율 제도

가. 의의

세율이라 함은 세액을 산출하기 위하여 과세표준에 곱하는 비율을 말하는데 이러한 세율이 0인 것을 영세율이라 한다.

영세율이 적용되는 경우 당해 과세표준의 크기에 관계없이 산출한 세액은 항상 영이 된다. 부가가치세법상 영의 세율이 적용되는 재화 또는 용역을 공급하는 때에는 거래 상대방으로부터 징수하여야 할 세액이 영이 되므로 실질적으로 거래징수할 금액은 없게 된다. 이에 따라 거래상대방은 부가가치세 부담이 전혀 없이 당해 재화 또는 용역을 사용, 소비할 수 있게 된다.

한편, 납부세액 계산에 있어서도 매입세액 공제가 허용되어 항상 마이너스 납부세액이 되며, 이는 환급세액으로 정부로부터 환급받게 되므로 당해 공급자도 부가가치세를 전혀 부담하지 아니하게 된다.

나. 목적

영세율 제도는 소비지국과세원칙을 구현하고 국가 간의 이중과세를 해소하는 한편 외화획득사업 지원 등 조세정책 목적을 달성하기 위한 제도이다.

다. 대상 사업자

법인사업자, 일반과세자, 간이과세자, 면세포기한 면세사업자가 이에 해당한다.

라. 적용대상 거래

(1) 수출하는 재화의 공급

ⓐ 내국물품을 외국으로 반출

ⓑ 중계무역 수출, 위탁판매 수출, 외국인도 수출, 위탁가공무역방식의 수출, 원료를 대가 없이 국외의 수탁가공 사업자에게 반출하여 가공한 재화를 양도하는 경우에 그 원료의 반출, 관세법에 따른 수입신고 수리 전의 물품으로서 보세구역에 보관하는 물품의 외국으로의 반출

ⓒ 내국신용장, 또는 구매승인서로 공급하는 재화 또는 용역
내국신용장 또는 구매확인서에 의하여 공급하는 수출재화임가공용역

(2) 용역의 국외공급 등

국외에서 공급하는 용역, 선박 또는 항공기에 의한 외국항행용역, 외국을 항행하는 선박 및 항공기 또는 원양어선에 공급하는 재화 또는 용역.

(3) 기타 외화획득 재화 또는 용역의 공급

ⓐ 우리나라에 상주하는 외교공관, 영사기관, 국제연합과 이에 준하는 국제기구 등에 공급하는 재화 또는 용역, 우리나라에 상주하는 국제연합군 또는 미합중국군대에 공급하는 재화 또는 용역

ⓑ 외교공관 등 소속 직원으로서 해당 국가로부터 공무원 신분을 부여받은 자 또는 외교부장관으로부터 이에 준하는 신분임을 확인받은 자 중 내국이 아닌 자에게 일정한 방법으로 공급하는 재화 또는 용역

그 밖에 관할 세무서장으로부터 외교관 면세점으로 지정받은 사업장에서 외교부장 관이 발행하는 외교관 면세카드를 제시받아 음식·숙박용역, 석유류, 주류 등의 재 화 또는 용역을 공급하고 외교관 등의 성명, 국적, 외교관 면세카드 번호, 품명, 수 량, 공급가액 등이 적힌 외교관 면세 판매기록표에 의하여 외교관 등에게 공급한 것 이 확인되는 경우

ⓒ 국내사업장이 없는 비거주자 또는 외국법인에 공급하는 일정한 재화 또는 용역의 공급으로 그 대금을 외국환 은행에서 원화로 받는 경우

ⓓ 비거주자 또는 외국법인의 국내사업장이 있는 경우에 국내에서 국외의 비거주자 또 는 외국법인과 직접 계약하여 공급한 일정한 재화 또는 용역

ⓔ 수출업자와 직접 도급계약에 의하여 수출재화를 임가공하는 수출재화임가공용역

ⓕ 관광진흥법에 따라 일반 여행업자가 외국인 관광객에게 공급하는 관광알선용역으 로 외국환은행에서 원화로 받는 것

ⓖ 개별소비세법 또는 조세특례제한법에 따라 외국인전용판매장 또는 주한외국군인 및 외국인선원 전용 유흥주점을 경영하는 자가 공급하는 재화 또는 용역으로 그 외화를 외국환은행에서 원화로 환전하는 경우

(4) 기타 조세특례제한법에 의한 영세율 대상 재화 또는 용역의 공급

방위산업체가 공급하는 방위산업물자, 국군부대 또는 기관에 공급하는 석유류, 국가 등 에 직접 공급하는 도시철도건설용역, 국가 등에 공급하는 사회기반시설 및 건설용역, 장애 인용 보장구, 농민 등에게 공급하는 농·축산·임업용 기자재 등 다수의 영세율 적용 재화 또는 용역의 공급이 있다.

(5) 농업·임업·어업용 기자재에 대한 부가가치세 사후 환급

① 의의

농민 등이 농업·임업 또는 어업에 사용하기 위하여 일반과세자로부터 구입하는 일정 한 기자재 또는 직접 수입하는 기자재 중 부가가치세 환급대상 기자재를 구입 또는 수

입한 때에 부담한 부가가치세액을 해당 농어민 등에게 환급하는 제도이다.

② 절차

ⓐ 판매자로부터 농업·임업 또는 어업용 기자재를 공급받고 세금계산서를 발급 받은 농·어민 등은 부가가치세 환급 대행 신청서를 농협, 수협 등에 제출하고 환급신청 대행 기관인 농협, 수협 등은 농업, 임업, 어업용 기자재 부가가치세 환급신청서를 작성하고 관할 세무서장에게 신청하여 부가가치세액을 환급 받은 후 다시 농·어민 등에게 지급하는 절차를 거친다.

ⓑ 사업자등록을 한 개인 또는 법인은 농업, 임업, 어업용 기자재 부가가치세 환급을 직접 관할 세무서에 신청할 수 있다.

제2절 개별소비세 납세의무

1. 개별소비세 개요

특정한 물품의 반출, 판매, 특정한 장소에의 입장 또는 유흥행위 등을 하는 소비가가 담세능력이 있다고 추정하고, 개별적으로 부과하는 세금을 말한다. 일단 모든 재화와 용역에 일괄적으로 부과되는 부가치세법과는 달리 개별세법상에 과세대상으로 열거된 것에 대해 과세한다.

2. 과세대상

특정물품과 특정한 시설이나 장소에 입장하는 행위 및 영업행위 또는 유흥음식행위이다. 크게 과세물품, 과세영업장소, 과세유흥장소로 구분한다.

(가) 과세물품

투전기, 오락용사행기구 등, 보석, 일정한 귀금속제품 등, 일정한 자동차, 석유류, 일정한 가전제품, 담배 등.

자동차는 원칙적으로 경차를 제외하고 주로 사람의 수송을 목적으로 제작된 정원 8인 이하의 소형 승용자동차 등이 과세대상이다.

(나) 과세장소

경마장, 투전기 시설장소, 회원제골프장, 경륜장, 경정장, 내국인 상대 카지노 등이 과세장소이다. 한편, 회원제골프장 입장행위 중 한국프로골프협회, 한국여자프로골프협회 등이 개최하는 경기 대회 참가 선수, 프로골프선수, 선수등록한 학생 선수의 입장행위에 대하여는 개별소비세가 면제된다.

(다) 과세영업장소

카지노 영업에 대하여 일정한 개별소비세를 부과한다.

(라) 과세유흥장소

과세유흥장소란 과세유흥장소를 두거나 유흥시설을 설치하고 주류, 음료수, 음식물을 판매하는 장소를 말한다. 과세유흥장소 해당 여부는 식품위생법상 허가 내용에 의하지 않고 영업의 실질 내용에 따라 판단한다.

유흥주점이란 주로 주류를 조리, 판매하는 영업으로서 유흥종사자를 두거나, 유흥시설을 설치할 수 있고 손님이 노래를 부르거나 춤을 추는 행위가 허용되는 영업을 말한다. 이에 해당되는 것으로 카바레, 나이트클럽, 요정, 외국인전용유흥음식점 등과 이와 유사한 장소가 있다.

그리고 유흥음식요금이란 음식료, 연주료, 그 밖에 명목에 관계없이 과세유흥장소의 경영자가 유흥음식행위를 하는 사람으로부터 받는 금액을 말한다. 다만, 종업원에게 지급된 일정한 봉사료는 제외한다.

3. 납세의무자

개별소비세 납세의무자는 과세물품 제조·반출자, 과세장소 경영자, 과세영업장소 경영자, 과세유흥장소 경영자, 관세법의 규정에 의하여 관세를 납부할 의무가 있는 자로서 보세구역에서 과세물품 반출한 자 등이 납세의무자이다.

4. 과세표준

개별소비세의 과세표준은 그 과세대상에 따라 가격, 수량, 인원, 요금으로 구분된다. 과세물품에 대하여는 가격 또는 수량을, 과세장소에 대하여는 입장인원, 과세영업장소에 대하여는 관광진흥법에 따른 연간 총매출액을, 과세유흥장소에 대하여는 유흥음식요금이 된다.

5. 미납세 반출과 면세 반출

가. 미납세 반출

과세물품을 법에 열거한 목적으로 반출하는 경우 당해 물품에 대한 세액의 부담이 유보된 상태로 반출하는 제도를 말한다.

이는 최종소비를 목적으로 하는 반출이 아닌 경우 반출과세원칙을 고수한다면 소비이전 상태에서 과세하는 문제점이 있어 법에서 정한 범위 내에서 과세권을 유보한 상태로 반출하는 것을 허용하는 것이다.

이에 해당되는 것으로 수출할 물품을 다른 장소에 반출하거나, 박람회 등에 출품, 원료를 공급받거나 위탁 공임만을 받고 제조한 물품을 제조장에서 위탁자의 제품 저장 창고에 반출하는 것 등이 있다.

나. 면세반출

(1) 의의

면세반출이란 수출장려, 주요산업보호 등의 정책적인 이유와 일정 조건하에서 특정 소비자에 대한 사회적 배려, 세부담의 불균형을 완화하기 위한 목적으로 일정한 제조장 반출시 개별소비세를 부담시키지 아니하는 제도를 말한다.

(2) 제조장 반출에 대한 면세

ⓐ 수출하는 물품 및 우리나라에 주둔하는 주한외국군 등 외국군대에 납품하는 물품

ⓑ 국내에 주재하는 외국공관에서 공용품으로 사용하기 위하여 제조장이나 보세구역에서 반출하는 물품과 주요 외교관이나 외교사절 및 그 가족이 사용하기 위하여 수입하는 물품

ⓒ 비거주자 또는 주한외교관에게 판매하기 위하여 정부가 지정하는 외국인전용판매장에 특정한 과세물품을 판매 또는 반출하는 경우

ⓓ 농업·임업·어업용 및 연안여객선박에 공급하는 석유류

ⓔ 국군부대 또는 기관에 납품하는 석유류

ⓕ 국가 또는 지방자치단체에 기증하는 물품

ⓖ 외국의 자선 또는 구호기관, 단체에 기증하는 물품

(3) 면세되는 과세장소 입장행위

ⓐ 대한체육회 등 일정한 단체가 개최하는 경기대회에 참가하는 선수가 대회 기간 중 골프장 경기시설을 이용하거나 입장하는 경우

ⓑ 프로골프선수를 회원으로 하는 비영리사단법인에 등록된 정회원인 선수의 골프장 시설 이용 또는 입장

ⓒ 외국인, 해외이주자가 폐광지역 카지노에 입장하는 경우

ⓓ 외국인, 해외이주자가 외국인전용카지노에 입장하는 경우

(4) 면세되는 유흥음식행위

주한 국제연합군이나 미국군이 주둔하는 지역의 과세유흥장소의 경영자로서 관할 세무서장의 지정을 받은 자가 외국군인에게 외화를 받고 제공하는 유흥음식행위.

(5) 조건부 면세

장애인이 구입하는 승용자동차 등 특정한 용도에 사용되는 과세물품에 조건을 달아 개별적으로 소비세를 부담시키지 않는 조건부 면세가 있다.

제3절 소득세(사업소득세) 납세의무

1. 소득세 제도 개요

가. 의의

개인 또는 거주자를 납세의무자로 하는 조세를 말하며, 소득세법에 열거된 소득에 대하여 과세되는 조세를 말한다. 소득의 종류로는 이자, 배당, 근로, 사업, 기타, 연금소득의 종합소득과 퇴직소득, 양도소득의 분류과세 소득이 있다. 우리나라는 1949년에 소득세 제도가 도입되었다.

나. 소득세의 규정 방식

개인의 소득을 과세대상으로 하는 세목이 소득세인데 소득을 규정하는 방법에는 포괄주의와 열거주의가 있다. 포괄주의는 소득을 포괄적으로 정하여 특별히 예외로 취급하지 않는 한 소득의 과세대상이 되도록 소득을 규정해 놓은 방식을 말하고, 열거주의란 세법에 과세대상을 열거하여 열거되지 않은 소득은 과세되지 않도록 하는 제도이다. 우리나라는 열거주의 과세방식을 채택하고 있다. 따라서 소득세법에서 규정하지 않는 소득은 소득세 과세대상에서 제외된다.

다만 이자소득 또는 배당소득과 같은 금융소득에 대해서는 유형별 포괄주의를 채택하고 있다. 이는 유사한 소득은 동일하게 과세함으로써 과세베이스를 확대하는 한편 열거주의 방식이 갖는 단점을 일정 정도 보완하여 과세의 형평성을 도모한다는 취지라고 볼 수 있다.

다. 소득세 과세단위

(1) 개인단위 과세

각 조세의 과세표준을 계산할 때 과세표준을 합산하게 되는 단위를 과세단위라 하는데, 소득세는 각 개인별로 소득을 합산하여 과세하므로 원칙적으로 각 개인이 소득세의 과세단위가 된다.

한편, 법인으로 보는 단체 외의 법인 아닌 단체는 국내에 주사무소 등을 둔 경우에는 1거주자로 보아 소득금액을 계산하거나, 해당 단체의 구성원별로 소득금액을 계산한다.

(2) 공동사업자 소득금액 계산

(가) 일반 공동사업자 소득금액 계산

① 공동사업의 개념

민법상의 조합계약에 의하여 두 사람 이상이 서로 출자하여 공동으로 사업을 경영하거나, 법인격 없는 단체가 영위하는 사업을 말한다.

② 사업자별 소득금액 계산

공동사업장 단위로 소득금액을 계산한 후 약정된 손익분배비율 또는 지분비율에 따라 분배되었거나 분배될 소득금액을 각 공동사업자에게 분배하여 사업자별로 소득금액을 계산한다.

따라서 2인 이상이 공동으로 사업을 경영하여 그 이익을 분배하기로 약정한 경우에는 편의상 외부적으로 그 중 1인의 이름으로 활동을 하더라도 실질과세원칙과 소득세법에 따라 그 공동사업으로 인한 소득은 각 그 지분 또는 손익분배비율에 의하여 분배되거나 분배될 소득금액에 따라 각 소득금액을 계산하여야 한다.

한편, 추계로 소득금액을 결정할 때에도 공동사업장에서 발생한 전체 수입금액에 대하여 소득금액을 결정한 후 공동사업자별로 소득금액을 분배한다.

기타 원천징수세액, 가산세, 공동사업장과 관련된 공제·감면 등도 각 공동사업자의 손익분배비율에 따라 배분한다. 장부 비치 및 기록의무도 그 공동사업장을 1사업자로 보아 적용한다.

(나) 법인으로 보는 단체 외의 법인 아닌 단체

구성원 간 이익의 분배비율이 정하여져 있고 해당 구성원별로 이익의 분배비율이 확인되거나, 분배비율이 정하여져 있지 아니하나 사실상 구성원별로 이익이 분배되는 것으로 확인되는 경우에는 각 구성원별로 소득세 또는 법인세 납세의무가 있다.

한편, 단체의 구성원 중 일부에게만 분배비율이 확인되는 경우에는 확인되는 부분만 해당 구성원별로 소득세 또는 법인세 납세의무를 지고, 확인되지 아니하는 단체를 1거주자 등으로 보아 소득세에 대한 납세의무를 부담한다.

(다) 익명조합원(출자공동사업자)이 있는 경우

익명조합이란 익명조합원이 영업자의 영업을 위하여 출자하고 영업자는 그 영업으로 인한 이익을 익명조합원에게 분배할 것을 약정함으로써 성립한다. 공동사업자는 영업자와 익명조합원(출자공동사업자)으로 구성된다.

한편, 익명조합원이 출자한 재산은 영업자의 재산으로 되는데, 익명조합원은 영업자의 주식이나, 출자지분을 취득하지 못한다. 다만, 출자지분이 없어도 출자 당시 정한 손익분배약정에 따라 영업으로 인한 이익을 분배받을 권리만 있을 뿐이다.

구체적으로 소득금액 계산 방법으로 영업자는 손익분배비율에 해당하는 부분에 대해서는 사업소득으로 과세되며, 익명조합원(출자공동사업자)은 손익분배비율에 해당하는 소득에 대하여 배당소득으로 과세된다.

(라) 납세의무의 범위

원칙적으로 공유물 또는 공동사업에 관한 소득세에 대하여는 특례규정인 소득세법의 규정이 우선 적용되는 것이므로, 공유물 또는 공동사업에 관한 국세 중 소득세에 있어서는 각 공유자 또는 각 공동사업자가 그 지분 또는 손익분배의 비율에 따라 안분계산한 소득금액에 대한 소득세를 개별적으로 납부할 의무를 부담할 뿐이며, 연대납세의무가 없다(대법원 1995.4.11. 선고 94누13152 판결).

예외적으로 거주자 1인과 특수관계에 있는 자가 공동사업자에 포함되어 있는 경우로서 손익분배비율을 거짓으로 정하는 등 일정한 사유가 있는 경우에는 그 특수관계자의 소득금액은 그 손익분배비율이 큰 공동사업자의 소득금액으로 보아 합산과세하는데, 이 경우에는 주된 공동사업자의 특수관계인은 손익분배비율에 해당하는 그의 소득금액을 한도로 주된 공동사업자와 연대하여 납세의무를 진다.

(3) 개인단위 과세와 공동사업 합산과세제도

(가) 개요

소득세는 원칙적으로 개인단위 과세로 소득을 얻은 개인을 기준으로 하여 그 개개인의 소득에 대하여 과세하는 것이 원칙이다. 다만 거주자 1인과 공동사업장 구성원 간에 특수관계가 있는 경우(생계를 같이하는 자만 해당)로서 손익분배비율을 거짓으로 정하는 등의 사유가 있는 때에는 그 특수관계인의 소득금액은 그 손익분배비율이 큰 공동사업의 소득금액으로 보아 소득금액을 계산한다. 이를 공동사업 합산과세라고 한다.

(나) 특수관계의 범위

일정한 친족관계, 경제적 연관관계, 경영지배관계가 있다.

(다) 손익분배비율을 거짓으로 정하는 등의 사유

ⓐ 공동사업자가 제출한 신고서와 첨부서류에 기재한 사업의 종류, 소득금액내역, 지분비율, 약정된 손익분배비율 및 공동사업자 간의 관계 등이 사실과 현저하게 다른

경우

ⓑ 공동사업자의 경영참가, 거래관계, 손익분배비율 및 자산·부채 등의 재무상태 등을
감안할 때 조세를 회피하기 위하여 공동으로 사업을 경영하는 것이 확인되는 경우

(라) 공동사업자의 연대납세의무

주된 공동사업자에게 합산과세 되는 경우 그 합산과세 되는 소득금액에 대해서는 주된
공동사업자의 특수관계인은 손익분배비율에 해당하는 소득금액을 한도로 주된 공동사업자
와 연대하여 납세의무를 진다.

라. 소득세 과세방법

소득세는 원칙적으로 개인별로 과세하며 개인에게 귀속되는 모든 소득을 합산하여 과세
하거나 소득원천별로 분리하여 과세하는 방법 등이 있다.

(1) 종합과세

종합과세란 개인에게 귀속되는 소득을 발생원천·종류를 불문하고 그 과세기간에 획득한
모든 소득을 합하여 단일 과세표준으로 하여 소득세를 과세하는 방법으로 분류과세에 대
응하는 개념이다. 즉, 법이 정하는 기간 내에 각자에게 귀속된 일체의 소득을 종합하여 그
소득금액을 하나의 과세표준으로 하여 소득세를 과세하는 방법을 말한다.

종합과세는 개인의 소득세 과세에 있어서 분류과세에 비하여 부담능력에 따른 공평부담
실현에 적합하여 각국의 소득세제도에서 채택하고 있다.

그러나 종합과세에는 조세의 회피 심리와 소득의 포착, 계산의 어려움, 절차의 복잡성 등
으로 과세누락 소지가 있는 등 단점도 있다.

현행 소득세법에서는 이자소득·배당소득·사업소득·근로소득·연금소득·기타소득을 합
산하여 종합과세한다.

한편, 금전의 대여행위가 사업적인 경우에는 금융업으로 보며, 금전의 대여행위가 비사업

적인 경우에는 비영업대금의 이익으로 본다. 사업적인 것인지의 여부는 금전거래의 경위, 목적, 규모, 횟수, 계속성, 반복성 등 제반사정을 고려하여 사회통념에 비추어 판단한다.

또한 사업소득과 기타소득의 구분 기준은 개인이 영리를 목적으로 자기의 계산과 책임하에 계속적·반복적으로 행하는 활동을 통하여 얻은 소득은 사업소득이고, 일시적·우발적으로 행하는 활동을 통하여 얻은 소득은 기타소득이다.

(2) 분리과세

종합과세에 대응되는 개념으로 과세되는 소득 중 특정 소득을 종합과세에서 분리하여 소득 지급시마다 특정세율을 적용하여 별도로 과세하는 방법이다. 즉 납세의무자인 소득자에게 귀속될 모든 과세소득 중 특정한 소득에 대하여는 다른 소득과 합산하지 않고 특정 소득 지급시마다 별도의 과세표준으로 하여 원천징수함으로써 납세의무를 종결하는 것이다. 한편, 분리과세로 인하여 조세부담은 가벼워진다고 볼 수 있다.

현행 소득세법에서 분리과세 소득에는 이자소득, 배당소득, 일용근로자의 근로소득, 연금소득, 일정한 기타소득, 주택임대소득이 있다.

(3) 분류과세

분류과세란 소득세의 과세방법에 있어서 소득의 종류별·발생 원천별로 구분하여 과세표준과 세액을 계산하여 과세하는 방법을 말한다. 분류소득 종류별로 세율구조가 다르며, 종합과세방법에 비하여 부과징수가 편리하고 과세누락을 방지할 수 있는 장점이 있는 반면, 여러 기간에 걸쳐 발생한 소득을 한꺼번에 과세함으로써 세부담의 불공평을 초래할 수 있는 단점이 있다. 현행 소득세법상 퇴직소득, 영도소득이 이에 해당된다.

마. 소득의 귀속

(1) 과세기간

과세기간은 원칙적으로 1월 1일부터 12월 31일까지 1년으로 한다.

거주자가 사망한 경우 과세기간은 1월 1일부터 사망한 날까지로 한다.

거주자가 주소 또는 거소를 국외로 이전하여 비거주자가 되는 경우 과세기간은1월 1일부터 출국한 날까지이다.

(2) 권리의무 확정주의

거주자의 각 소득에 대한 총 수입금액은 해당 과세기간에 수입하였거나 수입할 금액의 합계액으로 한다. 즉, 권리의무 확정주의를 채택하고 있는데 이는 현실적으로 소득이 없더라도 그 원인이 되는 권리가 확정적으로 발생한 때에는 그 소득의 실현이 있는 것으로 보아 과세소득을 계산한다(대법원 1996.12.10. 선고 96누11105 판결).

그러나 권리확정주의는 실질적으로 불확실한 소득에 대하여 장래의 실현을 전제로 미리 과세하는 것으로, 일정한 후발적 사유가 발생하여 소득이 실현되지 않는 것으로 확정되었다면 실질적 조세법률주의의 관점에서 당초 성립했던 납세의무는 허용될 수 없다(대법원 2018.5.15. 선고 2018두30471 판결).

한편, 권리확정주의에서 확정의 개념은 소득의 귀속시기에 관한 예외 없는 일반 원칙으로 단정하여서는 아니 되고, 구체적인 사안에 관하여 소득에 대한 관리·지배와 발생 소득의 객관화 정도, 납세 자금의 확보 시기 등까지도 함께 고려하여 그 소득의 실현 가능성이 상당히 높은 정도로 성숙·확정되었는지 여부를 기준으로 귀속 시기를 판단해야 한다(대법원 1997.6.13. 선고 96누19154 판결).

2. 사업소득세

가. 사업소득 의의

사업이란 특정인의 위험과 계산 아래 독립적으로 경영되는 영리를 목적으로 하는 업무로서 동종의 행위를 계속·반복하여 행하는 것을 말하며, 이러한 사업에서 얻은 총 수입금액에서 필요경비를 차감한 소득을 사업소득이라 한다.

사업소득은 사업에서 발생하는 소득인 점에서 자산소득인 이자소득, 배당소득과 구별되고, 사업의 범위는 소득세법에서 특별히 규정한 것을 제외하고는 통계청장이 고시하는 당해 연도말 한국표준산업분류표에 의한다.

또한 사업소득은 자영업자나 고용주의 지위로 사업을 경영하여 얻은 총 수입에서 비용을 뺀 순수익 중 가계에 들어온 금액을 말하는 것으로 경영에 대한 이윤이라고 할 수 있다. 동일한 사업이라도 개인이 운영할 경우에는 소득세가 과세되고, 법인의 형태로 사업을 영위할 경우에는 법인세가 과세된다. 한편 사업소득은 원칙적으로 종합소득에 합산된다.

나. 사업소득의 범위

(1) 농업·임업 및 어업에서 발생하는 소득

통계청에 의하면 농작물을 재배하여 단순 가공 판매하는 경우 부가가치를 고려하여 농산물을 생산하는 데서 부가가치가 많이 발생하면 작물재배업, 1차가공하는 데서 부가가치가 많이 발생하면 제조업으로 분류한다.

(2) 광업에서 발생하는 소득

(3) 제조업에서 발생하는 소득

(4) 전기, 가스, 증기 및 수도사업에서 발생하는 소득

(5) 하수·폐기물 처리, 원료재생 및 환경복원업에서 발생하는 소득

(6) 건설업에서 발생하는 소득

아파트 신축·분양사업은 주거용 건물 건설업으로서 소득세법상 건설업에 해당한다. 그러나 상가 신축·분양사업은 비주거용 건물 건설업으로서 원칙적으로 소득세법상 부동산매매업에 해당한다.

(7) 도매 및 소매업에서 발생하는 소득

도매업은 구입하여 소유권을 가지고 있는 신품 또는 중고품을 변형하지 않은 상태에서 도매업자, 소매업자 등에게 재판매하는 것을 말하고, 소매는 구입한 신상품 또는 중고품을 변형 없이 일반 소비자에게 재판매하는 산업활동을 말한다.

(8) 운수업에서 발생하는 소득

(9) 숙박 및 음식점업에서 발생하는 소득

(10) 출판, 영상, 방송통신 및 정보서비스업에서 발생하는 소득

(11) 금융 및 보험업에서 발생하는 소득

비영업대금의 이익과 대금업과의 구분이 문제되는바 일반적으로 어떤 이자가 대금업에서 발생하는 소득, 즉 사업소득에 해당되려면 영리 또는 수익을 목적으로 금전으로 대여하여야 하고, 금전을 대여하는 자가 불특정 다수인에게 당해 대여행위를 계속적이고 반복적으로 행하여야 한다.

즉, 대금업을 하는 거주자임을 대외적으로 표방하고 불특정 다수인을 상대로 금전을 대여하는 사업을 하는 경우에는 금융업으로 본다.

(12) 부동산업 및 임대업에서 발생하는 소득

전세권 또는 등기된 부동산임차권을 설정하고 그 대가를 받는 것은 부동산임대업에서 발생하는 소득으로 사업소득에 속한다.

공익사업을 위한 토지 등의 취득 및 보상에 관한 법률 제4조에 따른 공익사업과 관련하지 아니한 지상권(지하 또는 공중에 설정된 권리를 포함한다)을 설정하거나 대여함으로써 발생하는 소

득, 지역권(지하 또는 공중에 설정된 권리를 포함한다)을 설정하거나 대여함으로써 발생하는 소득

그리고 자기소유의 부동산을 타인의 담보물로 사용하게 하고 그 사용대가를 받는 것은 부동산상의 권리를 대여하는 사업에서 발생하는 소득으로 부동산임대업에서 발생하는 소득으로 본다.

부동산매매업이란 한국표준산업분류에 따른 비주거용 건물 건설업과 부동산 개발 및 공급업을 말한다. 다만, 주거용 건물 개발 및 공급업은 제외한다.

이에 따라, 오피스텔을 신축하여 판매하는 사업은 부동산매매업에 해당하므로 토지 등 매매차익예정신고 및 납부를 하여야 한다. 이는 오피스텔의 공부상 용도는 업무용 시설로서 그 용도상 본래부터 주거용으로 사용할 것을 목적으로 건설된 주택에 해당하는 것으로 보기 어렵기 때문이다(질의회신, 법령해석소득-2469, 2018.2.2.).

또한 부동산매매업 또는 건설업자가 판매를 목적으로 취득한 토지 등의 부동산을 일시적으로 대여하고 얻는 소득은 부동산임대업에서 발생하는 소득으로 본다. 그 밖에 광고용으로 토지, 가옥의 옥상 또는 측면 등을 사용하게 하고 받는 대가는 부동산임대업에서 발생하는 소득으로 본다.

한편 해당 과세기간의 주거용 건물 임대업에서 발생한 수입금액의 합계액이 2,000만 원 이하인 자의 주택임대소득은 분리과세한다.

(13) 전문, 과학 및 기술서비스업, 계약 등에 따라 그 대가를 받고 연구 또는 개발용역을 제공하고 발생하는 소득

(14) 사업시설관리 및 사업지원서비스업에서 발생하는 소득

(15) 교육서비업에서 발생하는 소득. 다만, 유치원, 초등학교, 중학교, 고등학교 등 교육서비스에서 발생하는 소득은 제외

(16) 보건업 및 사회복지서비스업에서 발생하는 소득

다만, 사회복지사업법에서 정하는 보호·선도 또는 복지에 관한 사업과 사회복지 상담, 직

업지원, 무료 숙박, 지역사회복지, 의료복지, 재가복지, 사회복지관 운영, 정신질환자 및 한센병력자의 사회복귀에 관한 사업 등 각종 복지사업과 이와 관련된 자원봉사활동 및 복지시설의 운영 또는 지원을 목적으로 하는 사업과 노인장기요양보험법에 따른 장기요양사업은 제외됨.

(17) 예술, 스포츠 및 여가 관련 서비스업에서 발생하는 소득

연예인 및 직업운동선수 등이 사업활동과 관련하여 받는 전속계약금은 이에 해당한다.

(18) 일정한 협회 및 단체, 수리 및 기타 개인서비스업에서 발생하는 소득

개인이 물적시설 없이 근로자를 고용하지 않고 독립된 자격으로 용역을 공급하고 대가를 받는 일정한 용역에서 발생하는 소득도 포함한다.

(19) 복식부기 의무자가 차량 및 운반구, 공구, 기구 및 비품, 선박 및 항공기, 기계 및 장치 등 일정한 사업용 유형고정자산을 양도함으로써 발생하는 소득

(20) 가구내 고용활동에서 발생하는 소득, 기타 열거된 소득과 유사한 소득으로서 영리를 목적으로 자기의 계산과 책임하에 계속적·반복적으로 행하는 활동을 통하여 얻은 소득

다. 비과세 사업소득

(1) 작물재배업 등 사업소득

ⓐ 벼, 보리, 감자, 녹두, 콩 등 곡물 및 기타 식량작물재배업은 무조건 비과세

ⓑ 기타 작물재배업에서 발생하는 소득은 해당 과세기간의 수입금액 합계액이 10억 원 이하이면 비과세한다.

ⓒ 전·답을 작물생산에 이용하게 함으로 인하여 발생하는 임대소득

(2) 일정규모 이하의 농가부업소득

ⓐ 농·어민이 부업으로 경영하는 축산·고공품제조·민박·음식물 판매·특산물 제조·전통차제조, 어로·양어 및 그 밖에 이와 유사한 활동에서 발생한 소득 등으로 일정한 규모의 농가부업소득

ⓑ 수도권 밖의 읍·면지역에서 전통주 제조에서 발생하는 소득으로 소득금액의 합계액이 연 1,200만 원 이하인 경우

(3) 일정한 입목의 벌채 또는 양도로 발생하는 소득

조림기간이 5년 이상된 임지 입목의 벌채 또는 양도로 발생하는 소득으로 연간 600만 원 이하인 경우.

(4) 일정한 주택임대소득

1세대 1주택으로 과세기간 종료일 현재 공시지가 기준 9억 원 이하 주택의 주택임대소득에 대하여는 비과세한다.

3. 총수입금액의 계산

가. 의의

총수입금액이라 함은 소득발생의 원천이 되는 사업활동, 소비대차, 자본에의 출자, 근로의 제공, 부동산의 대여 등으로부터 유입되는 대가의 합계액을 말한다. 즉, 해당과세연도에 수입하였거나 수입할 금액의 합계액을 말하는 것으로 기업회계기준에서는 수익에 상당하는 것을 말한다. 사업소득 총수입금액은 사업활동으로부터 유입되는 대가의 합계액을 말한다.

소득세는 순소득과세의 원칙에 따라 순소득에 대하여 과세한다. 따라서 소득금액은 총수입금액에서 필요경비를 공제하여 계산하므로 총수입금액은 필요경비와 함께 소득금액을 산

출하는 기본요소를 이룬다.

나. 총수입금액에 산입되는 것

ⓐ 매출액으로 기업의 영업활동에서 발생한 제품, 상품, 용역 등을 판매한 금액

ⓑ 거래상대방으로부터 받는 장려금 기타 이와 유사한 성질의 급여

ⓒ 사업자가 재화나 용역을 공급하고 거래상대방이 대가를 늦게 지급함에 따라 사업자가 지급받은 연체료

ⓓ 사업과 관련하여 무상으로 받은 자산의 가액, 채무의 면제 또는 소멸로 인하여 발생하는 부채의 감소액. 다만, 이월결손금의 보전에 충당된 금액은 수입금액에서 제외한다.

ⓔ 사업과 관련하여 해당 사업용 자산의 손실로 취득하는 보험차익

ⓕ 자산재평가법에 의한 재평가차액

ⓖ 관세환급금 등 필요경비로 지출된 세액이 환입되었거나 환입될 금액

ⓗ 각 과세기간에서 발생한 대손금과 상계하고 남은 대손충당금 잔액

ⓘ 사업장을 사업양수도방법에 의하여 법인으로 전환하거나 타인에게 일괄 양도하는 경우 재고자산 양도

ⓙ 간이과세자의 경우 재화 또는 용역의 공급대가

ⓚ 사업장의 수용에 따른 손실 등에 대한 대가로 지급받은 영업손실보상금 등

ⓛ 재고자산 또는 입목을 가사용으로 소비하거나 종업원 또는 타인에게 유상 또는 무상으로 지급한 경우

ⓜ 복식부기 의무자가 양도하는 사업용 고정자산을 양도하는 경우, 사업용 고정자산이란 부동산을 제외한 차량(업무용 승용차) 및 운반구, 공구, 기구 및 비품, 선박 및 항공기, 기계 및 장치 등이다.

ⓝ 사업장의 수용에 따른 손실 등에 대한 대가로 지급받는 영업보상금

ⓞ 사업용 재화에 대한 피해보상금

ⓟ 부동산 임대용역 대가인 임대료, 간주임대료, 건물의 유지비나 관리비 명목으로 지급받는 청소비·난방비. 다만, 전기료·수도료 등의 공공요금은 수입금액에 산입하지 않는다.

한편, 주택 임대의 간주임대료는 3개 이상의 주택을 소유하고 보증금 등의 합계액이 3억 원을 초과하는 경우에만 적용된다.

다. 총수입금액에서 제외되는 것

ⓐ 외상매출금을 결제하는 경우의 매출할인금액

ⓑ 환입된 물품의 가액과 매출에누리

ⓒ 복식부기 의무자가 아닌 사업자가 사업용 고정자산을 양도함으로써 발생하는 수입금액

ⓓ 소득세 또는 개인지방소득세를 환급받았거나 환급받을 금액 중 다른 세액에 충당한 금액

ⓔ 일반과세자의 부가가치세 매출세액

ⓕ 개별소비세·주세의 납세의무자가 자기의 총수입금액으로서 수입한 또는 수입할 금액에 따라 납부하였거나 납부할 개별소비세·주세

ⓖ 자기 제조장에서 생산한 제품을 판매하기 위하여 직매장에 반출한 가액

ⓗ 사업용 고정자산의 임의 평가차익

ⓘ 국세환급가산금, 지방세환급가산금 및 그 밖의 환급금에 대한 이자

4. 필요경비의 계산

가. 의의

필요경비란 총수입금액을 얻기 위하여 소요된 비용의 합계액으로 지출증빙에 의한 장부 기장내용 중 법이 정한 한도 내의 금액을 말한다. 즉, 해당 과세기간의 총수입금액에 대응하는 비용으로서 일반적으로 용인되는 통상적인 것의 합계액을 말한다.

나. 필요경비의 산정 방법

복식부기에 의한 기장자는 기업회계기준에 의해 기장된 제비용에 세무조정에 의하여 필요 경비를 가산한 금액, 간편장부 기장자는 간편장부 소득금액계산서의 필요경비 금액, 장부에 의하여 소득금액을 계산하지 아니하고 기준경비율에 의하여 소득금액을 계산하는 경우에는 주요경비와 수입금액에 기준경비율을 곱한 금액의 합계액을 필요경비로 하며, 단순경비율에 의하여 소득금액을 계산하는 경우 수입금액에 단순경비율을 곱한 금액을 필요경비로 한다.

다. 구체적인 필요경비

(1) 매출원가 등
ⓐ 판매한 상품 또는 제품에 대한 원료의 매입가액
ⓑ 부동산 개발업자 또는 전문건설업자가 부동산을 양도한 경우 양도당시의 장부가액
ⓒ 상품 등의 재해로 인한 멸실시 그 원가
ⓓ 자산의 평가 차손

(2) 인건비 등

ⓐ 종업원 급여. 다만, 사업주에 대한 급여는 필요경비에 산입하지 않는다.

ⓑ 사업자가 종업원의 퇴직급여에 충당하기 위하여 퇴직급여충당금을 필요경비로 계상한 경우에는 일정한 한도내에서 필요경비에 산입한다.

ⓒ 종업원을 위한 직장체육비, 직장연예비, 가족계획사업지원비, 직원회식비 등 복리후생비

ⓓ 종업원 사망 후 유족에게 지급하는 일정요건의 학자금

(3) 이자비용 등

ⓐ 총수입금액을 얻기 위하여 직접 사용한 채무에 대한 이자

ⓑ 전기요금 납부지연으로 인한 연체가산금

ⓒ 사계약의 의무불이행으로 인하여 과세하는 지체상금

ⓓ 고용보험 및 산업재해보상보험의 보험료 징수 등에 관한 법률의 규정에 의하여 징수하는 산업재해보상보험료의 연체금

(4) 부가가치세 불공제 매입세액 등

ⓐ 비영업용 소형승용차의 구입과 임차 및 유지에 관한 매입세액

ⓑ 접대비 및 이와 유사한 비용의 지출에 대한 매입세액

ⓒ 영수증을 교부받은 거래분에 포함된 매입세액

ⓓ 부동산 임차인이 부담한 전세금 및 임차보증금에 대한 매입세액

ⓔ 사업과 관련 있는 증권거래세, 인지세, 자동차세, 종합부동산세 등

(5) 사업용 자산의 관리와 유지비 등

ⓐ 사업용 자산의 관리비와 유지비, 임차료, 손해보험료, 현상유지를 위한 수선비

ⓑ 복식기장 의무자가 비영업용 소형승용차의 구입과 임차 및 유지에 관한 감가상각비, 임차료, 유류비 중에서 업무용 사용금액에 해당하는 금액

운행기록일지 등에 의하여 확인된 업무용승용차 관련비용에 업무사용 비율을 곱한

금액에 의하여 업무사용금액을 계산한다.

ⓒ 사업용 고정자산의 감가상각비

(6) 접대비와 기부금 등

ⓐ 사업과 관련된 접대비 중 일정한 요건을 충족한 접대비로 일정한 한도 내의 금액. 다만 사업과 관련 없이 지출한 접대비와 법정증빙을 수취하지 않은 접대비는 필요경비에 산입하지 않는다.

ⓑ 사업자가 법정기부금, 정치자금기부금, 우리사주조합기부금, 지정기부금 등 기부금을 지출한 경우에는 일정한 한도액 범위 안에서 해당 기부금을 필요경비에 산입한다.

ⓒ 일정한 범위 내의 광고선전 목적의 견본품, 수첩 등 이와 유사한 물건을 불특정 다수인에게 기증한 경우 그 비용

(7) 대손금

대손금은 채권 중 채무자의 파산 등 일정한 사유로 회수할 수 없는 외상매출금·미수금, 그 밖에 이에 준하는 채권의 금액으로서 해당 과세기간의 소득금액을 계산할 때 필요경비에 산입한다.

(8) 감가상삭비

감가상각자산별 사업자가 관할 세무서장에게 신고한 소득세법에서 규정하고 있는 상각방법에 의하여 계산한 금액 중 한도 내의 금액.

(9) 공과금 등

ⓐ 사업과 관련 있는 제세 공과금으로 재산세, 종합부동산세, 자동차세, 주민세

ⓑ 법령에 의하여 의무적으로 납부하여야 하는 상공회의소회비, 사용자부담 국민연금, 교통유발부담금, 폐기물처리부담금, 대한적십자회비

(10) 부담금 등

ⓐ 근로자퇴직급여보장법에 의한 부담금, 국민건강보험법, 고용보험법, 노인장기요양보험법에 의한 사용자보험료 또는 부담금

ⓑ 국민건강보험법, 노인장기요양보험법에 따른 직장가입자와 지역가입자가 부담하는 사업자 자신의 보험료

ⓒ 건설근로자퇴직공제회에 납부한 공제부금

(11) 기타 필요경비에 산입되는 비용

ⓐ 장려금과 이와 유사한 성질의 급여

ⓑ 보건복지부장관이 정하는 무료진료권에 의한 무료진료가액

ⓒ 업무와 관련 있는 해외시찰, 훈련비

ⓓ 근로청소년을 위한 특별학급 또는 산업체 부설 중·고등학교 운영비

ⓔ 직장어린이집 운영비

ⓕ 광물 탐사 관련 비용

ⓖ 영업자가 조직한 단체로 법인 또는 주무관청에 등록된 조합 또는 협회에 지급하는 회비

라. 필요경비에 산입되지 않는 경우

(1) 일정한 이자비용

ⓐ 지급이자 중 그 업무와 관련 없는 자산을 취득하기 위하여 차입한 금액에 대한 지급이자

ⓑ 부채의 합계액이 사업용자산을 초과하는 경우 그 금액에 대한 지급이자

ⓒ 차입한 건설자금의 연체로 발생한 이자를 원본에 더한 경우 그 원본에 더한 금액에 대한 지급이자와 운영자금 전용의 경우에는 그 부분에 상당하는 지급이자

ⓓ 채권자가 불분명한 차입금의 이자

(2) 법령에 따른 의무 불이행 등에 대한 제재로 부담하는 공과금 등

ⓐ 벌금·과료와 과태료, 업무와 관련하여 발생한 교통사고 벌과금

ⓑ 국민건강보험법에 따른 국민건강보험료의 가산금

ⓒ 산업재해보상보험료의 가산금

ⓓ 소득세와 개인지방소득세

ⓔ 국세징수법이나 그 밖의 세법에 따른 가산금과 체납처분비

ⓕ 세법에 따라 징수의무 불이행으로 인하여 납부하였거나 납부할 세액

(3) 세금 등

ⓐ 반출 후 미판매 제품에 대한 개별소비세 또는 주세의 미납액

ⓑ 부가가치세 매입세액

(4) 선급비용

(5) 복식기장 의무자가 아닌 사업자의 고정자산 처분손실

(6) 직접 그 업무와 관련이 없다고 인정되는 경우

ⓐ 거주자의 가사와 관련하여 지출한 경비

ⓑ 복식기장 의무자가 비영업용 소형승용차의 구입과 임차 및 유지에 관한 감가상각비, 임차료, 유류비 중에서 업무용 사용금액에 해당하지 아니하는 금액

5. 사업소득금액의 귀속

가. 상품 또는 제품 등의 판매

상품 등을 인도한 날이 되고, 상품 등 위탁판매의 경우에는 수탁자가 그 위탁품을 판매하는 날이 된다. 무인판매기에 의한 판매의 경우는 당해 사업자가 무인판매기에서 현금을 인출하는 때이다.

나. 도급계약의 경우

도급계약의 경우에 병의 치료·물건의 운송 등 무형의 일을 목적으로 하는 경우, 도급인의 소유물을 수선하는 경우 또는 도급인이 제공하는 주된 재료를 사용하여 어떤 물건을 제작하는 경우에 있어서는 수급인은 물건의 소유권을 도급인에게 이전할 필요가 없으므로 일(용역)을 완료한 날이 수입시기가 된다.

그리고 제작한 물건이 기계장치와 같은 동산인 경우에는 인도일이 수입시기가 된다. 따라서 계약기간이 1년 미만인 건설·제조 기타 용역의 제공은 용역 제공을 완료한 날(다만, 작업진행률 기준 적용 가능)이 되고, 계약기간이 1년 이상인 건설·제조 기타 용역의 제공은 착수일로부터 인도일까지의 작업진행률에 의하여 계산된 금액에 의한 기간에 속하는 과세기간에 소득금액이 귀속된다.

다. 인적용역의 제공

1년 미만 인적용역 제공에 대한 경우에는 용역대가를 지급받기로 한 날 또는 용역 제공을 완료할 날 중 빠른 날.

1년 초과 인적용역 제공에 대한 대가를 일시에 받는 경우에는 계약기간에 따라 해당 대가를 과세기간에 균등하게 안분한 금액.

라. 금융보험업(대부업)에서 발생하는 이자 및 할인액 실제로 수입된 날

마. 자산을 임대하거나 지역권·지상권을 설정하여 발생하는 소득의 경우

계약 또는 관습에 따라 지급일이 정해진 것은 그 정해진 날, 계약 또는 관습에 따라 지급일이 정해지지 아니한 경우에는 그 지급을 받은 날, 임대차계약 및 지역권·지상권 설정에 관한 쟁송에 대한 판결·화해 등으로 소유자 등이 받게 되어 있는 이미 지난 기간에 대응하는 임대료상당액은 판결·화해 등이 있은 날.

바. 동업기업으로부터 받은 소득: 손익분배비율에 따라 배분받은 소득

해당 동업기업의 과세연도 종료일.

사. 신용카드 매출전표 발행세액공제

부가가치세법에 의한 당해 과세기간 종료일이 속하는 과세기간.

6. 소득공제

가. 의의

소득세법상 과세표준이 되는 각종 소득금액은 각종 소득과 관련되는 총수입금액에서 필요경비를 공제하고 산출하는데, 이렇게 산출된 각종 소득금액에서 개개인의 특수사정을 고려하여 다시 일정한 금액을 공제하는 것을 말한다.

즉, 조세의 응능부담의 원칙에 입각하여 납세의무자의 최저생계비 보장이라는 측면과 각자의 특수사정, 공익목적의 필요성 등을 고려하여 일정액 또는 일정 범위내의 금액을 과세소득금액에서 공제하는 제도를 말한다.

소득공제는 무조건 일정한 금액을 일률적으로 공제하여 주는 인적공제와 일정한 요건을 구비한 때에 한하여 그 요건에 따라 일정한 금액을 공제하여 주는 기타 소득공제가 있다.

나. 인적공제

인적공제란 과세표준을 계산하는 과정에서 소득자 등의 가족상황 등 인적상황을 감안하여 일정금액을 공제하여 주는 제도로 납세의무자의 최저생계비에 해당하는 소득을 과세에서 제외시키기 위하여 과세소득에서 공제하는 금액이다.

인적공제에 해당되는 것으로는 본인공제, 배우자공제, 부양가족 공제가 있다.

다. 추가공제

거주자 본인, 배우자 및 부양가족으로서 기본공제대상자가 일정한 요건에 해당되면 일정금액을 공제하여 준다. 이에 해당되는 것으로 경로우대자공제, 장애인공제, 부녀자공제, 한부모 소득공제 등이 있다.

제4절 법인세 납세의무

1. 납세의무의 범위

(1) 영리법인과 비영리법인의 구분

법인은 설립목적에 따라 영리법인과 비영리법인으로 구분한다.

(2) 영리법인

영리법인은 상법에 의하여 설립된 영리를 목적으로 한 사단법인으로 주식회사, 합명회사, 합자회사, 유한회사와 특별법에 의하여 설립되는 기타 법인으로 구성된다.

설립근거가 특별법이라도 구성원이 법인의 재산에 대해 지분을 갖고 잉여금을 배분받으면 영리법인이다.

영리법인은 국내외에서 발생하는 모든 소득에 대하여 과세한다. 따라서 법인세가 과세되는 소득은 각 사업연도 소득, 청산소득, 토지 등 양도소득이 있다.

한편, 법인이 공동사업을 하는 경우 구성원 간 이익의 분배비율이 정해져 있고 해당 구성원별로 이익의 분배비율이 확인되는 경우, 구성원 간 이익의 분배비율이 정해져 있지 아니하나 사실상 구성원별로 이익이 분배되는 것이 확인되는 경우에는 소득구분에 따라 해당 단체의 구성원이 법인 등인 경우 법인세를 납부할 의무를 진다.

(3) 비영리법인

(가) 의의

비영리법인은 영리 아닌 사업을 목적으로 하는 법인으로 민법에 의하여 설립된 학술, 종교단체 등과 특별법에 의하여 설립된 비영리법인, 그리고 의제비영리법인, 세무서장의 승인에 의한 비영리법인 등이 있다.

비영리사업을 목적으로 한다는 의미는 단순히 이윤추구를 목적으로 하는 사업을 영위하지 않는다는 것이 아니라, 사업에서 발생한 이익을 구성원에게 분배하지 않고 고유목적 사업에 사용하여야 한다는 것을 말한다.

비영리법인의 경우 국내외 수익사업에서 발생하는 소득을 과세대상으로 한다. 비영리외국법인은 국내원천소득 중 수익사업에서 발생하는 소득에 한하여 납세의무를 진다. 부동산 양도에 대하여도 법인세 납세의무가 있다.

한편, 비영리법인은 해산한 경우 그 잔여재산을 사원 또는 출자자에게 분배하지 않으므로 청산소득에 대한 법인세 과세문제가 없다.

(나) 비영리법인의 구분

① 민법에 의하여 설립된 법인

민법 제32조에 따라 설립된 법인이란 학술·종교·자선 등 기타 영리 아닌 사업을 목적으로 하는 사단 또는 재단으로서 주무관청의 허가를 얻어 주된 사무소의 소재지에서 설립등기를 마친 법인을 말한다.

② 의제비영리법인

ⓐ 비영리를 목적으로 하고 주무관청의 허가 또는 인가를 받아 설립되거나 법령의 규정에 따라 주무관청에 등록한 사단·재단, 기타 단체로서 등기되지 아니한 것

ⓑ 공익을 목적으로 출연된 기본재산이 있는 재단으로서 등기되지 아니한 것

③ 승인의제법인

사단·재단의 조직과 운영에 관한 규정을 가지고 대표자나 관리인을 선임하고 있고, 사단·재단 자신의 계산과 명의로 수익과 재산을 독립적으로 소유·관리하며, 사단·재단의 수익을 구성원에게 분배하지 않은 경우에 관할 세무서장의 승인을 받은 단체 등은 법인으로 취급한다.

④ 비영리법인 중 공익법인

비영리법인 중 종교의 보급 등에 기여하는 사업, 초·중등교육법 및 고등교육에 의한 각급 학교, 사회복지사업의 규정에 의한 사회복지법인이 운영하는 사업, 의료법에 따른 의료법인이 운영하는 사업, 공익법인의 설립 및 운영에 관한 법률의 적용을 받는 공익법인이 운영하는 사업, 법인세법 또는 소득세법상 지정기부금 대상 법인 등이 법인세법에 열거된 수익사업을 영위하는 경우 당해 수익사업에서 생긴 소득에 대해 법인세 신고납부의무가 있다.

(다) 외국법인

외국에 본점을 둔 법인을 외국법인이라고 하고, 영리 외국법인은 국내원천소득에 대하여 법인세를 과세하고, 비영리 외국법인은 법인세법에서 열거하는 일정한 수익사업에서 발생한 소득만 과세한다.

2. 과세소득의 범위

가. 각 사업연도 소득금액 계산의 원칙

각 사업연도 소득금액은 그 사업연도에 속하는 익금의 총액에서 그 사업연도에 속하는 손금의 총액을 뺀 금액으로 한다. 구체적인 계산과정은 기업회계상의 당기순이익에서 익금산입 및 손금불산입 항목의 금액을 가산하고, 이 금액에서 손금산입 및 익금불산입 항목을 차감하는 방식으로 각 사업연도 소득금액을 계산한다.

따라서 법인의 순자산 증가를 가져오는 수익의 금액이면 소득의 종류 또는 소득원천을 가리지 않고 과세소득에 해당한다.

다만, 비영리법인은 소득원천설의 입장에서 일정한 수익사업에서 생기는 소득에 대해서만 과세한다.

한편, 내국법인의 각 사업연도 소득금액을 계산할 때 그 법인이 익금과 손금의 귀속사업연도와 자산·부채의 취득 및 평가에 관하여 일반적으로 공정·타당하다고 인정되는 기업회계기준을 적용하거나 관행을 계속하여 적용하여 온 경우에는 법인세법 또는 조세특례제한법에서 달리 규정하고 있는 것을 제외하고 그 기업회계기준 또는 관행에 따른다.

기업회계기준의 범위로는 국제회계기준, 주식회사의 외부감사에 관한 법률에 따른 일반기업회계기준, 중소기업회계기준, 공기업·준정부기관 회계준칙, 증권선물위원회가 정한 업종별회계처리준칙 등이 있다.

나. 영리법인의 각 사업연도 소득금액

영리법인의 각 사업연도 소득금액은 그 사업연도에 속하는 익금의 총액에서 그 사업연도에 속하는 손금의 총액을 뺀 금액으로 한다. 법인의 순자산 증가를 가져오는 수익의 금액이면 소득의 종류 또는 소득원천을 가리지 않고 과세소득에 해당한다.

따라서 영리법인은 청산소득에 대하여도 법인세 납부의무가 있다.

다. 비영리법인의 각 사업연도 소득금액

비영리법인은 수익사업에서 발생하는 소득에 대하여만 법인세를 과세하는 바, 수익사업에서 생기는 소득이란 일정한 사업 또는 수입에서 생기는 수입금액에서 이에 대응하는 손금을 뺀 금액을 말한다.

(1) 수익사업

어느 사업이 수익사업에 해당하는지의 여부를 가림에 있어 그 사업에서 얻은 수익이 당해 법인의 고유목적을 달성하기 위한 것인지 등 목적사업과의 관련성을 고려할 것은 아니나 그 사업이 수익사업에 해당하려면 적어도 그 사업 자체가 수익성을 가진 것이거나 수익을 목적으로 영위하는 것이어야 한다.

한편, 비영리법인이 처분일 현재 3년 이상 계속하여 법령 또는 정관에 규정된 고유목적사업에 직접 사용한 부동산 등의 고정자산 처분 수입은 법인세 과세대상에서 제외한다.

(2) 비영리법인 수익사업 과세취지

비영리법인의 고유목적 사업은 공익을 위한 것이므로 원칙적으로 수익사업에서 얻은 이익에 대하여 과세하지 않는 것이 바람직하나, 비영리법인의 수익사업이 영리법인의 사업과 경쟁관계에 있는 때에 비영리법인만 비과세하면 동일한 수익사업에 대하여 영리법인과의 관계에서 과세의 형평이 침해되는 한편 비영리법인을 가장하여 조세를 회피하는 경우에 이를 방지할 필요성 때문에 비영리법인의 일정한 수익에 대하여 영리법인과 마찬가지로 법인세를 과세하고 있다.

(3) 수익사업에 해당되는 것

ⓐ 수익사업에 해당되는 것은 제조업, 건설업, 도매 및 소매업 등 통계법에 따라 통계청장이 작성·고시하는 한국표준산업분류표에 따른 사업 중 수익이 발생하는 것으로 일정한 것

ⓑ 소득세법에 의한 이자소득 또는 배당소득

ⓒ 주식·신주인수권 또는 출자지분의 양도로 인한 수입

ⓓ 유형자산 및 무형자산의 처분으로 생기는 수입, 다만 처분일 현재 3년 이상 계속하여 법령 또는 정관에 규정된 고유목적사업에 직접 사용한 유형자산 및 무형자산의

처분으로 인한 수입은 수익사업에 해당하지 않는다.

ⓔ 부동산에 관한 권리와 기타자산의 양도로 인하여 생기는 수입

ⓕ 그 밖에 대가를 얻는 계속적 행위로 인한 수입

(4) 고유목적사업준비금에 의한 수익사업 과세 이연

비영리법인이 목적사업의 수행에 필요한 운영비 조달을 위해 수익사업을 영위하는 경우 그 수익사업에서 발생된 소득의 전부 또는 일부를 그 비영리법인의 고유목적 사업에 지출하기 위해 고유목적사업준비금을 결산상 손금으로 계상한 경우에는 일정한 한도 내에서 위 준비금을 손금에 산입할 수 있다.

이는 비영리법인이 고유목적사업준비금으로 계상한 부분에 대해 고유목적사업에 지출하기 전이라도 미리 손금에 산입하는 대신 고유목적사업준비금을 손금에 계상한 사업연도 종료일 이후 5년이 되는 날까지 고유목적사업에 지출이 이루어져야 한다는 점을 전제로 하여 위 기간 동안 과세를 이연함으로써 비영리법인의 공익사업을 원활하게 수행할 수 있도록 하기 위한 것이다(대법원 2017.3.9. 선고 2016두59249 판결).

한편, 임대업과 의료업 등의 수익사업을 영위하는 비영리내국법인이 의료발전회계로 구분 경리 하지 아니하고 의료기기 등 고정자산을 취득한 금액은 법인세법에 따라 고유목적사업에 지출한 비용으로 볼 수 없다.(과세기준자문, 법령해석법인-0451, 2019.7.31.).

(5) 부동산 등 양도소득

(가) 대상 자산

토지, 건축물, 부동산에 관한 권리, 주식 등, 기타 자산 양도에 대하여 법인세가 과세된다.

(나) 과세방법

수익사업을 영위하는 비영리법인은 각 사업연도 소득에 대한 법인세를 신고납부하여야 하고 해당 부동산이 일정한 조건에 해당되는 경우에는 추가로 법인세를 납부하여야 하다.

수익사업을 영위하지 않는 비영리법인은 법인세 과세방법과 소득세법에 의한 양도소득세

과세방법을 비교하여 선택적으로 법인세를 신고납부할 수 있다. 이 경우에도 해당 부동산이 일정한 조건에 해당되는 경우에는 추가로 법인세를 납부하여야 한다.

(6) 조합법인 등에 대한 당기순이익 과세

신용협동조합, 새마을금고, 농업·수산업협동조합 등 일정한 조합법인은 당기순이익에 의하여 법인세액을 계산할 수 있다.

당기순이익이라 함은 기업회계기준 또는 관행에 의하여 작성한 결산재무제표상 법인세비용 차감전 순이익을 말한다.

3. 법인세 과세단위

법인세는 법인단위로 과세한다. 그러므로 법인이 여러 개의 사업장을 둔 경우에 사업장마다 법인세를 과세하지 않고 법인단위로 법인세를 과세한다.

한편, 주식소유에 의한 지배·종속 관계에 있는 모회사와 자회사를 경제적으로 단일조직으로 보고 개별법인의 손익 및 세액을 집단으로 집약·통산하여 과세하는 연결납세제도가 있다. 즉 모회사와 자회사를 하나의 법인세 과세단위로 보아 각 법인의 소득을 통산하여 과세하는 제도이다. 해당 법인은 개별납세제도 또는 연결납세제도를 선택적으로 적용할 수 있다.

4. 각 사업연도 소득의 귀속

현행 법인세법에서는 내국법인의 각 사업연도의 익금과 손금의 귀속 사업연도는 그 익금과 손금이 확정된 날이 속하는 사업연도로 한다라고 하여 권리확정주의를 채택하고 있다.

그 익금 등이 확정된 날이란 그 수입할 금액과 그 수입할 권리가 확정되는 때, 즉 법률상 그 권리를 행사할 수 있게 된 시기를 의미한다(대법원 1992.1.21. 선고 91누1684 판결).

다만, 법인세법상 익금과 손금의 귀속시기는 원칙적으로 권리의무확정주의에 의하는 것이지만, 이와 다른 기업회계기준이나 관행이 있는 경우에는 이를 우선적용하여야 한다(대법원 2004.9.23. 선고 2003두6870 판결).

가. 법인세 과세기간

법인세의 경우 과세기간을 사업연도라고도 하며 1년을 초과하지 못하는 범위에서 1회계기간을 의미한다.

법령·정관 등에서 사업연도를 두지 않은 경우에는 따로 사업연도를 정하여 법인설립신고 또는 사업자등록과 함께 관한 세무서장에게 신고한 사업연도를 말한다.

내국법인이 사업연도 중에 해산한 경우에는 그 사업연도 개시일로부터 해산등기일까지의 기간과 해산등기일 다음 날로부터 그 사업연도 종료일까지 기간이 과세기간이 된다.

나. 권리의무 확정주의

(1) 의의

권리확정주의란 수입할 권리의 확정시기, 즉 소득이 발생한 때에는 원칙적으로 법률상 권리의 행사가 가능한 시점이라는 것이다.

권리가 확정되려면 거래상대방에 대하여 계약에 따라 재화나 용역을 제공하여야 하고 그 대가를 받기로 한 날이 도래하여야 한다.

나아가 민법이나 상법에 규정된 각 권리의 발생요건이나 유효요건을 충족하고 권리로서 법적으로 보장된 상태를 말하는 것은 아니며, 계약의 성립과 효력의 발생에서 한 걸음 더 나아가 수익의 원인이 되는 권리의 실현가능성이 법이 보장하는 바에 의하여 객관적으로 인식되는 상태를 말한다.

한편, 권리확정주의에서 확정의 개념은 소득의 귀속시기에 관한 예외 없는 일반원칙으로 단정하여서는 아니 되고, 구체적인 사안에 관하여 소득에 대한 관리, 지배와 발생소득의 객관화 정도, 납세자금의 확보시기 등까지도 함께 고려하여 그 소득의 실현가능성이 상당히 높은 정도로 성숙, 확정되었는지 여부를 기준으로 귀속시기를 판단하여야 한다(대법원 2002.7.9. 선고 2001두809 판결).

(2) 권리확정주의 취지

이는 장래 수입 여부가 불확실한 소득에 대하여 소득의 현실적인 수입시점 이전에 미리 과세하는 것을 허용함으로써 납세자의 자의에 의한 조세회피를 방지하기 위함이다(대법원 1984.3.13. 선고 83누720 판결). 즉, 과세소득을 확일적으로 파악해 법적안정성을 도모하고 과세의 공평을 기하여 납세자의 자의를 배제하기 위한 목적도 있다(대법원 2017.3.22. 선고 2016두51511 판결).

(3) 권리확정주의와 채권의 회수 가능성

법인세법상 어떠한 채권이 발생하였을 경우 이를 익금에 산입할 것인지 여부를 판단함에 있어 그 채권의 행사에 법률상 제한이 없다면 일단 권리가 확정된 것으로서 당해 사업연도의 익금으로 산입되는 것이고, 그 후 채무자의 무자력 등으로 채권의 회수 가능성이 없게 되더라도 이는 회수불능으로 확정된 때 대손금으로 처리할 수 있는 사유가 될 뿐이지 이로 인하여 그 채권으로 인한 소득의 귀속 시기에 영향을 미치는 것은 아니다(대법원 2005.5.13. 선고 2004두3328 판결).

(4) 사업개시일 전 손익의 귀속

최초 사업연도 개시일전 생긴 손익을 사실상 법인에 귀속시킨 것이 있는 경우 조세포탈의 우려가 없을 때에는 최초 사업연도의 기간이 1년을 초과하지 아니하는 범위 내에서 이를 당해 법인의 최초 사업연도의 손금에 산입할 수 있다.

다. 개별 자산의 손익 귀속 시기

(1) 상품 또는 제품 등의 판매

그 상품 등을 인도한 날, 시용판매의 경우에는 그 상품 등에 대한 구입의 의사표시를 한 날, 위탁판매는 그 위탁자산을 매매한 날.

(2) 보통거래 방식의 유가증권의 매매

매매계약을 체결한 날.

(3) 상품 등 외 자산의 양도

그 대금을 청산한 날(매매대금을 완납한 날). 대금 청산 전에 소유권 등의 이전등기를 하거나 당해 자산을 인도하거나 상대방이 당해 자산을 사용수익하는 경우에는 그 이전등기일, 인도일 또는 사용수익일 중 빠른 날.

(4) 장기 할부 조건으로 상품 등과 그 밖의 자산을 양도한 경우

장기할부 매출의 경우에는 원칙적으로 상품 또는 제품을 인도한 날이 되나, 법인이 결산 확정시 회수하였거나 회수할 금액을 수익으로 계상한 경우에는 회수하였거나 회수할 날이다. 다만 중소기업은 신고조정에 의하여 회수기준 또는 회수도래기준 적용 가능하다.

(5) 용역 매출의 경우(건설, 제조, 도급공사 및 예약매출, 기타 용역)

건설·제조 기타 용역(도급공사 및 예약매출 포함)의 제공으로 인한 익금과 손금은 그 목적물의 건설 등의 착수일이 속하는 사업연도부터 그 목적물의 인도일이 속하는 사업연도까지 해당 사업연도말까지 발생한 총공사비누적액 대비 총공사예정비로 계산한 작업진행률에 의하여 계산한 수익과 비용을 각각 해당 사업연도의 익금과 손금에 산입한다.

다만, 중소기업인 법인이 수행하는 계약기간이 1년 미만인 건설 등의 경우와 기업회계기준에 따라 그 목적물의 인도일이 속하는 사업연도의 수익과 비용으로 계상한 경우에는 그 목적물의 인도일이 속하는 사업연도로 할 수 있다.

한편, 작업진행률에 의한 익금과 손금이 공사계약의 해약 등으로 인하여 확정된 금액과 차액이 발생한 경우에는 그 차액을 해약일이 속하는 사업연도의 익금 또는 손금에 산입한다.

① 작업진행률에 의하는 경우

일반적인 경우에는 작업진행률에 의하여 계산한 수익을 해당 사업연도 익금에 산입한다.

한편, 작업진행률에 의한 익금과 손금이 공사계약의 해약으로 인하여 확정된 금액과 차액이 발생된 경우에는 그 해제로 인하여 실현되지 아니한 소득금액을 그 해제일이 속하는 사업연도의 손금에 산입한다.

② 인도일에 의하는 경우

중소기업법인이 수행하는 계약기간이 1년 미만인 건설용역 등의 경우, 기업회계기준에 따라 그 목적물의 인도일이 속하는 사업연도의 수익과 비용으로 계상한 경우, 법인이 비치, 기장한 장부가 없거나 비치, 기장한 장부의 내용이 불충분하여 작업진행률을 확인할 수 없는 경우, 유동화전문회사 등의 법인으로서 국제회계기준을 적용하는 법인이 수행하는 예약 매출의 경우에는 완성물의 인도일에 의한다.

(6) 법인이 수입 또는 지급하는 이자 및 할인액

① 보통예금, 정기예금, 적금 또는 부금의 경우

실제로 지급받는 날, 원본에 전입하는 뜻의 특약이 있는 이자는 그 특약에 의하여 원본에 전입된 날, 해약으로 인하여 지급되는 이자는 그 해약일, 정기예금연결 정기금 적금의 경우 정기에 금이자는 정기예금 또는 정기적금이 해약되거나 정기적금의 저축기간이 만료되는 날. 통지예금의 이자는 인출일

② 비영업대금의 이익

약정에 의한 이자지급일. 다만, 이자지급일의 약정이 없거나 약정에 의한 이자지급일

전에 이자를 지급받은 경우 또는 회수한 금액이 원금에 미달하여 이자수익에서 제외된 후 나중에 이자를 지급받은 경우에는 그 이자지급일

③ 채권이자 수익

국가 또는 지방자치단체, 내국법인, 외국법인, 외국법인의 국내지점 또는 국내영업소에서 발행한 채권 또는 증권의 이자와 할인액, 기명채권의 경우에는 약정에 의한 지급일, 무기명 채권의 경우에는 그 지급을 받은 날

④ 채권 또는 증권의 환매조건부매매차익

약정에 의한 당해 채권 또는 증권의 환매수일 또는 환매도일. 다만, 기일 전에 환매수 또는 환매도 하는 경우에는 그 환매수일 또는 환매도일

⑤ 채권 등의 발행법인을 원천징수의무자로 하는 경우 보유기간이자 등 상당액은 해당 채권 등의 매도일 또는 이자 등의 지급일

⑥ 기타 저축성 보험차익은 보험금 또는 환급금의 지급일, 다만, 기일 전에 해지하는 경우에는 그 해지일

⑦ 직장공제회 초과반환금은 약정에 따른 납입금 초과이익 및 반환금 추가이익의 지급일

⑧ 일정한 파생상품 또는 행위로부터의 이익은 약정에 따른 상환일. 다만, 기일 전에 상환하는 때에는 그 상환일

⑨ 금전의 사용에 따른 대가로서의 성격이 있는 것으로 이자수익과 유사한 것은 약정에 따른 상환일. 다만, 기일 전에 상환하는 때는 그 상환일

⑩ 결산을 확정한 때 이미 경과한 기간에 대응하는 이자 및 할인액을 해당 사업연도의 수익으

로 계산한 경우에는 그 계상일

(7) 법인이 수입하는 배당금

ⓐ 원칙적으로 배당금을 받을 권리와 금액이 확정되는 시점에서 인식한다.

ⓑ 무기명 주식의 이익이나 배당은 그 지급을 받은 날, 잉여금의 처분에 의한 배당의 경우에는 당해 법인의 잉여금 처분결의일, 법인세법에 의하여 처분된 배당의 경우에는 당해 법인의 당해 사업연도의 결산확정일, 집합투자기구로부터의 이익은 집합투자기구로부터 이익을 지급받은 날, 출자공동사업자 배당의 경우에는 과세기간 종료일, 기타 배당의 경우에는 그 지급을 받은 날

ⓒ 의제배당의 경우에는 주식의 소각, 자본의 감소, 자본에의 전입을 결정한 날이나 퇴사 또는 탈퇴한 날, 법인의 해산으로 인하여 소멸한 경우에는 잔여재산가액이 확정된 날, 법인이 합병으로 인하여 소멸한 경우에는 그 합병등기를 한 날, 법인이 분할 또는 분할합병으로 인하여 소멸 또는 존속하는 경우에는 그 분할등기 또는 분할합병등기를 한 날

ⓓ 자본시장과 금융투자업에 관한 법률에 따른 신탁업자가 운용하는 신탁재산에 귀속되는 이자소득 또는 투자신탁의 이익은 원천징수일이 속하는 사업연도로 한다.

ⓔ 투자회사 등이 결산을 확정할 때 증권 등의 투자와 관련된 수익 중 이미 경과한 기간에 대응하는 이자 및 할인액과 배당소득을 해당사업연도의 수익으로 계상한 때에는 그 계상한 사업연도

(8) 임대료 등의 소득 귀속시기

자산의 임대로 인한 익금과 손금의 귀속사업연도는 계약 등에 의하여 임대료의 지급일이 정해진 경우에는 그 지급일, 계약 등에 의하여 임대료의 지급일이 정해지지 아니한 경우에는 그 지급을 받은 날이다.

다만, 결산을 확정함에 있어서 이미 경과한 기간에 대응하는 임대료 상당액과 이에 대응하는 비용을 당해 사업연도의 수익과 손비로 계상한 경우 및 임대료 지급기간이 1년을 초과하는 경우 이미 경과한 기간에 대응하는 임대료 상당액과 비용은 이를 각각 당해 사업연도

의 익금과 손금으로 한다.

5. 각 사업연도 소득금액의 계산

가. 익금과 손금의 인식

각 사업연도 소득은 권리 확정주의에 따라 순자산 증가의 원인이 되는 사실을 금전의 수수 여부에도 불구하고 수취할 권리와 지급할 의무가 확정된 시점에서 인식 파악한다.

한편, 기업회계기준상 수익은 수익획득 과정이 실질적으로 완료되고 교환거래가 나타났을 때 인식한다. 이에 따라 수익은 실현되었을 때 인식하는 것이 원칙이다.

특정거래와 관련하여 발생한 수익과 비용은 동일한 회계기간에 인식한다. 이를 수익·비용 대응의 원칙이라고 한다.

세법에서도 손비의 인식은 이익창출활동 과정에 따른 수익·비용 대응의 원칙에 따르며 특정의 수익과 직접적인 관련이 없거나 그 관련성을 발견하기 어려운 비용은 자산이 소비되는 기간의 비용으로 처리한다.

나. 익금

(1) 개념

익금이란 해당 법인의 순자산을 증가시키는 거래로 인하여 발생하는 이익 또는 수익의 금액을 말한다. 다만, 해당 법인의 순자산을 증가시키는 거래로 인하여 발생하는 수익의 금액이라 할지라도 자본 또는 출자의 납입과 법인세법에서 규정하는 것은 익금에 포함하지 않는다. 수익이란 타인에게 재화 또는 용역을 제공하고 획득한 수입금액과 기타 당해 법인에게 귀속되는 일체의 경제적 이익을 말한다.

(2) 익금 산입의 범위

(가) 손익거래에 의한 익금산입

① 매출액

수익발생의 대표적인 거래는 상품, 제품의 판매 또는 용역의 제공이다. 이러한 거래를 통하여 유입된 경제적 효익이 매출액이 된다. 다만, 매출에누리와 매출할인은 매출에서 차감하여 수입금액을 계산한다.

② 자산의 양도금액

상품이나 제품 등 재고자산 외 자산의 양도금액은 익금에 산입한다.

③ 부동산임대업을 주업으로 하는 법인 또는 추계결정 법인의 부동산임대업에 의한 전세금 또는 임대보증금에 의한 수익

법인이 임대보증금 등을 받으면 순자산의 변동이 없어 원칙적으로 익금에 산입하지 않으나 보증금을 이용한 부동산 투기를 방지하기 위한 목적으로 일정한 경우에는 간주임대료를 계산하여 익금에 산입한다.

간주임대료 대상 법인은 ㉠ 추계결정하는 경우 부동산 임대보증금 등이 있는 모든 법인 ㉡ 영리내국법인으로 부동산임대업을 주업으로 하면서 차입금이 자기자본의 2배를 초과하는 차입금 과다 보유 법인이다.

④ 부동산임대업이 아닌 일시적인 자산의 임대료

⑤ 기타 수익에 해당하는 것

영업활동 이외의 부수적인 활동으로 발생하는 이자 및 배당금, 사채·공채 등의 투자수익, 대여금 또는 예금이나 자금운용에 의해 획득되는 수입이자. 수입수수료 및 잡수입 등의 부수수익, 수입보상금, 수입보험금 등이 수익에 해당되어 익금에 산입한다.

⑥ 기타 익금산입

수입한 원재료로 생산한 제품을 수출하는 경우 수입 시 부담한 과세환급금, 세액공제된 외국 법인세액, 동업기업에서 동업자 간에 배분받은 소득금액, 지출 당시 손금으로 인정받은 금액이 환입된 경우 그 금액, 가지급금 인정이자, 비영리법인이 손금으로 계상한 사업연도의 종료일 이후 5년이 되는 날까지 고유목적사업 또는 지정기부금 지출에 사용하지 않은 경우, 비영리법인이 고유목적 사업준비금을 승계하지 아니하고 해산한 경우, 비영리법인이 고유목적사업을 전부 폐지한 경우, 법인으로 보는 단체가 승인 취소되거나 거주자로 변경된 경우, 해당 사업연도 전에 사실상 회수불능인 것으로 판단하여 대손금으로 손금산입하였던 채권을 회수한 경우 등에는 해당 금액을 익금에 산입한다.

(나) 자본거래에 의한 익금산입

① 의의

주식의 매도가 자산거래인 주식 양도에 해당하는지 또는 자본거래인 주식소각이나 자본환급에 해당하는지는 법률행위 해석의 문제로서 거래의 내용과 당사자의 의사를 기초로 판단해야 하지만, 실질과세의 원칙상 단순히 계약서의 내용이나 형식에만 의존할 것이 아니라, 당사자의 의사와 계약체결의 경위, 대금의 결정방법, 거래의 경과 등 거래의 전체 과정을 실질적으로 파악하여 판단해야 한다(대법원 2013.5.9. 선고 2012두27091 판결).

② 투자유가증권 수익

자기주식처분이익은 익금 산입된다. 또한 특수관계인 개인으로부터 유가증권 저가 매입은 익금산입 항목이다.

③ 자본거래로 인하여 분여 받은 이익

ⓐ 특수관계인 법인간의 합병에 있어서 주식 등을 시가보다 높거나 낮게 평가하여 불

공정한 비율로 합병한 경우
- ⓑ 법인의 증자에 있어서 신주를 배정받을 수 있는 권리의 전부 또는 일부를 포기하거나 신주를 시가보다 낮은 가액으로 인수하는 경우
- ⓒ 법인의 감자에 있어서 주주 등의 비율에 의하지 않고 일부 주주 등의 주식 등을 소각하는 등 자본거래에 의하여 특수관계인으로부터 분여 받은 이익

(다) 의제배당에 의한 수익

의제배당은 기업경영의 성과인 잉여금 중 사외에 유출되지 않고 법정적립금, 이익준비금 기타 임의적립금 형식으로 사내에 유보된 이익이 법에서 규정한 일정한 사유로 주주나 출자자에게 환원되어 귀속되는 경우의 이익은 실질적으로 현금배당과 유사한 경제적 이익이므로 과세형평의 원칙에 비추어 배당으로 의제하여 과세한다(대법원 1993.6.11. 선고 92누16126 판결).

의제배당에 해당되는 것으로는 ㉠ 주식의 소각·자본금 감소·사원의 퇴사·탈퇴 또는 출자의 감소로 인하여 주주 등인 내국법인이 취득하는 금전 그 밖의 재산가액의 합계액에 해당하는 주식 또는 출자지분을 취득하기 위하여 소요된 금액을 초과하는 금액 ㉡ 해산한 법인의 주주·사원·출자자 또는 구성원인 내국법인이 그 법인의 해산으로 인한 잔여재산의 분배에 따라 취득하는 금전 그 밖의 재산의 가액이 해당 주식 등을 취득하기 위하여 소요된 금액을 초과하는 금액 ㉢ 피합병법인의 주주 등이 내국법인이 취득하는 합병대가가 그 피합병법인의 주식 등을 취득하기 위하여 사용한 금액을 초과하는 금액 ㉣ 분할합병 또는 소멸한 분할합병의 상대방 법인의 주주인 내국법인이 취득하는 분할대가가 그 분할법인 또는 소멸한 분할합병의 상대방 법인의 주식을 취득하기 위하여 사용한 금액을 초과하는 금액 ㉤ 잉여금의 전부 또는 일부를 자본 또는 출자에 전입함으로써 주주 등인 내국법인이 취득하는 주식 등의 가액은 배당받은 것으로 본다.

(라) 기타거래에 의한 익금산입

① 채무면제 수익

채무의 면제 또는 소멸로 인하여 생기는 부채의 감소액은 순자산을 증가시킨 금액이므로 그 원인에 관계없이 익금에 해당한다.

② 무상으로 받은 자산의 가액

자산수증이익, 영리 내국법인이 받은 정부출연금, 여객자동차 운수사업을 영위한 내국법인이 받은 유가보조금은 익금에 해당한다.

③ 자산의 평가이익

보험업법 기타 법률의 규정에 의한 유형자산 및 무형자산 등의 평가이익과 은행업을 영위하는 법인이 보유하는 외화자산·통화 관련 파생상품 중 통화선도 및 통화스왑에 대한 평가이익 등이 익금산입 대상이다.

(3) 익금 불산입

(가) 의의

법인의 순자산 증가를 가져오는 거래에 해당되어 익금에 산입하여야 하나 해당 소득의 성질 등에 비추어 과세가 적절하지 않은 경우에는 익금에 산입하지 아니하는 바 이를 익금 불산입이라 한다.

(나) 자본거래에 의한 익금 불산입

① 주식발행초과액

액면금액 이상으로 주식을 발행한 경우 그 액면금액을 초과한 금액은 익금에 산입하지 않는다.

② 주식의 포괄적 교환차익

상법에 따른 주식의 포괄적 교환을 한 경우로 자본금 증가의 한도액이 완전모회사의 증가한 자본금을 초과한 경우의 그 초과액

③ 감자차익

자본감소의 경우로서 그 감소액이 주식의 소각, 주금의 반환에 든 금액과 결손의 보전에 충당한 금액을 초과한 경우의 그 초과금액

④ 합병차익

상법에 따른 합병의 경우로서 소멸된 회사로부터 승계한 재산의 가액이 그 회사로부터 승계한 채무액, 그 회사의 주주에게 지급한 금액과 합병 후 존속하는 회사의 자본금증가액 또는 합병에 따라 설립된 회사의 자본금을 초과한 경우의 그 초과금액은 익금에 산입하지 않는다. 다만, 일정한 예외가 있다.

⑤ 분할차익

상법에 따른 분할 또는 분할합병으로 설립된 회사 또는 존속하는 회사에 출자된 재산의 가액이 출자한 회사로부터 승계한 채무액, 출자한 회사의 주주에게 지급한 금액과 설립된 회사의 자본금 또는 존속하는 회사의 자본금 증가액을 초과한 경우의 그 초과금액. 다만 일정한 예외가 있다.

(다) 이중거래 조정을 위한 익금 불산입

① 법인의 수입배당금에 대한 익금 불산입

법인의 수입배당금에 대하여는 익금 불산입한다. 이는 법인의 소득에 대해서 법인단계에서 법인세가 과세되고, 그 소득이 주주에게 배당되면 주주에게 다시 소득세가 과세되어 이중과세 문제가 있다. 이를 조정하기 위하여 법인세법은 수입배당금액에 대하여 익금 불산입한다.

익금 불산입 대상이 되는 수입배당금은 내국법인이 다른 내국법인에 출자를 함으로써 법인의 주식 등을 취득하고 주주 등의 지위에서 다른 내국법인에 대한 출자지분 등에 비례하여 받는 이익의 배당액이나 잉여금의 분배액과 의제배당에 따른 배당금 또는 분배금 의제액을 의미한다(대법원 2017.1.12. 선고 2015두48693 판결).

이에 따라 지주회사가 자회사로부터 받는 배당금, 기타 내국법인으로부터 받은 배당금 등에 대하여는 익금 불산입한다.

② 익금 불산입 적용 제외 수입배당금

고유목적 사업준비금을 손금에 산입한 비영리 내국법인이 받는 수입배당금, 고율의 지주회사의 익금 불산입 규정을 적용받은 수입배당금, 외국법인으로부터 받은 수익배당금, 배당기준일 전 3개월 이내에 취득한 주식을 보유함으로써 발생하는 수입배당금, 동업기업 과세특례를 적용받은 기업 등은 익금 불산입하지 않는다.

한편, 익명조합계약의 경우 내국법인이 출자를 통하여 다른 내국법인의 주식 등을 취득하거나 그 주주 등의 지위에 있게 되는 것은 아니고 다른 내국법인으로부터 지급받는 돈은 익명조합원의 지위에서 출자 당시 정한 손익분배약정에 따라 지급받는 것에 불과할 뿐 주주 등이 받는 배당액 등에 해당할 여지가 없으므로 익금 불산입 대상이 되는 수입배당금액이 아니다(대법원 2017.1.12. 선고 2015두48693 판결).

(라) 기타 거래의 익금 불산입

① 이월익금

이월익금이란 각 사업연도 소득으로 이미 과세된 소득을 말한다. 전기에 각 사업연도 소득으로 법인세가 과세된 소득을 당기에 다시 수익으로 계산한 경우에는 이중과세를 방지하기 위하여 당기의 익금에 산입하지 않는다.

② 법인세 또는 법인지방소득세의 환급세액

③ 국세 또는 지방세의 과오납금의 환급금에 대한 이자

④ 부가가치세 매출세액

사업자가 재화 등을 공급할 때 그 재화 등을 공급받는 자로부터 징수하여 국가에 납부할 예수금의 성질을 갖는 항목이므로 익금 불산입한다.

⑤ 이월결손금의 보전에 충당된 자산수증이익과 채무면제이익

자산수증이익과 채무면제이익으로 충당된 이월결손금은 각 사업연도의 과세표준을 계산할 때 공제된 것으로 본다.

⑥ 상품·제품 등 자산의 평가이익

자산의 평가이익은 장부상 이익으로 미실현 이익으로 익금에 불산입한다.

⑦ 지출 당시 손금으로 인정받지 못한 금액이 환입되는 경우 그 금액

다. 손금

(1) 의의

손금이란 자본 또는 출자의 환급·잉여금의 처분 및 법인세법에서 규정하는 것을 제외하고 해당 법인의 순자산을 감소시키는 거래로 인하여 발생하는 손비의 금액을 말한다. 잉여금의 처분이 손금이 아닌 이유는 잉여금 그 자체가 과세소득의 일부이기 때문이다.

순자산 감소는 법인의 자산이 감소하거나, 법인의 부채가 증가하는 경우에 발생한다.

손비란 수익을 획득하기 위하여 소요된 모든 비용과 기타 당해 법인에 귀속되는 일체의 경제적 손실(자산의 유출액 또는 부채의 증가액)을 말한다.

비용이란 사업연도 중 기업의 계속적 활동으로 인한 재화의 생산, 용역의 제공 등 활동으로 인한 자산의 유출액 또는 사용액과 부채의 발생액을 말한다.

(2) 손금 산입 요건

손금은 당해 법인의 순자산을 감소시키는 거래로 인하여 발생하는 손금 또는 비용의 금액으로 한다. 원칙적으로 손비는 그 법인의 사업과 관련하여 발생하거나 지출된 손금 또는 비용으로서 일반적으로 용인되는 통상적인 것이거나 수익과 직접 관련된 것으로 한다.

일반적으로 용인되는 통상적 비용이라 함은 납세의무자와 같은 종류의 사업을 영위하는 다른 법인도 동일한 상황 아래에서는 지출하였을 것으로 인정되는 비용을 의미하고, 그러한 비용에 해당하는지 여부는 지출의 경위와 목적, 형태, 액수, 효과 등을 종합적으로 고려하여 객관적으로 판단하여야 할 것인데, 특별한 사정이 없는 한 사회질서에 위반하여 지출된 비용은 여기에서 제외되며, 수익과 직접 관련된 비용에 해당한다고 볼 수 없다(대법원 2009.11.22. 선고 2007두12422 판결, 대법원 2015.1.29. 선고 2014두4306 판결).

(3) 일반적인 손금산입의 범위

(가) 상품 또는 제품에 대한 원료의 매입가액과 그 부대비용

손금에 산입되는 상품 등의 매입가액은 매입액에 매입에누리와 매입환출, 매입할인을 차감한 금액이다. 그 밖에 판매한 상품 또는 제품의 보관료, 포장비, 운반비 등도 손금에 산입되고, 판매장려금 및 판매수당 등은 사전약정에 관계없이 손금에 해당한다.

한편 상품, 제품, 반제품, 재공품, 원재료, 저장품은 원가법과 저가법 중 선택하여 평가한다.

(나) 양도한 자산의 양도 당시의 장부가액

① 매입 또는 자가제조한 자산

취득에 소요된 금액과 취득세, 등록면허세, 그 밖의 부대비용의 합계액이 손금이 된다.

유형자산의 경우 취득 시 국·공채를 현재가치로 평가하고 매입가액과 현재가치의 차액을 유형자산의 취득가액으로 계상한 경우에도 손금으로 인정한다.

또한 자산 취득 관련 지급이자는 원칙적으로 자산의 취득원가로 인정되고 예외적으로 지급이자로 처리하여도 인정한다. 장기할부매매에 의한 경우에 현재가치 할인차금을

계상하면 손금으로 인정한다.

② 교환 또는 증여 등으로 취득한 자산의 경우에는 취득당시의 시가가 손금이 된다.

③ 현물출자에 의한 자산취득은 해당 자산의 시가가 손금이 된다.

④ 합병 또는 분할의 경우

적격합병·적격분할의 경우에는 장부가액을 손금으로 비적격합병·비적격분할의 경우에는 해당자산의 시가를 손금으로 한다.

(다) 재고자산 등의 평가손실

재고자산으로서 파손·부패 등으로 정상가격 판매불능, 유형자산으로서 천재지변·화재 등으로 파손 및 멸실 등에 의한 평가차손에 대하여 손금산입 가능하다. 한편 유형자산은 파손·멸실이 발생한 사업연도뿐만 아니라 확정된 사업연도에도 손금산입이 가능하다.

(라) 인건비

인건비란 근로의 대가로 지급하는 제반비용을 말하며, 그 종류에는 급여의 성질인 보수·급료·임금·수당과 임시적·추가 급여적인 상여금, 퇴직급여로서의 퇴직금·퇴직위로금·퇴직연금 및 부가적 급여로서의 복리후생비가 있다.

① 보수 등

법인이 지급하는 보수와 상여금은 업무와 관련하여 지출된 비용이므로 원칙적으로 손금에 산입한다.

다만, 합명회사 또는 합자회사의 노무출자 사원에게 지급하는 보수는 이익처분에 의한 상여로 의제하도록 하여 손금에 산입하지 않는다.

법인이 지배주주 등인 임원 또는 직원에게 정당한 사유 없이 동일직위에 있는 지배주주 등 외의 임원 또는 직원에게 지급하는 금액을 초과하여 보수를 지급한 경우 그 초과금액은 손금 불산입한다.

법인이 지배주주인 임원에게 보수를 지급하였더라도 제반 사정을 종합적으로 고려할 때, 해당 보수가 임원의 직무집행에 대한 정상적인 대가라기보다는 주로 법인에 유보된 이익을 분여하기 위하여 대외적으로 보수의 형식을 취한 것에 불과하다면, 이는 이익처분으로서 손금 불산입 대상이 되는 상여금과 실질이 동일하므로 손금에 산입할 수 없다(대법원 2017.9.21. 선고 2015두60994 판결).

② 상여금

다만 사용인에 대한 상여금은 모두 손금 산입되나, 임원은 정관·주주총회·사원총회·이사회 결의로 결정된 급여지급 기준 내의 상여금만 손금 산입된다.

다만, 법인이 그 임원 또는 직원에게 이익처분에 의하여 지급하는 상여금은 이를 손금에 산입하지 않는다.

③ 퇴직금

현실적인 퇴직으로 사용인에게 퇴직급여를 지급한 경우에는 전액 손금 산입한다. 다만, 임원은 정관에 퇴직급여로 지급할 금액이 정해진 경우에는 정관에 정하여진 금액을 손금 산입하고, 정관에 정해진 금액이 없는 경우에는 일정한 산식에 의하여 산출된 한도 내의 퇴직급여만 손금 산입한다.

그러나 실질적으로 근로 등의 대가를 지급하기 위한 것이 아니라 퇴직급여의 형식을 빌려 특정 임원에게 법인의 자금을 분여하기 위한 일시적 방편에 불과한 것인 경우에는 일정한 부분은 퇴직급여로 손금에 산입할 수 없다(대법원 2016.2.18. 선고 2015두53398 판결).

또한 현실적으로 퇴직하지 아니한 자에게 지급한 퇴직급여는 손금에 산입할 수 없다.

한편, 퇴직급여충당금을 설정한 법인이 퇴직하는 임원 또는 사용인에게 퇴직급여를 지급하는 때에는 개인별 퇴직급여충당금과 관계없이 계상된 퇴직급여충당에서 상계하여야 한다.

④ 복리후생비

복리후생비는 임원 또는 사용인의 복지와 후생 및 사기진작을 위하여 지출되는 비용으로 손금 산입된다.

복리후생비에 해당되는 것으로는 국민건강보험법 및 노인장기요양법에 의하여 사용자가 부담하는 건강보험료 및 부담금, 고용보험법에 의하여 사용자로서 부담하는 보험료, 영유아보육법에 의하여 설치된 직장어린이집의 운영비, 직장체육비, 직장연예비 및 직장회식비, 우리사주조합원의 운영비, 기타 임원 또는 사용인에게 사회통념상 타당하다고 인정되는 범위 안에서 지급하는 경조사비 등, 파견근로자에게 복지와 후생 및 사기진작을 위하여 지출되는 비용 등이 있다.

(마) 접대비

접대비란 접대비 및 교제비, 사례금, 기타 명목 여하에 불구하고 이에 유사한 성질의 비용으로서 법인의 업무와 관련하여 특정인에게 지출한 금액을 말하며, 접대비 한도액 범위 내의 접대비만 손금 산입한다.

접대비는 회사의 업무와 관련하여 발생하는 비용이나, 기업의 과소비 조장, 불건전한 접대문화 만연 등 폐단이 있어 그 지출을 제한하기 위하여 일정한 한도가 있고 이를 초과한 접대비는 손금에 산입하지 않는다.

한편, 지출한 접대비가 일정금액을 초과하는 경우에는 반드시 계산서·세금계산서·신용카드매출전표 등 적격영수증을 갖추어야 하며, 적격영수증을 갖추지 않은 때에는 해당 접대비를 직접 손금 불산입한다.

(바) 기부금

① 기부금의 개념

기부금이란 법인의 사업과 관계없이 특수관계 없는 자에게 무상으로 지급하는 재산적 증여의 가액을 말하고 일정한 한도 내에서 손금 산입하다.

② 기부금의 구분

법정기부금이란 국가 및 지방자치단체에 무상으로 기증하는 금액, 국방헌금과 국군장
병위문금품 등을 말하고, 지정기부금이란 사회복지법인, 종교단체 등에 무상으로 기증
하는 금액을 말한다. 당해 사업과 직접 관계없이 아무런 반대급부나 효익을 얻지 아니
하고 자산을 국가 또는 지방자치단체에 기부채납하는 경우에는 그 가액도 기부금으로
본다.

비지정기부금이란 향우회, 동창회, 종친회, 새마을금고 기부금 등을 말하며 전액 손금
불산입한다.

(사) 이자비용

차입금에 대한 이자비용은 법인의 순자산의 감소를 초래하는 것이므로 원칙적으로 손금
에 산입한다.

차입금이란 명목 여하에 관계없이 지급이자 및 할인료를 부담하는 모든 부채를 말한다.
이에 해당되는 대표적인 것으로는 금융기관으로부터의 차입금, 회사채, 사채, 금융리스채무
등이 있다.

그러나 ㉠ 채권자가 불분명한 사채이자 ㉡ 비실명채권 등의 이자 ㉢ 건설자금의 이자 ㉣ 비
업무용 자산 또는 특수관계인에 대한 업무무관 가지급금을 취득하거나 보유하고 있는 경우
에 그 자산의 취득 또는 보유와 관련한 차입금에 대한 지급이자는 손금에 산입하지 않는다.

가지급금이란 기장이나 계정과목 등 그 명칭 여하에 관계없이 해당 법인의 업무와 관련이
없는 자금 대여액을 말하는 것으로 법인의 대표이사, 임원, 주주 등에게 자금을 대여해 주거
나, 대표이사, 임원의 개인적인 비용을 법인자금으로 지출한 경우에 주로 발생한다.

한편, 법인의 비업무용 부동산의 보유와 관련한 차입금에 대한 지급이자의 손금 불산입
제도의 취지는 기업의 부동산 투기 및 비생산적인 업종에 대한 무분별한 기업확장을 억제하
여 기업자금의 생산적 운용을 통한 기업의 건전한 경제활동을 유도하고, 아울러 국토의 효
율적 이용을 도모하기 위한 것이다(대법원 2004.3.26. 선고 2001두10790 판결).

업무무관 가지급금에 대한 지급이자 손금 불산입 제도의 취지는 차입금을 생산적인 부분
에 사용하지 않고 계열사나 기업주 등과 같은 특수관계인에게 대여하는 비정상적인 행위를

제한함으로써 기업의 재무구조가 악화되는 것을 방지하고, 기업자금의 생산적 운영을 통한 기업의 건전한 경제활동을 유도하는 데 있다(대법원 2007.9.20. 선고 2006두1647 판결).

(아) 업무용 승용차 유지비용

① 업무용 승용차의 범위

업무용 승용차란 개별소비세가 과세되고 부가가치세 매입세액이 공제되지 않는 일정한 배기량의 승용차를 말한다. 가령 승용자동차, 캠핑용자동차, 이륜자동차, 전기승용자동차 등이 이에 해당된다.

그러나 자동차 판매업, 자동차 임대업, 운전학원업 등에 의한 승용차, 경비업법에 의한 출동차량, 시설대여업자가 사업상 수익을 얻기 위하여 직접 사용하는 승용차, 장례식장 및 장의 관련 서비스업 영위법인이 소유·임차한 운구용승용차 등은 제외한다.

② 업무용 승용차 손금 산입 범위

업무전용자동차 보험에 가입하고 운행기록부상 확인되는 업무사용 비율만큼의 업무사용금액만 손금으로 인정된다.

구체적으로 감가상각비, 임차료, 유류비, 보험료, 수선비, 자동차세, 통행료 및 금융리스부채에 대한 이자비용 등 업무용승용차의 취득·유지를 위하여 지출한 비용은 손금 산입한다.

한편, 업무전용자동차 보험에 가입하지 아니한 경우 업무용승용차 관련 비용 전액을 손금 불산입한다. 다만, 조사 확인방법에 따라 별도 확인을 받은 경우에는 확인된 업무사용비율을 적용하여 손금에 산입할 수 있다.

(자) 세금과 공과금 손금 산입

① 손금에 산입하는 세금과 공과금

ⓐ 취득단계에서 부담한 취득세 등은 일단 취득원가로 배분 후 감가상각·처분 시 손

금에 산입된다.

ⓑ 수입 시 부담한 관세는 손금인정하되, 취득부대비용은 취득원가로 배분한다.

ⓒ 법인 설립등기와 관련된 등록·면허세

ⓓ 공사계약상 의무불이행으로 인하여 부과하는 지체상금. 다만 구상권 행사가 가능
한 지체상금은 제외한다.

ⓔ 보세구역에 장치되어 있는 수출용 원자재가 관세법상의 장치기간 경과로 국고귀속
이 확정된 자산의 가액

ⓕ 철도화 사용료의 미납액에 대하여 가산되는 연체이자

ⓖ 산업재해보상보험료의 연체금

ⓗ 국유지 사용료의 납부지연으로 인한 연체금

ⓘ 전기요금의 납부지연으로 인한 연체가산금

ⓙ 영업자가 조직한 조합, 협회에 대한 회비, 영업자가 조직한 단체로서 법인이거나 주
무관청에 등록된 조합 또는 협회에 지급한 회비 중, 법령 또는 정관이 정하는 바에
따라 경상경비 충당 등을 목적으로 조합원 또는 회원에게 정기적 또는 부정기적으
로 부과하는 것은 손금에 해당한다(질의회신, 법령해석법인-1291, 2018.6.28.).

ⓚ 무료진료권 등에 의하여 행한 무료진료의 가액

ⓛ 상품 및 생활용품의 제조업, 도매업, 소매업 영위 법인이 일정한 자에게 무상으로
기증한 잉여식품 등의 장부가액

ⓜ 우리사주조합에 출자하는 자사주의 장부가액 또는 금품

ⓝ 부가가치세 매입세액 중 면세사업자가 부담하는 매입세액, 비영업용 소형승용차의
구입 및 유지에 관한 매입세액, 접대비 및 이와 유사한 비용의 지출에 관련된 매입세
액, 영수증을 교부받은 거래분에 포함된 매입세액으로서 공제대상이 아닌 금액, 부
동산임차인이 부담한 전세금 및 임차보증금에 대한 매입세액

② 손금에 산입하지 아니하는 세금과 공과금
　ⓐ 각 사업연도에 납부하였거나 납부할 법인세(외국법인세액, 법인지방소득세, 가산세 포함
한다)

ⓑ 부가가치세 납부세액을 계산함에 있어서 매출세액에서 공제받은 부가가치세 매입세액

ⓒ 매출세액에서 공제받지 못한 매입세액으로 법인의 귀책사유로 말미암아 공제받지 못한 매입세액과 사업과 관련 없는 매입세액

ⓓ 반출하였으나 판매하지 않은 제품에 대한 개별소비세 또는 주세 등의 미납액은 손금 불산입한다.

ⓔ 법인의 증자 등기와 관련된 등록·면허세

ⓕ 법령에 따라 의무적으로 납부하는 것이 아닌 공과금

ⓖ 법령에 따른 의무불이행 또는 금지·제한 등의 위반에 대한 제재로서 부과되는 공과금

(차) 벌금 등의 손금 산입

벌금 및 과료·과태료·가산금과 체납처분비는 손금 불산입한다. 가령 교통사고 벌과금, 법인의 임원 또는 사용인이 관세법을 위반하고 지급한 벌과금, 산업재해보상보험료의 가산금, 외국의 법률에 의하여 국외에서 납부한 벌금 등이 이에 해당된다.

(카) 손해배상금

법인이 자신의 귀책사유로 타인에게 가한 손해에 대하여 지출한 손해배상금은 손금에 산입한다. 다만, 일정한 징벌적 목적의 손해배상금 중 실제 발생한 손해를 초과하여 지급하는 금액에 대하여는 손금에 산입하지 않는다.

(타) 기타 손금 산입비용

업무와 관련 있는 해외시찰·훈련비, 일정한 교육기관에 지출한 운영비 또는 수당, 장식·환경미화 등의 목적으로 사무실·복도 등 여러 사람이 볼 수 있는 공간에 항상 전시하는 미술품의 취득가액으로 일정한 금액 이하인 것, 광고선전 목적인 기증한 물품의 구입비용으로 연간 3만 원 이내의 금액, 일정한 주식매수선택권 또는 주식이나 주식가치에 상당하는 금전으로 지급받은 상여금으로서 행사하거나 지급받은 경우 해당 주식매수선택권 또는 주식기준보상을 부여하거나 지급한 법인에 그 행사 또는 지급비용으로서 보전하는 금액, 임직원의

사망이후 유족에게 학자금 등 일시적으로 지급하는 일정한 금액, 그 밖의 손비로서 그 법인에 귀속되었거나 귀속될 금액 등은 손금에 산입한다.

(4) 준비금의 손금산입

(가) 준비금의 의의

준비금이란 회사가 장래에 생길지도 모르는 필요에 대비하기 위하여 대차대조표상의 순재산가액으로부터 자본액을 공제한 금액 가운데 일부를 회사 내에 유보하여 두는 금액을 말한다. 법인세법상 준비금은 보험사업을 영위하는 법인이 설정하는 책임준비금, 비상위험준비금, 계약자 배당준비금, 비영리 내국법인이 설립하는 고유목적사업준비금 등이 있다.

(나) 책임준비금

보험사업을 영위하는 내국법인이 장래에 지급할 보험금, 환급금 및 계약자배당금의 지급에 충당하기 위하여 계상한 금액을 말한다.

(다) 비상위험준비금

비상위험준비금은 보험사업을 영위하는 내국법인이 지진, 폭동, 원자력 사고 등과 같이 발생확률이 극히 낮아 예측할 수 없는 비경상적인 비상위험에 대비하기 위하여 유보·적립하는 금액을 말한다.

(라) 고유목적사업준비금

비영리 내국법인이 고유목적사업이나 지정기부금에 지출하기 위해 준비금으로 일정한 한도 내에서 손금으로 계상한 준비금을 말한다. 준비금의 설정대상 소득은 이자소득과 증권투자신탁수익의 분배금, 사회복지사업으로서 회원 등에게 대출한 융자금에서 발생한 이자소득과 기타의 수익사업에서 발생한 소득에 일정률을 곱한 금액으로 한다.

고유목적사업준비금을 손금에 산입한 비영리 내국법인이 고유목적사업 등에 지출한 금액이 있는 경우에는 그 금액을 먼저 계상한 사업연도의 고유목적사업준비금부터 차례로 상계하여야 한다.

(5) 충당의 손금산입

(가) 충당금의 의의

충당금이란 특정의 손비에 대한 준비를 위해 설정하는 계정을 말하는 것으로 추산에 의하여 그 부담을 그 연도에 속하는 것으로 정한다.

즉, 장래에 예상되는 지출 또는 손실에 대해서 현실적으로 지출하지 않았거나 손실이 발생하지 않은 시점에서 미리 이를 추정하여 장부상에 일정액을 기간비용으로 계산하는 것을 말하는 것으로 평가성 충당금과 부채성 충당금으로 구분할 수 있다.

세법에 열거된 충당금은 일정한 한도 내에서 손금에 산입할 수 있으나 세법에 열거되지 않은 충당금은 손금 대상이 아니다.

(나) 평가성 충당금

일정한 자산의 가액에 변동이 있다는 것을 계속적으로 명시하기 위하여 그 자산계정에 대한 공제계정으로 설정되는 것으로 대표적인 것으로 감가상각비와 대손충당금이 있다.

① 감가상각비

①-1. 의의

시간이 지남에 따른 자산의 효용감소분을 내용연수 동안 합리적인 방법으로 기간손익에 배분하는 절차를 감가상각이라 하고, 감가상각된 금액이나 비율로 나온 금액을 감가상각비라고 하여 회계상 손금으로 처리한다.

즉, 감가상각 대상금액을 그 자산의 내용연수 동안 체계적인 방법에 의하여 각 회계기간에 배분하는 원가배분과정을 의미한다.

기업회계상 감가상각 대상 자산의 내용연수와 잔존가액을 추정하여 계속적으로 감가상각비를 계상하여 상각하여야 한다.

①-2. 감가상각 대상 자산

감가상각 대상 자산은 크게 물리적 실체 여부에 따라 형체가 있는 유형자산과 형체가 없는 무형자산으로 구분된다.

사업용 고정자산으로 유형고정자산, 개발비, 특허권, 영업권 등 무형고정자산으로 장기할부 조건으로 자산을 매입한 경우에는 회계상 자산으로 계상하고 사업에 사용하면 감가상각 대상 자산이 된다.

한편, 운영리스자산은 리스회사의 상각자산이고, 금융리스자산은 리스이용자의 상각자산이 된다.

①-3. 감가상각 손금 산입요건

고정자산별 법인세법에서 정한 감가상각 대상자산, 상각방법과 상각범위 내의 감가상각비는 손금에 산입한다. 세법에서 인정하는 상각방법은 정액법, 정률법, 생산량비례법이 있다. 상각범위는 세법상 인정되는 각 사업연도의 감가상각의 한도액이다.

감가상각의 손금 산입은 해당 법인이 장부상에 감가상각비를 손비로 계상한 경우, 즉 결산조정에 의하여 손금에 산입하는 것이 원칙이다. 다만, 신고조정에 의하여 감각상각비를 손금에 산입할 수 있는 예외가 있다.

② 대손충당금 손금 산입

②-1. 의의

대손금이란 회수불능된 채권을 말하는 것으로 채권의 회수불능은 순자산의 감소에 해당하므로 원칙적으로 손금에 산입된다. 다만, 세법에 열거된 사유를 충족한 회수불능 채권을 대손처리한 경우 손금에 산입한다.

즉, 외상매출금·대여금 등 채권이 있는 법인이 각 사업연도에 손비로 계상한 대손충당금은 일정한 손금산입 범위 안에서 손금에 산입된다.

다만, 채무보증으로 인하여 발생한 채권, 특수관계인에 대한 업무무관 가지급금, 소멸시효가 완성된 채권 등은 대손충당금 설정 대상 채권에 포함하지 않는다.

법인이 특수관계자에게 업무와 관련 없이 지급한 자금에 대하여 그 대손금을 손금에 산입할 수 없다고 규정한 취지는 법인이 특수관계자에게 제공한 업무무관 가지급금에 대손사유가 발생하여 채권회수가 불가능하게 된 경우에 그 대손금을 손금 불산입함으로써 특수관계자에 대한 비정상적인 자금대여 관계를 유지하는 것을 제한하고, 기업자금의 생산적 운용을 통한 기업의 건전한 경제활동을 유도하는 데 있다(대법원 2017.12.22. 선고 2014두2256 판결).

②-2. 회수 불능 채권의 범위

ⓐ 민법, 상법, 어음·수표법에 따른 소멸시효가 완성된 대여금 및 선급금, 외상매출금 및 미수금, 어음·수표, 한편 소멸시효가 완성되어 회수할 수 없는 채권액은 그 소멸시효가 완성된 날이 속하는 사업연도의 손금으로 산입하는 것이나, 정당한 사유없이 채권회수를 위한 제반 법적조치 등을 취하지 아니함에 따라 채권의 소멸시효가 완성된 경우에는 그 소멸시효 완성일이 속하는 사업연도의 접대비 또는 기부금으로 본다.

ⓑ 채무자 회생 및 파산에 관한 법률에 따른 회생계획 인가의 결정 또는 법원의 면책결정에 따라 회수불능으로 확정된 채권

ⓒ 민사집행법 제102조에 따라 채무자의 재산에 대한 경매가 취소된 압류채권

ⓓ 채무자의 파산, 강제집행, 형의집행, 사업의 폐지, 사망, 실종 또는 행방불명으로 회수할 수 없는 채권

ⓔ 부도발생일로부터 6개월이 지난 수표 또는 어음상의 채권 및 외상매출금(중소기업의 외상매출금으로 부도발생일 이전의 것에 한함)

ⓕ 채권가액이 20만 원 이하로 회수기일이 6개월 이상 지난 채권

ⓖ 재판상 화해 등 확정판결과 같은 효력을 가지는 것으로서 회수불능으로 확정된 채권

②-3. 대손충당금 설정과 대손상각비 손비처리 방법

손금에 산입할 대손충당금의 범위액은 해당 사업연도 종료일 현재 외상매출금·대여금 등 채권의 장부가액 합계액에 일정한 비율을 곱하여 산정한 금액과 채권잔액에 대손실

적률를 곱하여 계산한 금액 중 큰 금액으로 한다.

대손충당금을 설정한 법인은 실제로 대손이 발생한 때에는 이미 계상되어 있는 대손충당금과 먼저 상계하여야 하며, 상계 후 대손충당금 잔액은 그 다음 사업연도의 소득금액 계산 시 이를 익금에 산입하여야 한다.

③ 부채성 충당금(퇴직급여 충당금)

장래 확실히 발생할 손비로서 그 발생원인이 당해연도에 있으나 아직 지출이 안 된 경우 그 준비로서 적립된 것으로 퇴직급여 충당금이 대표적이다

퇴직급여충당금이란 장래에 종업원이 퇴직할 때 지급하게 될 퇴직금을 미리 충당금의 형태로서 계상해 놓은 것을 말한다.

퇴직급여충당금을 계상한 법인이 퇴직하는 임원 또는 사용인에게 퇴직급여를 지급할 때에는 개인별 퇴직급여충당금과는 관계없이 이를 퇴직급여충당금에서 상계하여야 한다.

④ 기타 충당금

④-1. 일시상각충당금(압축기장충당금)

일시상각충당금이란 고정자산의 자본적지출에 충당할 국고보조금이나 공사부담금 또는 보험차익으로 취득한 고정자산에 대한 감가상각비를 그 자산을 취득한 과세연도에 일시에 계상하기 위하여 설정되는 평가계정이다. 국가나 특정사업의 실수요자로부터 무상으로 지급받는 보조금 등과 고정자산의 멸실 등으로 인하여 발생한 보험차익은 순자산증가설에 의하여 각 과세연도의 소득금액 계산상 이를 익금에 산입하는 것이 원칙이다.

그러나 고정자산의 자본적지출액에 사용하기 위한 국고보조금 등에 과세하게 되면 그 본래의 목적에 비추어 볼 때 당해 자산의 취득이나 보조금의 효과를 저해하는 결과를 초래하게 된다.

따라서 세법에서는 고정자산의 자본적지출에 충당할 국고보조금 등으로 감가상각의

대상이 되는 고정자산을 취득하거나 개량한 경우에 그 일부 또는 전부에 상당하는 금액을 일시상각충당금으로 설정하여 이를 손금에 산입하도록 하고 있다.

그 취득자산이 비상각자산인 경우에는 압축기장충당금을 설정하여 그 일시상각비를 손금 산입한다.

④-2. 구상채권상각충당금

법률에 의하여 신용보증사업을 영위하는 내국법인 중 신용보증기금, 기술신용보증기금 등이 각 사업연도에 구상채권상각충당금을 손비로 계상한 경우에는 해당 사업연도 종료일 현재의 신용보증사업과 관련된 신용보증잔액의 일정액과 구상채권발생률 중 낮은 비율을 곱하여 계산한 금액의 범위에서 그 사업연도의 소득금액을 계산할 때 이를 손금에 산입한다.

⑤ 기타 손금 불산입

ⓐ 자본거래 중 잉여금의 처분을 손비로 계상한 금액

ⓑ 법인의 업무와 직접 관련 없는 자산(부동산)을 취득·관리함으로써 발생하는 비용 등을 말하는 것으로 유지비, 수선비, 관리비, 재산세·공동시설세 등 세금과 공과, 감가상각비 등이 이에 해당한다. 한편 법인의 업무라 함은 법령에서 업무를 정한 경우에는 그 법령에 규정된 업무, 각 사업연도 종료일 현재의 법인등기부상의 목적사업으로 정해진 업무 등을 말한다.

ⓒ 법인의 업무와 관련 없는 비용 또는 지출: 타인이 주로 사용하는 장소 또는 건물 등에 대한 유지비 등, 출자임원이나 그 친족이 사용하는 사택의 유지관리비, 노동조합 및 노동관계조정법을 위반하여 지급하는 급여

ⓓ 재고자산, 유가증권, 유형자산의 평가손실

ⓔ 임원·사용인이 아닌 지배주주에게 지급한 여비, 교육훈련비

ⓕ 인건비, 복리후생비, 여비 및 교육훈련비 등이 과다하거나 부당하다고 인정되는 금액

ⓖ 지출 자체가 사회질서에 반하는 통상적인 비용이나 수익과 관련된 비용(대법원 2017.10.28. 선고 2017두51310 판결), 가령 법인이 공여한 뇌물 등, 노동조합 및 노동관계

조정법을 위반하여 노조전임자에게 지급한 급여 등

ⓗ 법인세법에 의하여 상여로 처분된 금액

라. 토지 등의 양도에 대한 소득

(1) 내용

토지 등의 양도에 대하여는 양도금액에서 양도 당시의 장부가액을 차감한 금액에 의하여 각 사업연도 소득금액을 계산하여 법정신고 기한까지 신고납부하여야 한다.

(2) 법인의 추가 납부세액

법인의 부동산 투기를 방지하기 위하여 일정한 범위의 토지, 건물 등에 대하여는 각 사업연도 소득금액에 의한 법인세 외에 일정한 세율에 의하여 계산한 세액을 추가로 납부하여야 한다.

추가 납부하여야 대상 자산은 지정지역에 있는 부동산으로 비사업용 토지 또는 주택, 부동산가격이 급등하거나 급등할 우려가 있어 부동산가격의 안정을 위하여 필요한 일정한 부동산, 일정한 요건에 해당하는 주택 및 주거용 건축물로서 상시 주거용으로 사용하지 아니하고 휴양·피서·위락 등의 용도로 사용하는 건축물 등이다.

마. 미환류 소득에 대한 추가 법인세

① 의의

내국법인이 투자, 배당 또는 임금 등으로 환류하지 아니한 소득이 있는 경우에 미환류 소득에 100분의 10을 곱하여 산출한 세액을 미환류 소득에 대한 법인세로 하여 각 사업연도 소득에 대한 과세표준에 세율을 적용하여 계산한 법인세액에 추가하여 납부하여야 한다.

② 대상법인

　　ⓐ 영리 내국법인 중 자기자본 500억 원을 초과하는 중소기업이 아닌 법인

　　ⓑ 독점규제 및 공정거래에 관한 법률에 따른 상호출자 제한 기업집단에 속하는 법인

③ 미환류세액 계산 방법

각 사업연도 소득에 국세 등 환급금 이자, 수입배당금, 익금불산입액, 기부금 이월 손금산입액, 투자자산 감가상각분을 가산하고 법인세 등, 상법상 이익준비금 적립액, 법령상 의무적립액, 이월결손금 공제액, 잉여금 처분에 따른 상여 등, 기부금 손금산입한 도초과액, 연구개발준비금 익금산입액, 비적격합병(분할)의 피합병법인(분할법인)의 양도차익, 주주인 법인의 의제배당소득을 차감하여 기업소득을 계산한 후에 여기에 일정률을 계산하여 과세대상 소득을 계산한다.

과세대상 소득에서 투자금액, 임금증가금액, 배당금액, 기타 등을 차감하여 미환류 소득금액을 계산한다.

6. 청산소득에 대한 법인세

가. 의의

청산소득에 대한 법인세 과세는 법인이 청산절차를 거쳐 해산하는 과정에서 실현된 소득에 대하여 과세하는 것을 말한다. 청산이란 회사의 해산 후에 그 재산적 권리의무를 정리하여 법인격을 소멸시키는 것을 말하며, 해산이란 회사의 법인격을 소멸시키는 원인이 되는 법률사실을 말한다.

즉, 법인의 각 사업연도의 소득에 대하여 법인세를 과세할 때 탈루되어 과세되지 아니한 소득에 대하여 그 인격의 종식 단계에서 과세하고, 아울러 물가상승에 의한 자산의 가치증가이익이 청산과정에서의 환가처분에 의하여 실현되므로 그 실현이익에 대하여 과세하는 것

이다(대법원 1992. 11. 10. 선고 91누12714 판결).

나. 납세의무자

내국법인만 납세의무를 지며, 외국법인은 납세의무가 없다.

다. 청산소득의 계산

법인이 해산하여 소멸할 때 잔여재산가액이 해산등기일 현재의 자기자본총액을 초과하는 경우 그 초과금액이 청산소득이 된다.

라. 청산소득에 대한 확정신고

잔여재산가액 확정일이 속하는 달의 말일부터 3개월 이내에 그 해산한 법인의 재무제표, 해산한 법인의 본점 등의 소재지, 청산인의 성명 및 주소 또는 거소, 잔여재산가액의 확정일 및 분배예정일 기타 필요한 사항 등을 첨부하여 과세표준과 세액을 납세지 관할 세무서장에게 신고하여야 한다.

7. 세무조정

가. 세무조정의 의의

세무조정이란 일반적으로 공정·타당하다고 인정되는 기업회계기준에 의하여 작성한 재무제표상의 당기순손익을 기초로 하여 세법의 규정에 따라 익금과 손금을 조정함으로써 정확한 과세소득을 계산하기 위한 일련의 절차로 결산조정과 신고조정이 있다.

나. 세무조정의 필요성

감가상각비 계상, 준비금, 각종 충당금, 파손·부패 등의 사유로 인한 재고자산 평가손실, 천재·지변 등의 사유로 인한 재고자산의 평가손실, 파산한 주식 발생법인의 주식평가손실, 생산설비의 폐기손실, 무상으로 받은 자산의 가액과 채무면제 등으로 인한 부채감소액 중 이월결손금의 보전에 충당한 경우, 공사부담금, 보험차익 국고보조금으로 취득한 고정자산의 손금산입, 자산의 평가손실, 건설자금이자 손금산입, 손익의 귀속 사업연도 차이 등의 사유가 있다.

다. 조정방법

ⓐ 익금 산입: 기업회계상 수익이 아니나 세무회계상 익금으로 인정
ⓑ 익금 불산입: 기업회계상 수익이나 세무회계상 익금으로 보지 않음
ⓒ 손금 산입: 기업회계상 비용이 아니나 세무회계상 손금으로 인정
ⓓ 손금 불산입: 기업회계상 비용이나 세무회계상 손금으로 보지 않음

라. 결산조정과 신고조정

(1) 결산조정

결산조정이란 특정 손비항목에 대하여 기업이 결산과정에서 이를 장부에 계상한 경우에 한해서만 손금으로 인정하는 조정방법을 말한다.

결산조정에 해당하는 항목으로는 ㉠ 고정자산의 감가상각비 ㉡ 퇴직급여충당금 ㉢ 대손 상각충당금, 구상채권상각충당금(잉여금처분에 의한 신고조정 가능) ㉣ 일시상각·압축기장충당 금(신고조정 가능) 조세특례제한법상 준비금(잉여금 처분에 의한 신고조정 가능) ㉤ 법인세법상 준 비금: 책임준비금·비상위험준비금(잉여금 처분에 의한 신고조정 가능) ㉥ 고유목적사업준비금 (외부감사대상법인에 한하여 신고조정 가능) ㉦ 대손금(소멸시효 완성의 경우에는 신고조정 사항임) ㉧ 자산의 평가손실 ㉨ 생산설비의 폐기손실

(2) 신고조정

신고조정이란 장부상에 계상하고 결산을 마친 다음 법인세 신고과정에서 세무조정계산서 에 계상함으로써 세무회계상 인정받을 수 있는 세무조정 방법이다. 즉 신고과정에서 기업회 계상의 당기순이익에 익금산입 및 손금 불산입 사항과 손금산입 및 익금 불산입 사항을 가 감 조정함으로써 세무회계상의 과세소득을 산출하는 절차를 말한다.

마. 외부조정 신고제도

(1) 의의

조세감면을 받는 법인 등과 외부회계감사 대상 법인 등이 기업회계와 세무회계의 차이가 발생함에 따라 정확한 과세소득을 계산하기 위하여 세무사, 공인회계사, 변호사로부터 세무 조정계산을 받아 신고하도록 하는 제도로 미이행 시 무신고 가산세가 부과된다.

(2) 대상법인

    ⓐ 외부회계감사 대상 법인

    ⓑ 직전 사업연도 수입금액 3억 원 이상인 법인으로 조세특례를 적용받거나 준비금 잔액이 일정액 이상인 법인

    ⓒ 해당 사업연도 종료일로부터 2년 이내에 설립된 법인으로 수입금액이 3억 원 이상인 법인

    ⓓ 해당 사업연도 종료일로부터 소급하여 3년 이내에 합병 또는 분할한 합병법인, 분할법인, 분할신설법인 및 분할합병의 상대방 법인

    ⓔ 직전 사업연도의 법인세 과세표준과 세액을 장부와 증빙서류에 의하여 계산할 수 없어 추계결정 또는 경정한 법인

8. 소득처분

가. 소득처분의 의의

소득처분이란 세무조정사항으로 발생한 소득이 법인의 내부에 남아 있으면 이를 기업회계상 순자산에 가산하여 세무상 순자산을 계산하고, 법인외부에 유출되었으면 소득귀속자를 파악하여 소득세를 징수하는 제도를 말한다.

즉, 법인세법상의 각 사업연도 소득금액은 기업회계상 당기순손익에서 익금산입 사항과 손금불산입 사항을 가산하고, 익금불산입 사항과 손금산입 사항을 차감하여 계산하는데 이렇게 익금에 가산된 금액 등이 누구에게 귀속하였는지를 확인하는 세법상의 절차를 소득처분이라고 한다.

나. 취지

소득처분은 법인의 세무상 순자산을 계산함으로써 각 사업연도 소득과 정산소득 계산에 적정을 기하고 사외유출된 소득의 귀속자에 대하여 소득세를 부과함으로써 조세부담의 공평을 기하는 것에 의의가 있다.

다. 소득처분의 종류

소득이 사외유출되었는지 여부에 따라 유보와 사외유출로 나누어지며, 유보에는 유보와 기타가 있으며, 사외유출은 다시 그 귀속자에 따라 출자자이면 배당으로 출자자인 임원이나 사용인, 임원인 경우에는 상여로, 법인소득이나 개인의 사업소득을 구성하면 기타사외유출, 그 밖의 것은 기타소득으로 구분된다.

(1) 유보
세무조정 금액이 사외로 유출되지 않고 회사 내에 남아있는 것으로 법인의 세무계산상의 자본을 증가시키는 금액이다. 자본금과 적립금조정명세서에 그 내용을 기재하여야 한다. 외상매출 누락, 대손충당금 한도초과액 손금불산입, 건설자금이자 손금불산입 등이 이에 해당한다.

(2) 사외유출
사외유출은 세무계산상의 자본에 영향을 미치지 않고, 다시 귀속이 분명한 경우와 귀속이 불분명한 경우로 나누어지는데 귀속이 분명한 경우에는 상여, 배당, 기타소득, 기타 사외유출로, 귀속이 분명하지 않은 경우에는 대표자 상여로 처분한다.

한편, 법인이 매출사실이 있음에도 불구하고 그 매출액을 장부에 기재하지 아니한 경우에는 특별한 사정이 없는 한 원료매입비 등 원가상당액을 포함한 매출누락액 전액이 사외로 유출된 것으로 보아야 한다(대법원 2002.12.6. 선고 2001두2560 판결).

(가) 상여

세무조정금액이 사외로 유출되어 사용인 또는 임원에게 귀속되었음이 분명한 경우에 행하는 소득처분으로 귀속자가 불분명한 경우에는 대표자에게 귀속된 것으로 보는 인정상여가 여기에 해당된다. 기타 현금매출 누락, 지출증빙이 없는 영업활동비 등이 이에 해당한다.

(나) 인정상여

인정상여란 법인의 결산상에는 손금으로 처리되어 있으나 실질적으로 상여의 지급과 동일한 경우에 실질과세 원칙에 따라 세무계산상 상여로 간주하는 것을 말한다.

한편, 법인세법상의 대표자 인정상여제도는 그 대표자에게 그러한 소득이 발생한 사실에 바탕을 두는 것이 아니라 세법상의 부당행위를 방지하기 위하여 그러한 행위로 인정될 수 있는 사실에 대하여 실질에 관계없이 무조건 대표자에 대한 상여로 간주하도록 하는 데 그 취지가 있다(대법원 2008.9.18. 선고 2006다49789 판결).

인정상여 대상이 되는 대표자는 법인등기부상 대표자로 등재되어 있는 자이고 실질적으로 그 회사를 사실상 운영하는 대표자이어야 한다(대법원 2010.12.23. 선고 2008두10461 판결). 실질적으로 회사를 운영한 사실의 판단은 회사의 업무집행에 관한 최종결재권을 보유하고 회사의 자금관리 등을 주도하고 대외적으로 회사를 대표하여 활용한 자는 사실상 대표자에 해당한다.

(다) 대표이사 등이 법인의 자금을 유용한 경우 소득 처분

법인의 실질적 경영자인 대표이사 등이 법인의 자금을 유용하는 행위는 특별한 사정이 없는 한 애당초 회수를 전제로 하여 이루어진 것이 아니어서 그 금액에 대한 지출 자체로서 이미 사외유출에 해당한다고 할 것이다(대법원 2001.9.14. 선고 99두3324 판결).

한편, 그 유용 당시부터 회수를 전제하지 않은 것으로 볼 수 없는 특별한 사정에 대하여 횡령의 주체인 대표이사 등의 법인 내에서의 실질적인 지위 및 법인에 대한 지배 정도, 횡령 행위에 이르게 된 경위 및 횡령 이후의 법인의 조치 등을 통하여 그 대표이사 등의 의사를 법인의 의사와 동일시하거나 대표이사 등과 법인의 경제적 이해관계가 사실상 일치하기 어려운 것으로 보기 어려운 경우인지 등 여러 사정을 종합하여 개별적, 구체적으로 판단하여야 한다(대법원 2008.11.13. 선고 2007두23323 판결).

(라) 법인의 피용자의 지위에 있는 자가 법인의 자금을 횡령한 경우

법인은 그 자에 대하여 손해배상채권 등을 취득하므로 그 금원 상당액이 곧바로 사외유출된 것으로 볼 수 없고, 해당 법인이나 그 실질적 경영자 등의 사전 또는 사후의 묵인, 채권회수 포기 등 법인이 그에 대한 손해배상채권을 회수하지 않겠다는 다른 의사를 객관적으로 나타낸 것으로 볼 수 있는 등의 사정이 있는 경우에는 사외유출로 보아 상여로 소득처분할 수 있다(대법원 2004.4.9. 선고 2002두9254 판결).

(3) 배당

세무조정 등이 사외로 유출되어 주주(출자자)에게 귀속되었음이 분명한 경우 그 출자자에 대한 배당으로 본다. 이 경우 귀속자의 배당소득으로 소득세를 부과하며 법인의 당해 사업연도의 결산확정일에 배당소득이 귀속되는 것으로 보아 원천징수가 필요하다.

(4) 기타사외유출

세무조정금액이 사외에 유출되어 출자가, 사용인, 임원 외에 법인이나 사업을 영위하는 개인에게 귀속되는 것이 분명한 경우로 그 소득이 내국법인 또는 외국법인의 국내 사업장의 각 사업연도 소득이나 거주자 또는 비거주자의 국내사업장의 사업소득을 구성하거나 비과세소득에 해당하여 귀속자에게 소득세를 부과하는 것이 적합하지 않은 금액을 말한다.

이에 해당되는 것으로 기부금·접대비 손금불산입액, 채권자가 불분명한 사채이자 및 지급받은 자가 불분명한 이자 중 원천징수세액, 업무무관 자산 등에 대한 지급이다. 임대보증금 등의 간주임대료, 자본거래로 인한 부당행위 계산부인에 의해 익금산입한 것 중 귀속자에게 증여세가 과세되는 금액 등이 있다.

9. 합병과 분할시 법인세 과세

가. 합병에 따른 법인세

(1) 합병의 개념

합병이란 어느 법인 일체의 권리의무를 포괄적으로 다른 법인에 이전하고 이에 따라서 존재했던 1개 또는 수개의 법인을 청산의 절차를 거치지 않고 소멸시키는 것을 말한다.

(2) 피합병법인에 대한 법인세 과세

피합병법인이 합병으로 해산하는 경우에는 그 법인의 자산을 합병법인에 양도한 것으로 본다. 이 경우 그 양도에 따라 발생하는 양도손익을 피합병법인이 합병등기일이 속하는 사업연도의 소득금액을 계산할 때 익금 또는 손금에 산입한다.

한편 양도손익은 피합병법인이 합병법인으로부터 받은 양도가액에서 피합병법인의 순자산장부가액을 차감하여 계산한다.

(3) 합병법인에 대한 과세

합병법인이 합병으로 피합병법인의 자산을 승계한 경우에는 그 자산을 피합병법인으로부터 합병등기일 현재의 시가로 양도받은 것으로 보며, 이 경우 피합병법인에 지급한 양도가액이 피합병법인의 합병등기일 현재의 순자산시가보다 적은 경우에 그 차액을 익금에 산입한다.

한편, 법인합병에서 영업권 가액을 합병평가차익으로 과세하기 위해서는 합병법인이 피합병법인의 상호 등을 장차 초과수익을 얻을 수 있는 무형의 재산적 가치로 인정해 그 사업상 가치를 평가, 대가를 지급한 것으로 볼 수 있어야 하고, 회계장부에 영업권으로 계상한 금액이 관련 기업회계기준에 따른 것일 뿐, 피합병법인의 상호, 거래관계 그 밖의 영업상의 비밀 등을 초과수익력 있는 무형의 재산적 가치로 인정하고 사업상 가치를 평가해 대가를 지급한 것으로 보기 어려운 경우 세법상 영업권 자산 인정 요건을 갖추었다고 볼 수 없다(대법원 2018.5.11. 선고 2015두41463 판결).

(4) 적격합병 시 과세특례

법인세법은 합병을 통한 기업의 구조조정을 지원하기 위하여 일정한 요건을 갖춘 합병에 대하여는 일정한 과세특례를 적용한다.

나. 분할에 따른 법인세

분할이란 1개의 법인을 나누어 1개 또는 수개의 법인을 설립하는 것을 말한다. 분할은 다시 분할되는 법인이 존속하는 존속분할과 분할되는 법인이 소멸하는 소멸분할로 구분된다. 또한 법인은 분할에 의하여 1개 또는 수개의 존립중인 법인과 합병할 수 있으며 이를 분할합병이라고 한다.

(1) 분할법인에 대한 과세

법인이 분할로 해산하는 경우 그 법인의 자산을 분할신설법인 또는 분할합병의 상대방 법인에 양도한 것으로 본다. 이 경우 그 양도에 따라 발생하는 양도손익은 분할법인 또는 분할합병의 상대법인이 분할등기일이 속하는 사업연도의 소득금액을 계산할 때 익금 또는 손금에 산입한다.

(2) 분할신설법인 등에 대한 과세

분할신설법인 등이 분할로 분할법인 등의 자산을 승계한 경우에는 그 자산을 분할법인 등으로부터 분할등기일 현재의 시가로 양도받은 것으로 본다. 이 경우 분할법인등에 지급한 양도가액이 분할법인 등의 분할등기일 현재의 순자산가액보다 적은 경우에는 그 차액을 익금에 산입한다.

(3) 물적분할에 대한 과세

인적분할이 분할대가를 분할법인의 주주에게 교부하는 데 반하여 물적분할이란 분할대가를 분할법인에 교부하는 유형의 분할을 말한다.

물적분할을 하게 되면 분할법인은 상대방법인 등에 사업의 일부, 즉 자산을 이전하게 되고 이로 인하여 자산의 양도차익이 발생하게 된다.

다만, 분할법인이 상대방법인 등의 주식을 취득한 경우로서 과세이연요건을 충족한 경우에는 자산양도차익상당액을 분할등기일이 속하는 사업연도의 압축기장충당금으로 계상하여 손금에 산입할 수 있도록 하고 있다.

10. 과세표준 계산시 차감항목

가. 이월결손금

(1) 개념

결손금이란 각 사업연도에 속하는 손금의 총액이 그 사업연도에 속하는 익금의 총액을 초과하는 경우 그 초과하는 금액을 말한다.

이월결손금이란 결손금으로 발생 이후 각 사업연도의 과세표준 계산시 공제되지 않은 금액을 말한다.

(2) 공제방법

각 사업연도의 개시일 전 10년 이내에 개시한 사업연도에서 발생한 결손금으로 그 후의 각 사업연도의 과세표준을 계산할 때 공제하지 않는 금액은 이를 각 사업연도 소득의 일정한 범위 내에서 공제한다.

자산수증이익·채무면제이익은 결손금의 발생연도에 관계없이 과세표준계산상 공제되지 아니한 이월결손금에 충당할 수 있다.

다만, 천재지변 등으로 장부 등이 멸실되어 추계하는 사유 이외의 사유로 법인세의 과세표준과 세액을 추계하는 경우에는 이월결손금을 공제하지 아니한다.

나. 결손금 소급공제

(1) 개념

결손금 소급공제란 당해 사업연도의 결손금으로서 소급공제를 받고자 납세지 관할 세무서장에게 소급공제 법인세액 환급신청서를 제출한 금액을 말하며, 직전 사업연도의 과세표준을 한도로 한다.

(2) 대상법인

중소기업에 해당하는 법인이 각 사업연도의 결손금이 발생한 경우에 신청할 수 있다. 또한 중소기업에 해당하는 법인이 합병으로 인하여 소멸하거나 폐업한 경우에도 그 합병등기일 또는 폐업일이 속하는 사업연도에 발생한 결손금은 소급공제에 의하여 환급신청할 수 있다.

(3) 환급세액 계산

직전 사업연도의 법인세 산출세액에서 결손금 소급공제에 따른 직전 사업연도의 법인세 산출세액을 차감하여 계산한다.

11. 동업기업 과세특례 제도

가. 개요

동업기업이 얻은 소득에 대하여 동업기업에 대하여 법인세 또는 소득세를 과세하지 않고 동업자에게 배분한 손익배분비율 등에 의하여 소득세 또는 법인세를 과세하는 제도를 말한다.

동업기업은 종전의 과세방식과 동업기업 특례 과세방식은 선택적으로 적용할 수 있다.

나. 동업기업

동업기업이란 2명 이상이 금전 기타의 재산 또는 노무 등을 출자하여 공동사업을 경영하면서 발생한 이익 또는 손실을 배분받기 위해 설립한 인적회사 성격의 단체를 말한다.

이에 해당되는 것으로는 민법상 조합, 상법상의 합자조합과 익명조합, 특별법상의 조합, 합명회사, 합자회사, 법무법인, 특허법인, 노무법인, 법무사합동법인, 법무법인(유한), 회계법인, 세무법인, 관세법인 등이 있다.

그리고 동업자란 동업기업의 출자자인 거주자, 비거주자, 내국법인, 외국법인을 말한다.

다. 동업기업과세특례 신청

동업기업과세특례를 적용받으려면 적용받으려는 최초의 과세연도 개시일 이전에 동업기업과세특례 적용신청서를 납세지 관할 세무서장에게 제출하여야 한다.

라. 동업기업과세특례 내용

(1) 소득의 구분

동업기업의 구성원인 동업자는 동업기업으로부터 배분받은 소득에 대하여 소득세 또는 법인세 납세의무가 있다. 배분의 기준이 되는 손익배분비율은 신고한 약정 손익배분비율에 의하고 신고한 약정 손익배분비율이 없으면 지분비율에 의한다.

한편, 동업자가 동업기업으로부터 분배받은 자산의 시가가 분배일의 해당 동업자의 지분가액을 초과하면 그 초과하는 금액은 분배일이 속하는 배당소득으로 본다.

(2) 소득의 신고

동업기업은 각 과세연도의 종료일이 속하는 달의 말일부터 3개월이 되는 날이 속하는 달의 15일까지 해당 과세연도의 소득 계산 및 배분명세를 관할 세무서장에게 신고하여야 한다.

제3장

비사업자의
납세의무

제1절 금융소득 납세의무

1. 이자소득

가. 의의

이자란 자본의 사용대가로 원본금액과 사용기간에 비례하여 지급되는 금전 기타 대체물을 말하며, 이러한 자본의 이용관계로 인하여 발생하는 소득을 이자소득이라고 한다.

기업회계기준상 이자수익은 수익금액을 신뢰성 있게 측정할 수 있고, 경제적 효익의 유입 가능성이 매우 높은 경우 인식하며, 소득세법에서는 이자소득으로서 과세대상 소득으로 열거된 것에 한하여 이자소득이 된다.

소득세법에서 규정하는 이자소득으로는 국내외에서 받는 예금·적금·부금 등의 이자, 내국법인이 발행한 채권 또는 증권의 이자와 할인액, 비영업대금의 이익 등이 있다.

나. 소득세법상 열거된 이자소득

(1) 국가나 지방자치단체 또는 내국법인 등이 발행한 채권 또는 증권의 이자와 할인액

증권투자신탁, 수익증권, 양도성예금증서, 표지어음 등이다. 여기서 이자란 채권 등의 표면금액에 약정이자율을 적용하여 계산한 금액을 말하고, 할인액이란 채권 등을 할인발행한 경우 만기상환금액과 발행가액과의 차액을 말한다.

(2) 국내에서 받는 예금의 이자와 국외에서 받는 예금의 이자와 할인액

예금은 은행예금, 농·수협의 상호금융, 신용협동조합의 예수금·적금, 새마을금고의 예탁금·적금, 우체국에서 취급하는 우체국예금, 증권회사의 예탁금, 공제회 예금 등이 있다

(3) 상호저축은행법에 의한 신용계 또는 신용부금으로 인한 이익

신용계란 일정한 계좌수와 기간 및 금액을 정하고 정기적으로 계금을 납입하게 하여 계좌마다 추첨·입찰 등의 방법으로 계원에게 금전을 지급하는 것을 말한다.

신용부금이란 은행의 상호부금과 동일한 형태의 적금식 저축으로 일정한 기간을 정하여 부금을 납입하게 하고, 기 기간 중에 또는 만료시에 부금자에게 일정한 금전을 지급하는 것을 말한다.

(4) 채권 또는 증권의 환매조건부 매매차익

환매조건부 매매란 일정기간 경과 후에 일정한 가격으로 동일채권을 다시 매수하거나 매도할 것으로 조건으로 한 채권 또는 증권의 매매방식을 말한다.

환매조건부 매매차익은 금융회사 등의 환매기간에 따른 사전약정이율을 적용하여 환매수 또는 환매도하는 조건으로 매매하는 채권 또는 증권의 매매차익을 말한다.

(5) 저축성보험의 보험차익

저축성보험의 보험차익이란 보험계약에 따라 만기 또는 보험의 계약기간 중에 받은 보험금·공제금 또는 계약기간 중도에 해당 보험계약이 해지됨에 따라 받은 환급금에서 납입보험료 또는 납입공제료를 뺀 금액을 말한다.

(6) 직장공제회 초과반환금

공제회 또는 공제조합으로서 동일직장이나 직종에 종사하는 근로자들의 생활안정, 복리증진 또는 상호부조 등을 목적으로 구성된 단체를 말한다.

초과환급금이란 근로자가 퇴직하거나 탈퇴하여 그 규약에 따라 직장공제회로부터 받는 반환금에서 납입공제료를 차감한 금액을 말한다. 한편 직장공제회 초과반환금은 무조건 분

리과세로 납세의무가 종결된다.

(7) 비영업내금의 이익

비영업대금의 이익이란 금전의 대여를 사업목적으로 하지 아니하는 자가 일시적·우발적으로 금전을 대여함에 따라 받는 이자 또는 수수료 등을 말하며, 사채이자 등이 이에 해당된다.

사법상 이자란 금전을 대여하여 원본의 금액과 대여기간에 비례하여 받는 돈 또는 대체물을 의미하는데 소득세법상 이자소득인 비영업대금의 이익이란, 금전의 대여를 영업으로 하지 아니하는 자가 일시적·우발적으로 금전을 대여함에 따라 지급받는 이자 또는 수수료 등을 말하는 것이다(대법원 1997.9.5. 선고 96누16315 판결). 그리고 그 이익은 금전의 소비대차로 인한 것이어야 한다.

한편, 사업을 영위하는 거주자 등이 그 사업자금 등의 일부를 은행에 예입하거나 타인에게 대여하고 받는 이자수입도 이자소득에 해당한다.

또한 부동산 매매계약에서 그 매매대금이 실질적인 소비대차의 목적물로 전환되어 이자가 발생한 경우라면 그 이자는 비영업대금의 이익으로서 이자소득에 해당된다(대법원 2000.9.8. 선고 98두16149 판결).

따라서 부동산 매매계약의 당사자가 이행이 지체된 중도금 및 잔금을 이자부 소비대차의 목적으로 할 것을 약정하여 소비대차의 효력이 생긴 경우에는 그 소비대차의 변제기 이내에 지급받는 약정이자율에 의한 돈은 이자라 할 것이므로 이에 따른 소득은 이자소득에 해당한다(대법원 2001.6.29. 선고 99두11936 판결).

(8) 이자상품 결합 파생상품의 이익

(9) 그 밖에 위와 유사한 소득으로 금전 사용에 따른 대가로서의 성격이 있는 것

(10) 이자제한법 제한이율 초과하는 지연손해금 이자소득 여부

이자제한법 소정의 제한이율을 초과하는 이자 지연손해금은 그 기초가 되는 약정 자체가 무효이므로 약정한 이행기가 도래하였다 하더라도 이자 지연손해금채권은 발생할 여지가 없고, 따라서 채무자가 임의로 이를 현실지급한 때가 아니면 과세대상 소득을 구성한다고 볼 수 없다(대법원 1987.11.10. 선고 87누598 판결).

다. 이자소득의 계산

이자소득은 총수입금액이 이자소득이 된다. 즉 이자소득 계산시 필요경비는 없다.

한편, 비영업대금의 이자소득에 대한 과세표준확정신고 또는 과세표준과 세액의 결정·경정 전에 대여원리금 채권을 회수할 수 없는 일정한 사유가 발생하여 그때까지 회수한 금액이 원금에 미달하는 때에는 그와 같은 회수불능사유가 발생하기 전의 과세연도에 실제로 회수한 이자소득이 있다고 하더라도 이는 이자소득세의 과세대상이 될 수 없다(대법원 2013.9.13. 선고 2013두6718 판결).

라. 비과세 이자소득

공익신탁의 이익 등 일정한 이자소득은 정책적인 이유 등으로 비과세한다.

마. 이자소득의 수입시기

(1) 원칙

금전의 대여를 영업으로 하지 아니하는 자가 일시적·우발적으로 금전을 대여함에 따라 지급받는 이자 또는 수수료 등 비영업대금 이익의 경우 약정에 의한 이자지급일이 원칙적인 수입시기이다. 다만, 이자지급일의 약정이 없거나 이자지급일 전에 이자를 지급받는 경우 등에는 그 이자지급일을 수입시기로 한다.

한편, 이자소득 수입시기가 도래하여 이자소득이 발생한 이상, 그 후에 이자채권을 포기하는 등의 사정이 있다고 하더라도 이미 발생한 이자소득을 과세대상에서 제외할 수 없다 (대법원 1987.11.10. 선고 87누598 판결).

(2) 보통예금, 정기예금, 적금 또는 부금의 경우

실제로 지급받는 날, 원본에 전입하는 뜻의 특약이 있는 이자는 그 특약에 의하여 원본에 전입된 날, 해약으로 인하여 지급되는 이자는 그 해약일, 정기예금연결 정기금 적금의 경우 정기예금이자는 정기예금 또는 정기적금이 해약되거나 정기적금의 저축기간이 만료되는 날. 통지예금의 이자는 인출일

(3) 비영업대금의 이익

약정에 의한 이자지급일. 다만, 이자지급일의 약정이 없거나 약정에 의한 이자지급일 전에 이자를 지급받은 경우 또는 회수한 금액이 원금에 미달하여 이자수익에서 제외된 후 나중에 이자를 지급받은 경우에는 그 이자지급일

한편, 비영업대금의 이익은 약정에 의한 지급일인데, 취지는 비영업 대금의 이자에 대한 지급약정일이 도래하면 그 이자소득이 확정된 것으로 보아 이를 소득세의 과세대상으로 삼는 것이 원칙이지만, 그 지급약정일이 도래하였다 하더라도 이자채권이 채무자의 도산 등으로 회수불능이 되어 장래 그 이자소득이 실현될 가능성이 없게 된 것이 객관적으로 명백하다고 볼 특별한 사정이 있는 경우에는 예외적으로 이를 소득세의 과세대상으로 삼지 않겠다는 데 있다(대법원 2011.9.8. 선고 2009두13160 판결).

(4) 채권이자 수익

국가 또는 지방자치단체, 내국법인, 외국법인, 외국법인의 국내지점 또는 국내영업소에서 발행한 채권 또는 증권의 이자와 할인액, 기명채권의 경우에는 약정에 의한 지급일, 무기명 채권의 경우에는 그 지급을 받은 날

(5) 채권 또는 증권의 환매조건부 매매차익

약정에 의한 당해 채권 또는 증권의 환매수일 또는 환매도일. 다만, 기일 전에 환매수 또는 환매도하는 경우에는 그 환매수일 또는 환매도일

(6) 채권 등의 발행법인을 원천징수의무자로 하는 경우 보유기간 이자 등 상당액은 해당 채권 등의 매도일 또는 이자 등의 지급일

(7) 기타 저축성 보험차익은 보험금 또는 환급금의 지급일. 다만, 기일 전에 해지하는 경우에는 그 해지일

(8) 직장공제회 초과반환금은 약정에 따른 납입금 초과이익 및 반환금 추가이익의 지급일

(9) 일정한 파생상품 또는 행위로부터의 이익은 약정에 따른 상환일. 다만, 기일 전에 상환하는 때에는 그 상환일

(10) 금전의 사용에 따른 대가로서의 성격이 있는 것으로 이자수익과 유사한 것은 약정에 따른 상환일. 다만, 기일 전에 상환하는 때는 그 상환일

2. 배당소득

가. 의의

배당이란 기업이 일정기간 동안 영업활동을 통하여 발생한 이익 중 일부를 주주 등에게 배분하여 주는 것을 말하며, 배당소득이란 주식 및 출자지분에 대한 이익의 분배로 지급받아 발생하는 소득을 말한다.

구체적으로 주식회사의 이익배당금이나 합자회사, 합명회사의 이익분배금, 법인의 자본전입으로 인한 무상주식 등을 배당소득이라 한다. 배당소득에 해당하기 위해서는 수익분배의 성격이 있어야 한다.

나. 소득세법상 열거된 배당소득

(1) 내국법인으로부터 받는 이익이나 잉여금의 배당 또는 분배금

법인이 결산 후 이익 또는 잉여금을 주주총회 또는 사원총회의 결의에 따라 처분하여 분배되거나 배당하는 것을 말한다.

또한 감자, 퇴사, 탈퇴로 인한 의제배당, 법인의 해산으로 인한 의제배당, 법인의 합병·분할로 인한 의제배당, 잉여금의 자본전입으로 인한 의제배당도 이에 해당된다. 여기서 의제배당이라 함은 형식적으로는 실지배당과 같이 주주총회나 사원총회의 결의에 의하여 이익이나 잉여금을 배당하지 않았지만 실질적으로 주주, 사원, 기타 출자자에게 배당을 한 것과 동일한 경제적 이익을 주는 경우 그 경제적 이익을 배당으로 간주하는 것을 말한다.

(2) 법인으로 보는 단체로부터 받은 배당금 또는 분배금

(3) 법인세법에 따라 배당으로 처분된 금액

법인이 법인세 과세표준을 신고하거나 정부가 법인세의 과세표준을 결정 또는 경정함에 있어서 익금에 산입하는 금액 또는 손금 불산입할 금액의 귀속이 주주나 출자자에게 귀속됨이 분명한 경우에는 해당 주주 등에게 귀속시켜 그 금액을 배당소득으로 과세한다.

(4) 국내 또는 국외에서 받는 집합투자기구로부터의 이익

(5) 일정한 파생결합증권 또는 파생결합사채로부터의 이익

(6) 외국법인으로부터 받는 이익이나 잉여금의 배당 또는 분배금

(7) 국제조세조정에 관한 법률에 따라 배당받은 것으로 간주된 금액

(8) 공동사업에서 발생한 소득금액 중 출자공동사업자에 대한 손익분배비율에 해당하는 금액

(9) 위에 열거된 소득과 유사한 소득으로서 수익분배의 성격이 있는 것

※ 탈퇴한 조합원이 탈퇴 당시 지분의 계산으로 얻는 소득은 배당소득에 해당한다고 할 수 없다(대법원 2015. 12.23. 선고 2012두8977 판결).

다. 비과세와 감면 배당소득

우리사주조합원이 지급받는 배당소득, 비과세종합저축 등 일정한 저축소득에 대한 배당소득, 농업협동조합 등 조합의 일정한 출자금에 대한 배당소득은 비과세한다.

또한 영농조합법인의 배당 등 일정한 배당소득에 대하여는 배당소득세를 감면한다.

라. 배당소득의 수입시기

ⓐ 원칙적으로 배당금을 받을 권리와 금액이 확정되는 시점에서 인식한다.

ⓑ 무기명 주식의 이익이나 배당은 그 지급을 받은 날, 잉여금의 처분에 의한 배당의 경우에는 당해 법인의 잉여금 처분결의일, 법인세법에 의하여 처분된 배당의 경우에는 당해 법인의 당해 사업연도의 결산확정일, 집합투자기구로부터의 이익은 집합투자기구로부터 이익을 지급받은 날, 출자공동사업자의 배당의 경우에는 과세기간 종료일, 기타 배당의 경우에는 그 지급을 받은 날

ⓒ 의제배당의 경우에는 주식의 소각, 자본의 감소, 자본에의 전입을 결정한 날이나 퇴

사 또는 탈퇴한 날, 법인의 해산으로 인하여 소멸한 경우에는 잔여재산가액이 확정된 날, 법인이 합병으로 인하여 소멸한 경우에는 그 합병등기를 한 날, 법인이 분할 또는 분할합병으로 인하여 소멸 또는 존속하는 경우에는 그 분할등기 또는 분할합병등기를 한 날

3. 금융소득 종합과세

가. 의의

금융소득이란 금융자산의 저축이나 투자에 대한 대가를 말하며 이자소득과 배당소득을 말한다. 원칙적으로 금융소득은 원천징수에 의하여 분리과세한다. 금융소득종합과세란 낮은 세율로 분리과세하던 이자소득과 배당소득을 종합소득에 합산하여 과세하는 것으로 금융소득 등의 불로소득에도 누진세율을 적용하여 공평과세를 실현하기 위한 제도이다.

즉, 연간 이자소득과 배당소득 합계액이 연간 2천만 원을 초과하는 경우 금융소득을 사업소득 등 다른 종합소득과 합산하여 종합소득세율(누진세율)로 소득세를 과세하는 것을 말한다.

나. 종합과세되는 금융소득

ⓐ 개인별 연간 금융소득이 2천만 원을 초과하는 경우
ⓑ 국내에서 원천징수 되지 않은 소득으로 국외에서 받은 금융소득
ⓒ 국내에서 받은 2천만 원 이하의 금융소득으로서 원천징수 되지 않은 금융소득

다. 분리과세되는 이자소득

직장공제회 초과반환금, 민사집행법에 따라 법원에 납부한 보증금 및 경락대금에서 발생하는 이자소득, 금융실명법에 의한 실지명의가 확인되지 않은 이자소득, 단체명을 표기하여 금융거래를 하는 비법인단체가 금융회사 등으로부터 받은 이자소득, 이자소득의 합계액이 연간 2천만 원 이하이면서 소득세법에 따라 원천징수된 이자소득.

라. 분리과세 배당소득

ⓐ 법인 아닌 단체의 배당소득 중 금융회사 등으로부터 받는 배당소득
ⓑ 배당소득을 지급하는 시기까지 지급받는 자의 실지명의가 확인되지 아니한 비실명 배당소득으로 금융기관을 통하지 않는 비실명거래
ⓒ 금융실명거래 및 비밀보장에 관한 법률에 의한 비실명금융자산으로서 금융기관을 통해 지급되는 배당소득
ⓓ 세금우대종합저축의 배당
ⓔ 영농·영어조합법인의 배당소득
ⓕ 농업회사법인의 배당소득
ⓖ 선박투자회사로부터 지급받는 배당소득
ⓗ 부동산집합투자기구 등 집합투자증권의 배당소득
ⓘ 조합 등 출자금에 대한 배당소득
ⓙ 고위험고수익 투자신탁으로부터 받은 배당소득

제2절 근로·연금·기타소득 납세의무

1. 근로소득

가. 의의

근로소득이란 일반적으로 고용관계 또는 이와 유사한 계약에 근하여 비독립적 인적용역인 근로를 제공하고 그 대가로 지급받은 소득을 말한다. 이에 해당되는 것으로 급여와 기타이와 유사한 성질의 것으로서 봉급·급료·세비·임금·상여금·수당 등이 있다.

또한 근로소득은 지급형태나 명칭을 불문하고 성질상 근로의 제공과 대가관계에 있는 일체의 경제적 이익을 포함할 뿐만 아니라, 직접적인 근로의 대가 외에도 근로를 전제로 그와 밀접히 관련되어 근로조건의 내용을 이루고 있는 급여도 포함된다(대법원 2007.10.25. 선고 2007두1941 판결).

나. 일반근로소득과 일용근로소득

일반근로소득은 특정 고용주에게 계속하여 고용되어 지급받는 급여를 말하고, 일용근로소득은 특정 고용주에게 계속하여 고용되어 있지 않고 일급 또는 시간급 등으로 받는 급여를 말한다.

한편, 일용근로자란 근로를 제공한 날 또는 시간에 따라 급여를 계산하거나 근로를 제공한 날 또는 시간의 근로성과에 따라 급여를 계산하여 받는 자로서 근로계약에 따라 일정한 고용주에게 3개월(건설공사에 종사하는 경우에는 1년) 이상 계속 고용되어 있지 않은 업무 종사자를 말한다. 이 때 고용계약은 문서에 의한 계약만을 말하는 것은 아니다.

다. 급여와 유사한 것으로 근로소득으로 보는 것

ⓐ 기밀비(판공비), 교제비, 기타 유사한 명목으로 받는 것으로서 업무를 위하여 사용된 것이 분명하지 아니한 급여

ⓑ 종업원이 주택의 구입·임차에 소요되는 지금을 저리로 대여받음으로써 얻는 이익

ⓒ 재직 중 임직원이 근무기간 중 부여받은 주식매수선택권을 행사하는 경우의 일정금액(다만, 퇴직 후에 행사하는 경우에는 기타소득으로 본다)

ⓓ 수학 중인 종업원의 자녀가 사용자로부터 받는 학자금. 다만, 사내근로복지기금으로부터 지급받는 자녀학자금은 근로소득이 아니다.

ⓔ 법인의 주주총회·사원총회 또는 이에 준하는 의결기관의 결의에 따라 상여로 처분된 금액

ⓕ 법인세법에 따라 상여로 처분된 금액

ⓖ 퇴직함으로써 받는 소득으로 퇴직소득에 속하지 아니하는 소득

라. 근로소득의 귀속시기

ⓐ 급여는 근로를 제공한 날

ⓑ 잉여금 처분에 의한 상여의 경우에는 해당 법인의 잉여금 처분 결의일

ⓒ 인정상여의 경우에는 해당 사업연도 중의 근로를 제공한 날

ⓓ 매출액·영업이익률 등 계량적 요소에 따라 성과급상여를 지급하기로 한 경우에는 해당 성과급상여의 귀속시기는 계량적 요소가 확정되는 날이 속하는 연도이다.

마. 근로소득 과세방법

근로소득은 원칙적으로 다른 사업소득 등 다른 소득과 합산하여 종합과세된다. 다만, 일용근로자의 근로소득과 국내에 근무하는 외국법인 임원 또는 사용인의 근로소득은 분리과세할 수 있다.

근로소득만 있는 경우에는 원칙적으로 원천징수와 연말정산에 의하여 납세의무가 종결된다.

바. 비과세 근로소득

실비변상적인 성질의 급여, 외국정부 또는 국제연합기관에 근무하는 자가 받은 급여, 복무 중인 병이 받는 급여, 국가유공자 등이 받는 급여, 산업재해보상보험법, 국민연금법에 따라 수급권자가 받은 일정 급여, 일정 요건의 학자금, 일정범위의 생산직 근로자가 받는 연장근로, 야간근로, 휴일근로 수당 등 일정액, 일정금액의 식사대, 대학교직원이 산학협력단으로 받은 보상금 등에 대하여는 근로소득세를 비과세한다.

사. 근로소득자에 대한 특별소득 공제

근로소득이 있는 거주자가 해당 과세기간에 일정한 법에 따라 부담하는 보험료와 주택자금의 일정액은 해당 과세기간의 근로소득금액에서 공제한다.

2. 연금소득

가. 의의

연금소득이란 연금계약자 등이 사전에 납입한 금액 등을 기초로 하여 일정기간 또는 종신에 걸쳐 약정된 금액을 정기적으로 받는 연금수입을 말한다. 이러한 연금소득은 공적연금 관련법에 따라 수령하는 국민연금 및 공무원연금 등 공적연금 소득과 그 외의 연금계좌에서 연금형태로 수령하는 사적연금소득으로 분류할 수 있다.

나. 과세대상 연금소득

(1) 공적연금소득

2002.1.1. 이후에 납입된 연금 기여금 및 사용자 부담금을 기초로 하거나 2002.1.1. 이후 근로의 제공을 기초로 하여 받은 연금소득이 과세대상이다.

(2) 사적연금소득

사적연금이란 연금저축계좌 또는 퇴직연금계좌에서 연금형태로 인출하는 경우의 그 연금을 말하는 것으로 2013.1.1. 이후에 연금계좌에 가입하는 금액을 과세대상으로 한다.

(3) 연금소득금액

연금소득금액은 총 연금액에서 연금소득공제를 한 금액으로 한다.

다. 연금소득의 수입시기

공적연금소득은 공적연금 관련법에 따라 연금을 지급받기로 한 날, 그 밖의 연금소득은 해당 연금을 지급받은 날, 연금계좌에서 인출하는 연금소득은 연금을 수령한 날이 각각 수입시기이다.

라. 과세방법

(1) 분리과세 연금소득

공적연금은 지급기관에서 간이세액표에 의하여 원천징수하고 해당 과세기간의 다음 연도 1월분 공적연금소득을 지급할 때에 공적연금 소득세액의 연말정산에 따라 소득세를 원천징수하면 납세의무가 종결된다.

원천징수 의무자가 사적연금 소득을 지급할 때에는 그 지급금액에 연금소득자의 나이 또는 유형, 지급금의 재원에 따라 일정한 원천징수 세율을 적용하여 계산한 소득세를 원천징수하여야 한다.

(2) 종합소득세 확정신고 대상 연금소득

2인 이상으로부터 받은 공적연금 소득이 있거나, 다른 소득이 있는 경우 종합과세에 의하여 과세된다. 또한 사적연금 소득이 연간 1,200만 원을 초과하거나 다른 소득이 있는 경우에는 종합소득세 신고를 하여야 한다.

마. 비과세 연금소득

공적연금 관련 법에 따라 받는 유족연금·퇴직유족연금·장애유족연금 등과 산업재해보상보험법에 따라 받는 각종 연금, 국군포로가 받는 연금 등은 비과세한다.

3. 기타소득

가. 개념

기타소득은 일시적 또는 우발적인 소득으로 이자소득·배당소득·사업소득 등 다른 소득에 속하지 않는 소득으로서 소득세법에서 기타소득으로 열거한 소득을 말한다. 기타소득은 다시 무조건 분리과세 기타소득과 선택적 분리과세 기타소득, 종합과세 기타소득 등으로 분류할 수 있다. 기타소득의 수입시기는 원칙적으로 지급을 받은 날이다.

나. 소득세법에 열거된 기타소득

(1) 무조건 분리과세 기타소득

ⓐ 복권 및 복권기금법 제2조에 규정된 복권의 당첨금

ⓑ 승마투표권, 승자투표권, 소싸움경기투표권 및 체육진흥투표권의 구매자가 받는 환급금

ⓒ 슬롯머신 등을 이용하는 행위에 참가하여 받은 당첨금품 등

ⓓ 연금계좌에서 연금 외 수령한 소득: 연금계좌 세액공제를 받은 금액과 연금계좌운용 실적에 따라 증가된 금액을 제외한 연금 외 수령한 소득

ⓔ 점당 6천만 원 이상 양도가액의 서화·골동품의 양도로 발생하는 소득, 이에 해당하는 것으로 회화, 데생, 파스텔, 오리지널 판화·인쇄화 및 석판화, 제작 후 100년을 넘은 골동품 등을 말한다.

(2) 무조건 종합과세 기타소득

ⓐ 뇌물, 알선수재 및 배임수재에 의하여 받은 금품: 뇌물로 받은 소득에 대하여 납세의무가 성립하였다고 하더라도 그 후 몰수나 추징과 같은 사유가 발생하여 경제적 이익이 상실된 경우에 소득세 부과는 부당하다.

ⓑ 일정한 직무발명 보상금

ⓒ 계약의 위약 또는 해약으로 받은 위약금과 배상금 중 계약금이 위약금 배상금으로 대체되는 경우 그 금액

ⓓ 기타 원천징수대상이 아닌 기타소득

ⓔ 당연분리과세 기타소득을 제외한 기타소득으로서 해당 기타소득금액이 연 300만 원을 초과하는 경우

(3) 선택적 분리과세 기타소득

무조건 분리과세 기타소득과 당연종합과세 기타소득을 제외한 원천징수대상이 되는 기타소득은 그 소득금액이 연 300만 원 이하인 경우에는 납세자의 선택에 의하여 분리과세 또는 종합과세를 선택할 수 있다.

ⓐ 상금, 현상금, 포상금, 보로금 또는 이에 준하는 금품(공익법인의 설립·운영에 관한 법률의 적용을 받는 공익법인이 담당관의 승인을 받아 시상하는 상금 및 부상과 다수의 순위가 경쟁하는 대회에서 입상자가 받는 상금 및 부상은 받은 금액의 80%를 필요경비로 인정한다. 기타의 경우에는 통상적인 필요경비를 인정한다)

ⓑ 복권(무조건 분리과세 복권 제외), 경품권, 그 밖의 추첨권에 당첨되어 받는 금품

ⓒ 사행행위 등 규제 및 처벌특례법에서 규정하는 행위에 참가하여 얻은 재산상의 이익

ⓓ 승마투표권·승자투표권·소싸움경기투표권·체육진흥투표권의 구매자가 받은 환급금(필요경비는 그 구매자가 구입한 적중된 투표권의 단위투표금액)

ⓔ 저작자 또는 실연자·음반제작자·방송사업자 외의 저작권법에 의한 저작권 또는 저작인접권의 양도 또는 사용의 대가로 받는 금품

ⓕ 영화필름, 라디오·텔레비전방송용 테이프 또는 필름 등 자산 또는 권리의 양도·대여 또는 사용의 대가로 받는 금품

ⓖ 광업권·어업권·산업재산권·산업정보·산업상 비밀·상표권·영업권·일정한 임차권·토사석의 채취허가에 따른 권리, 지하수의 개발 이용권, 그 밖에 이와 유사한 자산이나 권리를 양도하거나 대여하고 그 대가로 받는 금품(받은 금액의 70%를 필요경

비로 인정한다)

ⓗ 물품 또는 장소를 일시적으로 대여하고 사용료로서 받는 금품

ⓘ 전자상거래 등에서의 소비자보호에 관한 법률에 따라 통신판매중개를 하는 자를 통하여 물품 또는 장소를 대여하고 일정한 규모 이하의 사용료로서 받은 금품(받은 금액의 60%를 필요경비로 인정한다)

ⓙ 공익사업을 위한 토지 등의 취득 및 보상에 관한 법률에 따른 공익사업과 관련하여 지역권·지상권을 설정하거나 대여함으로써 발생하는 소득(받은 금액의 60%를 필요경비로 인정한다)

ⓚ 계약의 위약 또는 해약으로 인하여 받는 소득으로서 위약금, 배상금, 부당이득반환 시 지급받는 이자, 지체상금

위약 또는 해약의 대상이 되는 계약 내지 재산권에 관한 계약이란 엄격한 의미의 계약만을 가리킨다고 봄이 타당하므로 소송상 화해는 재산권에 관한 계약을 원인으로 하여 성립되었다는 특별한 사정이 없는 한 거기에 포함된다고 할 수 없다(대법원 2014.1.23. 선고 2012두3446 판결).

위약이란 채무자가 계약을 준수하지 않음에 따라 발생한 채무불이행을 말하고, 해약이란 해지 또는 해제를 말한다.

위약금과 배상금이란 재산권에 관한 계약의 위약 또는 해약으로 받는 손해배상으로서 그 명목 여하에 불구하고 본래의 계약 내용이 되는 지급 자체에 대한 손해를 넘는 손해에 대하여 배상하는 금전 또는 그 밖의 물품의 가액을 말한다.

이 경우 계약의 위약 또는 해약으로 반환받은 금전 등의 가액이 계약에 따라 당초 지급한 총금액을 넘지 아니하는 경우에는 지급 자체에 대한 손해를 넘는 금전 등의 가액으로 보지 아니한다. 따라서 매도인이 입은 현실적인 손해를 전보하기 위하여 지급된 손해배상금인 경우에 그 금원은 소득세법상의 '기타소득'에 해당하지 않는다(대법원 2004.4.9. 선고 2002두3942 판결).

채무의 이행지체로 인한 지연배상금이 본래의 계약 내용이 되는 지급 자체에 대한 손해라고 할 수는 없는 것이고, 나아가 그 채무가 금전채무라고 하여 달리 해석할 것은 아니므로, 금전채무의 이행지체로 인한 약정지연손해금의 경우도 위 법령에

의한 기타소득이 되는 위약금 또는 배상금에 포함되는 것이라고 할 것이다(대법원 1994.5.24. 선고 94다3070 판결).

계약의 위약 또는 해약에는 계약의 취소에 따른 위약, 해약까지 포함한다. 따라서 기망행위로 계약이 취소되어 부당이득금 반환 시 지급되는 지연이자는 기타소득에 해당한다(사전답변, 법령해석소득-0228(2019.6.24.).

한편, 채권자가 채무변제에 갈음한 채권양도로 원래 채권의 원리금을 넘는 새로운 채권을 양수함으로써 원래의 채권이 소멸한 것만으로는 특별한 사정이 없는 한 아직 원래 채권에 대한 기타소득이 발생하였다고 할 수 없고, 그 양수한 채권에 기하여 채권자가 원래의 채권 원리금을 초과하는 금액을 현실로 추심한 때에 비로소 원래의 채권에 대한 기타소득이 발생한다고 보아야 할 것이다(대법원 2016.6.23. 선고 2012두28339 판결).

ⓛ 유실물의 습득 또는 매장물의 발견으로 인하여 보상금을 받거나 새로 소유권을 취득하는 경우 그 보상금 또는 자산

ⓜ 소유자가 없는 물건의 점유로 소유권을 취득하는 자산

ⓝ 거주자·비거주자 또는 법인의 일정한 특수관계인이 그 특수관계로 인하여 그 거주자·비거주자 또는 법인으로부터 받는 경제적 이익으로서 급여·배당 또는 증여로 보지 아니하는 금품

ⓞ 슬롯머신 및 투전기 등에 의한 당첨금품 등(필요경비는 당첨금품 등의 당첨 당시에 슬롯머신 등에 투입한 금액)

ⓟ 문예·학술·미술·음악 또는 사진에 속하는 창작품에 대한 원작자로서 받는 소득으로서 원고료, 저작권사용료, 인세, 미술·음악 또는 사진에 속하는 창작품에 대하여 받는 대가(받은 금액의 60%를 필요경비로 인정한다)

ⓠ 재산권에 관한 알선 수수료

ⓡ 사례금, 사례금은 사무처리 또는 역무의 제공 등과 관련하여 사례의 뜻으로 지급되는 금품을 의미하고, 여기에 해당하는지는 해당 금품의 수수 동기·목적·상대방과의 관계, 금액 등을 종합적으로 고려하여 판단하여야 한다(대법원 2013.9.13.선고 2010두27288 판결).

한편, 일시적 인적용역을 제공하고 지급받은 금품이 제공한 역무나 사무처리의 내용, 당해 금품 수수의 동기와 실질적인 목적, 금액의 규모 및 상대방과의 관계 등을 종합적으로 고려해 보았을 때, 용역제공에 대한 보수 등 대가의 성격뿐만 아니라 사례금의 성격까지 함께 가지고 있어 전체적으로 용역에 대한 대가의 범주를 벗어난 것으로 인정될 경우에는 사례금으로 분류하는 것이 타당하다(대법원 2017.4.26. 선고 2017두30214 판결).

ⓢ 일정한 소기업·소상공인 공제부금의 해지 일시금

ⓣ 고용관계 없이 다수인에게 강연을 하고 강연료 등 대가를 받는 용역, 라디오·텔레비전 방송을 통하여 해설·계몽 또는 연기의 심사 등을 하고 보수 또는 이와 유사한 성질의 대가를 받는 용역, 변호사·공인회계사·세무사·건축사·측량사·변리사 그 밖에 전문적 지식 또는 특별한 기능을 가진 자가 그 지식 또는 기능을 활용하여 보수 또는 그 밖의 대가를 받고 제공하는 용역, 그 밖에 고용관계 없이 수당 또는 이와 유사한 성질의 대가를 받고 제공하는 용역 등을 일시적으로 제공하고 받는 대가 (받은 금액의 60%를 필요경비로 인정한다)

ⓤ 법인세법에 따라 기타소득으로 처분된 금액

ⓥ 연금소득을 연금 외 수령한 소득

ⓦ 퇴직 전에 부여받은 주식매수선택권을 퇴직 후에 행사하거나 고용관계 없이 주식매수선택권을 부여받아 이를 행사함으로써 얻은 이익

ⓧ 종업원 등 또는 대학의 교직원이 퇴직한 후에 지급받는 직무발명금

ⓨ 종교 관련 종사자가 종교의식을 집행하는 등 종교 관련 종사자로서의 활동과 관련하여 일정한 종교단체로부터 받은 소득

(4) 종교인 기타소득

(가) 과세대상소득

종교 관련 종사자가 종교의식을 집행하는 등 종교 관련 종사자로서의 활동과 관련하여 종교단체로부터 받은 소득이 과세대상이다.

종교 관련 종사자란 목사, 신부, 승려, 교무 등 성직자와 수녀 및 수사, 전도사 등 그 밖의 종교 관련 종사자를 말한다.

종교 관련 단체란 종교 관련 종사자가 소속된 단체로 비영리법인, 국세기본법상 의제법인, 시장·군수 또는 구청장이 부동산등기법상 부동산등기용 등록번호를 부여한 법인 아닌 종교단체를 말한다.

(나) 종교인 소득 과세방법

① 기타소득에 의한 원천징수납부

종교단체가 종교인에게 매월 소득을 지급할 때에 종교인소득간이세액표에 의하여 원천징수하고 원천징수하는 달이 속하는 달의 다음 달 10일까지 원천징수세액을 납부하고 원천징수이행상황신고서를 제출하여야 한다.

다만, 반기별 승인, 지정을 받은 종교단체는 상반기 원천징수한 세액은 7월 10일까지, 하반기 원천징수한 세액은 다음 해 1월 10까지 납부하여야 한다.

② 근로소득에 의한 원천징수

종교인 관련 소득은 기타소득으로 과세함이 원칙이나, 종교인단체가 관련 소득을 근로소득으로 보아 근로소득 간이세액표에 의하여 원천징수하고 연말정산을 할 수 있다.

③ 연말정산

종교인 소득에 대해 기타소득 또는 근로소득에 대하여 원천징수를 이행한 종교단체는 다음 해 2월분 소득을 지급할 때 종교인소득에 대해 연말정산을 하여야 한다.

연말정산을 하려는 경우에는 최초로 연말정산을 하려는 과세기간 종료일까지 종교인소득세액 연말정산신청서를 사업장 관할 세무서장에게 제출하여야 한다.

④ 종합소득세 신고

종교단체가 종교인소득을 지급하면서 소득세의 원천징수 또는 연말정산을 하지 아니한 경우에는 종교인소득을 지급받은 종교인이 종합소득 과세표준 확정신고를 하여야 한다. 한편, 과세표준확정신고를 한 경우에는 근로소득으로 본다.

⑤ 지급명세서 제출

종교단체는 원천징수 또는 연말정산과 별개로 다음해 3월 10일까지 지급명세서를 제출하여야 한다.

(5) 필요경비 계산

기타소득금액을 계산할 때 총수입금액에 대응하는 비용으로서 일반적으로 용인되는 통상적인 것의 합계액을 필요경비에 산입한다. 다만, 일정한 기타소득에 대하여는 일괄적으로 받은 금액의 60~80%에 상당하는 금액을 차감한다. 만약 실제 필요경비가 이 금액을 초과하면 실제 소요된 경비를 필요경비로 한다.

다. 비과세 기타소득

국가유공자 등의 예우 및 지원에 관한 법률, 국가보안법, 상훈법 등에 따라 지급받은 금품 등, 일정금액 이하의 직무발명보상금, 국군포로의 송환 및 대우 등에 관한 법률에 따라 지급받는 금품 등, 문화재보호법에 따른 지정문화재로 지정된 서화 및 골동품의 양도로 발생하는 소득, 종교인 소득 중 일정한 소득은 기타소득세를 비과세 한다.

제3절 자산 양도소득 납세의무

1. 양도소득세 개요

가. 의의

양도소득세란 토지, 건물 등의 재산을 양도하여 얻은 양도차익에 대하여 부과하는 조세로 1967년 부동산 투기억제세였으나, 1974년 소득세법상 양도소득세로 흡수되었다.

양도소득세는 과세대상 부동산 등의 취득일로부터 양도일까지 보유기간 동안 발생된 이득(소득)에 대하여 일시에 양도 시점에 따라 과세한다. 따라서 양도로 인하여 소득이 발생하지 않거나 오히려 손해를 본 경우에는 양도소득세가 과세되지 않는다.

나. 사업소득과 구분

부동산 매매로 인한 소득이 사업소득인지 양도소득인지 여부는 그 매매가 수익을 목적으로 하고 그 규모, 횟수, 태양 등에 비추어 사업활동으로 볼 수 있을 정도의 계속성과 반복성이 있다고 볼 것인지 등이 사정을 고려하여 사회통념에 비추어 가려져야 한다(대법원 1987.4.14. 선고 86누138 판결).

즉, 사업소득이란 부동산매매업, 주택신축판매업 등 영리를 목적으로 독립적 지위에서 계속·반복적으로 발생하는 자산의 이전에 따른 이익에 대하여 과세하는 세금이고, 양도소득세란 사업의 일부가 아니고 단순히 비사업자의 지위에서 자산 이전에 따른 이익에 대하여 과세하는 세금이다.

2. 양도소득세 납세의무자

가. 일반적인 경우

양도소득세 과세대상 자산을 양도함으로써 발생하는 소득이 있는 개인이 납세의무자가 된다. 양도소득은 원칙적으로 그 소유자 명의인에게 귀속되므로 명의자가 납세의무자가 된다. 그러나 양도소득을 사실상 지배·관리, 처분할 수 있는 지위에 있는 자가 있는 경우에는 사실상 소득을 얻은 자가 양도소득세 납세의무자가 될 수 있다.

나. 특수한 경우 납세의무자

(1) 공동소유자산 양도

공동으로 소유한 자산에 대한 양도소득금액을 계산하는 경우에는 해당 자산을 공동으로 소유하는 각 거주자가 납세의무자가 된다.

이 경우 그 소유지분에 따라 분배되었거나 분배될 소득금액에 대하여 각 거주자별로 납세의무가 있다.

한편, 법인 아닌 종중 또는 단체의 경우에는 단체를 1거주자로 보아 종중 또는 단체가 납세의무자가 된다.

(2) 물상보증인의 납세의무

근저당권 실행을 위한 임의경매에 있어서 경락인은 담보권의 내용을 실현하는 환가행위로 인해 목적부동산의 소유권을 승계취득하는 것이므로, 비록 임의경매의 기초가 된 근저당권 설정등기가 제3자의 채무에 대한 물상보증으로 이루어졌다 하더라도 경매목적물의 양도인은 물상보증인이고 경락대금도 경매목적물의 소유자인 물상보증인의 양도소득으로 귀속된다(대법원 1991.5.28. 선고 91누360 판결).

(3) 다른 사람 명의로 매각허가 결정을 받은 경우

부동산 경매절차에서 부동산을 매수하는 사람이 다른 사람과 사이에서 자신이 매수대금을 부담하여 다른 사람 명의로 매각허가 결정을 받고 나중에 그 부동산의 반환을 요구한 때에 이를 반환하기로 약정한 다음 그 다른 사람을 매수인으로 한 매각허가가 이루어진 경우 이 부동산을 양도함에 따른 양도소득은 특별한 사정이 없는 한 그 소유자의 명의인에게 귀속되는 것이 원칙이다(대법원 2010.11.25. 선고 2009두19564 판결).

다만 다른 사람 명의로 매각허가 결정을 받은 후에 자신의 의사에 따라 이 부동산을 제3자에게 양도하고 그 양도대금을 모두 수령하고 그 명의인은 매수대금을 부담한 사람에게 이 부동산을 반환하기로 한 약정의 이행으로서 직접 제3자에게 소유권이전등기를 경료해 준 경우에는 그 매수대금을 부담한 사람이 양도소득을 사실상 지배·관리, 처분할 수 있는 지위에 있어 사실상 소득을 얻은 자라고 할 것이므로 실질과세원칙상 그 매수대금을 부담한 사람이 양도소득세 납세의무를 진다(대법원 2010.11.25. 선고 2009두19564 판결).

(4) 명의신탁 관계에서 양도소득세 납세의무자

(가) 명의신탁자가 납세의무자가 되는 경우

부동산을 제3자에 명의신탁한 경우에 명의신탁자가 부동산을 양도하고 그 양도로 인한 소득이 명의신탁자에게 귀속되었다면, 실질과세원칙상 당해 양도소득세 납세의무자는 양도의 주체인 명의신탁자이다(대법원 1997.10.10.선고 96누6387 판결).

즉, 명의신탁자가 자신의 의사에 의하여 명의신탁재산을 양도하는 경우 그가 양도소득을 사실상 지배, 관리, 처분할 수 있는 지위에 있다고 할 것이어서 양도소득의 납세의무자가 된다(대법원 2014.9.4. 선고 2012두 10710 판결).

(나) 명의수탁자가 납세의무자가 되는 경우

명의수탁자가 명의신탁자의 위임이나 승낙 없이 임의로 처분한 명의신탁재산으로부터 얻은 양도소득은 명의신탁자에게 환원되지 않는 한 양도주체는 명의수탁자가 된다.

여기서 환원의 의미와 관련하여 명의신탁자가 명의수탁자에 대한 소송을 통해 상당한 시간이 경과한 후 양도대가 상당액을 회수하였다고 하여 양도소득의 환원이 있다고 볼 수 없다. 환원하였다고 하기 위해서는 명의수탁자가 양도대가를 수령하는 즉시 그 전액을 자발적으로 명의신탁자에게 이전하는 등 사실상 명의신탁자가 양도소득을 실질적으로 지배, 관리, 처분할 수 있는 지위에 있어 명의신탁자를 양도의 주체로 볼 수 있는 경우라야 한다(대법원 2014.9.4. 선고 2012두 10710 판결).

3. 양도소득세 과세대상과 과세원인

가. 양도소득세 과세대상

양도소득세 과세대상으로는 부동산, 부동산에 관한 권리, 일정한 주식 및 출자지분, 파생상품 등으로 구분할 수 있다.

(1) 부동산

(가) 토지

토지는 지적법에 따라 지적공부에 등록하여야 할 지목에 해당하는 것을 말한다. 지목은 지적공부사항에 지목에 관계없이 사실상의 지목에 의하나, 사실상의 지목이 불분명한 경우에는 지적공부상 지목에 의한다.

한편 토지의 정착물로서 사실상 토지와 일체화되어 토지로부터 분리복구가 불가능하거나, 토지로부터 분리하게 되면 경제적 가치가 거의 없어서 거래상 독립한 권리의 객체성을 상실하였다고 평가되는 경우에 거래 당사자가 구축물을 토지와 함께 양도하면서 구축물의 양도대가를 별도로 정하였다고 하더라도 구축물의 양도대가는 토지의 양도소득에 포함되어 양도소득세 과세대상이 된다(대법원 2015.10.29. 선고 2011두23016 판결).

(나) 건물

건물은 토지에 정착하는 공작물 중 사실상 준공된 것으로 지붕과 기둥 또는 벽이 있는 것과 이에 부속된 시설물, 건축물을 말한다. 그 밖에 지하나 고가의 공작물에 설치하는 사무소·공연장·점포·차고·창고 등을 말한다.

건물의 용도는 사실상 용도에 의하고 사실상 용도가 불분명한 경우에는 공부상의 용도에 의한다.

(2) 부동산에 관한 권리

부동산에 관한 권리로는 토지사용권인 지상권, 부동산 사용권인 전세권, 그리고 부동산 임차권이 있으며 부동산을 취득할 수 있는 권리 등이 있다.

(가) 지상권

타인의 토지에 건물 기타 공작물이나 수목을 소유하기 위하여 그 토지를 사용할 수 있는 권리를 말한다.

(나) 전세권

전세금을 지급하고 타인의 부동산을 점유하여 그 부동산의 용도에 좇아 사용·수익하며 그 부동산 전부에 대하여 후순위권리자, 기타 채권자보다 전세금의 우선변제를 받을 수 있는 권리를 말한다.

(다) 등기된 부동산임차권

당사자 일방이 상대방에게 목적물을 사용·수익하게 할 것을 약정하고, 상대방이 이에 대하여 차임을 지급할 것을 약정함으로써 효력이 성립하는 권리를 말한다.

(라) 부동산을 취득할 수 있는 권리

부동산을 취득할 수 있는 권리라 함은 ㉠ 건물이 완성되는 때에 그 건물과 이에 딸린 토지를 취득할 수 있는 권리(아파트당첨권 등) ㉡ 지방자치단체·한국토지공사가 발행하는 토지상환채권 ㉢ 대한주택공사가 발행하는 주택상환채권 ㉣ 부동산매매계약을 체결한 자가 계약금만 지급한 상태에서 양도하는 권리 등을 말한다.

(3) 주식 및 출자지분

(가) 상장주식

    ⓐ 상장법인의 최대주주와 특수관계인 일정한 대주주가 거래하는 주식

    ⓑ 장외에서 거래하는 주식, 다만 주식의 포괄적 교환 또는 이전, 주식의 포괄적 교환·이전에 따른 주식매수청구권 행사로 양도하는 주식은 제외한다.

    ⓒ 토지 또는 건물 및 부동산에 관한 권리의 자산가액과 해당법인이 보유한 다른 법인의 주식가액 중 토지 또는 건물 및 부동산에 관한 권리의 자산가액이 차지하는 비율에 상당하는 주식가액의 합계액이 해당 법인의 총자산가액에서 차지하는 비율이 50% 이상인 법인의 과점주주가 그 법인의 주식 등의 100분의 50 이상을 해당 과점주주 외의 자에게 양도하는 경우의 해당 주식 등(특정 주식 또는 출자지분)

    ⓓ 골프장업, 스키장업 등 체육시설업과 관광사업 중 휴양시설관리업(휴양콘도미니엄, 전문휴양시설) 및 부동산업, 부동산개발업 등을 영위하는 법인으로 자산총액 중 부동산 등의 보유비율이 80% 이상인 법인의 주식

    ⓔ 특정시설물 이용권 등을 일반이용자보다 유리한 조건으로 부여받게 되는 것이 주된 내용이 되는 법인의 주식 또는 출자지분

(나) 비상장주식

원칙적으로 과세대상이 된다. 다만, 일정한 중견기업 또는 일정한 중소기업에 해당하는 주식을 장외거래에서 양도하는 주식은 제외된다. 이 경우 일정한 대주주에 해당되지 않아야 한다(대주주의 범위에는 과세되는 상장법인의 대주주와 같다).

(4) 기타자산

(가) 사업용고정사산과 함께 양노하는 영업권

행정관청으로부터 인가·허가·면허를 받음으로써 얻은 경제적 이익도 영업권에 해당한다.

(나) 특정시설물 이용권

특정시설물 이용권이란 시설물을 배타적으로 이용하거나 일반이용자보다 유리한 조건으로 이용할 수 있도록 약정한 단체의 구성원인 된 자에게 부여되는 시설물이용권을 말한다.
골프회원권, 헬스클럽회원권, 콘도미니엄회원권, 스키장회원권 등이 있다.

(5) 파생상품

파생상품이란 원자재, 통화, 증권 등의 기초자산에 근거하여 파생된 상품으로 코스피 200 선물, 옵션, 미니 코스피 200 선물, 옵션, 코스피 200 주식워런트 증권 등이 있다.

나. 양도소득세 과세원인

양도소득세는 매도, 교환, 법인에 대한 현물출자 등 양도대상 자산이 유상으로 사실상 이전되는 경우에 과세한다. 즉 재산권에 대한 권리 주체가 바뀌고 재산권이 이전하는 현상을 양도라고 한다.

여기서 자산이 유상으로 사실상 이전되는 것이라 함은 매매와 같은 경우에는 그 토지의 대가가 사회통념상 대금의 거의 전부가 지급되었다고 볼 만한 정도의 대금지급이 이행되었음을 뜻한다고 보아야 한다(대법원 1984.2.14. 선고 82누286 판결).

따라서 양도란 자산에 대한 등기 또는 등록에 관계없이 그 자산이 유상으로 사실상 이전되는 것으로 규정하면서 자산의 유상이전의 예로 매도, 교환, 법인에 대한 현물출자 등을 들고 있는 것으로 해석되고, 매도, 교환, 법인에 대한 현물출자를 원인으로 하여서 자산이 이전된 경우에 한하여 이를 양도소득에 있어 양도로 본다는 취지는 아니므로, 매도, 교환, 법인에 대한 현물출자 이외의 사유로 인한 것이라 할지라도 자산이 유상으로 사실상 이전된 때에는 양도소득세의 과세원인인 양도가 이루어진 것으로 보아야 한다(대법원 2010. 12. 9.선고 2010두15452 판결).

한편, 양도소득세의 과세대상이 되는 토지 또는 건물 등의 자산을 양도하여도 당해 자산의 양도가 사업으로 행하여지는 경우에는 그 자산의 양도로 인하여 발생하는 소득은 사업소득(부동산매매업 또는 주택신축판매업)을 구성하게 된다.

(1) 매도

매매란 당사자 일방이 재산권을 상대방에게 이전할 것을 약정하고 상대방은 그 대금을 지급할 것을 약정함으로써 성립하는 계약을 말하는데, 매도란 대가를 받고 재산권을 상대방에게 이전하는 것을 말한다.

부동산의 경우 일반적으로 등기가 이루어져야 재산권 이전의 효력이 발생하지만, 양도소득세 과세원인인 매도에 있어서는 자산의 매매대금 지급이 완료되어 사실상 소유권 이전이 이루어진 경우 등기가 안 되어도 자산이 유상으로 이전되는 것으로 본다.

한편, 매매계약이 합의해제되거나 부동산 교환계약이 사기를 원인으로 취소된 경우에는 소유권 이전등기를 환원하지 못하였더라도 매도인에게 양도로 인한 소득이 있다고 할 수 없다(대법원 2002. 9.27. 선고 2001두5972 판결).

(2) 교환

교환이란 당사자 쌍방이 서로 금전 이외의 재산권을 이전할 것을 약정함으로써 성립하는 계약을 말한다. 교환에 의해서도 양도소득세가 과세된다.

(3) 법인에 대한 현물출자

현물출자란 회사설립 또는 신주발행 시에 현금 이외의 재산으로써 출자하는 것을 말한다. 조합에 대한 자산의 현물출자는 자산의 유상이전에 해당하여 양도소득세 과세대상이 된다(대법원 2003.5. 16. 선고 2003두 2137 판결).

가령 거주자가 주택신축판매업을 공동사업으로 경영할 것을 약정하는 계약에 의하여 토지 등을 당해 공동사업에 현물출자하는 경우 등기에 관계없이 현물출자하는 날 또는 등기 접수일 중 빠른 날에 당해 토지가 유상양도된 것으로 본다(질의회신, 재재산 46014-119, 2002. 6.7).

(4) 조합에 대한 현물출자

조합은 두 사람 이상이 서로 출자하여 공동사업을 경영할 것을 약정함으로써 성립하고 모든 조합원은 조합계약에서 약정한 출자의무를 부담하며 각 조합원이 출자하는 각종 자산은 조합재산이 되는 것이므로 조합원의 합유가 되고 출자자는 그 출자의 대가로 조합원의 지위를 취득하는 것이므로 조합에 대한 자산의 현물출자는 자산의 유상이전으로 양도소득세 과세원인인 양도에 해당한다(대법원 1985.3.12 선고 84누544 판결).

(5) 사실상 유상이전

(가) 의의

소득세법 해석상 매도, 교환, 법인에 대한 현물출자 이외의 사유로 인한 것이라 할지라도 자산이 유상으로 사실상 이전된 경우 양도가 이루어진 것으로 볼 수 있다(대법원 2010.12.9. 선고 2010두15452 판결).

사실상 유상이전이라 함은 양수자가 법률상의 소유권을 취득하지 않아도 자산에 대한 사용·수익·처분이라는 소유권의 내용을 실현하는 단계를 말한다.

(나) 채권행위별 사실상 유상이전 판단

① 매매

매매의 경우에는 그 토지의 대가가 사회통념상 대금의 거의 전부가 지급되었다고 볼 만한 정도의 대금지급이 이행되었다면 사실상 유상이전되었다고 본다.

② 증여

　증여의 경우 수증자가 증여재산에 담보된 채무를 인수하는 경우에는 증여가액 중 그 채무액에 해당하는 부분은 자산이 유상으로 사실상 이전된 것으로 본다.

(6) 담보권 실행에 의한 소유권 이전

　채무를 부동산으로 변제하거나, 타인의 채무를 위하여 담보를 제공한 경우 담보권 실행으로 소유권이 이전되는 경우 양도소득세가 과세된다.

　또한 채무불이행으로 양도담보자산의 소유권이 채권자에게 최종적으로 귀속되는 경우 양도소득세가 과세된다.

(7) 법률의 규정에 의한 소유권 이전

　협의수용, 수용, 공매, 경매 등에 의한 소유권 이전은 양도소득세 과세원인이다.

　경매에 의하여 보증된 소유 부동산의 소유권이 이전된 경우, 양도소득의 대상은 매각대금이고 양도소득의 귀속자는 물상소유자인 보증인이라 할 것이고, 구상권의 행사가 사실상 불가능이라고 하더라도 그러한 사정은 양도소득세 성부에는 아무런 영향이 없다(대법원 2017.7.11. 선고 2017두35516 판결).

　한편, 외관상 자산이 강제경매 절차에 의하여 양도된 것처럼 보이더라도 강제경매 절차의 초가 된 경매 부동산에 관한 채무자 명의의 등기가 원인무효의 것인 경우라면 매수인은 경매부동산의 소유권을 취득할 수 없고, 강제경매 절차를 통하여 채무자에게 돌아간 이익이 있으면 원칙적으로 원상회복으로 반환의 대상이 될 수 있을 뿐이므로, 이 경우 특별한 사정이 없는 한 채무자에게 매각대금 상당의 양도소득이 귀속되었다고 보아 양도소득세를 과세할 수 없다(대법원 2016.8.18. 선고 2014두10981 판결).

(8) 대물변제 등

　대물변제는 변제와 같은 효력이 있으므로 대물변제에 의하여 채무가 소멸한다. 따라서 대물변제로 재산의 소유권을 이전하는 것은 소멸채무액에 상당한 대가를 얻는 것이어도 이는 자산의 유상이전에 해당된다.

또한 위자료 채무를 변제하기 위하여 부동산 소유권을 이전하는 것은 대물변제에 해당되어 양도소득세 과세대상이다.

따라서 손해배상에 있어서 당사자 간 합의에 의하거나 법원의 확정판결에 의하여 일정액의 위자료를 지급하기로 하면서 이에 갈음하여 부동산을 대물변제한 때에는 그 자산을 유상으로 양도한 것으로 본다.

이는 부부가 이혼을 하게 되어 남편이 아내에 대한 위자료를 지급하기 위한 방법으로 자신의 소유인 주택의 소유권을 이전하는 것은 아내에 대한 위자료채무의 이행에 갈음한 것으로서 그 주택을 양도한 대가로 위자료를 지급할 채무가 소멸하는 경제적 이익을 얻게 되는 것이므로, 그 주택의 양도는 양도소득세의 부과대상이 되는 유상양도에 해당한다 할 것이다(대법원 1995.11.24. 선고 95누4599 판결).

상속과 관련하여 상속세를 주권으로 물납을 하면 그에 따라 상속세 채무를 면하게 되므로 이는 공법상의 대물변제적 성격을 가진 유상양도에 해당한다(대법원 2009.9.10. 선고 2007두14695 판결).

(9) 공유물 분할의 유상양도 여부

원래 공유물의 분할은 법률상으로는 공유자 상호간의 지분 교환 또는 매매라고 볼 것이나, 실질적으로는 공유물에 대하여 관념적으로 그 지분에 상당하는 비율에 따라 제한적으로 행사되던 권리, 즉 지분권을 분할로 인하여 취득하는 특정부분에 집중시켜 그 특정 부분에만 존속시키는 것으로 그 소유형태가 변경될 뿐이라고 할 것이어서 이를 자산의 유상양도라고 할 수 없다(대법원 1995.9.5. 선고 95누5653 판결).

이혼 시 재산분할의 경우에 각 부동산을 상대방에게 서로 이전하였다고 하여도 분할 후 자산가액의 비율이 실질적인 공동재산의 청산범위를 넘어서는 것이라거나 또는 재산분할 비율과의 차이에 따른 정산을 하였다는 등의 특별한 사정이 없는 한 공유물분할에 관한 법리에 따라 그와 같은 부동산의 이전이 유상양도에 해당한다고 볼 수 없다(대법원 1998.2.13. 선고 96누14401 판결).

(10) 부담부 증여

부담부 증여에 있어서 증여자의 채무를 수증자가 인수하는 경우에는 증여가액 중 그 채무액에 상당하는 부분은 그 자산이 유상으로 사실상 이전되는 것으로 본다.

부담부 증여에 대하여 양도에 해당하는 것으로 간주하여 증여자에게 양도소득세를 부과하는 이유는 증여자가 채무인수로 인하여 채무를 면하는 이익이 현실적으로 발생하여 그 이익에 대하여 유상양도에 준하여 증여자에게 양도세를 부과하는 데 있다.

다. 양도 및 취득시기

자산의 양도 및 취득시기는 양도소득의 귀속 여부를 결정하는 기준이 될 뿐만 아니라, 양도차익의 크기, 장기보유특별공제의 적용 여부 및 각종 비과세 및 감면요건의 충족 여부 등의 판단 기준이 된다.

양도 및 취득시기는 원칙적으로 대금을 청산한 날로 한다. 대금을 청산한 날이란 매매계약서에 기재된 잔금지급 약정일에도 불구하고 실제로 대금을 주고받은 날을 말한다.

(1) 대금청산일이 분명한 경우

대금청산일이 취득 또는 양도시기가 된다. 대금청산일이란 실제 거래대금의 전부 또는 잔금을 지급한 날을 의미한다. 잔금을 소비대차로 변경한 경우에는 소비대차 변경일이 된다.

한편 토지거래허가구역 내 토지거래의 대금청산일이 취득 또는 양도시기에도 불구하고 그에 대한 예정신고 또는 확정신고는 그 허가일을 기준으로 한다.

또한 잔금을 어음이나 이에 준하는 증서로 받은 경우에는 어음 등의 결제일이 그 자산의 잔금청산일이 된다.

(2) 대금청산일이 분명하지 아니한 경우

등기접수일 또는 명의개서일이 된다. 부동산등기특별조치법에 의한 소유권이전등기의 경우 대금청산일을 취득시기로 보는 것이 원칙이고, 대금청산일이 불분명한 경우에는 등기접수일을 취득시기로 본다(대법원 2012.9.13. 선고 2012두10567 판결).

(3) 대금청산일 전에 소유권이전 등기 등을 한 경우에는 등기접수일

(4) 장기할부조건 취득 또는 양도의 경우에는 소유권이전 등기 접수일·인도일·사용수익일 중 빠른 날

장기할부조건이라 함은 계약금을 제외한 해당 자산의 양도대금을 2회 이상으로 분할하여 수입하고, 양도하는 자산의 소유권이전 등기(등록 및 명의개서를 포함한다) 접수일·인도일 또는 사용수익일 중 빠른 날의 다음날부터 최종 할부금의 지급기일까지의 기간이 1년 이상인 것을 말한다.

(5) 완성 또는 확정되지 아니한 자산을 양도 또는 취득한 경우로서 해당 자산의 대금을 청산한 날까지 그 목적물이 완성(사용승인) 또는 확정되지 아니한 경우에는 그 목적물이 완성 또는 확정된 날

이는 대금청산이 먼저 이루어졌다 하더라도 이전등기를 하거나 인도받아 소유권자로서 권리를 행사할 수 있는 상태가 되지 않았기 때문에 그와 같은 상태가 되었을 때인 완성 또는 확정의 시점으로 그 시기를 유예한다는 의미에서 규정을 둔 것으로 보고 있다.

(6) 부동산에 관한 권리의 취득 및 양도시기

분양권 취득시기는 그 권리가 확정되는 날. 즉, 아파트의 경우 당첨일이고, 그 권리를 인수받은 때에는 잔금청산일이 취득시기가 된다.

(7) 채무불이행 등에 의한 부동산 소유권 이전의 경우

대물변제에 의한 소유권이전 등기 접수일이다(대법원 1991.11.12. 선고 91누8432 판결).

(8) 자기가 건설한 건축물

사용승인서 교부일. 다만, 사용승인서 교부일 전에 사실상 사용하거나 임시사용승인을 받은 경우에는 그 사실상의 사용일 또는 임시사용승인을 받은 날 중 빠른 날, 미허가 건축물의 경우에는 사실상의 사용일이 취득일이 된다.

잔금청산일까지 아파트가 완공되지 않은 경우에는 건물이 완성된 날(사용승인일)을 취득시기로 본다.

(9) 수용에 의한 경우

대금을 청산한 날, 수용의 개시일 또는 소유권이전 등기 접수일 중 빠른 날

(10) 상속 또는 증여에 의한 취득의 경우

상속이 개시된 날, 증여에 의한 취득의 경우에는 증여를 받은 날(증여등기접수일)이다.

(11) 경락에 의하여 자산을 취득하는 경우

경매대금을 완납한 날

(12) 조건부 매매의 경우

조건부로 자산을 매매하는 경우 그 조건성취일이 양도 또는 취득의 시기가 된다.

(13) 대물변제의 경우

대물변제는 본래의 채무에 갈음하여 다른 급부를 현실적으로 하는 때에 성립하는 요물계약으로서 그 소유권이전 등기가 경료된 때에 부동산이 양도되고 그 대가의 지급이 이루어진 것으로 보아야 한다(대법원 1991.11.12. 선고 91누8432 판결).

(14) 환지처분에 의한 취득

법률에 따른 환지처분으로 인하여 취득한 토지의 취득시기는 환지 전의 토지의 취득일이 취득시기가 된다.

(15) 주식 또는 출자지분의 취득 및 양도시기

원칙적으로 대금청산일이나, 대금을 청산하기 전에 명의개서를 한 경우에는 명의개서일이 된다.

현물출자의 경우 발기설립의 경우에는 현물출자에 따른 설립등기를 한 때(대법원 2000. 6.23. 선고 98두7558 판결). 공동사업에 현물출자한 경우에는 출자한 날 또는 등기접수일 중 빠른 날이다.

(16) 의제취득시기

1984.12.31. 이전에 취득한 부동산, 부동산에 관한 권리, 기타 자산은 1985.1.1.에 취득한 것으로 의제한다.

1985.12.31. 이전에 취득한 상장주식과 비상장주식은 1986.1.1.에 취득한 것으로 본다.

4. 양도가액 산정

(1) 의의

양도가액이란 그 자산의 양도 당시의 양도자와 양수자 간 실지거래가액에 따른다. 즉, 양도가액은 객관적인 교환가치를 반영하는 일반적인 시가가 아니라 실지의 거래대금 그 자체 또는 거래 당시 급부의 대가로 실지 약정된 금액을 의미한다(대법원 2015.10.15. 선고 2015두43148 판결).

따라서 부동산 매매계약에 따라 양도하면서 당초 약정된 매매대금을 어떤 사정으로 일부 깎았다면 세무상 양도가액은 당초 약정대금이 아니라 감액된 대금이다(대법원 2010.10.14. 선고 2010두7970 판결).

다만, 실지거래가액에 의하는 경우로서 장부, 매매계약서 등 증빙서류에 의하여 양도당시 실지거래가액을 인정 또는 확인할 수 없는 경우에는 매매사례가액, 감정가액, 기준시가를 적용하여 양도가액을 산정할 수 있다.

(2) 실지거래가액에 의한 양도가액

(가) 일반적인 경우

실지거래가액은 당사자가 실제로 거래한 가액으로 매매계약서나 실지계약서에 의하여 객관적으로 인식되는 가액을 말한다. 양도소득 과세표준 예정신고 또는 확정신고를 한 경우로서 당해 신고가액이 사실과 달라 납세지 관할 세무서장 등이 실지거래가액을 확인한 때에는 그 확인한 가액을 양도가액으로 한다.

토지와 건물 등을 함께 양도하는 경우에는 이를 각각 구분하여 실지거래가액을 정하고 가액 구분이 불분명한 경우 등에는 취득 또는 양도당시의 기준시가 등을 감안하여 일정한 산식에 의하여 안분계산한다.

한편 2006년 1월 1일부터는 부동산 실거래가격 신고의무 제도가 도입됨으로써 양도소득세 신고 시 양도자는 부동산 매매 계약 체결일로부터 60일 이내에 부동산 소재지를 관할하는 시, 군, 구청에 신고하고, 부동산 등기부에 기재된 실제거래가격으로 양도가액을 신고하여야 한다.

거래당사자가 무신고, 허위신고, 지연신고 등으로 실지거래가액 신고의무를 위반하면 일정한 과태료 처분을 받을 수 있다.

(나) 특수한 경우 실지거래가액

① 채무인수 조건의 양도

당해 재산에 저당권이 설정된 채무 등 채무인수 조건부 양도인 경우에는 현금 수수금액과 채무인수액을 포함한 총액을 실지거래가액으로 한다.

② 양도소득세를 양수인이 부담하는 경우

매매계약을 체결하면서 당사자 간에 약정에 의하여 양도자가 부담할 양도소득세를 양수자가 부담하는 조건으로 계약을 체결한 후 양수자가 이를 대신 납부하기로 한 양도소득세는 양도가액에 산입한다.

③ 부담부 증여의 양도가액

상속세 및 증여세법상 평가액에 증여가액 중 채무액이 차지하는 비율을 곱한 금액을
양도가액으로 한다.

④ 약정된 매매대금을 감액하기로 한 매매

주식을 매매계약에 의하여 양도한 경우 당초 약정된 매매대금을 어떤 사정으로 일부
감액하기로 하였다면, 양도재산인 주식의 양도로 발생하는 양도소득의 총수입금액,
즉 양도가액은 당초의 약정대금이 아니라 감액된 대금으로 보아야 한다(대법원 2010.
10. 14. 선고 2010두7970 판결).

(3) 시가에 의한 양도가액

(가) 상속세 및 증여세법 시가에 의하여 양도가액을 정하는 경우

거주자가 특수관계인과의 거래에 있어서 토지 등을 시가를 초과하여 취득하거나 사가에
미달하게 양도함으로써 조세의 부담을 부당히 감소시킨 것으로 인정되는 때에는 그 취득가
액 또는 양도가액을 시가에 의하여 계산한다.

가령 특수관계인으로부터 시가보다 높은 가격으로 매입하거나 특수관계인에게 시가보다
낮은 가격으로 재산을 양도한 때로 시가와 거래가액의 차액이 3억 원 이상이거나 시가의
100분의 5에 상당하는 금액 이상인 경우.

그 밖에 특수관계인과의 거래로 해당 연도의 양도가액 또는 필요경비의 계산 시 조세의
부담을 부당하게 감소시킨 것으로 인정되는 때로 시가와 거래가액의 차액이 3억 원 이상이
거나 시가의 100분의 5에 상당하는 금액 이상인 경우.

(나) 법인세법상 시가에 의한 양도가액

법인세법상 시가란 건전한 사회통념 및 관행과 특수관계인이 아닌 자 간의 정상적인 거래
에서 적용되거나 적용될 것으로 판단되는 가격을 말하는 것으로 법인세법상 부당행위 계산
부인에 따른 특수관계인에 해당하는 법인에 양도한 경우로서 법인세법에 따라 해당 거주자

의 상여·배당 등으로 처분된 금액이 있는 경우에는 부당행위 계산 부인에 따른 시가를 양도가액으로 본다.

(4) 매매사례가액, 감정가액, 기준시가에 의한 양도가액

증명서류에 의하여 해당 자산의 양도 당시 또는 취득 당시의 실지거래가액을 인정 또는 확인할 수 없는 경우, 양도 당시의 실지거래가액의 확인을 위하여 필요한 장부·매매계약서·영수증, 기타 증빙서류가 없거나 그 중요한 부분이 미비된 경우 등에는 매매사례가액, 감정가액, 기준시가를 순차적으로 적용하여 양도가액을 결정한다.

(가) 매매사례가액

양도일 전후 각 3개월 이내에 해당 자산(주식 등은 제외한다)과 동일성 또는 유사성이 있는 자산의 매매사례가 있는 경우에는 그 가액.

(나) 감정가액

양도일 전후 각 3개월 이내에 해당 자산(주식 등은 제외한다)에 대하여 둘 이상의 감정평가업자가 평가한 것으로서 신빙성이 있는 것으로 인정되는 감정가액(감정평가기준일이 양도일 전후 각 3개월 이내인 것에 한한다)이 있는 경우에는 그 감정가액의 평균액.

5. 필요경비 산정

가. 의의

필요경비란 당해 양도자산의 양도차익을 얻기 위해 사용하거나 소비한 통상적인 비용으로 일반적으로 용인된 것을 말한다. 양도소득세 필요경비에 해당되는 것으로는 취득가액, 자본적 지출액, 양도비 등이 있다. 필요경비에 대한 입증책임은 납세자에게 있다.

나. 필요경비 계산 원칙

ⓐ 실지거래가액이 확인되거나 신고가액이 실지거래가액으로 인정되는 경우에는 취득 가액 등에 자본적 지출액 등과 양도비 등을 가산한 금액으로 한다.

ⓑ 실지거래가액이 확인되지 않거나 사실과 다른 경우에는 매매사례가액, 감정가액, 환산가액에 일정한 개산공제액을 가산한 금액으로 한다.

ⓒ 환산취득가액에 의하여 취득가액을 계산할 경우에는 환산취득가액에 개산공제액을 가산한 금액과 자본적 지출액 등과 양도비를 가산한 금액 중 큰 금액을 필요경비로 한다.

(1) 의제취득일(1985.1.1.) 이전 취득 부동산의 필요경비

취득 당시 해당 실지거래가액, 매매사례가액, 감정가액이 확인되는 경우의 그 가액의 취득 일로부터 의제취득일 직전일까지 생산자물가상승률을 곱하여 계산하는 금액을 가산하여 계산된 취득가액과 의제취득일 당시의 매매사례가액, 감정가액, 환산취득가액 중 큰 금액을 취득가액으로 하여 취득가액을 계산한 후에 실지거래가액을 기준으로 취득가액을 계산하는 경우에는 자본적 지출액과 양도비 등을 가산한 금액을 필요경비로 하고, 매매사례가액 또 는 감정가액을 기준으로 환산하는 경우에는 개산공제액을 합한 금액을 필요경비로 한다.

다. 필요경비 인정요건

(1) 개요

관련 증명서류를 수취, 보관하거나 실제 지출한 사실이 금융거래 등 증명서류에 의하여 확인되는 경우에 필요경비로 인정한다. 즉, 취득가액을 제외한 기타 필요경비 입증서류로는 세금계산서, 신용카드, 금융거래 증빙 등 적격증빙이 있고 지출사실이 확인되는 경우에 필요 경비로 인정한다.

자본적 지출액 등을 필요경비로 인정받기 위해서는 공사계약서 및 대금지급 증빙 등의 객관적인 입증을 통해 양도된 자산에 실제 소요된 비용으로서 용도변경이나 내용연수 증가 등의 결과를 가져올 정도의 공사비용이라는 사실이 명확히 확인되어야 필요경비로 인정할 수 있다(대법원 2015.5.28. 선고 2015두37990 판결).

(2) 세부 인정기준

(가) 필요경비 발생일이 2016년 2월 17일 이전인 경우

세금계산서, 신용카드 등 적격증빙이 없어도 영수증 등 기타 증빙으로 지출사실이 확인되면 필요경비로 인정한다.

(나) 필요경비 발생일이 2016년 2월 17일 이후부터 2018년 4월 1일 이전인 경우

지출사실을 입증할 수 있는 정규영수증 또는 간이영수증 등의 증빙이 있어야 하며 증빙에는 공급자의 사업자등록번호, 성명, 공급일지, 가액 등이 기재되어 있어야 한다.

(다) 필요경비 발생일이 2018년 4월 1일 이후인 경우

세금계산서, 신용카드, 금융거래 증빙 등 적격증빙이 있고 지출사실이 확인되는 경우에는 필요경비로 인정된다.

라. 취득가액

(1) 의의

취득가액이라 함은 당해 양도자산의 양도가액에 직접 대응되는 비용으로 당해자산의 취득에 소요된 실제거래가액을 말한다. 상속 또는 증여에 의하여 취득하는 경우에는 상속세 및 증여세법상 시가가 취득가액이 된다.

한편, 토지와 건물을 함께 취득하여 장기간 사용 후 건물을 철거하고 나대지 상태로 양도하는 경우에는 건물의 취득가액과 철거비용 등은 토지의 취득가액에 산입하지 아니한다.

(2) 실지거래가액에 의한 취득가액의 계산

(가) 타인으로부터 매입한 자산의 취득가액

매입가액에 취득세·등록세·등록면허세, 기타 부대비용을 가산한 금액, 기타 부대비용에는 법무사 비용, 취득 시 중개수수료, 컨설팅 비용 등이 있다. 자산을 장기할부조건으로 매입하는 경우 발생한 채무를 기업회계기준에 따라 현재가치로 평가하여 현재가치할인차금으로 계상한 경우 해당 현재가치할인차금은 취득가액에 포함된다.

또한 취득에 관한 쟁송이 있는 자산에 대하여 그 소유권 등을 확보하기 위하여 직접 소요된 소송비용·화해비용 등의 금액으로서 그 지출한 연도의 각 소득금액 계산에 있어서 필요경비에 산입된 것을 제외한 금액은 취득가액에 포함된다.

그리고 당사자 약정에 따른 대금지급방법에 따라 취득원가에 이자상당액을 가산하여 거래가액을 확정하는 경우 해당 이자상당액은 취득원가에 포함된다.

아파트 취득 시 프리미엄을 추가로 지급하고 그 사실이 객관적으로 입증될 경우 취득가액으로 공제받을 수 있다(심사-양도-2016-0044, 2016.7.21.).

(나) 자기가 행한 제조·생산 또는 건설 등에 의하여 취득한 자산의 취득가액

원재료비·노무비·운임·하역비·보험료·수수료·취득세 등 공과금·설치비, 기타 부대비용의 합계액이 된다.

부가가치세법상 자기가 생산하거나 취득한 재화를 면세사업자로 전환하거나, 폐업시 잔존재화 발생에 의하여 납부하여야 할 부가가치세는 취득가액에 포함한다.

(다) 기타 취득원가에 포함되는 금액

    ⓐ 취득세에 대한 교육세와 아파트 분양 시 그 분양사업자가 거래징수한 부가가치세는 일반과세자가 사업용으로 분양받지 않는 한 취득원가에 산입한다.

    ⓑ 과점주주가 신고·납부한 취득세도 취득원가에 산입한다.

    ⓒ 부동산의 소유권을 경락으로 취득하면서 전세보증금 채무를 인수한 경우 부동산의 취득가액에 포함한다.

ⓓ 대항력 있는 임차권의 목적부동산의 경락인이 임차인에게 반환한 임차보증금은 그 부동산의 취득가액에 포함한다(대법원 1992.10.27. 선고 92누11954 판결).

ⓔ 일반과세자가 간이과세자로 변경하면서 납부한 재고납부세액은 취득원가에 포함된다(질의회신, 서면-2015-법령해석 재산-2335, 2016.2.5.).

(라) 일정한 절차에 의하여 확인된 실지거래가액

취득자가 부동산 취득 시 부동산 거래신고에 관한 법률에 의하여 신고한 실제거래가액을 관할 세무서장이 확인한 경우에는 이를 취득당시의 실지거래가액으로 본다. 그리고 부동산 취득가액을 실지거래가액으로 양도소득세 예정신고 또는 확정신고를 하여야 할 자가 그 신고를 하지 아니한 경우로 실지거래가액을 소명하지 않은 경우 등에는 등기부에 기재된 거래가액을 실지거래가액으로 추정한다.

(마) 신고한 실지거래가액이 사실과 다른 것으로 확인된 경우 취득가액

양도소득 과세표준 예정신고 또는 확정신고를 한 경우로서 당해 신고가액이 사실과 달라 납세지 관할 세무서장 등이 실지거래가액을 확인한 때에는 그 확인된 가액을 취득가액으로 한다.

(3) 상속 또는 증여에 의한 취득가액

(가) 개요

상속세 및 증여세법에 의한 시가가 취득당시 실지거래가액이 된다. 즉, 상속세 및 증여세법 규정에 따라 평가한 가액이 취득당시의 실지거래가액이다.

시가란 불특정 다수인 사이에 자유롭게 거래가 이루어지는 경우에 통상적으로 성립된다고 인정되는 가액을 말하며, 객관적이고 합리적인 방법으로 평가한 가액도 포함하는 개념이다.

시가로 인정되는 것으로 상속개시일 전후 6개월, 증여재산은 증여일 전후 3개월 이내의 기간 중 당해자산 또는 면적, 위치, 용도, 종목 및 기준이 동일하거나 유사한 다른 재산의 매매가액·감정가액·수용가액·경매가액·공매가액(비상장주식 포함)이 있다.

(나) 상속받은 자산에 대한 감정가액 시가 인정 여부

상속받은 재산의 양도에 따른 양도소득세를 부과함에 있어, 과세관청이 당해 자산의 취득가액을 개별공시지가로 평가하여 과세처분을 하였다고 하더라도 상속 당시 시가가 입증된 때에는 그 시가를 기준으로 정당한 양도차익과 세액을 산출한 다음 과세처분의 세액이 정당한 세액을 초과하는지 여부를 판단하여야 한다. 또한 시가라 함은 원칙적으로 정상적인 거래에 의하여 형성된 객관적 교환가격을 의미하지만 이는 객관적이고 합리적인 방법으로 평가한 가액도 포함하는 개념이므로 거래를 통한 교환가격이 없는 경우에는 공신력 있는 감정기관의 감정가액도 시가로 볼 수 있다(대법원 2010.9.30. 선고 2010두8751 판결).

(다) 의제취득일 1985. 1. 1. 이전 취득 또는 상속·증여받은 재산

1985.1.1. 이전 취득(상속 또는 증여에 의한 취득 포함) 부동산의 취득원가는 취득 당시 해당 실지거래가액, 매매사례가액, 감정가액이 확인되는 경우의 그 가액 취득일로부터 의제취득일 직전일까지의 생산자물가상승률을 곱하여 계산한 금액을 가산하여 계산하되 취득가액과 의제취득일 당시의 매매사례가액, 감정가액, 환산취득가액 중 큰 금액을 취득가액으로 한다.

(라) 개별공시지가 또는 기준시가 이전 상속 또는 증여받은 재산

상속 또는 증여 자산이 건물 또는 부동산인 경우 그 취득시기가 토지는 1990년 8월 30일 이전, 건물의 경우에는 기준시가가 고시되기 전에 취득한 경우에는 상속세 및 증여세법상 시가와 일정한 산식에 의하여 계산한 환산개별공시지가 또는 기준시가 중 많은 금액을 취득 당시의 실지거래가액으로 한다.

(4) 실지거래가액을 확인할 수 없는 취득가액 대체가액

(가) 매매사례가액

취득일 전후 각 3개월 이내에 해당 자산(주식 등은 제외한다)과 동일성 또는 유사성이 있는 자산의 매매사례가 있는 경우에는 그 가액.

(나) 감정가액

취득일 전후 각 3개월 이내에 해당 자산(주식 등은 제외한다)에 대하여 둘 이상의 감정평가업자가 평가한 것으로서 신빙성이 있는 것으로 인정되는 감정가액(감정평가기준일이 양도일 전후 각 3개월 이내인 것에 한한다)이 있는 경우에는 그 감정가액의 평균액.

한 개의 감정평가기관이 평가한 감정가액은 소득세법상 취득 당시의 실지거래가액을 대체할 수 있도록 정한 감정가액에 해당하지 않는다(대법원 2015.10.15. 선고, 2015두 43148 판결).

또한 사후에 취득 당시로 소급하여 감정평가한 가액은 양도소득세 계산 시 양도가액에서 공제되는 취득 당시의 실지거래가액을 대체할 수 있는 감정가액에 해당하지 않는다(대법원 2015.10.15. 선고 2011두24286 판결). 즉, 유상으로 자산을 취득한 경우에는 교환가격이 있으므로 사후에 소급 감정가액을 취득가액으로 대체할 수 없다는 의미이다.

(다) 환산취득가액

환산취득가액이란 양도소득세 신고납부 시 실지취득가액을 확인할 수 없는 경우에 양도당시 실지거래가액, 매매사례가액, 감정가액에 취득 및 양도당시의 기준시가 비율을 곱하여 계산한 환산된 취득가액을 말한다.

공매가액·경락가액이 양도당시의 기준시가보다 낮은 경우에는 공매가액 또는 경락가액을 양도당시의 시가로 보아 환산취득가액을 계산하여야 한다.

한편 건물을 신축하여 취득한 후 5년 이내에 양도한 자산의 취득가액을 환산취득가액에 의할 경우에는 일정한 가산세가 부과된다.

(라) 실지거래가액 대체가액 유형 해석 기준

본래의 실지거래가액이 아닌 매매사례가액, 감정가액, 환산가액에 의하여 취득 당시의 실지거래가액을 대체하도록 한 소득세법은 그 적용 순서뿐만 아니라 실지거래가액을 대체할 수 있는 가액의 유형도 요건을 정하여 제한적으로 규정한 것으로 해석한다(대법원 2015.10.15. 선고 2015두43148 판결).

마. 자본적 지출액 등

(1) 의의

자본적 지출액이란 자산의 내용연수를 연장시키거나 당해 자산의 가치를 현실적으로 증가시키기 위하여 지출한 수선비를 말한다. 자산의 원상을 회복시키거나 능률을 유지하는 등의 현상유지를 위한 수선비는 자본적 지출에 해당되지 않는다.

(2) 일반적 자본적 지출액

양도자산의 용도변경·개량 또는 이용편의를 위하여 지출한 비용 등은 자본적 지출액에 해당된다.

구체적으로는 본래 용도를 변경하기 위한 개조, 엘리베이터 또는 냉난방장치의 설치, 빌딩 등의 피난시설 등의 설치, 기타 이와 유사한 개량, 확장, 증설 등을 위한 지출을 말한다. 그 밖에 주택의 이용편의를 위한 발코니, 샤시비용, 난방 등 확장공사비, 난방시설 교체비, 토지조성비 등이 있다.

(3) 기타 자본적 지출액

ⓐ 토지의 이용편의를 위하여 지출한 묘지 이장비용

ⓑ 부동산을 분할하기 위하여 지급한 지적측량 수수료

ⓒ 개발이익환수에 관한 법률에 따른 개발부담금

ⓓ 하천법 등 관련법에 따라 토지소유자가 부담하는 수익자부담금 등, 토지장애철거비, 토지이용 편의를 위하여 타인 토지에 도로를 신설한 경우 도로시설비, 토지이용 편의를 위하여 도로를 신설하여 국가 등에 무상으로 공여한 경우 그 토지의 취득당시 가액, 토지시방사업소요 비용 등이 있다.

토지와 건물의 취득이 당초부터 건물을 철거하여 토지만을 이용하려는 목적이었음이 명백한 것으로 인정될 때에는 철거된 건물의 취득가액과 철거비용 등은 토지의 자본적 지출로 필요경비에 산입할 수 있다(대법원 1992.9.8. 선고 92누 7399 판결).

ⓔ 양도자산을 취득한 후 쟁송이 있는 경우에 그 소유권을 확보하기 위하여 직접 소요

된 소송비용·화해비용 등의 금액으로서 그 지출한 연도의 각 소득금액 계산에 있어서 필요경비에 산입된 것을 제외한 금액, 한편 법원판결에 따라 토지의 상호명의 신탁을 해지하여 공동명의자들로부터 소유권을 이전받으면서 취득세를 납부한 후 해당 토지하는 경우 관련 소송비용과 취득세는 필요경비로 인정되지 않는다(사전답변, 법령해석재산-0736, 2019.1.30.)

ⓕ 공익사업을 위한 토지 등의 취득 및 보상에 관한 법률이나 그 밖의 법률에 따라 토지 등의 협의매수 또는 수용되는 경우로서 그 보상금의 증액과 관련하여 직접 소요된 소송비용·화해비용 등의 금액으로서 그 지출한 연도의 각 소득금액 계산에 있어서 필요경비에 산입된 것을 제외한 금액, 이 경우 증액보상금을 한도로 한다.

바. 양도비

(1) 개념

양도비란 자산을 양도하기 위하여 직접 지출한 비용으로서 양도자가 당해 자산을 양도하기 위하여 지출하지 않을 수 없는 비용을 말한다.

(2) 주요 양도비

양도소득세과세표준 신고서 작성비용 및 계약서 작성비용, 국민주택채권 및 토지개발채권 매각차손, 공증비용, 인지대 및 소개비(양도 시 중개수수료 지출 비용), 매매계약상 인도의무를 이행하기 위해 매도인이 지출한 명도소송비 등 명도비용 등이 있다.

한편, 중개수수료가 법정수수료에 비하여 과다 지급되었다 하더라도 특별한 사정이 없는 한 실질과세 원칙상 양도비로 필요경비로 공제된다(대법원 1991.7.12. 선고 91누 2250 판결).

(3) 기타 양도비

① 경매 시 부동산 소유자가 부담한 강제집행비용(질의회신, 부동산거래관리과-1489, 2010.10.27.)

② 주식 등의 양도자산의 경우에는 증권거래법에 따라 납부한 증권거래세, 비상장주식을 양도하기 위한 회계법인에 의뢰한 용역비, 위탁판매 수수료 등. 한편, 양도자가 부동산 매도를 위해 상권조사, 지가상승요소 분석, 매도가격 타당성 분석, 매매진행컨설팅 등을 의뢰하고 지급한 컨설팅 비용은 양도비에 포함되지 아니한다(사전답변, 법규 재산 2013-217, 2013. 7. 23.).

6. 양도소득세 이월과세

가. 이월과세의 의의

거주자가 특수관계자에게 자산을 증여한 후 그 자산을 증여받은 자가 그 증여일로부터 5년 이내에 타인에게 양도한 경우에는 그 증여자(거주자)가 그 자산을 직접 양도한 것으로 보는데, 이 때 취득가액은 수증자의 취득가액이 아니라 증여자의 취득가액이 된다. 이를 배우자 등에 대한 취득가액 이월과세라고 한다.

또한 개인이 당해 사업에 사용되는 사업용고정자산 등을 법인에 현물출자 등을 통하여 양도하는 경우 이를 양도하는 개인에 대하여는 양도소득에 대한 소득세를 과세하지 아니하고 그 대신 이를 양수한 법인이 당해 사업용고정자산 등을 양도하는 경우 개인이 종전사업용고정자산 등을 같은 법인에 양도한 날이 속하는 과세기간에 다른 양도자산이 없다고 보아 계산한 양도소득세 산출세액을 법인세로 납부하는 것을 사업용고정자산에 대한 이월과세라고 한다.

나. 배우자 이월과세

(1) 의의

거주자가 배우자 또는 직계존속으로부터 증여받은 토지나 건물, 특정시설물 이용권, 분양권 등 부동산을 취득할 수 있는 권리를 5년 이내에 양도한 경우 양도차익을 계산함에 있어 취득가액은 증여당시의 가액에 의하지 않고 그 배우자 등의 취득 당시 취득가액을 기준으로 계산하는 것을 배우자 이월과세라고 한다.

(2) 양도소득세 납세의무자

취득가액은 배우자 등의 취득 당시 취득가액을 기준으로 계산하여도 양도소득세 납세의무자는 그 배우자 등으로부터 증여받은 자가 된다.

(3) 적용대상 자산

토지, 건물, 특정시설물 이용권에만 적용된다.

(4) 필요경비 산입

증여에 따라 납부하였거나 납부할 증여세 상당액은 필요경비에 산입한다.

(5) 적용제외

증여일 이후 2년 이내에 법률에 따라 협의매수 또는 수용되는 경우, 증여한 배우자가 사망한 경우, 이월과세 미적용 양도소득 결정세액이 이월과세를 적용한 결정세액보다 큰 경우에는 이월과세를 적용하지 않는다.

다. 사업용 고정자산(토지, 건물, 부동산에 관한 권리, 무형자산) 법인 현물출자 등에 의한 이월과세

사업용 고정자산을 법인이 현물출자하거나 사업양수도 방법에 의하여 개인기업이 법인으로 전환되는 경우에 발생한 양도소득에 대하여 개인에게 과세하지 아니하고 신설법인 등이 해당 자산을 양도하는 때에 개인의 취득 시 가액을 법인의 취득가액으로 하여 법인세로 납부하는 제도를 말한다.

법인전환 등에 대한 양도소득세 이월과세를 적용받으려는 사업자는 현물출자 또는 사업양도를 한 날이 속하는 과세연도의 예정신고 또는 확정신고 시 설비되는 법인과 함께 이월과세 신청서를 납세지 관할 세무서장에게 제출하여야 한다.

7. 국외자산 양도에 대한 양도소득세

가. 납세의무자

해외 자산의 양도일까지 계속하여 5년 이상 국내에 주소 또는 거소를 둔 자가 일정한 국외자산을 양도한 경우 그 양도소득에 대하여 납세의무를 부담한다.

나. 과세대상 자산

국외에 소재한 토지 또는 건물, 지상권, 전세권과 부동산임차권, 부동산을 취득할 수 있는 권리 등의 양도로 발생하는 소득이 과세대상이다.

또한 외국법인이 발행한 주식 등과, 외국에 있는 시장에 상장된 내국법인이 발행한 주식 등과 일정한 파생상품이 과세대상이다.

8. 국외전출세

가. 의의

국외전출세는 조세피난처로 거주지를 변경해 원래 거주자의 소득에 대해 탈루한 후 다시 거주자로 변경하는 등의 국제적 조세 회피를 방지하고 과세권을 확보하기 위하여 도입된 제도이다.

나. 납세의무자

출국일이 속하는 연도의 직전 연도 종료일 현재 대주주에 해당하고 출국일 10년 전부터 출국일까지 국내에 주소나 거소를 둔 기간의 합계가 5년 이상이어야 한다.

다. 내용

비록 주식을 실제로 양도하지 않았더라도 국외 전출일에 국내주식을 양도한 것으로 보아 일정한 산식에 의하여 양도소득세를 산출하여 출국일이 속하는 달의 말일부터 3개월 이내에 신고납부하여야 한다.

9. 비과세 양도소득

토지 건물 등 일정한 자산을 양도하고 양도차익이 발생하면 원칙적으로 양도소득세 과세대상이다. 그러나 농지의 교환 또는 분합, 1세대 1주택 등에 대하여는 자경농민의 보호, 국민주거 생활의 안정 등 사회정책적인 이유로 일정한 요건에 해당하는 경우에는 양도소득세를 비과세하고 있다.

가. 파산선고에 의한 처분으로 발생하는 소득

나. 농지의 교환 또는 분합으로 발생하는 소득

(1) 개념

교환이란 당사자 쌍방이 금전 이외의 재산권을 상호 이전할 것을 약정하는 것을 말한다.

분합이란 토지 등에 관한 권리의 분할과 합병을 말하는데, 토지의 분할은 지적공부에 등록된 1필지를 2필지 이상으로 나누어서 등록하는 것이고, 합병은 2필지 이상의 토지를 1필지로 합하여 등록하는 것을 말한다.

(2) 비과세 요건

원칙적으로 토지의 교환이나 분합에 의하여 면적의 증감이 있는 경우 양도소득세 과세대상이지만 일정한 요건을 충족한 교환 또는 분합에 대하여는 양도소득세를 비과세한다.

(가) 농지요건

당해 농지는 국가 또는 지방자치단체가 소유하거나 국가 또는 지방자치단체가 시행하는 사업으로 인하여 교환 또는 분합하는 농지 또는 농어촌 정비법·농지법·한국농어촌공사 및 농지관리기금법·농업협동조합법에 의하여 교환 또는 분합하는 농지여야 한다.

또한 당해 농지는 양도일 현재 국토의 계획 및 이용에 관한 법률에 의한 주거지역, 상업지역 또는 공업지역 안의 농지로서 이들 지역에 편입된 날로부터 3년이 지나지 않아야 하고, 당해 농지에 대하여 환지처분 이전에 농지 외의 토지로 환지예정지의 지정이 있는 경우에는 그 환지예정지 지정일로부터 3년이 지나지 않은 농지여야 한다.

(나) 경작요건

농지의 교환에 의한 비과세요건은 경작상 필요에 의하여야 하고, 교환에 의하여 새로 취득하는 농지를 3년 이상 농지소재지에서 거주하면서 경작하여야 한다.

(다) 양도차익 요건

교환 또는 분합하는 쌍방 토지가액의 차액이 큰 토지가액의 25%를 초과하지 않아야 한다.

다. 1세대 1주택 양도로 발생하는 소득

(1) 의의

1세대가 1주택을 양도하는 것은 양도소득을 얻거나 투기를 할 목적으로 일시적으로 거주하거나 소유하다가 양도하는 것이 아니라고 볼 수 있는 양도소득에 대하여 소득세를 부과하지 않도록 하여 국민의 주거생활의 안정과 거주이전의 자유를 세법이 보장하여 주려는 데 있다(대법원 1993.1.19. 선고 92누12988 판결).

(2) 비과세 요건

1세대 1주택이라 함은 거주자 및 그 배우자가 그들과 동일한 주소 또는 거소에서 생계를 같이하는 가족, 즉 거주자와 배우자의 직계존비속 및 형제자매와 함께 구성하는 1세대가 국내에 1개의 주택을 소유하고, 일정기간 보유 또는 거주함으로써 양도소득세가 비과세되는 요건을 말한다.

(가) 1세대 요건

① 배우자가 있는 경우

1세대란 거주자 및 배우자가 그들과 같은 주소 또는 거소에서 생계를 같이하는 자와 함께 구성하는 가족단위를 말한다. 즉 거주자와 배우자, 그리고 직계존비속과 그 배우자, 형제자매 등으로 이루어지는 가족단위를 말한다. 장인, 장모, 처남, 처제, 시부모, 시아주버니, 시동생, 사위, 며느리도 가족에 해당한다.

생계를 같이하는 것이란 일상생활에서 동일한 생활자금으로 생활하는 관계를 말한다. 따라서 동일세대원이라 할지라도 각각 경제적으로 독립된 소득이 있는 경우에는 별도 세대로 인정받을 수 있다.

한편, 법률상 혼인한 부부의 경우에는 각각의 세대를 구성하여도 1세대로 본다. 법률상 이혼한 부부는 각각의 세대로 본다. 다만, 위장이혼으로 사실상 생계를 같이하는 등 이혼한 것으로 보기 어려운 경우에는 동일한 1세대로 본다.

법률상 부부관계였던 양 당사자가 협의이혼 신고를 하였으나 사실상 혼인관계를 유지했고, 이혼한 상태에서 보유하던 주택을 매도한 후 다시 혼인신고를 마쳤다면 이는 당시에는 종전의 배우자와 분리되어 따로 1세대를 구성하므로 1세 대1주택 비과세가 적용된다(대법원 2017.;9.7. 선고 2016두35083 판결).

② 배우자가 없는 경우

거주자의 연령이 30세 이상인 경우, 배우자가 사망하거나 이혼한 경우, 소득세법 제4조에 따른 소득이 국민기초생활보장법에 따른 기준중위소득의 일정 비율 이상으로서 소유하고 있는 주택 또는 토지를 관리·유지하면서 독립된 생계를 유지할 수 있는 경우

(나) 1주택 요건

① 주택의 정의

주택이란 세대의 구성원이 장기간 독립된 주거생활을 할 수 있는 구조로 된 건축물의 전부 또는 일부 및 그 부속토지를 말한다.

즉, 주택은 가옥대상 등 공부상의 용도구분이나 건축 또는 용도변경에 대한 당국의 허가 유무 및 등기 유무와는 관계없이 주거에 공하는 건물을 말한다(대법원 1992. 8. 18. 선고 91누10367 판결).

주택 부속토지란 주택이 정착하고 있는 면적뿐만 아니라 주거생활을 하는 데 필요한

공간으로서 주택과 경제적 일체를 이루고 있는 토지를 의미하는 것으로 건물정착면적에 도시지역 내의 토지는 5배, 도시지역 밖의 토지는 10배 이내의 토지를 말한다.

다만, 주택과 그 부속토지를 동일세대원이 아닌 자가 각각 소유하고 있는 경우에 그 부속토지의 소유자는 주택을 소유한 것으로 보지 아니하는 것이나, 주택을 실질적으로 소유하면서 공부상 명의만 달리한 경우에는 공부상의 명의에 관계없이 주택을 소유한 것으로 본다(질의회신, 상속증여세과-271, 2013.6.25.).

② 특수한 경우 주택 판단

②-1. 겸용주택인 경우

주택의 연면적이 주택 외 부분의 연면적보다 클 경우 전체를 주택으로 본다. 주택면적이 주택 외의 면적보다 같거나 작을 때에는 주택부분만 주택으로 본다.

②-2. 다가구주택인 경우

건축법에 의한 일정한 요건을 충족한 다가구주택을 구획된 부분별로 양도하지 않고 하나의 매매단위로 하여 양도하는 경우에는 그 전체를 하나의 주택으로 보아 1세대 1주택 여부를 판정한다. 고가주택 여부를 판단할 때에도 그 전체를 하나의 주택으로 보아 판단한다.

②-3. 오피스텔의 경우

공부상 용도구분이 오피스텔이지만 거주 목적으로 사용하고 있는 경우 1세대 1주택 판정 시 주택 수에 해당한다(대법원 2015.8.19. 선고 2015두 42527 판결).

②-4. 공유주택의 경우

공유주택은 공유자가 동일 세대원이 아닌 경우에는 각자가 각각 1개의 주택을 소유한 것으로 본다. 다만 그 공유자가 동일한 세대를 구성하는 경우에는 1세대가 한 개의 주택을 소유한 것으로 본다(질의회신, 재일46014-36, 1996.1.8.).

②-5. 공동상속주택인 경우

공동상속주택의 경우에는 지분이 가장 큰 소유자의 주택으로 보고 나머지 소수지분권자는 주택이 없는 것으로 본다. 지분이 동일한 경우에는 상속주택에 거주하는 자, 최연장자 순서에 따른 상속주택의 귀속이 결정된다. 따라서 일반 주택과 소수지분 공동상속주택을 보유하고 있다가 일반주택을 양도하는 경우 소수지분 공동상속주택은 해당 거주자의 주택으로 보지 않으므로 1주택이 된다.

그러나 동일한 피상속인으로부터 여러 개의 소수지분 공동상속주택을 취득한 경우에는 피상속인의 소유기간이 가장 긴 주택, 피상속인의 거주기간이 가장 긴 주택, 피상속인 상속당시 거주한 주택, 기준시가가 가장 높은 주택 순으로 1주택이 된다.

즉 다수의 소수지분 공동상속주택 중 1개의 주택만 상속주택으로 본다.

(다) 가액요건

주택 및 이에 부수한 토지의 양도당시 실지거래가액이 9억 원을 초과하지 않아야 한다. 즉 고가주택에 해당되지 않아야 한다.

한편 고가주택 해당 여부 판단 시 공유자가 동일한 세대를 구성하는 경우에는 그 주택 전체를 기준으로 하여 고가주택 여부를 가린다(질의회신, 재일46014-563, 1996.3.2.).

(라) 보유요건

보유기간은 그 자산의 취득일로부터 양도일까지로 한다. 상속주택의 경우 피상속인과 상속인이 상속개시 당시 동일한 세대인 경우에는 피상속인이 보유한 기간을 통산한다. 거주기간은 주민등록표상의 전입일자부터 전출일까지의 기간에 의한다.

서울 등 조정대상지역을 제외한 지역에 소재하는 주택으로 1세대 1주택 비과세가 적용되려면 양도일 현재 해당 주택의 보유기간이 2년 이상이어야 한다. 그리고 거주기간은 필요없다.

① 보유기간 및 거주기간이 필요없는 경우

    ⓐ 민간건설임대주택 또는 공공건설임대주택을 취득하여 양도하는 경우로서 해당 건설임대주택의 임차일부터 해당 주택의 양도일까지의 기간 중 세대전원이 거주한 기간

이 5년 이상인 건설임대주택을 분양받아 양도하는 경우

ⓑ 주택 및 그 부수토지의 전부 또는 일부가 공익사업을 위한 토지 등의 취득 및 보상
에 관한 법률에 의한 협의매수·수용 및 그 밖의 법률에 의하여 수용되는 경우

ⓒ 출국일 현재 1주택을 보유하고 있는 상태에서 해외이주로 세대전원이 출국하고 출
국일로부터 2년 이내에 주택을 양도하는 경우

ⓓ 출국일 현재 1주택을 보유하고 있는 상태에서 1년 이상 계속하여 국외거주를 필요
로 하는 취학 또는 근무상의 형편으로 세대전원이 출국하고 출국일로부터 2년 이내
에 주택을 양도하는 경우

② 보유기간 2년과 거주기간 2년이 필요한 경우

서울 등 조정대상지역에 소재한 1세대 1주택 해당 주택을 양도하거나 장기임대주택과
거주주택을 보유한 1세대가 거주주택을 양도하여 1세대 1주택 양도로 보는 경우이다
(다만, 조정지역대상의 경우에는 예외가 있다).

③ 보유기간은 필요 없고 거주기간 1년 이상이 필요한 경우

ⓐ 1년 이상 거주한 주택을 일정한 취학, 근무상의 형편, 질병의 요양, 그 밖에 부득이
한 사유로 양도하여 1세대 1주택 비과세가 되는 경우, 부득이한 사유란 취학, 근무
형편, 1년 이상 치료 등 현 주소지에서 통상 출퇴근이 불가능하여 출퇴근이 가능한
다른 시·군으로 세대 전원이 이전하게 되는 경우를 말하며, 구체적인 거리, 시간, 교
통편의 등을 종합하여 비과세 여부를 판단한다(질의회신, 재산-2054, 2008.7.31.).

취학은 고등학교, 특수학교, 대학, 산업대학, 교육대학, 전문대학, 방송통신대학, 기
술대학 등의 취학이 이에 해당한다.

(마) 1세대 1주택 비과세

1세대 요건과 1주택 요건, 그리고 가액요건을 모두 충족하고 일정한 보유요건 또는 거주요
건을 충족하면 주택양도로 인한 양도소득세를 비과세한다. 그러나 사실상 1세대 2주택 또
는 1세대 3주택에 해당되어도 일정한 경우에는 1세대 1주택으로 보아 양도소득세가 비과세

될 수 있다. 이에 해당하는 사유는 다음과 같다.

ⓐ 같은 날에 1주택을 취득하고 양도한 경우에는 먼저 1주택을 양도하고 다음에 1주택을 취득한 것으로 보아 1세대 1주택 여부를 판단한다(사전답변, 법령해석재산-0421, 2016.11.15.).

ⓑ 지정문화재 및 등록문화재에 해당하는 주택과 일반주택을 국내에 각각 1개씩 소유하고 있는 1세대가 일반주택을 양도하는 때에는 국내에 1개의 주택만을 소유한 것으로 본다.

ⓒ 수도권 이외의 읍 또는 면 지역에 소재한 농어촌 주택과 5년 이상 거주한 이농주택. 5년 이상 거주한 상속주택, 일정한 귀농주택과 그 밖의 일반주택을 1개씩 소유하는 1세대가 일반주택을 양도하는 경우에는 국내에 1개의 주택을 소유하고 있는 것으로 본다. 한편, 이농주택이란 영농 또는 영어에 종사하던 자가 전업으로 인하여 다른 시, 읍, 면으로 전출함으로써 거주자 및 그 배우자와 생계를 같이하는 가족의 전부 또는 일부가 거주하지 못하게 되는 주택으로 이농인이 소유하고 있는 주택을 말하며, 귀농주택이란 영농 또는 영어에 종사하고자 하는 자(농지소유자 또는 배우자)가 취득하여 거주하고 있는 주택으로 일정한 요건(취득당시 실지거래가액이 9억 원 이하인 주택)을 갖춘 주택을 말한다.

ⓓ 장기임대주택 소유 또는 장기어린이집을 운영하는 경우 사업자등록과 민간임대주택으로 등록하여 임대하고 있는 장기임대주택 또는 5년 이상 운영한 장기어린이 집을 보유하고 있는 상태에서 2년 이상 보유하고 2년 이상 거주한 일반주택을 양도하는 경우 양도한 일반주택은 1세대 1주택으로 비과세한다.

(바) 1세대 2주택 비과세

원칙적으로 2년 이상 보유한 1세대 1주택의 양도에 대하여 양도소득세를 비과세한다. 그러나 일정한 경우에는 1세대 2주택에 해당되어도 1세대 1주택으로 보아 양도소득세를 비과세하고 있다.

① 일시적 1세대 2주택인 경우

ⓐ 일반적인 대체취득의 경우: 국내에 1주택을 소유한 1세대가 종전주택을 양도하기 전에 신규주택을 취득한 경우 종전주택 취득 후 1년 이상 경과 후에 신규주택을 취득하여야 하고 3년 이내(조정지역 등의 경우에는 2년)에 종전주택을 양도하는 경우에는 1세대 1주택으로 양도소득세가 비과세 된다. 즉, 종전주택 취득일과 새로운 주택 취득일 사이의 기간이 1년을 초과하여야 하고, 일시적 2주택 보유기간이 3년 이내이어야 한다.

ⓑ 조합입주권과 일반주택을 소유하고 있는 경우:1개의 조합입주권 외에 1주택을 소유한 경우로서 다른 주택을 취득한 날로부터 3년 이내에 조합입주권을 양도한 경우에는 1세대 1주택 비과세를 적용한다.

한편, 다른 주택을 취득한 날로부터 3년이 되는 날 현재 조합입주권을 한국자산관리공사에 매각을 의뢰한 경우, 법원에 경매를 신청한 경우, 국세징수법에 의한 공매가 진행 중인 경우에는 3년 이내에 양도하지 못해도 1세대 1주택 비과세 요건이 충족된다. 그러나 조합입주권을 2개 이상 소유한 상태에서 양도하는 1개의 조합원입주권은 1세대 1주택으로 볼 수 없다(과세자문, 법령해석재산-0144, 2018.2.5.).

ⓒ 공익사업법 등에 의한 주택의 수용 또는 협의매수의 경우: 1세대 1주택을 소유한 1세대가 그 주택을 양도(수용)하기 전에 다른 주택을 취득하여 일시적으로 1세대 2주택이 된 후 주택 및 부수토지(사업인정 고시일 전에 취득한 경우)의 전부 또는 일부가 협의매수 또는 수용되는 경우에는 종전주택 취득 후 1년 이상 경과 후에 다른 주택을 취득할 필요가 없으며, 잔존주택은 그 사유가 해소된 날로부터 5년 이내에 양도하여야 한다.

ⓓ 건설임대주택을 분양받아 양도하는 경우: 임차일로부터 해당 주택의 양도일까지의 기간 중 세대전원이 거주한 기간이 5년 이상인 경우에 해당하는 건설임대주택을 분양받아 1세대 2주택이 된 경우 다른 주택 구입일로부터 종전주택(분양받은 건설임대주택)을 3년 이내에 양도하여야 한다. 이 경우 종전주택은 2년 이상 보유요건을 충족하지 않아도 되며, 종전주택 취득일과 다른 주택 취득일이 반드시 1년이 지나야 하는 것은 아니다.

② 부득이한 사유에 의한 2주택 소유

취학, 근무상의 형편, 질병의 요양, 그 밖에 부득이한 사유로 2주택을 소유한 경우에는 부득이한 사유가 해소된 날로부터 3년 이내에 종전주택을 양도한 경우에는 1세대 1주택으로 보아 양도소득세가 비과세 될 수 있다. 종전주택은 보유기간이 반드시 2년 이상일 필요는 없고, 다만 종전주택에서 1년 이상 거주하여야 한다.

③ 종전거주주택과 장기임대주택 보유에 의한 2주택 소유

거주주택을 2년 이상 보유하면서 세대전원이 2년 이상 거주한 후 양도하는 경우에는 1세대 1주택으로 보아 양도소득세를 비과세한다.

이 경우 장기임대주택은 기준시가가 일정금액 이하이면서 임대주택에 대해 장기임대사업자등록을 지방자치단체와 관할 세무서에 하고, 그 등록일로부터 5년 이상 반드시 임대를 하여야 한다.

다만, 임대기간이 5년이 되기 전에 거주주택을 양도하는 경우에도 1세대 1주택으로 보아 비과세될 수 있으나, 사후에 5년 이상 임대요건을 반드시 충족하여야 하며, 임대요건 미충족 시 비과세된 양도소득세가 추징된다.

한편, 그 이후 장기임대주택을 양도할 경우에는 양도일 현재 1세대 1주택에 해당되어도 종전 거주주택과 장기임대주택을 동시에 보유하고 있는 기간은 비과세하지 않는다. 즉 종전 거주주택을 양도한 후 장기임대주택을 양도한 기간에 대하여만 1세대 1주택 양도소득세 비과세를 적용한다.

④ 혼인에 의한 1세대 2주택

1주택 보유자가 혼인하여 2주택을 보유하는 경우 혼인한 날로부터 5년 이내에 먼저 양도하는 주택은 1세대 1주택으로 비과세한다.

무주택자가 1주택을 보유하는 60세 이상의 직계존속을 동거부양하는 중에 1주택을 보유한 자와 혼인함으로써 1세대 2주택을 보유하게 되는 경우 혼인한 날로부터 5년 이내에 먼저 양도하는 주택은 이를 1세대 1주택으로 본다.

⑤ 동거봉양에 의한 1세대 2주택

1세대 1주택자가 1주택을 가진 60세 이상의 직계존비속(배우자의 직계존속 포함)을 동거
부양하기 위하여 세대를 합친 경우에는 세대를 합친 날로부터 10년 이내에 먼저 양도
하는 주택은 1세대 1주택으로 본다. 그리고 암, 희귀성질환 등 중대한 질병 등이 발생
한 60세 미만의 직계존속과 합가한 경우에도 1세대 1주택으로 비과세될 수 있다.

⑥ 일반주택과 문화재를 소유하여 1세대 2주택인 경우

일반주택과 문화재보호법에 따른 일정한 문화재를 소유하다가 일반주택을 양도하는
경우에는 국내에 1개의 주택을 소유하는 것으로 보아 1세대 1주택으로 양도소득세를
비과세한다.

⑦ 상속에 의한 1세대 2주택 비과세

⑦-1. 의의

상속주택과 그 밖의 주택(일반주택)을 국내에 각각 소유하여 1세대 2주택이 된 경우 일
반주택을 먼저 양도하는 경우에는 상속주택은 없는 것으로 보아 1세대 1주택으로 비
과세한다. 즉, 상속개시 전에 이미 일반주택을 보유하고 있는 중(다만, 예외적으로 상속재
산이 수도권 밖의 지역 중 읍·면지역에 소재하고 피상속인이 취득 후 5년 이상 거주한 사실이 확인
되는 등 특별한 사정이 있는 경우에는 상속개시 후에 일반재산을 취득해도 무방하다)에 상속개
시에 의하여 상속재산을 보유함으로써 1세대 2주택이 되고, 그 이후 일반주택을 먼저
양도하면 1세대 1주택으로 보아 양도소득세를 비과세한다. 따라서 상속받은 주택을 먼
저 양도하는 경우에는 1세대 1주택 적용이 안 된다.

이는 상속주택은 부득이하게 취득한 것이므로 상속주택으로 인해 본의 아니게 1세
대 2주택이 됨으로써 비과세 혜택이 소멸되는 불이익을 구제하는 취지이다(대법원
1993.2.29. 선고 92누15680 판결).

⑦-2. **구체적 요건**

ⓐ 동일 세대원으로부터 상속받은 주택: 1주택을 보유한 상태에서 별도의 세대인 60세 이상의 직계존속 또는 배우자를 봉양하기 위하여 세대를 합쳐 1세대 2주택 주택(일반주택)이 된 이후 상속이 개시되어 1세대 2주택(일반주택과 상속주택)을 보유하게 된 경우에는 세대를 합치기 전에 피상속인이 보유한 주택만 상속주택으로 본다.

ⓑ 별도 세대원으로부터 상속받은 주택: 별도의 세대원으로부터 상속받은 주택과 그 밖의 주택을 국내에 각각 1개씩 소유하고 있는 1세대가 일반주택을 양도하는 경우에는 국내에 1개의 주택을 소유하고 있는 것으로 보아 1세대 1주택 비과세를 적용한다.

그 밖의 주택은 상속개시 당시 보유한 주택 또는 상속개시 당시 보유한 조합입주권에 의하여 사업시행 완료 후 취득한 신축주택만 해당된다. 다만 그 밖의 주택 중 상속개시일로부터 소급하여 2년 이내에 피상속인으로부터 증여받은 주택 또는 증여받은 조합입주권에 의하여 사업시행 완료 후 취득한 신축주택은 그 밖의 주택으로 보지 않는다.

ⓒ 상속주택이 소수지분 공동주택인 경우: 소수지분 공동상속주택과 일반주택 또는 단독상속주택을 1개씩 소유한 상태에서 일반주택 또는 단독상속주택을 양도한 경우에는 1세대 1주택 비과세를 적용한다.

즉, 소수지분 공동상속주택은 소유자의 주택으로 보지 않으므로 1세대 1주택을 적용한다.

ⓓ 일반주택과 조합입주권을 보유하다가 별도 세대원으로부터 상속주택이 있는 경우: 2년 이상 보유한 일반주택을 먼저 양도하는 경우에는 1세대 1주택으로 비과세한다. 다만, 일반주택이 상속개시일로부터 소급하여 2년 이내에 피상속인으로부터 증여받은 주택과 조합입주권은 제외한다.

(사) 1세대 3주택 비과세

ⓐ A주택을 보유한 갑과 다가구주택의 공동소유지분(B)을 보유한 을이 혼인을 한 후 새로운 주택을 부부 공동소유로 취득하고 혼인한 날로부터 5년 이내에 그리고 새

로운 주택(C)을 취득한 날로부터 3년 이내에 결혼 전부터 보유한 종전주택(A)을 양
도하는 경우에는 1세대 1주택 비과세 규정을 적용한다(사전답변, 법령해석재산-0038,
2017.2.16.).

ⓑ A주택을 보유하고 있는 1세대가 1주택(B)을 보유하고 있는 직계존속과 동거부양 합
가하여 1세대 2주택이 된 상태에서 동일세대원으로부터 직계존속이 보유하고 있는
주택(B)을 상속받고 새로운 주택(C)을 취득한 경우에는 종전주택(A) 취득한 날로부
터 1년 이상 지난 후에 새로운 주택(C)을 취득하고 새로운 주택 취득일로부터 3년
이내에, 그리고 그 세대를 합친 날로부터 5년 이내에 종전주택(A)을 양도한 경우에
는 1세대 1주택 비과세 규정을 적용한다(질의회신, 법령해석재산-1439, 2016.6.3.).

(아) 1세대 4주택 비과세

2주택(A, B)을 보유하는 1세대가 농어촌 주택 1개(C)를 취득한 후 종전 보유주택 중 1개의
주택(B)을 장기임대주택으로 등록함에 따라 거주주택(A), 장기임대주택(B), 농어촌주택(C)을
보유한 상태에서 거주주택(A) 취득일로부터 1년 이상 지난 후에 일반주택(D)을 취득하고 일
반주택(D) 취득일로부터 3년 이내에 거주주택(A)을 양도하는 경우 거주주택(A)은 1세대 1주
택 비과세 대상에 해당한다(사전답변, 법령해석재산-0198, 2017.7.10.).

그러나 일시적 2주택과 장기임대주택을 보유하다 혼인하여 4주택이 된 경우 혼인전 취득
한 대체주택에 대해 비과세 규정이 적용되지 않는다(질의회신, 법령해석재산-0584, 2017.3.27.).

또한 일시적 2주택자 간 혼인으로 1세대 4주택인 경우 일시적 2주택 비과세 특례 또는 혼
입합가에 따른 비과세 특례는 적용되지 않는다(대법원 2010.1.14. 선고 2007두26544 판결).

그 밖에 일시적 2주택과 임대주택을 보유하다 혼인하여 4주택이 된 경우 혼인전 취득한
대체주택에 대해 비과세 규정이 적용되지 않는다(질의회신, 법령해석재산-2941, 2016.8.19.). 1주
택을 보유하다 일반주택과 상속주택 2주택을 보유한 자와 혼인한 후 새로운 1주택을 취득하
고 종전주택을 양도한 경우 1세대 1주택 비과세가 적용되지 않는다(과세기준자문, 법규과-287.
2012.3.26.).

관련사례를 종합하면 소득세법상 1세대 4주택자에 대하여 1세대 1주택 특례를 적용하여
비과세하는 규정이 없고 3주택자와 같이 기본통칙 및 해석사례도 없으므로 2주택자·3주택

자처럼 비과세 혜택을 부여할 근거나 합리적인 이유가 없는 한 특례를 적용하여 비과세하는 것은 타당하지 않다(과세기준자문, 법령해석재산-0029, 2019.3.28.).

10. 양도소득세 감면

가. 개요

특정의 국가 정책 목적 달성을 위하여 일정한 사유에 해당되는 자산의 양도에 대하여는 양도소득세를 전액 또는 일정률을 경감하여 주고 있다. 이러한 양도소득세를 감면받기 위해서는 양도자산이 등기되어야 하고, 허위에 의한 실지거래계약서에 해당되지 않아야 한다. 양도소득세가 감면되는 경우로는 자경농지에 대한 감면, 대토에 의한 감면, 그 밖의 조세정책적 목적에 의한 다수의 감면조항이 있다.

나. 자경농지 감면

(1) 내용

거주자가 8년 이상 농지 소재지에서 거주하면서 직접 경작한 농지를 양도한 경우에 양도소득세를 감면한다.

(2) 농지요건

농지는 전·답으로서 지적공부상의 지목에 관계없이 실지로 경작에 사용되는 토지를 말한다. 농지 해당 여부는 양도일 현재의 농지를 기준으로 판단한다.

입증서류는 농지원부, 쌀보전직불금, 항공사진 등이 있다.

(3) 농지소재지 거주요건

농지가 소재하는 시·군·구 안의 지역에 거주하거나 농지가 소재하는 시·군·구와 연접한 시·군·구 안의 지역에 거주하거나 해당 농지로부터 직선거리로 30킬로미터 이내 지역에 거주하는 경우 등, 위 요건 중 하나만 해당되어도 농지소재지에서 거주한 것으로 본다.

입증서류로는 주민등록 초본, 주민등록상 거주지와 실제 거주지 일치 여부, 가족과 동거 여부 등.

(4) 8년 이상 요건

취득일로부터 양도일까지의 기간이 8년 이상이어야 한다. 상속받은 농지인 경우에는 상속받은 농지의 소재지에서 거주하면서 1년 이상 계속하여 직접 경작하는 경우 피상속인의 경작기간은 통산한다.

상속받은 농지소재지에서 거주하면서 1년 이상 계속하여 직접 경작하지 않더라도 상속받은 농지를 상속받은 후 3년 이내에 양도하는 경우에 피상속인의 경작기간은 상속인의 경작기간과 통산한다.

다만, 근로소득(총급여액)과 사업소득금액의 합계액이 3,700만 원 이상인 연도는 경작기간에서 제외한다.

한편 사업소득금액에는 농업, 임업에서 발생하는 소득, 농가부업소득, 부동산임대업에서 발생하는 소득은 제외하며, 사업소득이 결손인 경우에는 0으로 본다.

입증서류로는 등기부 등본 등이 있다.

(5) 직접 경작요건

거주자가 그 소유농지에서 농작물의 경작 또는 다년생식물의 재배에 상시 종사하거나, 거주자가 그 소유농지에서 농작업의 2분의 1 이상을 자기의 노동력에 의하여 경작 또는 재배하는 경우에 직접 경작한 것으로 본다.

한편, 종중소유 농지를 종중원 중 일부가 농지소재지에 거주하면서 직접 농작물을 경작하는 경우에도 자경농지로 본다.

그러나 위탁경영, 대리경작, 임대차 농지 등은 직접 경작한 것으로 보지 않는다.

입증서류로는 농지원부 또는 자경증명, 농지위원장이 확인한 자경농지사실확인서, 인우보증서, 쌀직불금 수령 내역, 농기계 및 농약 구입 증빙, 종자, 종묘, 비료 등의 구입 증빙, 벼 수매자금의 입금내역, 주말농장 여부, 기타 농협 조합원 가입여부, 농사용 면세유 사용 내역서 등 자경사실을 입증할 수 있는 증빙서류가 있다.

(6) 기타 요건

시 지역의 주거지역, 상업지역, 공업지역 안에 있는 농지 또는 환지예정지는 이 지역에 편입된 날(지정된 날)까지 발생한 소득으로 지정일(편입일)로부터 3년이 지나지 않아야 한다.

입증서류로는 국토이용계획확인원 등이 있다.

다. 농지 대토 양도감면

(1) 내용

대토란 소유하고 있던 농지를 매매 또는 수용 등에 의하여 양도하고 대신 매입하는 농지를 말한다. 4년 이상 종전의 농지소재지에서 거주하면서 경작한 자가 경작상 필요에 의하여 농지를 팔거나 수용당하는 경우 다른 농지를 취득한 경우 일정한 요건에 해당되는 경우에는 양도소득세를 감면한다.

(2) 일반적 요건

거주자가 농지소재지에 거주하면서 직접 경작한 토지를 경작상의 필요에 의하여 대토한 농지이어야 한다.

(3) 농지요건

국토의 계획 및 이용에 관한 법률에 따른 주거지역, 상업지역 또는 공업지역 안의 농지로서 이들 지역에 편입된 날로부터 3년이 지나지 않은 농지이고, 환지예정지를 지정한 경우에는 그 환지예정지 지정일로부터 3년이 지나지 않아야 하며, 새로 취득하는 농지는 양도하는 종전농지의 가액이 1/2 이상이거나, 취득하는 농지의 면적이 종전 농지 면적의 2/3 이상이어야 한다.

(4) 거주요건

농지가 소재하는 시·군·구 또는 이와 연접한 시·군·구 안의 지역 또는 해당 농지로부터 직선거리로 30킬로미터 이내의 지역에 거주하여야 한다.

(5) 직접경작 요건

양도자는 4년 이상 종전의 농지소재지에서 거주하면서 경작하여야 하며, 종전 농지의 경작기간과 새로운 농지의 경작기간을 합산한 기간이 8년 이상이어야 한다.

직접 경작이란 거주자가 그 소유농지에서 농작물의 경작 또는 다년생 식물의 재배에 상시 종사하거나 농작업의 1/2 이상을 자기의 노동력에 의하여 경작 또는 재배하는 것을 말한다.

(6) 경작개시 요건

(가) 종전의 농지를 매매에 의하여 양도한 경우

양도일로부터 1년 이내에 새로운 농지를 취득하고, 그 취득일로부터 1년 이내에 새로운 농지 소재지에 거주하면서 경작을 개시하여야 한다.

(나) 종전의 농지를 협의매수 또는 수용에 의하여 양도한 경우

양도일로부터 2년 내에 새로운 농지를 취득하고, 그 취득일로부터 1년 내에 새로운 농지소재지에 거주하면서 경작을 개시하여야 한다.

(다) 종전 농지 양도 전 새로운 농지를 취득한 경우

새로운 농지 취득 후 1년 내에 종전 농지 양도와 새로운 농지에 거주하면서 경작을 개시하여야 한다.

(7) 소득요건

종전 농지의 양도일이 속하는 과세기간의 총급여액 또는 사업소득 등이 3,700만 원 이상인 경우 농지대토에 의한 양도소득세를 감면받을 수 없다.

라. 기타 국민생활 안정 등을 위한 양도소득세 감면

기타 국민생활 안정과 기업 활동을 지원하기 위한 다수의 양도소득세 감면이 있으며, 자세한 내용은 조세특례제한법에서 규정하고 있다.

마. 양도소득세 감면 한도

조세특례제한법에 의하여 감면받은 양도소득세의 합계액이 일정액을 초과하는 경우에는 그 초과하는 부분에 상당하는 금액은 감면하지 않는다.

바. 비과세 및 감면 배제

양도소득세가 비과세 또는 감면되는 자산을 매매하는 거래당사자가 매매계약서의 거래가액을 실지거래가액과 다르게 적은 경우에는 해당 자산에 대한 양도소득세의 비과세 및 감면을 제한한다.

11. 양도소득세 중과세

가. 다주택자에 대한 중과세

(1) 취지

주택에 대한 투기적 수요를 억제하고 투기이익을 환수함으로써 부동산시장의 안정과 과세
형평을 도모하기 위하여 1세대 2주택 이상 보유자에 대하여 중과세하는 제도가 다주택자에
대한 중과세이다.

(2) 중과세 대상

(가) 1세대 2주택에 대한 중과세

조정대상지역에 있는 주택으로 일정한 1세대 2주택에 해당하는 주택과, 조정대상지역에
있는 주택으로 1세대가 주택과 조합입주권을 각각 1개씩 보유하는 경우에는 해당 주택의 양
도(다만, 장기임대주택 등 일정한 주택은 제외한다)에 대하여는 중과세한다. 위에 해당되는 주택에
대하여는 양도소득세 기본세율에 20%를 가산하는 중과세율을 적용하고, 장기보유특별공제
를 배제한다.

(나) 1세대 3주택 이상에 대한 중과세

조정대상지역에 있는 주택으로 일정한 1세대 2주택 이상에 해당하는 주택과, 조정대상지
역에 있는 주택으로 1세대가 주택과 조합입주권을 보유하는 경우로 그 수의 합이 3이상에
해당하는 주택의 양도(다만, 장기임대주택 등 일정한 주택은 제외한다)에 대하여는 중과세한다. 위
에 해당되는 주택에 대하여는 양도소득세 기본세율에 10%를 가산하는 중과세율을 적용하
고, 장기보유특별공제를 배제한다.

나. 비사업용 토지에 대한 중과세

(1) 의의

비사업용 토지란 토지를 소유하는 기간 중 일정기간 동안 지목 본래의 용도에 사용하지 않는 토지를 말한다. 즉, 실수요 목적으로 사용하지 않고 보유하고 있는 전·답 등 농지와 임야, 목장용지, 나대지, 잡종지 등을 말한다. 이러한 비사업용 토지에 대하여는 투기적 수요를 억제하고 투기이익을 환수하여 부동산시장의 안정과 과세형평을 도모하기 위하여 양도소득세를 중과하고 있다.

본래의 목적이란 농지는 양도자가 재촌하면서 농작물을 직접 경작하는 것을 말하고, 목장용지는 양도자가 직접 축산업을 영위하는 것 등을 말한다.

(2) 일반적 요건(본래의 용도로 사용하지 않은 기간 요건)

양도자가 소유한 토지를 일정한 기간 동안 본래의 용도로 사용하지 않으면 비사업용 토지에 해당한다.

양도일 직전 2~3년 동안 본래의 목적에 사용하지 않고, 소유기간 중 2~3년 이상 본래의 목적에 사용하지 않으며, 소유기간의 40%를 초과하여 본래의 목적으로 사용하지 않으면 비사업용 토지에 해당한다.

다만, 토지를 취득한 후 법령에 따라 사용이 금지 또는 제한된 토지 등 일정한 사유로 사업용으로 사용할 수 없는 토지에 대하여는 비사업용으로 보지 아니할 수 있다.

(3) 구체적 요건

(가) 농지

ⓐ 도시지역에 해당하는 농지로 도시지역에 편입되기 전부터 재촌자경을 하지 아니한 농지

ⓑ 도시지역 외의 지역에 소재하는 농지로 소유자가 재촌하면서 직접 경작하지 않은 농지로 일반적 기간요건을 충족하면 비사업용 토지에 해당한다.

즉, 농지에 연접한 시·군·구 또는 농지로부터 직선거리 30킬로미터 이내에 있는 지역에 사실상 거주하면서 직접경작을 하거나, 농작업의 2분의 1 이상을 자기의 노동력으로 경작 또는 재배하는 것을 하지 않은 농지이면 비사업용 농지로 본다.

(나) 임야

임야 소재지에 거주하는 소유자가 아닌 임야로 공익상 또는 산림의 보호육성을 위하여 필요한 임야가 아니거나 토지의 소유자, 소재지, 이용상황, 보유기간 및 면적 등을 감안하여 거주 또는 사업과 직접 관련이 없는 임야로 일정한 기준요건을 충족하면 비사업용 토지에 해당된다.

한편, 임야 소재지 거주 여부는 임야의 소재지와 동일한 시·군·구 또는 연접한 시·군·구에 거주하거나, 임야로부터 직선거리로 30킬로미터 이내에 주소를 두고 사실상 거주하는 경우에는 해당 임야에서 재촌하는 것으로 본다.

(다) 목장용지

거주 또는 사업과 직접 관련이 없는 목장용지 또는 축산업을 경영하는 자가 소유하는 목장용지로서 일정한 기준면적을 초과하거나 특별시·광역시 및 시지역의 도시지역에 있는 목장용지로 도시지역에 편입된 날로부터 3년이 지난 동지 등이 비사업용 토지이다.

(라) 주택의 부수토지

주택 부수토지 중 주택이 정착된 면적에 지역별로 도시지역 안의 토지는 5배, 도시지역 밖의 토지는 10배의 배율을 곱하여 산정한 면적을 초과한 토지가 이에 해당한다.

(마) 별장의 부속토지

주거용 건축물로서 상시주거용으로 사용하지 아니하고, 휴양, 피서, 위락 등의 용도로 사용하는 건축물(별장)의 부속토지가 비사업용 토지이다.

(바) 기타 토지(나대지, 잡종지)

건축물이 없는 나대지 등 재산세 종합합산 과세대상 토지는 원칙적으로 비사업용 토지에 해당한다.

기타 토지의 이용상황, 관계법령의 의무이행 여부, 수입금액 등을 고려하여 거주 또는 사업과 관련이 없다고 인정되는 경우에는 비사업용 토지에 해당한다.

(4) 중과세 내용

사업용 토지 양도소득세율에 10%를 가산한 금액으로 세율을 적용한다. 다만 장기보유특별공제는 적용된다.

다. 미등기 양도자산에 대한 중과세

미등기 양도자산에 대하여 양도소득세를 중과하는 취지는 자산을 양도한 자가 양도 당시 그 취득에 관한 등기를 하지 아니하고 양도함으로써 양도소득세 등이 각종 조세를 포탈하거나 양도차익만을 노려 잔대금 지급 등의 지급 없이 전전매매하는 부동산투기 등을 억제·방지하려는 데 있으므로 애당초 그 자산을 취득할 때 양도자에게 자산의 미등기 양도를 통한 조세회피 목적이나 전매이득 취득 등 투기목적이 없다고 인정되고, 양도 당시 그 자산의 취득에 관한 등기를 하지 아니한 책임을 양도자에게 추궁하는 것이 가혹하다고 판단되는 경우 등과 같은 부득이한 사정이 인정되는 경우에는 양도소득세가 중과되는 미등기 양도자산에서 제외된다(대법원 2005. 10. 28. 선고 2004두9494 판결).

제4절 상속세 납세의무

1. 상속세 개요

가. 상속세 의의

상속세는 자연인의 사망에 의하여 재산이 법정상속인 또는 유족이나 지정한 상속인에게 이전되었을 때 부과되는 세금으로 사망자의 유산이 갖고 있는 담세능력 또는 상속에 의해 재산을 무상취득함으로써 생긴 취득자의 담세능력을 세부담의 원칙으로 한다.

상속세는 부의 집중을 억제하여 국민의 경제적 균등을 도모하는 데 그 정책목적이 있다. 또한 소득재분배 기능을 통하여 소득세의 기능을 보완하는 효과도 있다.

나. 거주자의 사망에 의한 재산 이전 방식

(1) 민법상 상속

사망 또는 실정선고를 받은 자의 권리·의무를 일정한 자, 즉 상속인에게 포괄적으로 승계시키는 것을 말한다. 사망에는 자연적 사망뿐만 아니라 인정사망, 실종선고에 의한 사망 등이 포함된다. 상속개시의 시기는 상속개시의 원인이 발생한 때이다.

(2) 유증

유증이란 유언자가 유언에 의하여 재산을 수증자(수유자)에게 무상으로 증여하는 것을 의미한다.

(3) 사인증여

사인증여란 증여자가 생전에 무상으로 재산의 수여를 약속하고 증여자의 사망으로 그 약속의 효력이 발생하는 증여계약의 일종으로 수증자와 의사의 합치가 있어야 하는 점에서 단독행위인 유증과 차이가 있다.

(4) 특별연고자에 대한 분여

상속권을 주장하는 자가 없는 때에는 피상속인과 생계를 같이하고 있던 자 등에게 상속재산의 전부 또는 일부를 분여할 수 있다.

다. 상속세 과세방식

(1) 유산세 방식

사망자의 재산에 대해 재산분배가 이루어지기 전에 피상속인의 유산 자체를 과세대상으로 부과하는 조세로 재산제세적 성격을 가진다. 이 경우 사망자의 재산 총액을 기준으로 하여 재산 총액에 담세력을 인정하고 과세하는 것이다. 우리나라는 이 방식을 채택하고 있다. 유산총액에 누진세율을 적용하는 방식으로 세무행정이 용이하고 세수증대가 큰 장점이 있다.

따라서 상속이 개시된 경우 피상속인이 거주자인 경우에는 모든 상속재산, 피상속인이 비거주자인 경우에는 국내에 있는 모든 상속재산에 대하여 상속세를 부과한다.

(2) 유산취득세

각자가 받은 증여재산 가액을 파악한 후 이에 일정 세율을 적용하는 방식이다. 세무행정 부담은 크지만 각자 담세력에 맞게 과세하는 장점이 있다.

2. 상속세 납세의무자

상속인 또는 수유자는 부과된 상속세에 대하여 상속재산 중 각자가 받았거나 받을 재산을 기준으로 계산한 비율에 따라 상속세를 납부할 의무가 있다.

(1) 상속인

상속으로 인하여 재산을 취득한 상속인은 당연히 납세의무가 있다. 상속인에 해당하는 자는 피상속인의 직계비속, 피상속인의 직계존속, 피상속인의 형제자매, 피상속인의 4촌 이내의 방계혈족 등이다. 그 밖에 상속인이 상속개시 있음을 안 날로부터 3월 내에 단순승인이나 한정승인 또는 포기를 한 경우의 상속인 등이 있다.

(가) 단순승인 상속인의 납세의무 범위

단순승인이란 상속인이 채무를 포함한 피상속인의 모든 재산의 권리, 의무를 제한없이 승계할 것을 승인하는 상속인의 의사표시이다.

그 결과 상속인은 피상속인의 소극재산이 적극재산을 초과하는 때에도 변제를 거절하지 못한다. 그리고 피상속인의 채권자는 상속인의 고유재산에 대해서도 강제집행할 수 있으며, 상속인의 채권자도 상속재산에 대하여 강제집행할 수 있다.

단순승인을 한 상속인은 그가 받은 상속재산을 기준으로 상속세 및 증여세법에서 정한 바에 따라 상속세 납세의무를 부담한다. 따라서 단독상속의 경우 상속세 전부에 대해 납세의무를 부담하고, 공동상속의 경우 상속인별로 상속받은 재산의 비율에 따라 상속세 납세의무를 부담한다.

(나) 한정승인 상속인의 납세의무 범위

한정승인은 상속재산에 대하여 승계는 하지만 채무에 대해서는 상속재산의 한도 내에서만 변제의 책임을 진다는 유보부 승계를 할 수 있는 제도이다.

한정승인을 한 상속인은 상속으로 인하여 취득한 재산의 한도에서 피상속인의 채무와 유증을 변제하면 된다.

그리고 피상속인의 채권자는 특별한 사정이 없는 한 상속인의 고유재산에 대하여 강제집행을 할 수 없으며, 상속재산으로부터만 채권의 만족을 얻을 수 있다.

한편 한정승인자의 고유채권자는 상속채권자가 상속재산으로부터 그 채권의 만족을 받지 못한 상태에서 상속재산을 고유채권에 대한 책임재산으로 삼아 이에 대하여 강제집행을 할 수 없다고 보는 것이 형평의 원칙이나 한정승인제도의 취지에 부합하며, 이는 한정승인자의 고유채무가 조세채무인 경우에도 그것이 상속재산 자체에 대하여 부과된 조세나 가산금, 즉 당해세에 관한 것이 아니라면 마찬가지라고 할 것이다(대법원 2016.5.24. 선고 2015다250574 판결).

(다) 상속포기자의 납세의무 범위

상속을 포기한 상속인은 상속이 개시된 때에 소급하여 그 효력이 발생하므로 당연히 상속세 납세의무가 없다. 다만, 상속포기한 상속인이라도 상속개시 전 10년 이내에 피상속인으로부터 증여받은 재산이 있거나 사용처 불분명으로 추정상속 재산이 있는 때에는 상속세 납세의무가 있다.

이는 사전 증여를 통하여 상속세 및 증여세의 누진과세를 회피하는 사례를 방지하기 위한 것으로 상속포기자가 피상속인으로부터 사전 증여 등을 통해 받은 재산이 있는 경우에 회피되는 상속세를 과세하기 위한 것이다(대법원 2009.2.12. 선고 2004두10289 판결).

(2) 수유자 또는 사인증여를 받은 자의 납세의무 범위

수유자는 유증 또는 사인증여를 받은 자를 말하며, 유증이란 유언자가 유언에 의하여 재산을 수증자에게 무상으로 증여하는 것을 의미하고, 사인증여란 증여자가 생전에 무상으로 재산의 수여를 약속하고 증여자의 사망으로 그 약속의 효력이 발생하는 증여계약을 말한다.

민법상 포괄적 유증을 받은 자는 상속인과 동일한 권리의무가 있다. 따라서 포괄수증자는 상속인과 동일하게 상속재산에 대하여 포괄적인 권리를 취득한다.

① 수유자가 영리법인인 경우

수유자 중 영리법인이 있는 경우는 증여 또는 분여받은 재산에 관하여 법인세 납세의무를 부담하게 될 것이므로, 그러한 영리법인은 별도로 상속세 납부의무를 부담하지 않게 된다. 다만 그 영리법인의 주주 또는 출자자 중 상속인과 직계비속이 있는 경우에는 지분상당액을 상속인과 직계비속이 상속세를 납부할 의무가 있다.

② 수유자가 비영리법인인 경우

비영리법인 등이 상속재산을 유증받은 경우에는 유증받은 재산의 범위 내에서 상속세 납세의무를 진다.

다만, 비영리법인 등이 종교, 자선, 학술 등 공익법인에 해당되는 경우 그 공익법인 등이 유증받은 상속재산의 가액에 대해서는 상속세 과세가액에서 제외한다.

(3) 기타 상속세 납세의무자

민법상 특별연고자, 증여채무 이행 중에 증여자가 사망한 경우의 그 증여재산을 취득한 자 등이 상속세 납세의무자가 될 수 있다.

3. 상속재산

가. 상속재산의 의의

상속재산에는 피상속인에게 귀속되는 재산으로서 금전으로 환산할 수 있는 경제적 가치가 있는 모든 물건과 재산적 가치가 있는 법률상 또는 사실상의 모든 권리를 말한다. 그 이에 해당되는 것으로는 물권, 채권 및 무체재산권, 신탁수익증권, 영업권 등이 있다.

또한 피상속인이 지고 있던 채무, 유증에 의한 채무 등의 소극재산도 포함한다. 그러나 상속인의 일신에 전속하는 것으로서 피상속인의 사망으로 인하여 소멸되는 것은 제외한다. 그리고 질권·저당권 또는 지역권과 같은 종된 권리는 주된 권리의 가치를 담보하고 또는 증가시키는 것으로서 독립하여 상속재산을 구성하지 아니한다.

한편, 상속개시 후 피상속인의 재산을 상속인을 취득자로 하여 증여 또는 매매를 원인으로 하는 소유권 이전등기 등을 한 경우 그 재산은 상속재산에 포함한다. 또한 상속인 외의 자를 취득자로 하여 피상속인으로부터 직접 소유권 이전등기 등을 한 경우 그 재산은 상속재산에 포함한다.

상속재산에는 본래의 상속재산, 그리고 상속재산으로 보는 의제상속재산, 추정상속재산으로 분류할 수 있다.

나. 의제상속재산

(1) 개념

의제상속재산이란 상속세 과세대상이 되는 본래의 상속재산, 즉 상속·유증·사인증여에 의하여 취득한 재산은 아니어도 실질적으로는 상속이나 유증 등에 의하여 재산을 취득한 것과 동일하게 볼 수 있는 경우에 상속재산으로 의제하는 재산이다.

본래 상속재산이 아니더라도 일정한 재산은 이를 상속재산으로 간주하여 상속세를 과세하는데 이는 사망으로 인해 재산이 무상으로 이전되는 경우 그 형식이 상속, 유증 또는 사인증여가 아니라 하더라도 이에 대하여 상속세를 과세함으로써 과세형평을 도모하기 위한 목적이 있다.

(2) 종류

(가) 일정한 보험금

피상속인이 보험계약자이거나, 피상속인이 보험계약자가 아니라도 피상속인이 실질적으로 보험료를 납부한 경우 피상속인이 사망으로 인하여 받는 생명보험, 손해보험의 보험금은 상속재산으로 간주한다.

한편, 피상속인의 사망으로 지급받는 생명보험의 보험금을 상속재산으로 의제한 것은 실질적 조세법률주의에 위배되거나 납세의무자의 재산권을 침해한다고 볼 수 없다(헌재 2009.11.26. 선고 2007헌바 137 결정).

(나) 일정한 피상속인의 신탁재산

피상속인이 신탁한 재산으로 피상속인 신탁이익을 받을 권리를 소유한 경우 그 재산은 상속재산으로 본다. 한편 피상속인이 타인 명의로 해둔 명의신탁 재산은 명의신탁에 따른 증여세 부과와 관계없이 피상속인이 은닉한 재산이므로 상속재산에 해당한다.

(다) 피상속인에게 지급될 퇴직금 등

피상속인에게 지급될 퇴직금·퇴직수당·공로금·연금 또는 이와 유사한 것이 피상속인의 사망으로 지급되는 경우에는 상속재산으로 의제한다.

다만, 「국민연금법」에 따라 지급되는 유족연금 또는 사망으로 인하여 지급되는 반환일시금, 「공무원연금법」, 「공무원재해보상법」 또는 「사립학교교직원 연금법」에 따라 지급되는 일정한 유족연금, 「군인연금법」에 따라 지급되는 일정한 유족연금, 「산업재해보상보험법」에 따라 지급되는 일정한 유족연금, 「근로기준법」 등을 준용하여 사업자가 그 근로자의 유족에게 지급하는 유족보상금 또는 재해보상금, 「전직대통령예우 등에 관한 법률」 또는 「별정우체국법」에 따라 지급되는 일정한 유족연금 등은 상속재산으로 보지 않는다.

다. 추정상속재산

(1) 의의

상속이 개시되기 전에 피상속인이 재산을 처분하거나 예금을 인출 또는 채무를 부담한 경우 그 금액이 일정액 이상인 경우에는 처분 또는 인출가액이나 채무부담액에 대하여 그 사용처를 입증하도록 하고 그 사용처를 입증하지 못할 경우 일정한 금액을 상속인이 현금으로 상속받을 것으로 추정하여 상속세 과세가액에 산입하도록 하고 있다.

이는 상속세는 다른 세목에 비해 세원 포착이 어렵고, 조세면탈이 극심하여 과세자료의 포착이 쉽지 않은 현금 등으로 상속인에게 증여 또는 상속함으로써 상속세를 부당하게 경감하는 것을 방지하기 위한 목적이다.

(2) 추정상속재산으로 보는 경우

① 상속개시 전 자산의 처분 또는 예금 등의 인출

상속개시일 전 1년 이내에 재산종류별(현금, 예금 및 유가증권, 부동산 및 부동산에 관한 권리, 기타재산)로 재산을 처분하여 받은 금액 또는 피상속인의 재산에서 인출한 금액이 2억 원 이상인 경우

상속개시일 전 2년 이내에 재산종류별(현금, 예금 및 유가증권, 부동산 및 부동산에 관한 권리, 기타재산)로 재산을 처분하여 받은 금액 또는 피상속인의 재산에서 인출한 금액이 5억 원 이상인 경우

다만, 상속인이 구체적인 용도를 입증하면 추정상속재산으로 보지 않을 수 있다.

② 상속개시 전 채무부담

국가, 지방자치단체, 금융기관으로부터 차입한 경우에는 피상속인이 부담한 채무액이 상속개시일 전 1년 이내에 2억 원 이상인 경우 또는 피상속인이 부담한 채무액이 상속개시일 전 2년 이내에 5억 원 이상인 경우가 이에 해당한다.

그 밖의 자로부터 차입한 채무의 경우에는 채무부담계약서 등에 의하여 사용처를 규명한 결과 상속인이 변제할 의무가 없는 것으로 추정되는 경우에는 기간에 관계없이 상속세 과세가액에 산입한다.

③ 용도가 객관적으로 명백하지 아니하는 경우

ⓐ 피상속인이 재산을 처분하여 받은 금액, 인출한 금전, 채무부담액 등이 거래상대방의 증빙불비 등으로 확인되지 않는 경우

ⓑ 피상속인이 재산을 처분하여 받은 금액, 인출한 금액, 채무부담액 등이 거래상대방과의 수수사실이 인정되지 않거나 거래상대방이 부인하는 경우

ⓒ 거래상대방이 피상속인과 특수관계인으로서 사회통념상 지출사실이 인정되지 아니한 경우

ⓓ 피상속인이 재산을 처분하거나 채무를 부담하고 받은 금전 등으로 취득한 다른 재

산이 확인되지 아니하는 경우

ⓔ 피상속인의 연령, 직업, 경력, 소득 및 재산상태 등으로 보아 지출사실이 인정되지
않은 경우

라. 명의신탁 재산

피상속인이 명의신탁을 하여 둔 재산에 대하여 그 수탁자에게 증여의제 규정이 적용되어
증여세가 부과될 수 있다고 하더라도, 그 재산이 신탁자인 피상속인의 소유에 속한 것이라
는 실질에는 변함이 없으므로, 그 재산은 피상속인의 사망 시 당연히 상속재산에 속한다고
보아야 한다(대법원 2005.7.28. 선고 2002누16865 판결).

다만, 상속재산가액에 산입될 상속재산에 해당하는지 여부는 실질과세의 원칙에 의하여
그 실질에 따라 판단되어야 한다(대법원 1997.11.14. 선고 97누669 판결).

마. 비과세 상속재산

ⓐ 지방자치단체 또는 일정한 공공단체에 유증한 재산
ⓑ 문화재보호법에 따른 국가지정문화재 및 시·도 지정문화재와 같은 법에 따른 보호
구역에 있는 토지로서 일정한 토지
ⓒ 일정한 규모의 묘토인 농지, 금양임야, 족보와 제구
ⓓ 정당에 유증하는 재산, 정치자금
ⓔ 사내근로복지기금, 공동근로복지기금, 우리사주조합, 근로복지진흥기금에 유증한
재산
ⓕ 사회통념상 인정되는 불우한 자를 돕기 위한 이재구호금품, 치료비 등 유증한 재산
ⓖ 상속재산 중 상속세 신고기한 이내에 국가, 지방자치단체 또는 공공단체에 증여한
재산

ⓗ 전사자 그 밖에 이에 준하는 사망 또는 전쟁이나 그 밖에 이에 준하는 공무의 수행 중 입은 부상 또는 질병으로 인한 사망인 경우의 상속재산

바. 총 상속재산가액의 계산

(1) 상속재산 종류별 평가 원칙

상속재산은 상속개시일 현재의 시가를 원칙으로 하며, 시가를 산정하기 어려운 경우에는 보충적인 평가방법에 의하여 재산을 평가한다.

(2) 시가

시가란 불특정 다수인 사이에 자유롭게 거래가 이루어지는 경우에 통상적으로 성립된다고 인정되는 가액을 말한다.

또한 시가란 원칙적으로 정상적인 거래에 의하여 형성된 객관적 교환가격을 의미하지만 객관적이고 합리적인 방법에 의한 평가한 가액도 포함하는 개념이다.

따라서 거래를 통한 교환가격이 없는 경우에는 공신력 있는 감정기관의 감정가액도 시가로 볼 수 있고, 소급감정에 의한 감정도 시가로 볼 수 있다(대법원 2012.6.14. 선고 2010두28328 판결).

다만, 시가를 산정하기 어려운 경우에는 보충적 평가방법에 의하여 상속재산을 평가한다.

4. 상속세 과세가액

(1) 개념

상속세 과세가액이란 상속으로 취득한 총 상속재산가액에 상속개시일 전 10년 이내에 상속인에게 증여한 증여재산의 가액과, 상속개시 전 5년 이내에 상속인 외의 자에게 증여한 증

어재산가액을 합산하고, 여기에 공과금, 피상속인의 장례비용 등 채무를 공제하여 계산한다.

한편, 상속세 과세가액에 합산하는 증여재산은 증여일 현재의 시가로 평가한다.

(2) 총 상속재산가액에 합산하는 증여재산 가액

(가) 합산취지

생전 증여재산의 가액을 상속세 과세가액에 포함시켜 조세부담에 있어서의 상속세와 증여세의 과세형평을 유지하고, 피상속인이 사망을 예상할 수 있는 단계에서 장차 상속세의 과세대상이 될 재산을 상속개시 전에 상속과 다름없는 형태로 분할, 이전하여 누진세율에 따른 상속세 부담을 회피하려는 부당한 상속세 회피행위를 방지하기 위함이다(현재 2006.7.27. 선고 2005헌가4 결정).

(나) 총 재산가액에 합산하는 증여재산가액

    ⓐ 상속개시 전 10년 이내에 피상속인이 상속인에게 증여한 재산가액

    ⓑ 상속개시 전 5년 이내에 피상속인이 상속인이 아닌 자에게 증여한 재산가액. 한편, 상속포기를 하는 경우에도 해당 증여받은 재산은 합산한다.

(다) 합산방법

상속재산의 가액에 가산하는 증여재산의 가액은 상속개시일이 아닌 증여일 현재의 시가에 의하여 평가한다. 시가가 없는 경우에는 보충적 평가방법에 의한다.

부담부증여재산을 상속재산에 가산하는 경우에는 채무를 공제한 증여세 과세가액을 합산한다.

(라) 총 상속재산가액에 합산하지 않는 증여재산가액

    ⓐ 비과세되는 증여재산

    ⓑ 면제되는 증여재산

    ⓒ 재산 취득 후 해당 재산의 가치가 증가하는 경우의 증여

ⓓ 전환사채 등의 주식전환 등에 따른 이익의 증여

ⓔ 주식 등의 상장 등에 따른 이익의 증여

ⓕ 합병에 따른 상장 등 이익의 증여

ⓖ 특수관계법인과의 거래를 통한 이익의 증여의제

ⓗ 특수관계법인으로부터 제공받은 사업기회로 발생한 이익의 증여의제

ⓘ 재산 취득 후 개발사업 시행 등으로 재산가치가 증가함에 따른 이익의 증여

(3) 총 상속재산가액에서 차감하는 공과금 등

(가) 일정한 공과금

국세, 관세, 임시수입부가세, 지방세, 공공요금, 공과금 등

(나) 일정한 범위의 장례비용

장례비용에는 시신의 발굴 및 안치에 직접 소요되는 묘지구입비, 비석, 상석 등 장례에 직접 소요된 제반비용을 말하는 것으로 일정한 한도가 있다.

(다) 피상속인의 채무

채무는 명칭여하에 관계없이 상속개시 당시 피상속인이 부담하여야 할 확정된 채무로서 공과금 외의 모든 부채를 말하는 것으로 그 채무금액의 크기에 관계없이 채무라는 사실만 입증되면 공제 대상이라고 할 수 있다.

국가, 지방자치단체 및 금융회사 등에 대한 채무는 해당 기관에 대한 채무임을 확인할 수 있는 서류, 그 밖의 채무는 채무부담계약서, 채권자확인서, 담보설정 및 이자지급에 관한 증빙 등에 따라 그 사실을 확인할 수 있는 서류에 의하여 증명되는 채무를 말한다.

한편, 상속개시 당시 피상속인이 제3자를 위하여 연대보증채무를 부담하고 있거나 물상보증인으로서의 책임을 지고 있는 경우에, 주채무자가 변제불능의 무자력 상태에 있어 피상속인이 그 채무를 이행하지 않으면 안 될 뿐만 아니라 주채무자에게 구상권을 행사하더라도 변제받을 가능성이 없다고 인정되는 때에는 그 채무금액을 상속재산가액에서 공제할 수 있

다(대법원 2003. 6.13. 선고 2002두1618 판결).

(4) 상속세 과세가액에서 차감하는 재산

(가) 공익법인 등에 출연한 재산

상속재산 중 피상속인이나 상속인이 종교, 자선, 학술 또는 그 밖의 공익을 목적으로 하는 자에게 출연한 재산의 가액으로 상속세 과세표준 신고기한 이내에 출연한 경우 상속세 과세가액에서 차감된다.

① 공익법인의 개념

공익법인 등이란 종교, 자선, 학술 또는 그 밖의 공익을 목적으로 일정한 요건에 해당하는 사업을 영위하는 자를 말한다.

② 공익법인의 출연시기

공익법인의 출연시기는 출연재산을 취득한 때로 부동산 등의 경우에는 등기, 등록에 의하여 그 소유권이 공익법인 등의 명의로 이전된 때를 말하고, 동산의 경우에는 공익법인 등이 출연 대상 물건을 인도받은 때를 말한다.

부득이한 사유 등으로 출연시한을 이행하지 못한 경우에는 그 사유가 종료될 날로부터 6개월 이내에 출연하여야 한다.

공익법인 등에 출연할 경우에 일반 공익법인의 의결권 있는 주식 또는 출자지분의 일반법인은 5%를 초과하지 않아야 하며, 성실공익법인은 10%, 자산, 장학 또는 사회복지사업을 목적으로 한 성실공익법인은 20%를 초과하지 않아야 한다.

③ 출연재산에서 생기는 이익

상속세 과세가액에 불산입한 출연재산 및 그 재산에서 생기는 이익의 전부 또는 일부가 상속인 및 그의 특수관계인에게 귀속되는 경우에는 상속세 과세가액에 산입하여 상속세를 부과한다.

(나) 공익신탁재산

피상속인이나 상속인이 공익신탁법에 따른 공익신탁재산으로서 종교, 자선, 학술 또는 그 밖의 공익을 목적으로 하는 신탁에 출연하는 재산으로 일정한 요건을 충족한 재산.

5. 상속공제

가. 기초공제

상속이 개시되는 때 무조건 상속세 과세가액에서 2억 원을 공제한다.

나. 배우자 공제

(1) 배우자가 실제 상속받은 금액이 없거나 상속받은 금액이 5억 원 미만인 경우

5억 원은 공제한다. 배우자가 실제 상속받은 금액 계산은 배우자가 상속받은 상속재산가액에서 배우자가 승계하기로 한 공과금 및 채무액, 배우자 상속재산 중 비과세 재산가액, 배우자 상속재산 중 과세가액 불산입액을 각각 제외한 금액을 차감하여 계산한다. 즉, 적극적 상속재산가액에서 소극적 상속재산가액을 차감한 실제 상속받은 순재산가액을 말한다.

(2) 배우자가 실제 상속받은 금액이 5억 원을 초과하는 경우

배우자가 실제 상속받은 금액을 공제하되, 일정한 한도 내에서만 공제가 된다. 한도액 계산은 일정한 상속재산의 가액에 배우자 법정상속비율을 곱하여 배우자의 법정상속분을 계산한다.

그리고 배우자의 법정상속분에서 사전증여에 의한 증여세 과세표준금액을 차감한 금액이 공제 대상 배우자 상속공제액이다. 그리고 이 금액은 30억 원을 한도로 한다.

(3) 공제요건

상속세 과세표준신고 기한의 다음날로부터 6개월이 되는 날까지 상속재산을 분할하고 그 사실을 납세지 관할 세무서장에게 신고한 경우에 한하여 공제가 가능하다.

다만, 소제기 등 부득이한 사유로 상속재산 분할까지 배우자 상속재산을 분할할 수 없는 경우에는 배우자 상속재산분할 기한의 다음날로부터 6개월이 되는 날까지 상속재산을 분할하여 신고하여야 한다.

다. 그 밖의 인적공제와 일괄공제

그 밖의 인적공제로 자녀공제, 연로자 공제, 미성년자 공제, 장애인 공제가 있다.

한편, 기초공제와 그 밖의 인적공제액의 합계액과 5억 원 중 큰 금액으로 공제할 수 있는 일괄공제 제도가 있다.

상속세 과세표준신고 기한 내에 신고가 없는 경우에는 일괄공제 5억 원만 공제한다.

다만, 피상속인의 상속인이 배우자 1명만 있어 배우자가 단독으로 상속받는 경우에는 일괄공제를 배제하고 기초공제 및 그 밖의 인적공제의 합계액으로만 공제한다.

라. 가업상속공제

(1) 의의

일정한 요건을 갖춘 중소기업 또는 중견기업을 경영한 피상속인인 경우 가업상속재산가액의 일정금액을 공제하여 주는 것이 가업상속공제이다.

가업승계에 관하여 상속세 등 과세특례를 규정한 취지는 중소기업의 영속성을 유지하고 경제 활력을 도모할 수 있도록 일정한 가업의 상속과 증여에 대하여 세제지원을 하고자 함에 있다(대법원 2014.3.13. 선고 2013두17206 판결).

(2) 공제요건

(가) 중소기업 또는 숭건기업

상속세 및 증여세법상 일정한 업종을 주된 사업으로 영위하고, 조세특례제한법과 중소기업법상 매출액, 독립적 기준을 충족하면서 자산총액이 5천 억 원 미만인 기업이 이에 해당한다.

중견기업은 상속세 및 증여세법상 일정한 업종을 주된 사업으로 영위하고, 조세특례제한법과 중소기업법상 독립적 기준을 충족하면서 상속개시일 직전 3개 과세기간 또는 사업연도의 매출액의 평균금액이 3천 억 원 미만인 기업을 말한다.

(나) 피상속인의 가업요건

① 법인기업의 최대주주

피상속인은 상속개시일 현재 거주자이고, 법인 기업의 최대주주 등인 경우로서 그와 특수관계인의 주식 등을 합하여 해당 법인의 발행법인 주식 총수 등의 50% 이상(상장법인은 30% 이상)을 10년 이상 계속하여 보유하여야 한다.

② 피상속인이 10년 이상 계속 경영

피상속인이 10년 이상 계속하여 경영한 기업 등 일정한 요건을 충족한 중소기업 또는 중견기업이어야 한다.

경영이란 단순히 지분을 소유하는 것을 넘어 기업의 효과적이고 효율적인 관리 및 운영을 위하여 실제 가업운영에 참여한 경우를 의미한다(재산세제과-825, 2011.9.30.).

구체적인 가업요건은 피상속인이 ① 50% 이상의 기간을 대표이사로 재직하면서 기업의 가업을 영위하여야 하거나 ② 상속개시일로부터 소급하여 10년 중 5년 이상을 대표이사로 재직하면서 가업을 영위하는 경우 또는 상속인이 피상속인의 대표이사직을 승계하여 승계한 날로부터 상속개시일까지 10년 이상을 대표이사로 재직하면서 가업을 영위한 경우 중 하나에 해당되면 가업요건은 충족된다.

(다) 상속인 요건

상속개시일 현재 18세 이상이어야 하고, 상속개시일 현재 2년 이상 직접 가업에 종사하여야 하다. 또한 상속세 과세표준 신고기한까지 임원으로 취임하고, 상속세 신고기한부터 2년 이내에 대표이사 등에 취임하여야 한다.

한편 1개의 기업을 공동상속한 경우 대표자로 취임하는 등 가업승계요건을 충족한 자의 승계지분에 대하여 가업상속공제를 적용한다(사전답변, 법령해석재산 0238, 2016.7.29.).

또한 가업상속공제는 상속인들이 1개의 기업을 공동상속받고 공동(각자)대표이사로 취임한 경우 또는 가업재산을 상속받기 전에 해당 기업의 대표이사로 취임한 경우에도 적용된다(질의회신, 법령해석재산-1278, 2018.10.15.).

(라) 가업상속재산의 범위

① 개인기업을 상속받은 경우

상속재산 중 기업에 직접 사용되는 토지, 건축물, 기계장치 등 사업용 고장자산으로서 기업회계기준에 의한 유형자산 및 무형자산을 말한다. 가업상속재산가액 계산 시 해당 재산에 담보된 채무가액은 차감한다.

② 법인기업을 상속받은 경우

해당 주식 등의 가액에 그 법인의 총자산가액 중 상속개시일 현재 사업무관자산을 제외한 자산가액이 그 법인의 총자산가액에서 차지하는 비율을 곱하여 계산한 금액을 가업상속재산가액으로 한다.

(마) 가업상속공제액

위의 모든 가업상속 공제 요건을 충족한 경우에는 일정한 한도 범위 내에서 가업상속재산 가액의 100%를 공제한다.

(바) 가업상속공제 사후관리

정당한 사유 없이 가업상속공제 후 가업용 자산의 20% 이상을 처분하거나, 해당 상속인이 가업에 종사하지 아니하게 된 경우, 주식 등을 상속받은 상속인의 지분이 감소한 경우, 정규직 근로자의 평균이 일정기준에 미달하는 경우 등의 사유가 발생한 경우에는 일정한 산식에 의하여 계산한 일정금액을 상속개시 당시의 과세가액에 산입하여 상속세를 과세한다.

마. 영농상속공제

피상속인이 영농에 종사해 오던 중 사망한 경우 그 상속인이 계속 영농에 종사하도록 함으로써 농민 등의 경제활동을 지원하기 위하여 일정한 요건에 해당하는 경우 일정한 가액의 영농상속공제를 하여 준다.

피상속인이 농작물 경작지 또는 다년생 식물 재배지로 이용되는 토지에서 상속개시일로부터 2년 전부터 계속하여 직접 영농에 종사(개인영농 또는 법인영농)하여야 한다. 이 때 개인영농의 경우 피상속인의 질병 요양 해당기간은 직접 영농한 것으로 간주한다.

또한 영농에 종사하는 상속인이 상속받아야 하며, 이때 영농에 종사하는 상속인은 상속개시일 현재 18세 이상이고, 상속개시일 2년 전부터 계속하여 직접 영농(개인영농 또는 법인영농)에 종사하여야 한다.

(1) 기타 금융재산 상속공제, 재해손실공제, 동거주택 상속공제가 있다.

금융재산 상속공제는 재산 종류 간 과세형평을 위하여 일정한 순금융재산을 공제하여 준다. 동거주택 상속공제는 1세대 1주택 보유자의 상속세 부담을 완화시켜 주기 위한 것이다.

6. 상속세 물납

가. 물납의 의의

물납이란 금전 이외의 재산으로 조세채무를 이행하는 것을 말한다. 조세는 원칙적으로 금전에 의하여 납부하여야 하는데, 납세의무자가 현금을 보유하고 있지 않거나 금전으로 납부하는 것이 곤란하다고 인정되는 경우에 부동산, 유가증권 등의 특정재산으로 납부할 수 있는데 이 제도가 물납이다.

나. 물납요건

상속세 납부세액이 2천만 원을 초과하여야 하고, 상속받은 부동산과 유가증권 가액이 해당 상속재산가액의 50%를 초과하여야 한다. 또한 상속재산가액 중 금융재산의 가액 또는 상장유가증권가액에 대한 납부세액을 초과하는 납부세액이 있어야 한다.

다만, 물납 가능 납부세액에는 일정한 한도가 있다.

다. 물납신청 기한

상속세 과세표준신고 기한까지 하여야 한다. 그리고 관할 세무서장 등은 신청에 대하여 상속세 과세표준신고 기한이 경과한 날로부터 6개월 이내에 신청인에게 허가 여부를 통지하여야 한다.

라. 물납에 충당할 수 있는 재산의 범위

(1) 국내에 소재하는 부동산

국내에 소재하는 부동산은 원칙적으로 물납이 가능하다. 다만 그 재산에 지상권·지역권·전세권·저당권 등 재산권이 설정된 경우, 물납 신청한 토지와 그 지상건물의 소유자가 다른 경우, 토지의 일부에 묘지가 있는 경우, 건축물 허가를 받지 아니하고 건축된 건축물 및 그 부수토지, 소유권이 공유로 되어 있는 재산 등 관리, 처분이 부적당한 재산은 물납허가를 하지 아니할 수 있다.

(2) 유가증권과 주식 등

ⓐ 국채·공채, 수익증권, 집합투자 증권 등

ⓑ 자본시장과 금융투자업에 관한 법률에 따라 처분이 제한된 상장주식 등

ⓒ 국내에 소재하는 부동산, 국채·공채, 수익증권, 집합투자 증권 등, 자본시장과 금융투자업에 관한 법률에 따라 처분이 제한된 상장주식 등이 없는 경우에는 거래소에 상장되지 아니한 비상장 주식 등

ⓓ 정리하면 상장주식 또는 비상장 주식은 원칙적으로 물납을 허용하지 않고 예외적인 경우에만 물납에 충당할 수 있다.

마. 물납재산의 수납

물납재산이 부동산인 경우에는 등기촉탁승낙서를 첨부하여 국세물납에 의한 소유권이전 등기 촉탁서에 의하여 소유권을 국으로 이전하여야 하고, 유가증권인 경우 등록이 필요한 경우 명의를 국으로 개서하고, 반드시 점유하여야 한다. 물납에 충당할 부동산 및 유가증권의 수납가액은 원칙적으로 상속재산의 가액이다.

바. 증여세 물납 자산이 유상양도에 해당 여부

증여세의 물납은 증여세를 금전으로 납부하는 것에 갈음하여 부동산 또는 유가증권으로 납부하는 것으로서 그에 따라 납세의무자는 증여세 채무를 면하게 되므로 이는 공법상 대물변제적 성격을 가진 유상양도에 해당한다고 볼 수 있다. 따라서 주권의 물납은 증권거래세 과세대상이 된다(대법원 2009.9.10. 선고 2007두14695 판결).

또한 물납은 당사자의 신청에 따라 이루어지는 것이므로, 당사자의 판단에 따라 수익을 실현하는 일반적인 부동산의 처분이나 대물변제와 달리 취급할 이유가 없는 점, 납세의무자로서는 조세납부의 방법을 선택할 수 있을 뿐만 아니라, 납세의무자가 증여받은 부동산을 양도하여 양도대금 중 일부로서 증여세를 납부하기로 하는 경우에도 부동산 양도로 인한 소득에 대하여 양도소득세가 과세되므로 물납을 자산의 양도로 보아 소득이 있는 경우 양도소득세를 과세한다고 하여 그것이 물납제도의 취지에 반한다고 볼 수 없는 점 등을 종합하면 증여세의 물납은 자산의 유상적 양도로 보아야 한다(서울고법 2016.8.30. 선고 2016누39919 판결).

한편, 증여세를 주식으로 물납한 후 과세관청이 환급결정하는 경우에는 국세기본법에 따라 해당 물납재산으로 환급하는 것으로, 물납한 주식 중 일부가 매각되었다 하더라도 잔여 물납주식이 있는 경우에는 그 잔여 물납주식으로 환급한다(과세기준자문, 법령해석기본-426, 2019.6.11.).

제5절 증여세 납세의무

1. 증여세 개요

가. 증여세 의의

일반적으로 증여란 당사자 일방이 무상으로 재산을 상대방에게 수여하는 의사를 표시하고 상대방이 이를 승낙함으로써 그 효력이 생기는 계약을 말한다.

증여세는 생전에 증여에 의한 재산권을 이전하거나 타인의 재산가치를 증가시키는 것을 과세대상으로 하여 과세하는 세금이다.

세법상 증여도 원칙적으로 민법의 개념에 기초한다. 그러나 세법상의 증여를 민법상의 전형적인 증여계약에만 국한시키게 되면 여러 가지 형태의 조세회피 행위가 만연되고 이는 공평과세의 원칙을 해치는 결과로 이어지므로 이에 대한 세법적 조정을 하고 있다.

상속세 및 증여세법상 증여란 거래의 명칭, 형식, 목적 등과 관계없이 경제적 가치를 계산할 수 있는 유형, 무형의 재산을 직접 또는 간접적인 방법으로 타인에게 무상으로 이전하는 것과 타인의 재산가치를 증가시키는 것을 말한다.

나. 증여세 과세방식

(1) 열거주의

소득세와 같이 과세대상을 상속세 및 증여세법에 일일이 열거한 후 열거된 증여행위에만 증여세를 과세하는 방식을 말한다.

(2) 유형별 포괄주의

상속세 및 증여세법상 열거된 유형과 비슷한 증여행위에 대해서만 과세하는 것을 말한다.

(3) 증여세 완전포괄주의

민법 또는 상속세 및 증여세법에 규정되어 있지 않더라도 그와 유사한 증여행위가 발생하면 증여세를 과세하는 것을 말한다. 이러한 포괄주의는 날로 복잡해지는 경제현실에서 법에서 이들을 일일이 규정하기에는 한계가 따른다는 데 근거가 있다.

즉, 2004년 이전에는 상속세 및 증여세법상 증여의 개념을 별도로 두지 아니하여 민법상 증여 외에는 사실상 재산의 무상이전이 있는 경우에도 별도의 과세 근거 규정이 없으면 과세할 수 없어서 2001년부터 유형별 포괄주의를 도입하여 시행하였으나, 새로운 유형의 변칙 증여행위에 대한 사전대처가 미흡한 문제점이 지적됨에 따라 이를 개선하기 위하여 민법상 증여뿐만 아니라 재산의 사실상 무상이전, 타인의 기여에 의한 재산의 가치증가를 증여로 보는 등 증여의 과세대상을 포괄적으로 규정하는 증여세 완전포괄주의를 도입하여 2004년 부터 시행하고 있다.

한편, 증여세 완전포괄주의를 적용할 경우 과세대상과 범위 등에 대한 예측가능성이 부족하고 법적안정성을 훼손할 수 있다는 문제점도 제기된다.

2. 증여세 납세의무자

가. 일반적 납세의무자

(1) 수증자가 개인인 경우

거주자, 법인으로 보지 않은 사단, 재단, 기타 단체는 국내외에 있는 모든 증여재산에 대하여 증여세를 납부할 의무가 있다.

비거주자, 본점 또는 주사무소가 국내에 없는 법인으로 보지 않은 사단, 재단, 기타 단체는 과세대상이 되는 국내에 있는 모든 증여재산에 대하여 증여세를 납부할 의무가 있다.

다만, 증여재산에 대하여 수증자에게 소득세법 또는 법인세법에 따른 소득세 또는 법인세가 부과되는 경우에는 증여세를 부과하지 아니한다. 소득세 또는 법인세가 비과세되거나 감면되는 경우에도 마찬가지이다.

(2) 수증자가 법인인 경우

영리법인은 원칙적으로 증여세 납세의무가 없다. 영리법인이 증여받은 재산은 자산수증이익으로 당해 법인의 각 사업연도 소득에 포함되기 때문이다.

다만, 해당 법인의 주주에 대하여 특수관계법인, 특정법인과의 거래를 통한 이익에 대하여는 증여세를 부과할 수 있다.

비영리법인은 원칙적으로 증여세 납세의무가 있다. 다만, 지정기부금 단체로 지정된 비영리법인과 학자금, 장학금, 학술, 자선 등 일정한 공익사업을 목적으로 한 공익법인이 출연 받은 재산은 원칙적으로 증여세 과세가액에 산입하지 않는다.

(3) 명의신탁 증여의제인 경우

명의신탁 증여의제 규정에 따라 재산을 증여한 것으로 보는 경우에는 실제 소유자가 해당 재산에 대하여 증여세를 납부할 의무가 있다.

한편, 실제 소유자가 명의신탁 증여의제에 따른 증여세, 가산금 또는 체납처분비를 체납한 경우에 그 실제소유자의 다른 재산에 대하여 체납처분을 집행하여도 징수할 금액에 미치지 못하는 경우에는 국세징수법에서 정하는 바에 따라 명의자에게 증여한 것으로 보는 재산으로써 납세의무자인 실제소유자의 증여세, 가산금 또는 체납처분비를 징수할 수 있다 (명의신탁 재산에 대한 물적납세의무).

나. 증여세 연대납세의무

① 구체적인 사유

㉠ 수증자의 주소가 분명하지 아니한 경우로 조세채권을 확보하기 곤란한 경우, ㉡ 수증자가 증여세를 납부할 능력이 없다고 인정되는 경우로 체납처분을 하여도 증여세에 대한 조세채권을 확보하기 곤란한 경우, ㉢ 수증자가 비거주자인 경우 등에는 증여자가 연대납세의무를 진다.

(가) 유형

일반적 증여, 신탁이익의 증여, 보험금의 증여, 배우자 등에 양도 시 증여추정, 재산취득자금 등의 증여 추정 시 연대납세의무가 발생할 수 있다.

일반적으로 증여세의 납세의무자는 해당 재산을 양수한 수증자이고, 증여자의 증여세 납세의무는 주된 채무인 수증자의 납세의무에 대한 종된 채무이다. 따라서 증여자의 연대납세의무는 주된 납세의무자인 수증자의 납세의무가 확정된 뒤의 연대책임으로 보아야 한다(대법원 1992.2.25. 선고 91누12813 판결).

그러나 저가·고가 양도에 따른 이익의 증여, 채무면제에 따른 이익의 증여, 부동산 무상사용에 따른 이익의 증여, 합병·증자·감자에 따른 이익의 증여, 현물출자에 따른 이익의 증여, 전환사채 등의 주식전환 등에 따른 이익의 증여, 기타 일정한 증여로 보는 일정한 이익의 증여에 대하여는 연대납세의무를 적용하지 않는다.

다. 명의신탁 재산에 대한 물적납세의무

실제 소유자가 명의신탁 증여의제에 따른 증여세, 가산금 또는 체납처분비를 체납한 경우에 그 실제소유자의 다른 재산에 대하여 체납처분을 집행하여도 징수할 금액에 미치지 못하는 경우에는 국세징수법에서 정하는 바에 따라 상속세 및 증여세법 제45조의2에 따라 명의자에게 증여한 것으로 보는 재산으로써 납세의무자인 실제소유자의 증여세, 가산금 또는 체납처분비를 징수할 수 있다.

3. 증여세 과세대상

가. 일반적인 증여세 과세대상

(1) 원칙

수증자에게 귀속되는 재산으로서 금전으로 환산할 수 있는 경제적 가치가 있는 모든 물건과 재산적 가치가 있는 법률상 또는 사실상의 권리, 그리고 경제적 이익이 증여세 과세대상이다.

(2) 세법에 열거된 증여세 과세대상

① 신탁이익의 증여

신탁계약에 의하여 위탁자가 타인을 신탁의 이익 전부 또는 일부를 받을 수익자로 지정하고 수익자가 그 수익을 받은 경우

② 보험금의 증여

생명보험이나 손해보험에서 보험사고가 발생한 경우에 보험금 수령인과 보험금 납부자가 다른 경우. 다만, 보험금이 상속세 과세대상 자산인 경우에는 증여세를 과세하지 않는다.

③ 채무면제 등에 따른 증여

채권자로부터 채무를 면제받거나 제3자로부터 채무의 인수 또는 변제를 받은 경우에는 그 면제 등으로 인한 이익에 상당하는 금액

한편 증여자가 연대납세의무자가 아닌 상태에서 증여세를 대신 납부하는 경우 그 대신 납부한 세액에 대하여 증여세가 과세된다(질의회신, 재삼46014-2303, 1994.8.24.).

④ 금전 무상대출에 따른 증여

특수관계자 간 무상으로 대출을 받은 경우, 특수관계자가 아닌 경우에는 정당한 사유 없이 무상으로 대출받은 경우. 다만 이 경우에 증여재산가액이 1천만 원 이상이어야 한다.

타인으로부터 금전을 무상 또는 적정 이자율보다 낮은 이자율로 대출받은 경우에는 그 금전을 대출받은 날에 무상으로 대출받은 경우에는 대출금액에 적정 이자율을 곱하여 계산한 금액을, 적정 이자율보다 낮은 이자율로 대출받은 경우에는 대출금액에 적정 이자율을 곱하여 계산한 금액에서 실제 지급한 이자 상당액을 뺀 금액을 대출받은 자의 증여재산가액으로 한다.

⑤ 부동산 무상 사용에 따른 이익의 증여

특수관계인에게 타인의 부동산을 무상 사용하게 하거나 특수관계가 없는 경우에는 정당한 사유 없이 타인의 부동산을 무상으로 사용함으로써 발생하는 일정한 이익

⑥ 타인의 부동산을 무상으로 담보로 이용하여 금전 등을 차입함에 따른 이익의 증여

특수관계자가 부동산 무상 담보로 금전 등을 차입함에 따른 이익이 1천만 원 이상인 경우, 특수관계자가 아닌 경우에는 정당한 사유 없이 그 이익이 1천만 원 이상인 경우

⑦ 부동산과 금전을 제외한 기타 재산 사용 및 용역 제공 등에 따른 이익의 증여

특수관계인이 타인에게 시가보다 낮은 대가를 지급하거나 무상으로 타인의 재산 또는 용역을 제공받거나, 특수관계인이 타인으로부터 시가보다 높은 대가를 받고 재산을 사용하게 하거나 용역을 제공하는 경우와, 특수관계인이 아닌 경우 정당한 사유 없이 타인에게 시가보다 낮은 대가를 지급하거나 무상으로 타인의 재산 또는 용역을 제공받거나, 특수관계인이 아닌 경우 정당한 사유 없이 타인으로부터 시가보다 높은 대가를 받

고 재산을 사용하게 하거나 용역을 제공하는 경우

⑧ 재산취득 후 재산가치 증가에 따른 이익의 증여

직업, 연령, 소득 및 재산상태로 보아 자력으로 해당 행위를 할 수 없다고 인정되는 자가 특수관계인으로부터 재산을 증여받은 경우, 또는 특수관계인으로부터 기업의 경영 등에 관하여 공표되지 아니한 내부 정보를 제공받아 그 정보와 관련된 재산을 유상으로 취득한 경우, 특수관계인으로부터 차입한 자금 또는 특수관계인의 재산을 담보로 차입한 자금으로 재산을 취득한 경우 등의 사유로 재산을 취득하고

그 재산을 취득한 날부터 5년 이내에 개발사의 시행, 형질변경, 공유물의 분할, 지하수 개발·이용권 사업의 인가·허가 등의 사유로 인하여 일정한 금액 이상의 이익을 얻은 경우

⑨ 자산의 저가양수, 고가양도에 따른 이익의 증여

재산을 시가보다 낮은 가액으로 양수하는 경우에는 시가와 대가의 차액에 해당하는 이익이 실질적으로 양수자에게 무상으로 이전하는 효과가 발생하고, 시가보다 높은 가액으로 양도하는 경우에는 대가에서 시가의 차액에 해당하는 이익이 양도자에게 무상으로 이전되는 효과가 발생한다. 이와 같이 증여계약이 아닌 양도계약으로 재산을 이전시키면서 저가, 고가 이전으로 증여이익을 주는 경우에는 증여세를 과세한다.

다만, 특수관계가 없는 자 간의 저가양수, 고가양도인 경우에는 정당한 사유가 없는 경우에만 증여세를 과세한다. 특수관계인 간의 거래는 정당한 사유를 묻지 않는다.

정당한 사유가 있는 경우로는 재산을 저가로 양도, 양수한 거래 당사자들이 거래가격을 객관적 교환가치가 적절하게 반영된 정상적인 가격으로 믿을 만한 합리적인 사유가 있었던 경우는 물론 그와 같은 사유가 없더라도 양도인이 그 거래가격으로 재산을 양도하는 것이 합리적인 경제인 관점에서 비정상적이라고 볼 수 없는 객관적 사유가 있었던 경우에도 거래의 관행상 정당한 사유가 있다고 봄이 타당하다(대법원 2018. 3. 15. 선고 2017두61089 판결).

한편, 저가·고가 거래에 따른 증여세와 법인세, 소득세, 양도소득세 등이 함께 부과될

경우에는 이중과세 문제가 발생하므로 이에 대한 조정장치가 있다.

⑩ 자본거래 등에 의한 이익의 증여

주식 등의 상장, 증자, 현물출자, 감자, 전환사채 등의 주식전환, 초과배당, 합병, 합병에
따른 상장 등 일정한 자본거래 등에 의하여 얻은 이익은 증여세 과세대상이 된다.

(3) 경제적 실질에 의한 증여세 과세

제3자를 통한 간접적인 방법이나 둘 이상의 행위 또는 거래를 거치는 방법으로 상속세나
증여세를 부당하게 감소시킨 것으로 인정되는 경우에는 그 경제적 실질에 따라 당사자가 직
접 거래한 것으로 보거나 연속된 하나의 행위 또는 거래로 보아 증여세를 과세한다.

이는 증여세의 과세대상이 되는 행위 또는 거래를 우회하거나 변형하여 여러 단계의 거래
를 거침으로써 증여의 효과를 달성하면서도 부당하게 증여세를 감소시키는 조세회피 행위
에 대처하기 위하여 그와 같은 여러 단계의 거래 형식을 부인하고 실질에 따라 증여세의 과
세대상인 하나의 행위 또는 거래로 보아 과세할 수 있도록 한 것으로 조세공평을 도모하고
자 한 것이다.

그리고 증여세 과세대상에 해당하려면, 납세의무자가 선택한 거래의 법적 형식이나 과정
이 처음부터 조세회피 목적을 이루기 위한 수단에 불과하여 그 재산이전의 실질이 직접적인
증여를 한 것과 동일하게 평가될 수 있어야 하고, 이는 당사자가 그와 같은 거래형식을 취
한 목적, 제3자를 개입시키거나 단계별 거래 과정을 거친 경위, 그와 같은 거래방식을 취한
데에 조세부담의 경감 외에 사업상의 필요 등 다른 합리적 이유가 있는지 여부, 각각의 거래
또는 행위 사이의 시간적 간격, 그러한 거래형식을 취한 데 따른 손실 및 위험부담의 가능성
등 관련사정을 종합하여 판단하여야 한다(대법원 2017. 2. 15. 선고 2015두46963 판결).

결국 납세자가 선택한 거래의 법적 형식이나 과정이 처음부터 합리적 이유 없이 조세회피
목적을 이루기 위한 수단에 불과하고, 그 재산이전의 실질이 직접적인 증여를 한 것과 동일
하게 평가될 수 있다면 경제적 실질에 의하여 증여세를 과세할 수 있다.

나. 특수한 경우 증여세 과세대상 여부

(1) 공유물 분할과 증여세 과세

지분으로 공유하고 있는 1필지의 토지를 소유자별로 지분에 따라 공유물분할 등기하는 경우에는 증여세가 부과되지 않는다.

다만, 대가관계 없이 당초 지분과 다르게 분할등기를 하거나 형질변경 등으로 가격이 상승한 특정부분을 분할받는 경우에는 그 당초지분을 초과하여 소유권이전 등기된 면적과 가격차이로 인한 이익에 대하여 증여세가 과세된다(질의회신, 재산세과-143, 2011. 03.18.).

(2) 이혼에 의한 재산분할과 증여세 과세

원칙적으로 증여세 과세대상이 아니다. 다만, 그 재산분할이 민법 규정 취지에 반하여 상당하다고 할 수 없을 정도로 과대하고 상속세나 증여세 등 조세를 회피하기 위한 수단에 불과하여 그 실질이 증여라고 평가할 수 있는 경우에 해당한다면 그 상당한 부분을 초과하는 부분에 한하여 증여세 과세대상이 될 수 있다(대법원 2017.9.12. 선고 2016두58901 판결).

한편, 이혼이 가장이혼으로 무효가 되려면 누구나 납득할 만한 특별한 사정이 인정되어야 하고 가장이혼으로서 무효가 아닌 이상 이혼에 따른 재산분할은 원칙적으로 증여세 과세대상이 되지 않는다(대법원 2017.9.12. 선고 2016두58901 판결).

또한, 이혼 등에 따라 정신적 또는 재산상 손해배상의 대가로 받는 위자료는 조세포탈의 목적이 있다고 인정되는 경우를 제외하고는 이를 증여로 보지 아니한다.

(3) 상속재산 분할과 증여세 과세

공동상속인이 상속재산을 최초로 협의분할에 의하여 상속인이 자기의 법정상속지분을 초과하여 상속재산을 취득한 경우 단순한 상속재산의 분할로 피상속인으로부터 승계받은 것으로 보아 증여세 과세대상이 아니다.

다만, 상속개시 후 상속재산에 대하여 등기·등록·명의개서 등에 의하여 각 상속인의 상속분이 확정되어 등기 등이 된 후, 그 상속재산에 대하여 공동상속인이 협의하여 분할한 결과 특정상속인이 당초 상속분을 초과하여 취득하게 되는 재산가액은 그 분할에 의하여 상속분이 감소한 상속인으로부터 증여받은 재산에 포함한다.

(4) 상속재산 재분할과 증여세 과세

① 재분할이 상속세 신고기한 이내에 이루어진 경우

상속개시 후 상속재산에 대하여 등기, 등록, 명의개서 등으로 각 상속인의 상속분이 확정되면, 그 후 상속재산에 대해 공동상속인이 재협의 분할한 결과 특정 상속인이 당초 상속분을 초과해 취득할 경우 그 재산은 재분할에 의하여 상속분이 감소된 상속인으로부터 증여받은 것으로 보지 않는다.

그 밖에 당초 상속재산의 분할에 대하여 상속회복청구의 소에 의한 법원의 확정판결에 의하여 상속인 및 상속재산에 변동이 있는 경우 등 일정한 사정이 있는 때에도 증여세 과세대상으로 보지 않는다.

② 재분할이 상속세 신고기한이 지난 후 이루어진 경우

상속개시 후 상속재산에 대하여 등기, 등록, 명의개서 등으로 각 상속인의 상속분이 확정되면, 그 후 상속재산에 대해 공동상속인이 재협의 분할한 결과 특정 상속인이 당초 상속분을 초과해 취득할 경우 그 재산은 재분할에 의하여 상속분이 감소된 상속인으로부터 증여받은 것으로 보아 증여세 과세대상이다.

다. 상여로 처분된 금액

법인세법에 의하여 상여로 처분된 금액은 소득세법상 소득세의 과세대상으로 되고 소득세법에 의한 소득세가 부과되는 때에는 증여세를 부과하지 아니하도록 되어 있으므로, 법인의 임원인 원고에게 사외유출되어 상여 처분되는 소득에 대하여는 소득세를 부과하는 외에 증여세를 부과할 수 없다(대법원 1992.11.10. 선고 92누3441 판결).

라. 증여재산 반환에 따른 증여세 과세

증여재산이 반환되면 반환기간에 따라 증여세 과세여부가 결정된다. 즉 신고기한 이내에 증여재산을 반환하는 경우에는 당초 증여 및 반환 모두에 대하여 증여세를 과세하지 않으며, 신고기한으로부터 3개월 이내에 반환하는 경우에는 당초 증여에 대하여는 증여세를 과세하나, 반환한 증여재산에 대하여는 증여세를 과세하지 않는다.

또한 신고기한으로부터 3개월이 경과하여 반환하는 경우에는 당초 증여재산뿐만 아니라 반환한 증여재산 모두 증여세를 부과한다.

다만, 증여받은 재산이 금전인 경우에는 반환시기에 관계없이 무조건 과세된다.

금전은 소유와 점유가 분리되지 않아 그 반환여부나 반환시기를 객관적으로 확인하기 어렵다는 특수성이 있고, 금전의 증여와 반환이 용이하다는 점을 이용하여 다양한 형태의 증여세 회피행위가 이루어질 수 있으므로, 금전증여의 경우 다른 재산의 증여와 달리 신고기한 이내에 합의해제를 하더라도 증여세를 부과하는 합리적인 이유가 있다(헌재 2015. 12. 23. 선고 2013헌바 117 결정).

마. 증여추정

(1) 의의

세법에서 정한 일정한 요건에 해당되면 증여로 추정하여 증여세 과세대상이 되나 납세자가 추정된 사실에 반대되는 사실을 입증하면 그 추정이 번복되어 증여세를 과세할 수 없다. 이에 해당되는 것으로는 배우자 등에게 양도한 재산에 대한 증여추정과 재산취득자금의 증여추정, 차명계좌에 대한 증여추정이 있다.

(2) 배우자 등에게 직접 양도한 재산의 증여추정

(가) 내용

배우자 또는 직계존비속에게 양도한 재산은 양도자가 그 재산을 양도한 때에 그 재산의 가액을 배우자 등이 증여받은 것으로 추정하여 이를 배우자 등의 증여재산가액으로 한다.

이는 배우자 또는 직계존비속 간의 부담부증여에 편승한 증여세의 면탈을 방지하고자 함에 그 목적이 있는 것이다(대법원 1988.5.24. 선고 87누1242 판결).

또한 특수관계인에게 재산을 양도한 후 특수관계인이 다시 3년 이내에 당초 양도자의 배우자 또는 직계존비속에게 양도한 경우에는 배우자 또는 직계존비속이 당초 양도자로부터 증여받은 것으로 추정한다.

다만, 배우자 등에게 대가를 지급받고 양도한 사실이 명백히 인정되는 경우로서 권리의 이전이나 행사에 등기 또는 등록을 요하는 재산을 서로 교환한 경우, 당해 재산의 취득을 위하여 이미 과세 받았거나 신고한 소득금액 또는 상속 및 수증재산의 가액으로 그 대가를 지급한 사실이 입증되는 경우, 당해 재산의 취득을 위하여 소유재산을 처분한 금액으로 그 대가를 지급한 사실이 입증되는 경우, 법원의 결정으로 경매절차에 따라 처분된 경우, 국세징수법에 따라 공매된 경우, 파산선고로 인하여 처분된 경우, 증권시장을 통하여 유가증권이 처분된 경우 등에는 증여추정 규정 적용을 배제한다.

(3) 재산취득자금 등의 증여추정

(가) 의의

연령, 소득 및 재산상태 등으로 볼 때, 재산을 자력으로 취득하였다고 인정하기 어려운 경우로서 일정한 경우에는 그 재산을 취득한 때에, 채무를 상환한 때 그 재산의 취득자금, 상환자금을 그 재산 취득자, 채무자가 각각 증여받은 것으로 추정한다.

다만, 취득자금 또는 상환자금이 직업, 연령, 소득, 재산상태 등을 고려하여 국세청장이 정하는 기준금액 이하인 경우와 취득자금 또는 상환자금의 출처에 관한 충분한 입증이 이루어진 경우에는 증여추정 규정을 적용하지 않는다.

(나) 재산을 자력으로 취득하였다고 인정할 수 있는 입증의 범위

신고하였거나 과세받은 소득금액, 비과세 또는 감면받은 소득금액, 신고하였거나 과세받은 상속 또는 수증재산의 가액, 비과세 또는 감면받은 상속 또는 수증재산의 가액, 농지경작소득, 재산을 처분한 대가로 받은 금전이나 부채를 부담하고 받은 금전으로 해당 재산의 취득에 직접 사용한 금액, 재산 취득일 이전에 자기재산의 사용대가로 받은 전세금 또는 보증금.

(다) 입증금액의 범위

입증한 금액이 취득재산의 가액 또는 채무의 상환금액(재산취득일 전 또는 채무상환일 전 10년 이내)의 100분의 80 이상이고 미입증 금액이 2억 원 미만인 경우에는 증여로 보지 않는다.

즉, 미입증 금액이 2억 원 이상이면 증여로 보며, 미입증 금액이 2억 원 미만이더라도 20%를 초과하면 증여로 본다는 의미이다.

(4) 차명계좌에 대한 증여추정

금융실명거래 및 비밀보장에 관한 법률 제3조에 따라 실명이 확인된 계좌에 보유하고 있는 재산은 그 명의자가 그 재산을 취득한 것으로 추정한다.

즉 금융계좌에서 자산이 입금되는 시점에 계좌 명의자가 재산을 취득한 것으로 추정하여 과세한다는 것이다. 다만, 명의자가 차명재산임을 입증하는 경우에는 과세에서 제외한다.

(5) 부부간 명의신탁 재산 취득 자금의 증여추정

부부의 일방이 혼인 중 그의 단독명의로 취득한 부동산은 그 명의자의 특유재산으로 추정되므로, 당해 부동산의 취득자금의 출처가 명의자가 아닌 다른 일방 배우자인 사실이 밝혀졌다면 일단 그 명의자가 배우자로부터 취득자금을 증여받은 것으로 추정할 수 있다(대법원 2008.9.25. 선고 2006두8068 판결).

그러나 부부 사이에서 일방 배우자 명의의 예금이 인출되어 타방 배우자 명의의 예금계좌로 입금되는 경우에는 증여 외에도 단순한 공동생활의 편의, 일방 배우자 자금의 위탁 관리, 가족을 위한 생활비 지급 등 여러 원인이 있을 수 있으므로, 그와 같은 예금의 인출 및 입금 사실이 밝혀졌다는 사정만으로 경험칙에 비추어 해당 예금이 타방 배우자에게 증여되었다

는 과세요건 사실이 추정된다고 할 수 없다(대법원 2015.9.10. 선고 2015두41937 판결).

바. 증여의제

(1) 의의

증여란 자기의 재산을 무상으로 상대방에게 수여하는 의사를 표시하고 상대방이 이를 승낙함으로써 효력이 발생하는 계약이다. 그런데 이러한 증여에 해당하지 않는 일정한 거래나 사건을 법률에 의해 증여로 취급하는 경우가 있는데, 이를 증여의제라고 한다. 그 취지는 재산권이 사실상 무상으로 이전되는 경우에는 증여세를 과세함으로써 과세형평을 구현하고자 하는 데 있다.

(2) 명의신탁 증여의제

(가) 의의

조세회피 목적의 명의신탁 행위를 방지하기 위하여 권리의 이전이나 행사에 등기 등을 요하는 재산에 있어서 실제 소유자와 명의자가 다른 경우에는 실질과세원칙에도 불구하고 실제소유자로부터 명의자에게 해당 재산이 증여된 것으로 의제하여 증여세를 과세하는 제도를 말한다.

명의신탁 증여의제 규제는 담세력과 무관하게 조세회피 목적의 명의신탁에 대해 행해지는 일종의 제재의 성격을 가지고 있다.

(나) 취지

명의신탁을 내세워 증여세를 회피하는 것을 방지하여 조세정의와 조세평등을 관철하고 실질과세원칙의 형식에 흐르지 않고 진정한 실질과세가 이루어지도록 이를 보완하려는 데 목적이 있다.

한편, 증여로 의제하는 것은 재산보유의 실질과 명의를 일치시키고, 조세회피를 방지하는 등의 정책적 목표를 달성하기 위하여 증여의 실질이 없음에도 증여세를 부과하는 것으로서, 이는 조세 부담의 본질적 근거인 담세력의 징표가 되는 행위나 사실의 존재와 무관하게 과세하는 것이므로 관련 법령을 해석·적용할 때에는 유추해석이나 확장해석은 엄격하게 절제되어야 한다(대법원 2017.1.12. 선고 2014두43653 판결).

(다) 명의신탁 증여의제 과세대상 재산

등기가 필요한 재산으로 공업재단, 광업재단, 선박등기법에 따른 선박 등이 있고, 등록이 필요한 재산으로는 특허권, 실용신안권, 의장권, 상표권, 저작권, 어업권, 광업권 등이 있다. 명의개서를 하여야 할 재산으로는 주권과 사채권 등이 있다.

(라) 명의신탁재산의 실질적 귀속

명의신탁 증여의제 법률조항은 실질과세원칙에 대한 예외 중 하나로서 명의신탁제도가 조세회피 수단으로 악용되는 것을 방지하여 조세정의를 실현하고자 하는 한도에서 증여로 추정하거나 의제하는 것일 뿐, 이로 인하여 명의신탁재산의 귀속 여부까지 달라지는 것은 아니므로, 명의신탁재산의 실질적인 귀속은 법률조항에도 불구하고 여전히 명의신탁 등의 법률관계 등에 따른다(대법원 2006.9.22. 선고 2004두11220 판결).

(3) 명의신탁 증여의제 성립요건

(가) 명의신탁 약정의 존재

명의신탁 관계는 반드시 신탁자와 수탁자 간의 명시적 계약에 의해서만 성립되는 것은 아니고 묵시적 합의에 의해서도 성립될 수 있다(대법원 2001.1.5. 선고 2000다49091 판결).

즉, 증여가 있는 것으로 의제되려면 실질소유자 이외에 명의자가 따로 있고, 그 명의자 명의로 등기·등록 등이 경료되어 있다는 것만으로는 부족하고, 그 등기·등록 등이 실질소유자와 명의자 사이에 합의가 있거나 의사소통이 있어 그런 등기 또는 등록이 된 경우에 한한다고 풀이함이 상당하다 할 것이다(대법원 1987.11.24. 선고 87누512 판결).

따라서 명의자의 사전승인이나 동의 없이 실제소유자가 일방적으로 명의자의 명의를 도용하여 주주명부에 당해 주식의 소유자를 명의자로 기재한 경우에는 명의신탁 증여의제가 성립하지 않는다(대법원 2015.6.24. 선고 2015두39316 판결).

(나) 조세회피 목적이 있어야 한다.

국세, 지방세, 관세 등 모든 조세의 회피 목적이 없어야 하며 조세회피 목적은 명의신탁자가 이를 인식하고 있었는지 여부는 따지지 않는다(대법원 2005.1.28. 선고 2004두1223 판결). 즉, 조세회피 여부를 판단하는 조세는 신주 취득에 따른 취득세, 주식 배당에 대한 종합소득세, 주식 양도에 따른 양도소득세 등 명의신탁으로 회피할 가능성이 있는 모든 조세를 그 판단대상으로 한다.

① 조세회피 유형

　ⓐ 명의신탁을 이용함으로써 누진세율 적용 배당소득 종합과세 회피

　ⓑ 명의신탁을 이용함으로써 대주주 소유주식 양도소득세 과세 회피

　ⓒ 명의신탁을 이용함으로써 과점주주 법인에 대한 국세의 제2차 납세의무 적용 회피

　ⓓ 명의신탁을 이용함으로써 과점주주 간주 취득세 부담 회피

② 조세회피사례

　ⓐ 기업공개에 대비하기 위한 명의신탁(대법원 1998.7.14. 선고 97누348 판결)

　ⓑ 코스닥 등록을 위하여 주식분산을 한 경우(대법원 2004.12.23. 선고 2003두4300 판결)

　ⓒ 채권단으로부터 재무구조개선 압력을 받는 상황에서 이를 회피하기 위한 명의신탁

　　(대법원 2005.1.27. 선고 2003두4300 판결)

③ 조세회피 목적이 없다고 본 사례

　ⓐ 코스닥 상장규정상 자기 명의로 주식을 취득한 경우 2년간 처분이 불가능한 사정이 있어 주식의 단기매각을 위한 경우(대법원 2014.5.16. 선고 2014두786 판결)

　ⓑ 상호저축은행법상 주식취득 신고의무를 회피하기 위한 경우(대법원 2008.11.27. 선고 2007두24302 판결)

ⓒ 증권거래법상 여러 규제조항의 적용을 회피하면서 회사에 대한 경영권을 안정적으로 확보하기 위한 경우(대법원 1996.5.28. 선고 96누4848 판결)

④ 조세회피 목적 추정의 배제

실제 소유자 명의로 명의개서를 하지 아니한 경우로서 매매로 소유권을 취득하고 종전의 소유자가 양도소득세 과세표준신고 또는 증권거래법 제10조에 따른 신고와 함께 소유권 변경 내용을 신고하는 경우, 상속으로 소유권을 취득하고 상속인이 상속세 과세표준신고 등과 함께 해당 재산을 상속세 과세가액에 포함하여 신고한 경우, 다만 상속세 과세표준과 세액을 결정 또는 경정할 것을 미리 알고 수정신고하거나 기한 후 신고를 하는 경우는 제외한다.

(다) 조세회피에 의한 조세경감이 사소하지 않아야 한다.

명의신탁이 조세회피 목적이 아닌 다른 이유에서 이루어졌음이 인정되고 그 명의신탁에 부수하여 사소한 조세경감이 생기는 것에 불과하다면 조세회피 목적이 있었다고 볼 수 없다(대법원 2006.5.12. 선고 2004두7733 판결).

(라) 명의신탁에 의하여 실제소유자와 명의자가 달라야 한다.

① 명의신탁 약정에 의하여 명의개서가 된 경우

그 명의자로 등기 등을 한 날에 그 재산의 가액을 명의자가 실제소유자로부터 증여받은 것으로 본다.

한편 최초로 증여의제 대상이 되어 과세되었거나 과세될 수 있는 명의신탁주식의 매도대금으로 취득하여 다시 동일인 명의로 명의개서 된 주식은 특별한 사정이 없는 한 다시 증여세가 과세될 수 없다(대법원 2017.2.21. 선고 2011두10232 판결).

② 명의개서가 해태(지연)된 경우

그 재산이 명의개서를 하여야 하는 재산인 경우에는 소유권 취득일이 속하는 해의 다음 해 말일의 다음 날까지 소유자와 명의자가 다른 경우에는 소유권 취득일을 기준으로 평가한 가액을 명의자가 실제소유자로부터 증여받은 것으로 본다.

명의개서 지연에 대한 증여의제는 매매에 의하여 주식의 소유권을 취득하였음에도 명의개서를 하지 아니하는 경우에 그 실질이 명의를 신탁한 경우와 같으므로 이를 명의신탁으로 의제하여 과세를 강화하기 위한 것이다.

한편, 주식이 명의신탁 되어 명의수탁자 앞으로 명의개서가 된 후에 명의신탁자가 사망하여 주식이 상속된 경우에는 명의개서 지연 증여의제 규정의 적용대상에 해당하지 않는다(대법원 2017.1.12. 선고 2014두43653 판결).

③ 증여의제일

명의자로 등기, 명의개서 등을 한 날에 증여한 것으로 본다. 명의개서 한 날이란 주소와 성명을 주주명부에 기재한 때를 말한다. 주주명부 또는 사원명부가 작성되지 아니한 경우에는 납세지 관할 세무서장에게 제출한 주주 등에 관한 서류 및 주식이동상황명세서에 의하여 명의개서 여부를 판단한다.

명의개서를 하여야 하는 재산인데 취득자 명의로 명의개서를 하지 않고 종전 소유자 명의로 두고 있는 경우에는 그 소유권 취득일이 속하는 해의 다음 해 말일의 다음 날이 증여의제일이 된다.

한편, 주주명부 또는 사원명부가 작성되지 아니한 경우에는 법인세법에 따라 납세지 관할 세무서장에게 제출한 주주 등에 관한 서류 및 주식등변동상황명세서 제출일을 증여의제일로 본다(대법원 2017.5.17. 선고 2016두55049 판결).

이는 주식변동상황명세서 등이 제출되어야 비로소 주식 등의 변동상황이 회사를 비롯한 외부에 명백하게 공표되어 명의신탁으로 인한 증여의제 여부가 판정될 수 있으므로 위 명세서 제출일을 증여세 목적에 따른 증여의제일로 본다(대법원 2017.5.11. 선고 2017두32395 판결).

(4) 명의신탁 증여의제 배제

(가) 토지와 건물의 명의신탁

부동산 실권리자명의 등기에 관한 법률이 시행됨에 따라 부동산에 관한 명의신탁은 무효이고, 그에 따라 물권변동 자체가 일어나지 않으므로 이를 악용한 조세회피라는 것은 원칙적으로 있을 수가 없게 되어 이에 대한 증여의제 규정이 무의미하게 되어 토지와 건물은 증여의제 대상에서 제외되었다.

(나) 자본시장과 금융투자업에 관한 법률에 따른 신탁재산인 사실의 등기 등을 한 경우

(다) 비거주자가 법정대리인 또는 재산관리인 명의로 등기 등을 한 경우

(라) 매매로 소유권을 취득한 경우로서 종전 소유자가 소득세법과 증권거래세법에 따라 양도소득세 과세표준신고 등 소유권 변경 내용을 신고하는 경우

(마) 2016.1.1. 이후 상속으로 소유권을 취득한 경우로서 상속인이 일정한 신고와 함께 해당 재산을 상속세 과세가액에 포함하여 신고한 경우

(바) 명의신탁 주식이 실제 소유자 명의로 환원되는 경우

타인명의로 명의신탁한 주식을 명의신탁을 해지하여 그 주식의 실제소유자인 위탁자 명의로 환원하는 것은 증여세 과세대상이 아니다.

(사) 명의신탁이 조세회피 목적이 아닌 다른 목적으로 이루어지고 부수하여 사소한 조세경감이 생긴 경우

(아) 명의자의 의사와는 관계없이 일방적으로 명의를 사용하여 등기한 경우

(5) 명의신탁 주식 실제소유자 확인신청 제도

내국법인의 주식 또는 출자지분을 실제로 소유하는 거주자가 신탁이나 약정에 의하여 다른 사람 명의로 주주명부 또는 사원명부에 등재하였거나 명의개서한 주식을 실제소유자 명의로 전환하고 일정한 요건을 모두 충족하는 경우에 그 실제소유자는 법인세법에 따른 주식등변동상황명세서가 제출되기 전이라도 명의신탁 주식 실명전환에 따른 실제소유자 확인을 신청할 수 있다.

이에 따라 세무서장이 명의신탁 주식에 대해서 실제소유자 여부를 판정하여 처리한 경우에는 신청서를 제출한 자에게 그 처리결과를 통지하여야 한다.

이 경우 명의신탁 해지를 통해 주식의 실 소유자로 인정은 받더라도 기존 명의신탁에 대한 증여세 납세의무는 면제되지 않는다.

(6) 기타 이익의 증여의제

(가) 특수관계법인과의 거래를 통한 이익의 증여의제(일감 몰아주기)

일정한 특수관계법인 간의 일감 몰아주기를 통하여 발생한 일정한 영업이익을 증여로 의제하여 과세한다.

한편, 특수관계법인과의 거래를 통한 이익의 증여의제는 개별 건별로 과세하는 합산배제 증여재산으로 분류되어 합산과세를 하지 않는다.

(나) 특수관계법인으로부터 제공받은 사업기회로 발생한 이익의 증여 의제(일감 떼어주기)

특수관계법인으로부터 사업기회를 제공받은 수혜법인의 지배주주에 대한 이익을 증여로 보아 증여세를 과세한다.

사업기회의 제공이란 특수관계법인이 직접 수행하거나 다른 사업자가 수행하고 있던 사업기회를 임대차계약, 입점계약, 프랜차이즈 계약 등의 방법으로 제공받은 경우를 말한다.

(다) 특정법인과의 거래를 통한 이익의 증여의제

특정법인 주주의 특수관계인이 그 법인에 재산 또는 용역을 증여하거나 현저한 저가, 고가 거래 등으로 특정법인의 최대주주 등에게 나누어진 이익에 대하여 해당 이익을 증여로 의제하여 증여세를 과세한다.

취지는 수증자가 영리법인인 경우에는 자산수증익에 대하여 법인세가 과세되므로 증여세 납세의무를 면제하고 있다. 이러한 점을 악용하여 결손이 누적된 법인을 매입하여 자녀를 주주로 하고 부동산을 당해 법인에 증여하는 경우 자산수증익은 결손금 보전에 충당되므로 법인세 부담이 없게 되고 증여세 부담없이 자녀에게 실질적인 부동산을 증여하는 효과를 얻는 등 법인과의 거래를 이용한 조세회피의 소지가 있어 특수관계자가 주주로 있는 결손법인 등에 부동산을 증여하거나 당해 법인의 채무를 면제하는 방법으로 법인세 및 증여세 부담없이 당해 법인의 주주에게 실질적인 이익을 분여하는 경우 증여세를 과세할 수 있도록 하고 있다.

4. 증여세 면제와 비과세

가. 증여세 면제

㉠ 저가·고가양도에 따른 이익의 증여 ㉡ 채무면제 등에 따른 증여 ㉢ 부동산 무상사용에 따른 이익의 증여 ㉣ 금전무상대출 등에 따른 이익의 증여 등에 의하여 수증자가 받은 경제적 이익에 대하여 증여세가 과세되는 경우, 증여받은 이익이 금전 등으로 현존하지 않으면서 수증자가 증여세를 납부할 능력이 없다고 인정되는 때에는 그에 상당하는 증여세의 전부 또는 일부를 면제한다.

수증자가 증여세를 납부할 능력이 없다고 인정될 때에 해당하는지 여부는 문제되는 증여세 납세의무의 성립 시점, 즉 그와 같은 증여가 이루어지기 직전을 기준으로 판단하여야 하고, 그 시점에 이미 수증자가 채무초과 상태에 있었다면 채무초과액의 한도에서 증여세를 납부할 능력이 없는 때에 해당한다고 할 것이다(대법원 2016.7.14. 선고 2014두43516 판결).

나. 증여세 비과세

㉠ 국가나 지방자치단체로부터 증여받은 경우 ㉡ 정당법에 따른 정당이 증여받는 재산의 가액 ㉢ 학자금 또는 장학금 기타 이와 유사한 금품 ㉣ 기념품·축하금·부의금 기타 이와 유사한 금품으로서 통상 필요하다고 인정되는 금품 ㉤ 혼수용품으로서 통상 필요하다고 인정되는 금품 ㉥ 신용보증기금·기술신용보증기금 및 신용보증재산 등의 단체가 증여받은 재산 ㉦ 국가·지방자치단체 또는 공공단체가 증여받은 재산 ㉧ 사회통념상 인정되는 이재구호품, 치료비, 피부양자의 생활비, 교육비, 불우한 자를 돕기 위하여 언론기관을 통하여 증여한 금품 ㉨ 근로복지법에 따른 사내근로복지기금이나 그 밖에 유사한 것으로 우리사주조합, 공동근로복지기금 등 단체가 증여받은 재산의 가액에 대하여는 증여세를 비과세 한다.

5. 증여세 과세가액

가. 개념

증여세 과세가액이란 증여세 과세대상인 물건의 가액을 말한다. 증여세 과세가액은 증여일 증여재산가액을 합친 금액에서 그 증여재산에 담보된 채무로서 수증자가 인수한 금액을 뺀 금액으로 한다.

나. 증여재산가액 합계액 계산

증여재산가액 합계액은 증여세 과세가액에서 합산이 배제되는 증여재산가액을 제외하고 증여일 전 10년 이내에 동일인으로부터 증여받은 증여재산을 합산하여 계산한다.

(1) 증여재산가액 합계액 계산 시 배제되는 증여재산가액

㉠ 재산 취득 후 해당 재산의 가치가 증가하는 경우 그 이익 ㉡ 전환사채 등에 의하여 주식전환에 따른 이익 ㉢ 전환사채 등을 특수관계인에게 양도함에 따른 이익 ㉣ 주식 등의 상장에 따른 이익의 증여 ㉤ 합병에 따른 상장 등에 따른 이익의 증여 ㉥ 특수관계법인과의 거래를 통한 이익의 증여의제 ㉦ 특수관계법인으로부터 제공받은 사업기회로 발생한 이익의 증여의제

(2) 증여세 과세가액에 가산하는 증여재산가액

증여일 전 10년 이내에 동일인으로부터 증여받은 증여재산이 있는 경우에 증여세 재산가액 합계액이 1천만 원 이상인 경우에는 그 가액을 증여세 과세가액에 가산한다. 이 경우 동일인에는 증여자가 직계존속인 경우 그 직계존속의 배우자가 포함된다. 다만 창업자금과 가업승계주식을 증여받은 경우에는 일정한 경우 가산이 배제되는 수도 있다.

다. 수증자가 인수한 채무의 범위

증여자의 채무가 수증자에게 인수되고 수증자가 원금 및 이자를 변제하는 경우 그 금액은 증여세 과세가액에서 차감한다.

다만, 배우자 간 또는 직계존비속 간 부담부 증여에 대하여는 원칙적으로 그 채무는 수증자에게 인수되지 않은 것으로 추정한다.

라. 증여세 과세가액 불산입

(1) 공익법인 등에 출연한 재산

(가) 원칙

공익법인 등이 일정 범위 내에서 출연받은 재산의 가액은 원칙적으로 증여세 과세가액에 산입하지 않는다.

한편, 공익법인 등이란 재단법인이나 사단법인으로서 사회 일반의 이익에 공여하기 위하여 종교, 자선, 학술, 기타 공익을 목적으로 하는 사업을 영위하는 법인을 말한다.

(나) 출연시기

공익법인 등에 출연한 재산의 출연시기는 해당 공익법인 등이 출연재산을 취득한 때를 말하는 것으로 권리의 이전이나 그 행사에 등기, 등록 등을 요하는 출연재산은 소유권이전 등기·등록 접수일이다.

(다) 과세가액 불산입 적용이 배제되는 경우

공익재단 등을 통해 편법증여를 막기 위해 공익법인이 출연자와 특수관계인 기업의 의결권 있는 발행주식 총수의 5%를 넘게 취득, 보유하면 그 초과분에 대하여는 증여세가 과세된다.

㉠ 출연받은 공익법인 등이 출연재산을 직접 공익목적사업 등의 용도 외에 사용하는 경우 ㉡ 출연받은 날로부터 3년 이내에 직접 공익목적사업에 사용하지 아니하는 경우, 다만 부득이한 사유가 있는 경우에는 그 사유가 사라진 날로부터 1년 이내에 해당 재산을 직접 공익목적사업 등에 사용하는 경우는 제외한다. ㉢ 출연받은 재산 및 출연받은 재산의 매각대금을 내국법인의 주식 등을 취득하는데 사용한 경우. 다만 일정한 경우에는 제외한다. ㉣ 출연받은 재산을 수익용 또는 수익사업용으로 운용하는 경우로서 운용소득을 직접 공익목적사업 외에 사용한 경우 ㉤ 출연받은 재산을 매각하고 그 매각대금을 매각한 날로부터 3년이 지난 날까지 사용하지 않은 경우 ㉥ 일정한 성실공익법인 등이 기준을 위반하여 출연

받은 주식 등의 의결권을 행사한 경우 ㉧ 공익법인 등이 사업을 종료한 때의 잔여재산을 국가·지방자치단체 또는 해당 공익법인 등과 동일하거나 주무부장관이 해당 공익법인과 유사한 것으로 인정하는 공익법인 등에 귀속시키지 아니한 때 ◎ 직접 공익목적사업에 사용하는 것이 사회적 지위·직업·근무처 및 출생지 등에 의하여 일부에게만 혜택을 제공하는 것인 때 ㉨ 공익법인이 출연받은 재산 또는 출연재산을 원본으로 취득한 재산, 출연받은 재산의 매각대금 등을 출연자의 특수관계자가 사용·수익하는 경우에는 공익법인 등이 증여받은 것으로 보아 증여세가 과세된다. 다만, 출연 부동산을 정상적인 대가를 지급하고 사용하는 경우, 공익법인이 의뢰한 연구·용역 대가 등을 지급하는 경우, 교육기관이 연구실험용 건물 및 시설 등을 출연받고 공동 사용하는 경우에는 증여세가 과세되지 않는다.

(2) 공익신탁재산에 대한 증여세 과세가액 불산입

(가) 취지

증여자가 공익신탁법에 따른 공익신탁으로서 종교·자선·학술 또는 그 밖의 공익을 목적으로 하는 신탁을 통하여 공익법인 등에 출연하는 재산의 가액은 증여세 과세가액에 산입하지 않는다.

이는 공익신탁을 통하여 공익법인 등에 재산을 출연하는 것이 증여재산을 공익법인 등에 직접 출연하는 것과 실질이 같기 때문이다.

(나) 공익신탁의 요건

ⓐ 공익신탁의 수익자가 상속세 및 증여세법에서 정한 일정한 공익법인이거나 그 공익법인의 수혜자이어야 한다.

ⓑ 공익신탁의 만기일까지 신탁계약이 취소되거나 중도해지 되지 않아야 한다.

ⓒ 공인신탁의 중도해지 또는 종료 시 잔여 신탁재산이 국가, 지방자치단체 및 다른 공익신탁에 귀속되어야 한다.

(3) 장애인이 증여받은 재산의 과세가액 불산입

장애인이 타인으로부터 증여받은 재산을 신탁업자에게 신탁하여 그 신탁의 이익을 전부 지급받는 경우에는 그 증여받은 재산가액은 일정한 한도 내에서 증여세 과세가액에 산입하지 않는다.

6. 상속세 또는 증여세 재산가액의 평가

가. 평가의 원칙

상속 또는 증여재산의 평가는 시가평가를 원칙으로 하며, 시가를 산정하기 어려운 경우에는 보충적인 평가방법에 의하여 재산을 평가한다.

나. 평가기준일

상속재산의 평가는 상속개시일 현재의 가액으로 평가한다. 증여재산의 평가는 증여일 현재의 가액으로 평가한다.

다. 시가

(1) 개념

시가란 불특정 다수인 사이에 자유롭게 거래가 이루어지는 경우에 통상적으로 성립된다고 인정되는 가액을 말한다.

또한 시가란 원칙적으로 정상적인 거래에 의하여 형성된 객관적 교환가격을 의미하지만 객관적이고 합리적인 방법으로 평가한 가액도 포함하는 개념이다.

따라서 거래를 통한 교환가격이 없는 경우에는 공신력 있는 감정기관의 감정가액도 시가로 볼 수 있고 소급감정에 의한 감정가액도 시가로 볼 수 있다(대법원 2012.6.14. 선고 2010두28328 판결).

(2) 간주시가(시가로 인정하는 가액)

(가) 의의

평가기간(상속재산은 평가기준일 전후 6월, 증여재산은 평가기준일 전 6개월부터 평가기준일 후 3개월) 이내의 기간 중 당해자산 또는 당해자산과 면적, 위치, 용도, 종목 및 기준이 동일하거나 유사한 다른 자산의 매매가액·감정가액·수용가액·경매가액·공매가액을 말하는 것으로 일정한 요건을 충족하면 시가로 본다.

(나) 매매가액

해당 재산에 대한 매매사실이 있는 경우에는 그 거래가액, 다만, 특수관계인과의 거래와 평가금액이 일정금액에 미달하는 경우의 비상장 주식은 적용하지 아니한다.한편, 평가기간 이내에 있는지 여부의 기준일은 매매계약일이다.

유가증권시장 또는 코스닥시장에서 거래되는 주식 및 출자지분의 가액은 평가기준일 이전, 이후 각 2개월 동안 공표된 매일의 거래소 최종시세가액의 평균액으로 평가한다.

비상장 주식의 경우 평가기준일 전·후 상속재산은 6월, 증여재산은 3개월 이내에 거래가액이 확인되는 경우에는 이를 시가로 인정하여 평가할 수 있다.

(다) 감정가액

평가기간 이내에 당해 재산에 대하여 2 이상의 공신력 있는 감정기관이 평가한 감정가액이 있는 경우 그 감정가액의 평균액을 말한다. 다만, 기준시가 10억 원 이하 부동산의 경우에는 하나의 감정기관 평가액도 시가로 인정한다. 기준일은 가격산정기준일과 감정가액평가서 작성일이다.

감정기관이란 감정평가 및 감정평가사에 관한 법률에 따른 감정평가사로, 감정평가업자는 감정평가사와 감정평가법인을 말하다.

한편, 시가란 원칙적으로 정상적인 거래에 의하여 형성된 객관적 교환가격을 의미하지만 이는 객관적이고 합리적인 방법으로 평가한 가액도 포함하는 개념이므로 거래를 통한 교환가격이 없는 경우에는 공신력 있는 감정기관의 감정가격도 시가로 볼 수 있고 그 가액이 소급감정에 의한 것이라 하여도 달라지지 않는다(대법원 2010.9.30. 선고 2010두8751 판결).

(라) 수용가액·경매가액·공매가액

기준일은 보상가액·경매가액·공매가액이 결정된 날이고, 경매가액이 결정된 날이란 매각허가 결정일이다.

비상장 주식의 경우 평가기준일 전·후 상속재산은 6월, 증여재산은 3개월 이내에 수용가액·경매가액·공매가액 등이 확인되는 경우에는 이를 시가로 인정하여 평가할 수 있다.

(마) 평가기간 중 시가로 보는 가액이 2 이상인 경우

평가기준을 전후하여 가장 가까운 날에 해당하는 가액을 시가로 본다. 다만, 가장 가까운 날에 해당하는 가액이 둘 이상인 경우에는 그 평균액으로 한다.

(바) 해당 자산에 대한 평가기간 내의 매매가액·감정가액·수용가액 등이 없는 경우

동일 또는 유사한 재산에 대한 평가기간 내의 매매가액·감정가액·수용가액 등을 시가로 본다.

다만, 동일 또는 유사한 재산의 매매 등의 가액은 평가기간 내의 기간 중 신고일까지 가액만 인정한다.

(사) 재산평가심의위원회에 의한 간주시가

평가기준일 전 2년 이내의 기간 또는 평가기간 후 법정 결정기한(상속세는 신고기한부터 9개월, 증여세는 신고기한부터 6개월)까지 발생한 매매 등 사례가액이 있는 경우 평가기준일로부터 매매계약일 등까지의 기간 중 가격변동의 특별한 사정이 없다고 인정되는 때에는 재산평가

심의위원회의 심의를 거쳐 시가에 포함시킬 수 있다.

라. 보충적 평가방법

(1) 의의

상속·증여재산의 가액은 원칙적으로 평가기준일 현재의 시가로 평가하여야 하나 시가 산정이 어려운 경우 재산 종류별로 상속세 및 증여세법에서 규정한 평가방법에 의하여 평가한 금액을 상속재산가액 또는 증여재산가액으로 한다.

(2) 토지와 건물

평가기준일 현재 고시되어 있는 개별공시지가로 평가한 가액. 개별공시지가가 없는 토지는 납세지 관할 세무서장이 평가한 가액에 의한다.

일반건물, 오피스텔 등 상업용 건물은 국세청장이 고시한 가액에 의한다. 단독주택은 부동산가격 공시에 따른 지방자치단체가 고시한 개별주택가격. 공동주택은 부동산가격 공시에 관한 법률에 따른 공동주택가액에 의한다. 공동주택가격이 없는 경우에는 납세지 관할 세무서장이 평가한 가액에 의한다.

(3) 부동산을 취득할 수 있는 권리, 골프회원권·콘도미니엄회원권 등 특정시설물 이용권

평가기준일까지 불입한 금액과 평가기준일 현재의 프리미엄을 합한 금액에 의한다.

(4) 용익물권의 평가

지상권은 지상권이 설정되어 있는 토지의 가액에 일정한 율을 곱하여 계산한 금액을 해당 지상권의 잔존연수를 감안하여 일정한 방법에 따라 환산한 가액으로 한다.

잔존연수에 관하여는 민법 제280조 및 제281조에 규정된 지상권의 존속기간을 준용한다.

전세권은 평가기준일 현재의 부동산 등의 시가 또는 부동산 등의 보충적 평가방법에 의한 평가액과 등기된 전세금 중 큰 금액으로 평가한다.

등기된 임차권은 그 건물의 임대료 등의 환산가액과 그 부동산 등의 보충적 평가방법 중 큰 금액에 의한다.

(5) 담보물권의 평가

질권·저당권이 설정된 재산(양도담보된 재산 포함)은 평가기준일 현재 해당 자산의 시가 또는 보충적 평가방법에 의한 평가액과 평가기준일 현재 해당 자산이 담보하는 채권액 등의 가액 중 큰 금액. 공동저당권이 설정된 재산의 가액은 해당 재산이 담보하는 채권액을 공동저당된 재산의 평가기준일 현재의 가액으로 안분하여 계산한 가액과 비교한다.

한편, 근저당권은 평가기준일 현재 해당 자산의 시가 또는 보충적 평가방법에 의한 평가액과 평가기준일 현재 해당 자산이 담보하는 채권액과 비교하여 큰 금액으로 평가한다. 다만 담보하는 채권액의 가액 계산 시 해당 재산에 설정된 근저당권의 채권최고액이 담보하는 채권액보다 적은 경우에는 채권 최고액으로 한다.

(6) 상장주식, 상장된 국채·공채·사채(전환사채, 신주인수권 등 포함)의 평가

상장주식은 평가기준일 이전, 이후(총 4개월)의 최종 시세가액 평균액, 상장 국채 등은 평가기준일 이전, 이후(총 4개월)의 최종 시세가액 평균액과 평가기준일 이전 최근일 최종 시세가액 중 큰 금액으로 한다.

(7) 비상장 상장주식

(가) 평가의 원칙

1주당 순손익가치와 1주당 순자산가치를 각각 3과 2의 비율로 가중 평가한 가액에 의한다. 다만, 부동산 비율이 50% 이상인 부동산과다 보유법인은 1주당 순손익가치와 1주당 순자산가치를 각각 2와 3의 비율로 가중 평균한 가액에 의한다.

그리고 최근 3년 내 사업연도에 계속 결손법인의 주식은 순손익가치와 순자산가치에 의한 가중평균액과 순자산가치의 80% 중 큰 금액으로 평가한다.

① 순손익가치

순손익가치는 평가대상 법인을 계속기업으로 전제하여 장래 초과 수익력을 측정한 것으로 평가기준일 이전 3년간의 순손익액을 가중평균한 후 주당 순이익을 정기예금이자율 등을 고려한 이자율로 자본화한 것을 말한다.

② 순자산가치

순자산가치는 법인이 청산할 때를 가정하여 청산가치를 측정하는 것으로서, 1주당 순자산가치는 평가기준일 현재 가결산을 하여 비상장법인의 자산총액에서 부채총액을 차감한 순자산가액을 발행주식 총수로 나누어 계산한다.

한편 ㉠ 사업개시 후 3년 미만, 휴업, 폐업, 청산절차 진행 중인 법인 등의 주식 ㉡ 법인의 자산총액 중 주식 등의 가액의 합계액이 차지하는 비율이 80% 이상인 법인 ㉢ 업종에 관계없이 자산총액 중 부동산 등이 차지하는 비율이 80% 이상인 법인 ㉣ 상속·증여세 신고기한 이내에 평가대상 법인의 청산절차가 진행 중이거나 사업자의 사망 등으로 사업의 계속이 곤란하다고 인정되는 법인 ㉤ 법인의 설립 시 정관에 존속기한이 확정된 법인으로서 평가기준일 현재 잔여 존속기한이 3년 이내인 법인의 주식 등에는 순자산가치에 의해서만 평가한다.

(나) 평가심의위원회에 의한 평가

납세자가 해당 법인의 자산·매출액 규모 및 사업의 영위기간 등을 고려하여 같은 업종을 영위하고 있는 다른 법인의 주식가액을 이용하여 평가하는 방법, 향후 기업에 유입될 것으로 예상되는 현금흐름에 일정한 할인율을 적용하여 평가하는 방법, 향후 주주가 받을 것으로 예상되는 배당수익에 일정한 할인율을 적용하여 평가하는 방법 등으로 평가한 가액을 첨부하여 평가심의위원회에 심의를 신청하는 경우에는 보충적 평가방법에 따라 평가한 가액에도 불구하고 평가심의위원회가 심의하여 제시하는 평가가액에 의하거나 그 위원회가 제시하는 평가방법 등을 고려하여 계산한 평가가액에 의할 수 있다.

(8) 비상장 국채·공채·사채(전환사채, 신주인수권 등 포함)의 평가

비상장 국채 등을 매입한 경우에는 매입가액에 평가 기준일까지의 미수이자 상당액을 가산한 금액에 의한다.

그 밖에 비상장 전환사채, 신주인수권 증서는 상속세 및 증여세법에서 정한 일정한 가액에 의한다.

(9) 예금·적금 등의 평가

평가기준일 현재 예입총액에 미수이자 상당액을 가산하고 원천징수세액을 차감한 금액

(10) 무체재산권의 평가

취득가액에서 취득일로부터 평가일까지의 법인세법상의 감가상각비를 뺀 금액과 개별적 아래와 같이 평가한 금액 중 큰 금액에 의한다.

영업권은 자기자본 이익률을 초과하는 순손익액을 현재가치로 평가한 가액, 특허권·실용신안권·디자인권 및 저작권은 그 권리에 의하여 장래에 받을 각 연도의 수입금액을 기준으로 한 일정한 산식에 의하여 평가한 가액.

(11) 신탁의 이익을 받을 권리, 정기금을 받을 권리 등 조건부 권리

권리의 가액을 기초로 하여 평가기준일 현재의 조건내용을 구성하는 사실, 조건성취의 확실성, 기타 제반 사정을 감안한 적정가액에 의하여 평가한 가액에 의한다.

7. 증여재산공제

가. 배우자로부터 증여받은 경우

10년 이내에 증여받은 재산가액에서 6억 원을 증여세 과세가액에서 공제한다.

나. 직계존속으로부터 증여받은 경우

수증자가 성년자인 경우에는 10년 이내에 증여받은 재산가액에서 5천만 원을 증여세 과세가액에서 공제한다.

수증자가 미성년자인 경우에는 10년 이내에 증여받은 재산가액에서 2천만 원을 공제한다.

다. 기타 친족으로부터 증여받은 경우

10년 이내에 증여받은 재산가액에서 1천만 원을 증여세 과세가액에서 공제한다.

제6절 종합부동산세 납세의무

1. 입법취지

과세대상 재산을 보유하는 자에게 먼저 낮은 세율로 지방세인 재산세를 부과하고 다시 국내에 있는 모든 과세대상을 합산하여 일정한 과세기준금액을 초과하여 부동산을 보유하는 자에게 높은 세율로 국세인 종합부동산세를 과세함으로써 부동산보유에 대한 조세부담의 형평을 제고하고 부동산 가격의 안정을 도모하고자 하는 데에 있다.

재산세는 토지 및 건물 소유자들을 대상으로 주소지가 속한 지방자치단체가 관할 구역 내의 토지 및 건물을 대상으로 부과하는 지방세인 반면, 종부세는 일정한 기준을 초과하는 토지와 주택 소유자들에게 누진세율을 적용하여 부과하는 국세이다.

2. 납세의무자

종합소득세 납세의무자는 매년 6월 1일 현재 인별로 소유한 주택 또는 토지의 공시가격 합계액이 과세대상 자산별 과세기준 금액을 초과하는 자이다.

주택(아파트, 다가구·단독주택 등)의 공시가격 합계액: 6억 원(1세대 1주택자는 9억 원)을 초과하는 자이다.

나대지·잡종지 등 종합합산토지의 공시가격 합계액: 5억 원을 초과하는 자이다.

별도합산토지의 공시가격 합계액: 80억 원을 초과하는 자이다.

3. 과세대상

(1) 과세기준일(6월 1일) 주거용 건축물 및 부속토지

건축법상 단독주택, 다가구주택, 다세대주택, 연립주택, 아파트, 주거용 오피스텔.

(2) 과세기준일(6월 1일) 종합합산, 별도합산 토지

ⓐ 종합합산 대상 토지 중 나대지, 잡종지, 농지, 임야, 목장용지 등. 다만 주택건설사업자의 일정한 주택신축용 토지는 과세대상이 아니다.

ⓑ 별도합산 토지 중 기준면적 범위 내의 일반건축물 부속토지, 법령상 인허가 받은 사업용 토지, 기준 초과 토지

ⓒ 분리과세 대상 토지는 원칙적으로 종부세 과세대상에 해당되지 않으나 기준초과 토지는 과세대상이다.

4. 과세표준 계산 과정

종합부동산세는 개인별로 소유한 주택 또는 토지의 기준시가의 합계액에서 과세기준가액을 차감한 금액에 공정시장가액비율을 곱한 금액을 과세표준으로 한다.

5. 부과고지

종합부동산세는 부과과세 방식 조세로 매년 종합부동산세 납세의무자에게 납부할 세액을 정부에서 결정하여 고지하며, 납부기간은 12월 1일부터 15일까지이다.

다만, 납세의무자가 신고납부방식으로 납부하고자 하는 경우에는 그해 12월 1일부터 12월

15일까지 관할 세무서장에게 신고 납부하여야 한다. 이 경우 부과·징수는 결정이 없었던 것으로 본다.

제4장

기타 국세와
목적세 납세의무

제1절 주세 납세의무

1. 납세의무자

주류를 제조하여 제조장으로부터 출고하는 자, 주류를 수입하는 경우 관세법에 따라 관세를 납부할 의무가 있는 자.

2. 주류의 개념

주정이란 희석하여 음료로 할 수 있는 에틸알코올을 말하며, 불순물이 포함되어 있어서 직접 음료로 할 수는 없으나 정제하면 음료로 할 수 있는 조주정을 포함한다.

주세법의 적용을 받은 알코올분 1도 이상의 음료란 용해하여 음료로 할 수 있는 가루 상태인 것을 포함하되, 약사법에 따른 의약품으로서 알코올분이 6도 미만인 것은 제외한다.

발효주류는 탁주, 약주, 청주, 맥주, 과실주가 있고 증류주류는 소주, 위스키, 브랜디, 일반 증류주, 리큐르가 있다.

3. 주류의 제조와 판매 면허

가. 주류의 제조 면허

주류를 제조하려는 자는 주류의 종류별로 주류 제조장마다 일정한 시설기준과 그 밖의 요건을 갖추어 관할 세무서장의 면허를 받아야 한다.

나. 주류의 판매 면허

주류 판매업(판매중개업 또는 접객업을 포함한다)을 하려는 자는 주류 판매업의 종류별로 판매장마다 일정한 시설기준과 그 밖의 요건을 갖추어 관할 세무서장의 면허를 받아야 한다.

(1) 종합주류도매업

주류제조자 또는 외국산 주류를 직접 수입한 자로부터 주정을 제외한 주류를 구입하여 도매하는 것을 말한다.

(2) 특정주류도매업

발효주류 중 탁주·약주 및 청주, 전통주, 소규모 주류제조자가 제조한 맥주 등 주류를 주류제조자로부터 구입하여 도매하는 것.

(3) 주류수출입업

주류를 수출하거나 수입하는 것을 말한다.

(4) 주류소매업

주세법에 따라 면허를 받은 자로서 사업범위를 소매로 지정받은 것을 말하여 의제주류판매업이란 주세법에 따라 사업범위를 소매로 지정받아 주류판매업신고필증을 교부받는 것을 말한다. 유흥음식업이란 식품위생법에 따라 영업허가를 받았거나 신고를 하고 영업행위를 하며 주류판매업면허증 또는 주류판매업신고필증이 교부된 영업을 말한다.

다. 의제주류판매 면허

식품위생법에 따른 영업허가를 받은 장소에서 주류 판매업을 하는 자, 주류 판매를 주된 업종으로 하지 아니하는 백화점, 슈퍼마켓, 편의점 또는 이와 유사한 상점에서 주류를 소매하는 자, 관광진흥법 등에 따른 카지노 사업장에서 무상으로 주류를 제공하는 카지노 사업자, 외국을 왕래하는 항공기 또는 선박에서 무상으로 주류를 제공하는 항공사업자 또는 선박사업자 등은 영업허가를 받은 날 또는 영업을 개시한 날부터 30일 이내에 일정한 사항을 기재한 신고서를 판매장 관할 세무서장에게 제출하여야 한다.

4. 주세의 납세의무자 및 과세표준 신고

주류 제조장에서 주류를 출고한 자는 매 분기 주류 제조장에서 출고한 주류의 종류, 알코올분, 수량, 가격, 세율, 산출세액, 공제세액, 환급세액, 납부세액 등을 적은 신고서를 출고한 날이 속하는 분기의 다음 달 25일까지 관할 세무서장에게 제출하여야 한다.

5. 벌칙

주세법에 따른 면허를 받지 아니하고 주류, 밑술·술덧을 제조(개인의 자기소비를 위한 제조는 제외한다)하거나 판매한 자는 3년 이하의 징역 또는 3천만 원 이하의 벌금에 처한다.

제2절 기타 국세 납세의무

1. 증권거래세

가. 의의

주권이나 합명회사, 합자회사 및 유한회사 사원의 지분이 계약상 또는 법률상의 원인에 의하여 유상으로 그 소유권이 이전되는 경우 당해 주권 등의 양도가액에 대하여 과세되는 조세를 증권거래세라 한다.

나. 주권

주권이라 함은 상법 또는 특별한 법률에 의하여 설립된 법인의 주권이나 외국법인이 발행한 주권 또는 주식예탁증서로서 증권거래법의 규정에 의한 한국증권거래소에 상장된 것을 말한다.

한편, 주권발행 전의 주식, 주식 인수로 인한 권리, 신주인수권과 특별한 법률에 의하여 설립된 법인이 발행하는 출자증권은 증권거래세법의 적용에 있어서 증권으로 본다. 다만, 일정한 주권 등의 양도에 대하여는 조세특례법의 규정에 따라 증권거래세를 과세하지 않는다.

다. 납세의무자

증권시장에서 양도되는 주권, 증권시장 밖에서 일정한 방법에 따라 양도되는 주권을 매매 체결하는 경우에는 한국예탁결제원, 금융투자업자를 통하여 주권을 양도하는 경우에는 해 당 금융투자회사. 기타 방법에 의하여 주권 등을 양도하는 경우에는 그 주권 등의 양도자, 국내 사업장을 가지고 있지 아니한 비거주자 또는 국내 사업장을 가지고 있지 아니한 외국 법인이 주권 등을 금융투자업자를 통하지 아니하고 양도하는 경우에는 그 주권 등이 양수 인이 된다.

라. 양도시기 및 양도가액

양도시기는 해당 매매거래가 확정되는 때이고, 주권의 양도가액을 알 수 없는 경우에는 일정한 방법에 의하여 평가한 가액이다.

마. 증권거래세 신고 및 납부

증권시장 또는 증권시장 밖에서 양도하거나 금융투자업자를 통하여 양도하는 경우에는 매월분의 과세표준과 세액을 다음 달 10일까지 신고 납부하여야 한다.

기타 방법에 의하여 주권 등을 양도하는 경우에는 과세표준과 세액을 양도일이 속하는 분 기의 말일부터 2개월 이내에 신고 납부하여야 한다.

2. 인지세 납세의무

가. 의의

인지세는 국내에서 재산에 관한 권리 등의 창설, 이전 또는 변경에 관한 계약서 기타 이를 증명하는 문서 중 인지세법에 규정된 문서를 과세물건으로 하여 과세되는 세목을 말한다.

국세는 대부분 현금으로 납부하는데 인지세는 과세문서에 전자수입인지를 첨부, 소인하는 방법으로 납부하는 점이 다른 세목과 차이점이다.

나. 납세의무자

국내에서 재산에 관한 권리 등의 창설, 이전 또는 변경에 관한 계약서 기타 이를 증명하는 문서를 작성하는 자로서 자연인, 법인, 사업자, 비사업자, 영리법인, 비영리법인, 내국인, 외국인을 불문하고 과세문서에 명의인으로 되는 자를 말한다.

다. 과세문서

ⓐ 부동산, 선박, 항공지의 소유권 이전에 관한 증서
ⓑ 일정한 금융보험기관과의 금전소비대차에 관한 증서
ⓒ 소유권에 관하여 법률에 의하여 등록 등을 하여야 하는 동산으로 일정한 자산의 양도에 관한 증서
ⓓ 광업권, 무체재산권, 어업권, 출판권, 저작인접권 또는 상호간의 양도에 관한 증서
ⓔ 회원제 골프장을 이용할 수 있는 회원권, 휴양 콘도미니엄을 이용할 수 있는 회원권 등 일정한 시설물 이용권의 입회 또는 양도에 관한 증서
ⓕ 신용카드회원에 가입하기 위한 신청서 등 계속적, 반복적 거래에 관한 일정한 증서

ⓖ 일정한 상품권 및 선불카드

ⓗ 자본시장법에 의한 채무증권, 지분증권 및 수익증권

ⓘ 예금, 적금에 관한 증서 또는 통장, 환매조건부채권 매도약정서, 보험증권 및 신탁에 관한 증서 또는 통장

ⓙ 여신전문금융업법에 의한 시설대여를 위한 계약서

ⓚ 일정한 채무의 보증에 관한 증서

제3절 목적세 납세의무

1. 목적세의 의의

목적세란 보통세에 대한 반대개념으로 특정한 사용목적에 충당하기 위하여 부과하는 조세를 말하는 것으로 현행 세법상에서는 교육세, 교통·에너지세, 환경세, 농어촌특별세가 있다.

2. 교육세

가. 목적

교육의 질적 향상을 도모하기 위하여 필요한 교육재정의 확충에 드는 재원을 확보함을 목적으로 한다.

나. 과세표준과 세액의 계산

금융·보험업의 수익금액×1천분의 5, 개별소비세법에 따라 납부하여야 할 개별소비세액×100분의 30 또는 100분의 15, 교통·에너지·환경세법에 따라 납부하여야 할 교통·에너지·환경세액×100분의 15, 주세법에 따라 납부하여야 할 주세액×100분의 10. 다만, 주세의 세율이 100분의 70을 초과하는 주류에 대해서는 100분의 30으로 한다.

3. 교통·에너지·환경세

가. 목적

교통·에너지·환경세는 목적세로 교통시설특별회계법에 따라 교통시설특별회계, 환경개선특별회계, 에너지 및 자원사업특별회계, 광역지역발전특별회계에 전입된다.

나. 과세대상

휘발유와 이와 유사한 대체유류, 경유 및 이와 유사한 대체유류 등에 대하여 리터당 일정액의 탄력세율을 적용하여 세액을 계산한다.

4. 농어촌특별세

가. 목적

농어민의 경쟁력 강화와 농어촌산업기반시설의 확충 및 농어촌지역개발사업을 위하여 필요한 재원을 확보함을 목적으로 함.

나. 과세표준 계산

ⓐ 조세특례제한법상 법인세 비과세, 소득공제를 받은 경우에는 비과세, 소득공제를 받기 전 과세표준에 의한 법인세율과 비과세, 소득공제를 받은 후 과세표준에 의한 법인세와의 차액×20%.

ⓑ 조세특례제한법상 세액공제, 면제, 감면을 받은 경우에는 세액공제, 면제, 감면을 받은 세액×20%.

다. 비과세

국가, 지방자치단체, 농업인 및 농어업인 관련 단체에 대한 감면, 중소기업에 대한 감면, 비거주자, 외국법인에 대한 감면, 기술 및 인력개발, 공익사업 등 국가 경쟁력 확보, 국민경제의 효율적 운영, 고용증대를 위한 감면 등에 대하여는 비과세한다.

라. 신고 및 납부절차

법인세 감면세액에 부과되는 농어촌특별세는 법인세법의 규정에 따라 법인세를 신고 납부하는 때에 함께 신고 납부하여야 한다.

제2편

납세자의 권리와 의무

납세자의 권리

제1절 환급청구권

1. 의의

세무서장은 납세의무자가 국세 및 체납처분비로서 납부한 금액 중 잘못 납부하였거나 초과하여 납부한 금액이 있거나 세법에 따라 환급하여야 할 환급세액이 있을 때에는 즉시 그 잘못 납부한 금액, 초과하여 납부한 금액 또는 환급세액을 국세환급금으로 결정하여야 한다.

즉, 납세의무자가 납부한 조세 등 세법상의 규정에 의하여 납부하여야 할 금액보다 초과하여 납부된 세액의 반환을 청구할 수 있는 권리를 환급청구권이라고 할 수 있다.

2. 국세환급금의 분류

(1) 과납금

조세의 납부 시 이에 대응하는 확정된 조세채무가 존재하였으나, 후에 불복에 대한 결정, 판결이나 과세관청의 취소결정 등의 사유로 채무가 소멸하게 된 경우에 발생한다.

(2) 오납금

납세신고나 과세처분 등 조세채무 확정행위 또는 징수행위가 당연 무효이거나 부존재함에도 납부 혹은 징수함으로써 조세채무를 초과하는 경우에 발생한다(대법원 1989.6.15. 선고 88누6436 판결).

(3) 환급세액

부가가치세 등 세법에 따라 환급하여야 할 세액, 납세자가 상속세 및 증여세법에 따라 상속세를 물납한 후 그 부과의 전부 또는 일부를 취소하거나 감액하는 결정에 따라 환급하는 경우에는 해당 물납재산으로 환급하여야 한다.

3. 국세환급금 발생일

① 착오납부, 이중납부 또는 납부의 기초가 된 신고 또는 부과의 취소·경정에 따라 환급하는 경우

그 국세 납부일(세법에 따른 중간예납세액 또는 원천징수에 따른 납부액인 경우에는 그 세목의 법정신고 기한의 만료일).

② 적법하게 납부된 국세의 감면으로 환급하는 경우

그 감면 결정일.

③ 소득세법, 법인세법, 부가가치세법, 개별소비세법 또는 주세법에 따른 환급세액의 신고 또는 신고한 환급세액의 경정으로 인하여 환급하는 경우

그 신고일.

④ 적법하게 납부된 후 법률이 개정되어 환급하는 경우

그 개정된 법률의 시행일.

⑤ 원천징수 의무자가 연말정산 또는 원천징수하여 납부한 세액을 경정청구에 의하여 환급하는 경우

연말정산세액 또는 원천징수세액 납부기한의 만료일.

⑥ 근로장려금 등

근로장려금 결정일.

4. 환급청구권자

가. 일반적인 경우

국세환급금은 납세자에게 지급하여야 하므로 환급하여야 할 국세 및 체납처분비를 납부한 해당 납세자가 청구권자가 된다.

여기서 납세자란 납세의무자, 연대납세의무자, 제2차 납세의무자, 납세보증인과 세법에 의하여 조세를 징수하여 납부할 의무가 있는 자를 말한다.

나. 납세자와 실제 사업자가 다른 경우

(1) 판례 태도

실제사업자가 따로 있는데도 과세관청이 사업명의자에게 과세처분을 한 경우, 사업명의자와 과세관청 사이에 과세처분에 따라 세액을 납부하는 법률관계가 성립된다. 이는 실제사업자와 과세관청 사이의 법률관계는 별도의 법률관계로서, 사업명의자에 대한 과세처분에 대하여 실제사업자가 사업자 명의로 직접 납부행위를 하였거나 납부자금을 부담하였다고 하더라도 납부의 법률효과는 과세관청의 상대방인 사업명의자에게 귀속될 뿐이며, 실제사업자와 과세관청의 법률관계에서 실제사업자가 세액을 납부한 효과가 발생된다고 할 수 없다. 따라서 사업명의자에게 과세처분이 이루어져 사업명의자 명의로 세액이 납부되었으나, 과세처분이 무효이거나 취소되어 과오납액이 발생한 경우에 사업자 명의로 납부된 세액의 환급청구권자는 사업명의자와 과세관청 사이의 법률관계에 관한 직접 당사자로서 세액 납부의 법률효과가 귀속되는 사업명의자로 보아야 한다(대법원 2015.8.27. 선고 2013다212639 판결).

(2) 과세실무

국세환급금을 환급하여야 할 국세 및 체납처분비를 납부한 해당 납세자에게 환급함을 원칙으로 한다. 다만, 명의위장 납세자인 경우에는 명의위장이 확인되어 실질소득자에게 과세함에 따라 당초 신고한 명의자의 소득금액을 결정 취소함으로써 발생하는 환급세액은 실질소득자의 기납부세액으로 공제하고 잔여 환급액이 있는 경우에는 실질소득자에게 환급한다(국세기본법 기본통칙 51-0-1).

그러나 예외적으로 명의대여자의 재산으로 납부된 것이 확인되는 경우에는 명의대여자에게 환급하여야 한다(질의회신, 법령해석 기본-5051, 2016.10.31.).

다. 원천징수 의무자의 환급청구권

원천징수 의무자가 원천납세자로부터 원천징수 대상 소득이 아닌 세액을 징수, 납부하였거나 징수하여야 할 세액을 초과하여 징수 납부하였다면 이로 인한 환급청구권은 원천징수 의무자에게 귀속된다(대법원 2002.11.8. 선고 2001두8780 판결).

한편, 근로소득 연말정산에 의한 환급세액은 원천징수 의무자가 근로자인 원천납세의무자에게 지급한다.

라. 제2차 납세의무자가 체납자의 국세 등을 납부한 경우

제2차 납세의무자가 체납자의 국세 등을 납부한 후에 체납자에게 환급할 국세환급금이 발생한 경우 제2차 납세의무자가 동 환급액의 환급을 청구한 때에는 구상권 행사 여부를 조사하여 구상권 행사가 이행된 경우에는 본래의 납세의무자에게 나머지는 제2차 납세의무자에게 환급한다.

마. 법인이 합병한 이후에 피합병법인에 귀속되는 환급금이 발생한 경우

법인이 합병한 이후에 피합병법인에 귀속하는 환급금 등이 발생한 경우 합병 후 존속법인 또는 합병으로 신설된 법인에 지급한다.

바. 피상속인이 납부한 국세 등이 환급되는 경우

피상속인이 납부한 국세 등이 환급되는 경우 그 상속인에게 지급한다. 상속인 대표자를 신고한 경우 그 대표자에게 지급할 수 있다.

5. 국세환급금 양도

납세자가 자신이 환급받을 국세환급금 채권을 타인에게 양도한 후 세무서장에게 통지하고 그 양도를 요구하면 세무서장은 양도인이 납부할 다른 체납 국세 등이 있는지 여부를 조사, 확인하여 체납국세가 있는 때에는 지체없이 체납 국세 등에 먼저 충당한 후 그 잔여금이 있으면 이를 양수인에게 지급하여야 하고 만약 지체없이 충당을 하지 않는 경우에는 양수인이 양수한 환급금 채권은 양수인에게 귀속된다(대법원 1989.5.23. 선고 87다카3223 판결).

6 국세환급금의 소멸

가. 충당에 의한 소멸

(1) 의의

세무서장은 국세환급금으로 결정한 금액을 국세환급금의 환급결정을 한 후 이를 한국은행에 통지하기 전까지 국세 및 체납처분비에 충당하여야 한다.

(2) 충당의 순서

체납된 국세 및 체납처분비에 우선 충당하여야 한다. 다만, 납세고지에 의하여 납부하는 국세에 충당하는 것을 동의하거나 신청한 경우에는 체납된 국세 등보다 납세고지에 의하여 납부하는 국세에 우선 충당하여야 한다.

한편, 충당할 국세환급금이 2건 이상인 경우에는 국세환급금 소멸시효가 먼저 도래하는 것부터 충당하여야 한다.

(3) 충당의 효력

국세환급금의 충당이 있으면 환급금채무와 조세채권의 대등액이 소멸하는 점에서 민법상 상계와 유사하지만 충당의 요건이나 절차, 방법 및 효력은 세법이 정하는 방법에 따른다.

충당이 있는 경우 체납된 국세 및 체납처분비와 국세환급금은 체납된 국세의 법정납부기한과 국세환급금 발생일 중 늦은 때로 소급하여 대등액에 관하여 소멸한 것으로 본다. 즉, 충당결정의 효력이 체납된 국세 등의 납부기한과 국세환급금 발생 시점 중 늦은 시점으로 소급된다는 의미이다.

따라서 체납자에 대한 채권자가 국세환급금에 대해서 법원으로부터 채권압류 및 전부명령을 받은 후 그 압류 및 전부명령이 국세환급금 충당시점인 체납된 국세의 법정납부기한과 국세환급금 발생일 중 늦은 시점 전에 송달되었다면 과세관청은 충당으로 전부채권자에게 대항할 수 없다.

나. 소멸시효 완성에 의한 소멸

납세자의 국세환급금과 국세환급금 가산금에 관한 권리는 행사할 수 있는 때부터 5년간 행사하지 아니하면 소멸시효가 완성된다.

한편, 세무서장이 납세자의 환급청구를 촉구하기 위하여 납세자에게 하는 환급청구의 안내·통지 등으로 인하여 시효가 중단되지 않는다.

제2절 과세전적부심사청구권

1. 의의

세무조사 결과 등 과세예고 통지를 하기 전에 과세할 내용을 미리 납세자에게 통지하여 그 내용에 이의가 있는 납세자로 하여금 과세의 적법심사를 청구할 수 있도록 함으로써 납세자 권리구제의 실효성을 제고하기 위한 것이다.

2. 세무조사결과 등 통지 대상

ⓐ 세무조사 결과에 따라 부족세액을 과세하는 경우

ⓑ 세무서장·지방국세청장에 대한 지방국세청장 또는 국세청장의 업무감사 결과(현지시정 조치 포함)에 따라 과세하는 경우

ⓒ 세무조사에서 확인된 해당 납세자 외의 자에 대한 과세자료를 처리하여 과세하는 경우

ⓓ 납세고지하려는 세액이 1백만 원 이상인 경우(다만, 감사원 시정요구에 따라 과세하는 경우로서 소명안내를 받은 경우 제외)

3. 청구절차

(1) 청구기간

세무조사 결과 등 통지를 받은 날로부터 30일 이내에 통지를 한 세무서장이나 지방국세청장에게 통지 내용의 적법성에 관한 심사를 청구할 수 있다.

이에 따라 과세적부심사 청구기간이 도달하기까지는 과세관청이 후속 처분을 하여서는 안 된다. 다만, 과세전적부심사 청구 후라도 과세전적부심사 청구 제외사유가 발생하는 경우에는 그 결정을 기다리지 않고 과세처분을 할 수 있다.

(2) 청구제외

ⓐ 국세징수법 제14조에 규정된 납기 전 징수의 사유가 있거나 세법에서 규정하는 수시부과 사유가 있는 경우

ⓑ 조세범처벌법 위반으로 고발 또는 통고처분하는 경우

ⓒ 세무조사 결과 통지 및 과세예고 통지를 하는 날부터 국세부과 제척기간의 만료일까지의 기간이 3개월 이하인 경우

4. 결정

(1) 결정기간

국세심사위원회의 심사를 거쳐 결정을 하고 그 결과를 청구를 받은 날부터 30일 이내에 청구인에게 통지하여야 한다.

(2) 결정유형

ⓐ 채택: 청구가 이유 있다고 인정되는 경우

ⓑ 불채택: 청구가 이유 없다고 인정되는 경우

ⓒ 심사제외: 청구기간 경과 또는 보정기간에 보정하지 아니한 경우

5. 조기결정청구권

과세예고 통지를 받은 자는 과세전적부심사를 청구하지 아니하고 통지를 한 세무서장이나 지방국세청장에게 통지받은 내용의 전부 또는 일부에 대하여 과세표준 및 세액을 조기에 결정하거나 경정결정해 줄 것을 신청할 수 있다. 이 경우 해당 세무서장이나 지방국세청장은 신청받은 내용대로 즉시 결정이나 경정결정을 하여야 한다.

제3절 경정청구권

1. 의의

　법정신고 기한 내에 과세표준신고서를 제출한 자(연말정산 또는 원천징수하여 소득세 또는 법인세를 납부하고 지급명세서를 제출하기까지 제출한 원천징수의무자 또는 원천징수대상자 포함)가 이미 신고, 결정 또는 경정 결정된 과세표준 및 세액이 세법에 의하여 신고하여야 할 과세표준 및 세액을 초과하는 경우에 납세의무자가 과세관청에 과세표준 및 세액 등의 결정 또는 경정을 청구하는 것을 경정청구라고 한다.

　경정청구에는 과세표준신고서 등에 기재한 과세표준 및 세액 등의 과다계상으로 이를 시정하기 위한 통상적 경정청구와 일정한 경정사유가 후발적으로 발생한 경우 납세자의 권리보호 차원에서 경정을 청구할 수 있는 후발적 사유에 의한 경정청구가 있다.

2. 통상적 경정청구

가. 청구기한

　법정신고 기한이 지난 후 5년 이내에 관할 세무서장에게 청구할 수 있다. 다만, 결정 또는 경정으로 인하여 증가된 과세표준 및 세액에 대하여는 해당 처분이 있음을 안 날(처분의 통지를 받은 때에는 그 받은 날)부터 90일 이내(법정신고 기한이 지난 후 5년 이내로 한정한다)에 경정을 청구할 수 있다.

나. 청구사유

과세표준신고서에 기재된 과세표준 및 세액(각 세법에 따라 결정 또는 경정이 있는 경우에는 해당 결정 또는 경정 후의 과세표준 및 세액을 말한다)이 세법에 따라 신고하여야 할 과세표준 및 세액을 초과하는 때.

과세표준신고서에 기재된 결손금액 또는 환급세액(각 세법에 따라 결정 또는 경정이 있는 경우에는 해당 결정 또는 경정 후의 결손금액 또는 환급세액을 말한다)이 세법에 따라 신고하여야 할 결손금액 또는 환급세액에 미치지 못할 때.

종합소득 과세표준 확정신고 기한이 경과한 후에 소득처분에 의하여 소득금액에 변동이 발생하여 원천납세자가 소득세법 시행령 제134조 제1항에 따라 종합소득 과세표준 및 세액을 추가 신고한 경우 원천납세의무자는 그가 실제로 납부한 세액의 한도 내에서가 아니라 추가신고의 대상이 된 과세표준과 세액 전부에 대하여 구 국세기본법 제45조의2 제1항 제1호에 따른 경정청구권을 행사할 수 있다(대법원 2016.7.14. 선고 2014두 45246 판결).

종합부동산세법의 제정 및 개정 경위, 종합부동산세 관련 규정의 체계 및 내용에 비추어 보면, 과세관청이 정당한 세액을 특정할 수 있도록 구 종합부동산세법 제8조 제3항에서 정한 법정신고 기한까지 합산배제신고서를 제출한 납세의무자는 합산배제신고를 하지 않고 종합부동산세가 부과된 이후 합산배제 대상주택을 반영하여 종합부동산세를 신고납부한 납세의무자와 마찬가지로 구 국세기본법 제45조의2 제1항 본문에 따른 통상의 경정청구를 할 수 있다고 봄이 타당하다(대법원 2018.6.15. 선고 2017두73068 판결).

3. 후발적 경정청구

가. 내용

경정청구는 법정신고 납부기한 경과 후 5년 이내에 청구하여야 하는데 5년이 경과해도 소송에 대한 판결 등에 의하여 신고, 결정 또는 경정된 과세표준과 세액계산의 근거가 된 거래 또는 행위 등이 다른 것으로 확정된 때에 세법이 특별히 인정하는 경우 경정청구를 할 수 있는데 이를 후발적 경정청구라고 한다. 무신고자 또는 기한후 신고자도 경정청구를 할 수 있다.

나. 취지

납세의무 성립 후 일정한 후발적 사유의 발생으로 말미암아 과세표준 및 세액의 산정기초에 변동이 생긴 경우 납세자로 하여금 그 사실을 증명하여 감액을 청구할 수 있도록 함으로써 납세자의 권리구제를 확대하려는 데 있다(대법원 2011.7.28. 선고 2009두 22379 판결).

다. 청구기한

사유가 발생한 것을 안 날로부터 3개월 이내에 결정 또는 경정을 청구할 수 있다. 경정청구 기간이 도과한 후에 제기된 경정청구는 부적법하여 과세관청이 과세표준 및 세액을 결정 또는 경정하거나 그 거부처분을 할 의무가 없다.

한편, 최초에 신고하거나 결정 또는 경정한 과세표준 및 세액의 계산근거가 된 거래 또는 행위 등에 대하여 분쟁이 생겨 그에 관한 판결에 의하여 다른 것으로 확정된 때에는 납세의무자는 국세부과권의 제척기간이 경과한 후라도 후발적 경정청구를 할 수 있다(대법원 2006.1.26. 선고 2005두7006 판결).

라. 경정청구 사유

① 최초의 신고·결정 또는 경정에서 과세표준 및 세액의 계산 근거가 된 거래 또는 행위 등이 그에 관한 소송에 대한 판결에 의하여 다른 것으로 확정되었을 때 자백간주에 의한 판결이나 임의조정, 강제조정, 재판상 화해 등의 경우 경정청구 사유에 해당한다(대법원 2007.10.12. 선고 2007두13906 판결).

이의 의미는 최초의 신고 등이 이루어진 후 과세표준 및 세액의 계산 근거가 된 거래 또는 행위 등에 관한 분쟁이 발생하여 그에 관한 소송에서 판결에 의하여 그 거래 또는 행위 등의 존부나 그 법률효과 등이 다른 내용의 것으로 확정됨으로써 최초의 신고 등이 정당하게 유지될 수 없게 된 경우를 의미한다(대법원 2011.7.28. 선고 2009두22379 판결).

최초의 신고 등에서 과세표준 및 세액 계산의 근거가 된 거래 또는 행위 등이 다른 내용의 것으로 민사판결이 있는 경우라면 특별한 사정이 없는 한 후발적 경정청구사유에 해당된다(대법원 2017.9.7. 선고 2017두41740 판결).

한편, 민사소송이나 세무소송에서 형사재판에서 인정된 사실에 구속을 받는 것은 아니라 하더라도 이미 확정된 관련 있는 형사판결에서 인정된 사실은 이를 채용할 수 없는 특별한 사정이 나타나 있지 아니하는 한 사실 인정의 유력한 자료가 되어 이를 함부로 배척할 수 없다(대법원 1985.10.8. 선고 84누411 판결).

또한 범죄수익을 얻은 후 관련 형사사건에서 몰수나 추징이 이루어진 경우에 그 위법소득에 내재하여 있던 경제적 이익의 상실가능성이 현실화된 경우에 해당하므로 소득세 과세대상으로 볼 수 없다(대법원 2015.7.16. 선고 2014두5514 판결).

따라서 기타소득으로 소득세가 과세된 뇌물 또는 알선수재 및 배임수재에 의하여 받은 금품에 대하여 법원의 판결에 따른 몰수 또는 추징으로 회수가 이루어진 경우 그 회수된 부분에 대하여는 후발적 경정청구 사유로 과세표준의 결정 또는 경정을 청구할 수 있다(기획재정부 소득제세과-117, 2017.3.2.).

과세실무상 형사사건의 판결은 국세기본법 제45조의2 제2항 및 같은 법 시행령 제25조의2에서 규정하는 후발적 경정청구 사유에 해당하는 판결의 범위에 해당하지 않는다(질의회신, 법령해석기본-4790, 2016.9.9.).

한편, 후발적 경정청구의 사유가 되는 판결에 경정청구를 하는 납세자가 소송의 당사자가 아닌 제3자에 대한 판결로 후발적 경정청구를 할 수는 없다(과세기준자문, 법령해석기본-0037, 2018.3.15.).

② 소득이나 그 밖의 과세물건의 귀속을 제3자에게로 변경시키는 결정 또는 경정이 있을 때

③ 조세조약에 따른 상호합의가 최초의 신고·결정 또는 경정의 내용과 다르게 이루어졌을 때

④ 결정 또는 경정으로 인하여 그 결정 또는 경정의 대상이 되는 과세기간 외의 과세기간에 대하여 최초에 신고한 국세의 과세표준 및 세액이 세법에 따라 신고하여야 할 과세표준 및 세액을 초과할 때

한편, 법인이 특정 사업연도에 고의로 수익을 과다계상하거나 손비를 과소계상하는 방법으로 사실과 다른 분식결산을 하고 법인세를 과다신고 하였다가, 위와 같은 분식결산의 효과를 상쇄시키기 위하여 그 차기 사업연도 이후부터 수익을 과소계상하거나 손비를 과다계상하는 방법으로 분식결산을 하고 법인세를 과소신고한 경우 과세관청이 그 차기 사업연도 이후 과소계상한 수익을 익금산입하거나 과다계상한 손비를 손금불산입하고 법인세를 증액경정함으로써 그 특정 사업연도에 이루어진 분식결산의 효과를 상쇄시키지 못하게 되었다 하더라도, 그러한 사정만으로 과세관청의 조치로 인하여 그 특정 사업연도에 신고한 과세표준 및 세액의 산정기초에 후발적 변동이 생겨 그 과세표준 및 세액이 세법에 의하여 신고하여야 할 과세표준 및 세액을 초과하게 된 때에 해당한다고 할 수 없다(대법원 2013.7.11. 선고 2011두16971 판결).

⑤ 최초의 신고·결정 또는 경정으로 인하여 그 결정 또는 경정의 대상이 되는 과세기간 외의 과세기간에 대하여 최초에 신고한 국세의 과세표준 및 세액이 세법에 따라 신고하여야 할 과세표준 및 세액을 초과할 때

⑥ 최초의 신고·결정 또는 경정을 할 때 과세표준 및 세액의 계산 근거가 된 거래 또는 행위

등의 효력과 관계되는 관청의 허가나 그 밖의 처분이 취소된 경우

⑦ 최초의 신고·결정 또는 경정을 할 때 과세표준 및 세액의 계산 근거가 된 거래 또는 행위 등의 효력과 관계되는 계약이 해제권의 행사에 의하여 해제되거나 해당 계약의 성립 후 발생한 부득이한 사유로 해제되거나 취소된 경우

부득이한 사유로 인한 해제 또는 취소된 경우란 사정변경에 의하여 계약내용의 구속력을 인정하는 것이 부당한 경우와 이와 유사한 사유로 합의해제된 경우 등을 의미한다.

⑧ 최초의 신고·결정 또는 경정을 할 때 장부 및 증거서류의 압수, 그 밖의 부득이한 사유로 과세표준 및 세액을 계산할 수 없었으나 그 후 해당 사유가 소멸한 경우

⑨ 소득세법 제118조의10 제1항에 따른 국외전출자 국내주식 등을 실제로 양도하는 경우로서 실제 양도가액과 같은 항 본문에 따른 출국일 당시의 양도가액 간 차액이 발생한 경우

마. 기타 후발적 경정청구 사유

납세의무 성립 후 소득의 원인이 된 채권이 채무자의 도산 등으로 회수불능 되어 장래 그 소득이 실현될 가능성이 없게 된 것이 객관적으로 명백한 경우에는 특별한 사정이 없는 한 후발적 경정청구 사유에 해당한다(대법원 2014.1.29. 선고 2013두18810 판결).

바. 근로자의 연말정산소득 등에 대한 경정청구권

(1) 대상소득

연말정산을 하는 근로·연금·사업소득과 퇴직소득 및 비거주자의 근로소득 등 국내원천소득.

(2) 청구권자

원천징수의무자 또는 근로자 등이 가능하다.

(3) 청구요건

원천징수의무자가 연말정산세액을 납부하고 지급명세서를 법정기한(3월 10일)까지 제출한 경우에 청구할 수 있다.

(4) 청구기한

법정신고 기한 경과 후 5년 이내에 경정청구할 수 있다.

사. 법인세법상 경정청구권의 제한

작업진행률에 의한 익금 또는 손금의 산입이 공사계약의 해약으로 인하여 확정된 금액과 차액이 발생된 경우에는 그 차액을 해약일이 속하는 사업연도의 익금 또는 손금에 산입한다.

아. 상속세 및 증여세법상 결정·경정청구권

(1) 경정청구 사유

피상속인 또는 상속인과 그 외 제3자와의 분쟁으로 인한 상속회복 청구소송의 확정판결로 상속개시일 상속재산가액이 변동된 경우.

유류분반환청구소송의 확정판결이 있어 상속개시일 현재 상속인 간에 상속재산가액이 변동된 경우.

상속개시 후 1년이 되는 날까지 상속재산이 수용·경매 또는 공매된 경우로서 그 보상가액·경매가액 또는 공매가액이 상속세과세가액보다 하락한 경우.

상속개시 후 1년이 되는 날까지 주식을 할증평가하여 과세하였으나 법정결정기간 중 피상속인 및 상속인과 특수관계인이 아닌 자에게 일괄하여 매각함으로써 최대주주 그룹의 주식에 해당되지 아니하는 경우.

부동산 무상사용기간 중 부동산소유자로부터 해당 부동산을 상속 또는 증여받거나 해당 부동산을 무상으로 사용하지 아니하게 되는 경우에 그 사유 발생일부터 3개월 이내에 결정·경정청구 하는 경우.

(2) 경정청구기간

사유가 발생한 날로부터 6개월 이내에 결정·경정을 청구하여야 한다.

자. 처리기한

결정 또는 경정의 청구를 받은 세무서장은 그 청구를 받은 날부터 2개월 이내에 과세표준 및 세액을 결정 또는 경정하거나 결정 또는 경정하여야 할 이유가 없다는 뜻을 그 청구를 한 자에게 통지하여야 한다.

한편, 과세관청이 납세의무자의 경정청구에 대하여 거부처분을 한 경우에 납세의무자는 당초의 경정청구와 동일한 내용으로 재차 경정청구를 할 수 없으며, 과세관청의 거부처분에 대하여 국세기본법에 따른 불복절차를 진행하여야 한다.

제4절 불복청구권

1. 의의

조세는 국가권력이 개별적인 반대급부 없이 국민으로부터 강제로 징수한다는 점에서 조세권이 남용되면 국민의 재산권이 침해될 가능성이 있다. 따라서 과세관청의 위법 부당한 처분으로 권리 또는 이익을 침해받은 자는 구제를 받을 수 있는 불복절차가 필요하다. 이 때문에 조세불복제도가 만들어진 것이다.

즉, 조세불복제도는 국가의 재정권에 대해 국민의 권익을 보호하고 조세행정의 남용을 방지하는 한편, 위법 부당한 과세처분에 대하여 국민의 권리와 이익을 구제하며 조세법 질서의 유지와 조세정의를 기하는 데 의의가 있다.

2. 불복청구 대상

국세기본법 또는 개별세법에 따른 처분으로서 위법 또는 부당한 처분을 받거나 필요한 처분을 받지 못함으로 인하여 권리나 이익을 침해당한 자는 국세기본법의 규정에 따라 그 처분의 취소 또는 변경을 청구하거나 필요한 처분을 청구할 수 있다.

3. 불복청구 구분

가. 이의신청

(1) 의의

세법에 의한 처분으로 위법 또는 부당한 처분을 받거나 필요한 처분을 받지 못함으로써 권리 또는 이익의 침해를 받은 자가 처분청 또는 관할 지방국세청장에게 그 처분의 취소·변경이나 필요한 처분을 청구하는 불복절차를 말한다.

(2) 관할 세무서장에게 이의신청하여야 할 처분

관할 세무서장이 하였거나 하였어야 할 처분.

(3) 지방국세청장에게 이의신청하여야 할 처분

ⓐ 지방국세청장의 조사에 따라 과세처분을 한 경우

ⓑ 조사한 세무서장과 과세처분한 세무서장이 서로 다른 경우

ⓒ 세무조사 결과에 대한 서면통지에 따라 관할 세무서장에게 과세전적부심사를 청구한 경우

ⓓ 세무서 또는 지방국세청에 대한 지방국세청장 또는 국세청장의 업무감사 결과에 따라 세무서장 또는 지방국세청장이 하는 과세예고통지에 의한 과세

ⓔ 세무조사에서 확인된 해당 납세자 외의 자에 대한 과세자료 및 현지 확인조사에 따라 세무서장 또는 지방국세청장이 하는 과세예고통지에 대한 과세적부심사청구를 한 경우

ⓕ 납세고지하려는 세액이 1백만 원 이상인 과세예고통지에 대하여 과세적부심사청구를 한 경우

(4) 이의신청 청구기간

해당 처분이 있음을 안 날(처분의 통지를 받은 때에는 그 받은 날)로부터 90일 이내에 제기하여야 한다.

(5) 결정기간

이의신청을 받은 날로부터 30일 이내에 하여야 한다(다만, 이의신청인이 결정기간내 항변하는 경우에는 이의신청을 받은 날부터 60일 이내).

(6) 국세심사위원회의 구성

(가) 세무서에 두는 국세심사위원회

위원장(세무서장)이 소속 공무원 중에서 임명하는 4명 이내의 사람과 법률 또는 회계에 관한 학식과 경험이 풍부한 사람 중에서 위촉하는 16명 이내의 사람.

(나) 지방국세청에 두는 국세심사위원회

위원장(지방국세청장)이 소속 공무원 중에서 임명하는 6명 이내의 사람과 법률 또는 회계에 관한 학식과 경험이 풍부한 사람 중에서 위촉하는 20명 이내의 사람.

(7) 결정절차 및 유형

(가) 각하결정

① 청구기간이 지난 후에 청구된 경우 ② 보정기간에 필요한 보정을 하지 아니한 경우 ③ 부적법한 이의신청의 경우에 하는 결정이다.

(나) 기각결정

이의신청이 이유 없다고 인정될 때.

(다) 인용결정

취소, 경정 결정을 하거나 필요한 처분의 결정.

(라) 재조사 결정

취소, 경정 결정을 하거나 필요한 처분의 결정을 위하여 사실관계 확인이 필요한 경우.

나. 국세청 심사청구

(1) 의의

세법에 의한 처분으로 위법 또는 부당한 처분을 받거나 필요한 처분을 받지 못함으로써 권리 또는 이익의 침해를 받은 자가 국세청장에게 그 처분의 취소, 변경이나 필요한 처분을 청구하는 불복절차를 말한다.

(2) 청구기간

해당 처분이 있음을 안 날(처분의 통지를 받은 때에는 그 받은 날)로부터 90일 이내에 제기하여야 한다.

(3) 국세심사위원회 구성

국세청장이 위원장(국세청 차장)과 소속 공무원 중에서 임명하는 10인 이내의 사람과 법률 또는 회계에 관한 학식과 경험이 풍부한 사람 중에서 위촉하는 24명 이내의 사람.

(4) 결정유형

(가) 각하결정

㉠ 심판청구를 제기한 후 심사청구를 제기(같은 날 제기한 경우도 포함한다)한 경우 ㉡ 청구기간이 지난 후에 청구된 경우 ㉢ 보정기간에 필요한 보정을 하지 아니한 경우 ㉣ 부적법한 이

의신청인 경우에 하는 결정이다.

(나) 기각결정

심사청구가 이유 없다고 인정될 때.

(다) 인용결정

취소, 경정 결정을 하거나 필요한 처분의 결정.

(라) 재조사 결정

취소, 경정 결정을 하거나 필요한 처분의 결정을 위하여 사실관계 확인이 필요한 경우.

다. 감사원 심사청구

감사원의 고유업무인 행정기관에 대한 회계감사 및 공무원에 대한 직무감찰 권한에 근거하여 행정기관 등의 잘못된 행위로 인하여 그 상대방이 불이익을 받은 경우 정부에 대하여 직무상 독립된 지위에서 그 행위가 정당한지 부당한지 여부를 가려 부당한 행위임이 인정될 때에 이를 시정하도록 함으로써 국민의 권리를 보호하고자 하는 권리구제수단이다.

감사원 심사청구는 당해 처분이 있은 것을 안 날로부터 90일 이내에 제기할 수 있고, 청구를 받은 날로부터 3월 이내에 결정한다.

라. 심판청구

(1) 의의

세법에 의한 처분으로 위법 또는 부당한 처분을 받거나 필요한 처분을 받지 못함으로써 권리 또는 이익의 침해를 받은 자가 조세심판원장에게 그 처분의 취소, 변경이나 필요한 처분을 청구하는 불복절차를 말한다.

국세행정기관의 집행기관인 국세청과는 별도의 기관에서 사건의 심리와 결정을 담당하므로 다른 조세불복절차와 비교하여 상대적으로 공정성과 객관성을 기대할 수 있다.

(2) 결정기관

국무총리 소속의 조세심판원에서 수행한다.

(3) 조세심판전치주의

국세처분에 관하여는 기본법상 조세심판전치주의를 명문화하여 기본법상 심사 또는 심판청구(감사원 심사청구 포함)를 거쳐야 행정소송을 제기할 수 있다.

(4) 청구절차

그 처분을 하였거나 하였어야 할 세무서장을 거쳐 조세심판원장에게 심판청구서를 제출하여야 한다.

(5) 청구기간

심판청구는 해당 처분이 있음을 안 날(처분의 통지를 받은 때에는 그 받은 날)로부터 90일 이내에 제기하여야 한다.

(6) 조세심판관회의 구성

조사와 심리를 담당할 주심조세심판관 1명과 배석조세심판관 2명 이상으로 구성되고, 의결은 담당 조세심판관 3분의 2 이상 출석으로 개의하고, 출석조세심판관 과반수의 찬성으로 의결한다.

(7) 조세심판관합동회의 구성

심판원장, 상임심판관 6명 전원, 비상임심판관 6인 이상으로 구성하고, 원장 포함하여 담당 조세심판관 전원의 2/3이상 출석으로 개의하고 출석 조세심판관 과반수 찬성으로 의결한다.

한편, 조세심판관합동회의에 회부할 수 있는 사유는 ㉠ 해당 심판청구사건에 관하여 세법의 해석이 쟁점이 되는 경우로서 이에 관하여 종전의 조세심판원 결정이 없는 경우 ㉡ 종전에 조세심판원에서 한 세법의 해석·적용을 변경하는 경우 ㉢ 조세심판관 회의 간에 결성의 일관성을 유지하기 위한 경우 ㉣ 청구기간 해당 심판청구사건에 대한 결정이 다수의 납세자에게 동일하게 적용되는 등 국세행정에 중대한 영향을 미칠 것으로 예상되어 국세청장이 조세심판원장에게 조세심판관합동회의에서 심리하여 줄 것을 요청하는 경우(이 경우에는 해당 심판청구서를 받은 날로부터 25일 이내에 조세심판관합동회의 심리요청서를 조세심판원장에게 제출하여야 한다.) ㉤ 그 밖에 해당 심판청구사건에 대한 결정이 국세행정이나 납세자의 권리·의무에 중대한 영향을 미칠 것으로 예상되는 경우.

(8) 결정기관

결정은 심판청구를 받은 날로부터 90일 이내에 하여야 한다.

(9) 결정절차

(가) 결정방법

원칙적으로 조세심판원장이 조세심판관회의의 심리를 거쳐 결정한다.

다만, 예외적으로 심판청구금액이 3천만 원(지방세의 경우 1천만 원) 미만인 것으로 청구사항이 법령의 해석에 관한 것이 아닌 것이거나, 청구사항이 법령의 해석에 관한 것으로서 유사한 청구에 대하여 이미 조세심판관회의의 의결에 따라 결정된 사례가 있는 경우, 청구금액에 관계없이 심판청구가 과세표준 또는 세액의 결정에 관한 것 외의 것으로서 유사한 청구에 대하여 이미 조세심판관회의의 의결에 따라 결정된 사례가 있는 것에 대하여는 조세심판관회의 없이 주심조세심판관이 결정할 수 있다.

(나) 불고불리의 원칙

조세심판관회의 또는 조세심판관합동회의는 심판청구의 결정을 할 때 심판청구를 한 처분 외의 처분에 대해서는 그 처분의 전부 또는 일부를 취소 또는 변경하거나 새로운 처분의 결정을 하지 못한다.

(다) 불이익변경 금지의 원칙

조세심판관회의 또는 조세심판관합동회의는 심판청구에 대한 결정을 할 때 심판청구를 한 처분보다 청구인에게 불이익한 결정을 하지 못하는데 이를 불이익변경금지원칙이라 한다.

한편, 재조사결정에 따른 후속처분도 심판청구에 따른 결정이므로 불이익변경금지원칙이 적용된다(대법원 2016.9.28. 선고 2016두39382 판결).

(10) 결정내용

(가) 각하결정

㉠ 청구기간이 지난 후에 청구된 경우 ㉡ 보정기간에 필요한 보정을 하지 아니한 경우 ㉢ 부적법한 심판청구.

(나) 기각결정

심판청구가 이유 없다고 인정될 때.

(다) 인용결정

취소, 경정 결정을 하거나 필요한 처분의 결정을 한다. 한편, 처분에 대한 조세심판절차에서 납세자의 심판청구 사유가 옳다고 인정하여 종전 처분을 취소하였음에도 동일 사항에 관하여 특별한 사유 없이 이를 번복하고 종전의 처분을 되풀이한 것에 불과하다면 위법하다 (대법원 2019.1.31. 선고 2017두75873 판결).

(라) 재조사결정

취소, 경정 결정을 하거나 필요한 처분의 결정을 위하여 사실관계 확인이 필요한 경우에 한다.

제5절 각종 기한 연장 신청권

1. 신청사유

ⓐ 납세자가 화재, 전화, 그 밖의 재해를 입거나 도난을 당한 경우

ⓑ 납세자 또는 그 동거가족이 질병이나 중상해로 6개월 이상의 치료가 필요하거나 사망하여 상중인 경우

ⓒ 납세자가 그 사업에서 심각한 손해를 입거나, 그 사업이 중대한 위기에 처한 경우(다만 이 경우에는 납부만 해당한다)

ⓓ 정전, 프로그램 오류, 그 밖의 부득이한 사유로 한국은행(그 대리점을 포함한다) 및 체신관서의 정보통신망의 정상적인 가동이 불가능한 경우

ⓔ 금융회사 등(한국은행 국고대리점 및 국고수납대리점인 금융회사 등만 해당) 또는 체신관서의 휴무, 그 밖의 부득이한 사유로 정상적인 세금납부가 곤란하다고 국세청장이 인정하는 경우

ⓕ 권한 있는 기관에 장부나 서류가 압수 또는 영치된 경우

ⓖ 납세자의 형편, 경제적 사정 등을 고려하여 기한의 연장이 필요하다고 인정되는 경우로서 국세청장이 정하는 기준에 해당하는 경우(납부에 한정한다)

ⓗ 세무사, 세무법인, 공인회계사, 회계법인이 화재, 전화, 그 밖의 재해를 입거나 도난을 당한 경우

2. 신청기한 및 연장기한

(1) 신청기한

기한의 연장을 받으려는 자는 기한 만료일 3일 전까지 일정한 사항을 기재한 문서로 관할 세무서장 등에게 신청하여야 한다.

(2) 연장기한

(가) 신청, 청구, 기타 서류의 제출 등의 기한연장

3개월 이내로 하되, 당해 기한연장의 사유가 소멸되지 아니하는 경우에는 1월의 범위 안에서 기한을 재연장할 수 있다.

(나) 신고 및 납부의 기한연장

9개월의 범위 내에서 관할 세무서장이 연장 또는 재연장할 수 있다.

3. 승인 및 담보제공

납세연장신청서가 접수되면 신청내용 및 담보내용 등을 검토하여 승인여부를 결정하여야 한다.

납기연장을 승인하는 때 해당 조세채권 확보를 위하여 납세성실도, 유예사유, 유예금액, 유예기간 등을 고려하여 필요한 납세담보의 제공을 요구하여야 한다.

다만, 사업이 중대한 위기에 처한 경우, 유예 세액이 5천만 원 이하이고 납세자의 최근 2년간 체납사실 여부 등을 고려하여 조세일실의 우려가 없다고 인정되는 경우에는 납세담보의 제공을 요구하지 아니할 수 있다.

4. 납기연장의 취소

담보의 제공 등 세무서장의 요구에 응하지 아니한 경우, 납기 전 징수사유에 해당되어 그 연장한 납부기한까지 당해 연장에 관계되는 국세 전액을 징수할 수 없다고 인정되는 경우, 재산상황의 변동 등 그 연장의 필요가 없다고 인정되는 경우, 금융회사의 정보통신망이 복구되어 정상가동 되는 경우, 금융회사의 부득이한 사유가 소멸되어 정상적 납부가 가능한 경우에는 납기연장을 취소한다.

제6절 징수유예 신청권

1. 의의

징수유예란 소관 세무서장이 납기개시 전에 납세자의 일정한 사유로 국세를 납부할 수 없다고 인정하는 경우에 납세의 고지를 유예하거나 결정한 세액을 분할하여 고지하도록 하는 것을 말한다. 납세자가 고지의 유예를 받거나 세액을 분할하여 고지받고자 할 때에는 납세자의 주소 또는 거소와 성명, 납부할 국세의 과세연도, 세목, 세액과 납부기한, 징수유예를 받고자 하는 이유와 기간, 분할납부의 방법에 의하여 징수유예를 받고자 하는 경우에는 그 분납금 및 회수 등을 기재한 문서로 관할 세무서장에게 신청할 수 있다.

2. 징수유예 사유

가. 납기 전 징수유예 사유

ⓐ 재해 또는 도난으로 재산에 심한 손실을 입은 경우

ⓑ 사업에 현저한 손실을 입은 경우

ⓒ 사업이 중대한 위기에 처한 경우

ⓓ 납세자 또는 그 동거가족의 질병이나 중상해로 장기치료가 필요한 경우

ⓔ 국제조세조정에 관한 법률에 따른 상호합의절차가 진행 중인 경우

ⓕ 기타 위 사유에 준하는 사유가 있는 경우

나. 고지된 국세 등의 징수유예

ⓐ 재해 또는 도난으로 재산에 심한 손실을 입은 경우

ⓑ 사업에 현저한 손실을 입은 경우

ⓒ 사업이 중대한 위기에 처한 경우

ⓓ 납세자 또는 그 동거가족의 질병이나 중상해로 장기치료가 필요한 경우

ⓔ 국제조세조정에 관한 법률에 따른 상호합의 절차가 진행 중인 경우

ⓕ 기타 위 사유에 준하는 사유가 있는 경우

3. 징수유예 신청 및 처리

가. 신청기한

고지 예정이나 고지된 국세의 경우에는 납부기한 3일 전까지 신청을 하여야 하고, 체납된 국세는 독촉기한 또는 최고기한의 3일 전까지 일정한 사항을 기재한 신청서를 관할 세무서 장에게 제출하여야 한다.

나. 유예내용 및 승인

(1) 납기가 시작되기 전에 신청한 경우

고지의 유예 또는 세액의 분할 고지를 신청할 수 있고, 세무서장은 고지 예정인 국세의 납

부기한 만료일까지 해당 납세자에게 승인 여부를 통지하여야 한다.

(2) 고지 후에 신청한 경우

징수유예를 신청하려는 경우에는 고지된 국세의 납부기한, 체납된 국세의 독촉기한 또는 최고기한의 3일 전까지 일정한 사항을 기재한 신청서를 관할 세무서장에게 제출하여야 한다. 다만, 관할 세무서장은 납세자가 납부기한 3일 전까지 신청서를 제출할 수 없다고 인정하는 경우에는 납부기한의 만료일까지 제출하게 할 수 있다.

한편, 징수를 유예할 때에는 그 유예에 관계되는 금액에 상당하는 납세담보의 제공을 요구할 수 있다.

다. 유예기간

유예기간은 유예한 날의 다음 날부터 9개월 이내로 하고, 징수 유예기간 중의 분납기한 및 분납금액은 관할 세무서장이 정할 수 있다. 이 경우 관할 세무서장은 징수 유예기간이 6개월을 초과할 때에는 가능하면 징수 유예기간 개시 후 6개월이 지난 날부터 3개월 이내에 분납하도록 정하여야 한다.

다만, 고용재난지역, 산업위기대응특별지역, 특별재난지역 등에 위치한 납세자는 유예한 날부터 2년 이내로 할 수 있다.

4. 징수유예의 효과

고지된 국세 등이 징수유예된 경우 국세기본법에 따른 납부지연 가산세를 징수하지 않는다. 고지된 국세의 납부기한이 지난 후 체납액의 징수를 유예한 경우에는 그 징수유예 기간 동안에는 납부지연 가산세를 징수하지 않는다. 납세자가 납세의 고지 또는 독촉을 받은 후에 채무자 회생 및 파산에 관한 법률에 따른 징수유예의 경우에도 납부지연 가산세를 징수하지 않는다.

또한 징수유예 기간 중에는 그 유예한 국세 또는 체납액에 대하여 체납처분을 할 수 없다.

5. 징수유예의 취소

징수유예한 납세자가 국세와 체납액을 지정된 기한까지 납부하지 아니하였을 때, 담보의 변경이나 그 밖에 담보보전에 필요한 세무서장의 명령에 따르지 아니하였을 때, 재산상황이나 그 밖의 사정의 변화로 유예할 필요가 없다고 인정될 때, 납기 전 징수사유(지방세 또는 공과금의 체납으로 체납처분을 받을 때, 강제집행을 받을 때, 어음법 및 수표법에 따른 어음교환소에서 거래정지 처분을 받은 때, 경매가 시작된 때, 법인이 해산한 때, 국세를 포탈하려는 행위가 있다고 인정될 때, 납세관리인을 정하지 아니하고 국내에 주소 또는 거소를 두지 아니하게 된 때)에 해당되어 그 유예한 기한까지 유예에 관계되는 국세 또는 체납액의 전액을 징수할 수 없다고 인정될 때에는 그 징수유예를 취소하고 유예에 관계되는 국세 또는 체납액을 일시에 징수할 수 있다.

제7절 세무조사 시 각종 신청권

1. 세무조사 연기·중지 신청권

사전세무조사 통지를 받거나 세무조사 진행 중인 납세자는 화재, 그 밖의 재해로 사업상 심각한 어려움이 있을 때, 납세자 또는 납세관리인의 질병, 장기출장 등으로 세무조사가 곤란하다고 판단될 때, 권한 있는 기관에 장부, 증거서류가 압수되거나 영치되었을 때에는 세무조사를 연기 또는 중지 신청할 수 있다.

세무서장은 연기 신청의 경우에 그 승인 여부를 결정하고 그 결과를 조사 개시 전까지 통지하여야 한다.

2. 세무조사 중 권리 보호 요청권

세무조사 중 세법·동시행령·동시행규칙에 명백히 위법·부당하다고 인정되는 세무조사에 대하여 일시중지 또는 중지를 납세자보호담당관에게 요청할 수 있다.

또한 중복조사에 대한 권리보호, 중소규모 납세자 이외의 납세자에 대한 세무조사 범위의 확대에 따른 권리 보호, 중소규모 납세자의 세무조사 기간연장에 대한 세무조사 일시중지 및 중지, 적법한 절차에 의하지 않은 조사대상, 과세기간, 세목 등 조사범위를 벗어난 조사, 임의의 조사기간 연장에 대한 권리 보호를 납세자보호담당관에게 요청할 수 있다.

이러한 세무조사 분야 권리 요청에 대한 결정은 납세자보호위원회 심의를 거쳐 관할 세무서장이 한다.

제8절 일반인의 포상금 지급청구권

1. 탈세제보 포상금

가. 탈세제보의 정의

특정 개인이나 법인의 탈세사실을 뒷받침할 수 있는 구체적인 내용 및 증빙을 탈세자의 인적사항과 함께, 서면, 인터넷, 전화 등의 방법으로 세무관서에 제공하는 것을 말한다.

나. 탈세제보 포상금 지급 요건

제보자가 탈루세액을 산정하는 데 중요한 자료를 탈세제보한 경우에 일정액의 포상금을 지급한다. 즉, 구체적인 탈세사실이 중요한 자료에 해당되고, 나중에 탈루세액이 5천만 원 이상 추징되고 부과처분이 최종 확정되면 일정금액의 탈세포상금을 지급한다.

다. 중요한 자료에 해당되는 경우

조세탈루를 입증할 수 있는 거래처, 품목, 수량, 금액 등 구체적인 사실이 기재된 자료나 소재에 관한 정보, 회계부정 등 비밀자료, 부동산 투기거래, 상속세 및 증여세 탈루 관련 정보, 밀수, 마약 등 반사회적 행위로서 조세 탈루 관련 자료 등.

한편, 민사판결문은 특별한 사정이 없는 한 그 판결은 사실인정을 한 과세대상 거래의 유력한 증거로 신빙성이 있으므로 이러한 자료를 토대로 세무조사하여 탈루한 세액을 추징한 경우에는 중요한 자료에 해당한다.

그러나 세무회계와 기업회계의 차이에 대한 자료, 상속세 및 증여세법에 따른 평가가액의 착오로 인하여 세액의 차이가 발생한 자료, 소득·거래 등 귀속연도 착오에 대한 자료, 그 밖에 구체적인 자료의 제출이 없이 추측성으로 업계의 일반적인 사항·보도된 내용 등 제보가 없더라도 충분히 알 수 있는 부분에 대한 자료, 본인·거래상대방 또는 제3자가 제출한 신고서, 과세자료,, 그 밖의 서류 등에 의하여 이미 탈루사실이 확인된 자료 등은 중요한 자료에 해당되지 않는다.

2. 차명계좌 제보 포상금

가. 내용

조세탈루를 목적으로 일정 사업자가 보유 또는 사용하는 차명계좌를 국세청에 신고하고 그 결과 탈루세액이 추징된 경우 일정액의 포상금을 지급한다.

한편, 차명계좌란 법인 또는 개인 복식부기사업자가 타인 명의로 보유 또는 사용하고 있는 금융실명거래 및 비밀보장에 관한 법률 제2조 제2호에 따른 금융자산을 말한다.

나. 차명계좌 사용 예시

ⓐ 서비스 이용 대금을 직원 명의 계좌로 입금할 것을 요구하는 경우

ⓑ 음식점 매출을 사업자 명의가 아닌 가족 등 타인 명의 계좌에 입금하는 경우

ⓒ 의사가 수술비 등을 할인하는 조건으로 현금결제를 유도하고 다른 사람 명의의 계

좌로 수입금액을 입금 받은 경우

다. 포상금 지급

신고된 차명계좌를 통해 추징된 탈루세액이 1천만 원 이상인 경우에 일정액의 포상금을 지급한다.

3. 기타 신고포상금 제도

가. 체납자 은닉재산 신고포상금

특정 체납자의 은닉재산을 서면, 인터넷 등의 방법에 의하여 세무관서에 신고를 함으로써 체납세액금을 징수하는 데 기여한 신고자에게 포상금을 지급하는 제도이다.

나. 명의위장 사업자 신고포상금

(1) 내용

타인명의로 사업하는 명의위장 사업자에 대하여 명의위장임이 확인되는 증거자료 등을 첨부하여 인터넷, 서면 등에 의하여 세무관서에 신고할 경우 일정액의 포상금을 지급하는 제도이다. 다만, 명의위장이 배우자, 직계존속 또는 직계비속인 경우 등은 제외한다.

(2) 증거자료 예시

타인의 명의를 사용하여 사업을 경영하는 것을 입증할 수 있는 계약서 등 구체적 사실이 기재된 자료 또는 장부, 명의위장사업자가 관리하는 계좌에 사업 관련 자금이 수수되는 것을 입증할 수 있는 무통장입금증, 통장사본 등이 있다.

다. 신용카드 위장가맹정 신고포상금

(1) 내용

세금탈루 목적으로 자기 명의가 아닌 타인 명의 신용카드 가맹점 명의로 신용카드매출전표를 발행한 위장가맹점에 대한 정보를 인터넷, 서면 등에 의하여 관할 세무서, 또는 여신금융협회에 제보한 경우 일정한 포상금을 지급하는 제도이다.

(2) 제출서류

신고인 인적사항, 실제 이용한 업소명 및 신용카드매출전표 발생 업소명, 교부받은 신용카드매출전표 원본 또는 사본, 실제 이용한 업소의 약도 등을 제출하여야 한다.

라. 신용카드 결제거부, 현금영수증 발급거부 신고포상금

(1) 내용

신용카드가맹점 또는 현금영수증 가맹점이 신용카드 결제를 거부하거나, 사실과 다르게 발급하는 경우에 이 내용을 인터넷, 모바일, 서면에 의하여 관할 세무서장에게 제보한 경우 일정한 포상금을 지급하는 제도를 말한다.

(2) 신고할 내용

거래당사자(신고자)가 실명으로 거래금액 등 거래사실과 포상금을 지급받을 신고자의 계좌번호를 기재하고 계약서, 간이영수증 등 거래증빙을 청부하여 신고하여야 한다.

마. 해외금융계좌 신고포상금

해외금융계좌 신고의무를 위반한 자가 보유하고 있는 해외금융계좌에 대한 정보 등을 인터넷, 서면 등에 의하여 신고하는 경우 제보자에게 포상금을 지급하는 제도이다.

제9절 상가건물 등록사항 열람 및 정보 제공 요청권

가. 내용

상가건물 임대차에 대하여 이해관계가 있는 자는 건물의 소재지 관할 세무서장에게 등록사항의 열람 또는 제공을 요청할 수 있다.

요청 시 해당 건물의 임대인 및 임차인인 경우에는 임대차계약서, 해당 상가건물의 등기부등본상 권리자인 경우에는 등기부등본 등 권리자임을 증명하는 서류, 부재자의 재산관리인인 경우에는 판결문, 그 밖에 세무서장이 인정하는 이해관계인인 경우에는 그 입증서류.

나. 이해관계인의 범위

해당건물의 임대인 및 임차인, 채권 또는 채무관계에 의해서 해당 상가건물의 등기부등본상에 기재된 권리자, 열람 또는 제공과 관련해서 법원의 판결을 받은 사람, 임대인 및 임차인 또는 등기부등본상의 권리자가 부재자인 경우에는 민법 제22조에 따른 재산관리인, 기타 이해관계인.

다. 열람 및 제공의 범위

임대인, 임차인의 성명, 주소, 주민등록번호(임대인, 임차인이 법인 및 법인 아닌 단체의 경우에는 법인명 또는 단체명, 대표자, 법인등록번호, 본점, 사업장 소재지).

건물 소재지, 임대차 목적물 및 면적, 사업자등록 신청일, 사업자등록 신청일 당시의 보증금 및 차임, 임대차기간, 임대차계약서상 확정일자를 받은 날, 임대차계약이 변경 및 갱신된 경우에는 변경된 일자, 보증금 및 차임, 임대차기간, 새로운 확정일자를 받은 날, 임대차 목적이 건물 일부분인 경우에는 그 부분의 도면.

납세자의 의무

제1절 사업자등록 의무

1. 부가가치세 사업자등록 의무

가. 사업자등록의 의의

사업자등록이란 납세의무가 있는 사업자의 인적사항과 사업 사실 등 과세자료를 파악하는 데 필요한 사항을 과세관청의 대장에 등재하는 것을 말하는 것으로 부가가치세 과세자료를 양성화하여 근거과세 및 공평과세를 실현하는 데 그 목적이 있다.

부가가치세 사업자등록 의무는 납세의무 있는 사업자에 한하고 부가가치세 면세사업자는 그 등록의무가 없다.

한편, 민법 제32조의 규정에 의하여 설립된 법인, 특별법에 의하여 설립된 법인 등에 대하여는 사업자의 신청 또는 과세관청의 직권등록에 의하여 사업자등록번호에 준하는 고유번호를 부여할 수 있다.

나. 사업자등록의 성질

사업자등록이란 부가가치세 업무의 효율적 운영을 위하여 납세의무자의 사업에 관한 일련의 사항을 세무관서의 공부에 등재하는 것이므로, 사업자등록증의 발급이 해당 사업자에게 사업을 허용하거나 사업경영을 할 권리를 인정하는 것은 아니다(대법원 2000.12.22. 선고 99두6903 판결).

다. 사업자등록의 신청 시기

사업자는 사업개시일로부터 20일 이내에 사업장 관할 세무서장에게 신청하여야 한다. 사업개시 전이라도 일정한 요건을 갖춘 경우에는 사업자등록을 신청할 수 있다. 사업자가 사업자등록을 하지 아니하는 경우에는 사업장 관할 세무서장이 조사하여 직권으로 등록시킬 수 있다.

라. 사업자등록 신청 시 제출서류

ⓐ 사업자등록신청서
ⓑ 사업장을 임차한 경우 임대차계약서 사본, 상가건물임대차보호법에 의한 확정일자를 받고자 하는 경우에는 임대차계약서 원본
ⓒ 인·허가 등 사업을 영위하는 경우에는 허가증, 등록증, 신고증 사본
ⓓ 공동사업자인 경우에는 동업계약서, 공동으로 사업을 경영하는 자가 부가가치세법 규정에 의하여 납세의무자로 등록하는 경우에는 공동사업자가 그 지분 또는 손익분배의 비율, 대표자 기타 필요한 사항이 기재된 동업계약서를 제출하여야 한다.
ⓔ 금지금 도·소매업, 과세유흥장소 영위자, 연료 판매업, 재생용 재료 판매업의 경우에는 자금출처 명세서를 제출하여야 한다.
ⓕ 재외국민 또는 외국인인 경우 재외국민등록부등본, 외국인등록증 사본. 국내에 통상적으로 주재하지 않는 경우에는 납세관리인 설정 신고서

마. 사업자등록 거부

신규로 사업을 시작하는 자가 사업 개시일 이전 사업자등록을 신청한 후 사실상 사업을 시작하지 아니할 것이라고 인정되는 때 등록을 거부할 수 있다.

가령 사업장이 없거나 사업자금 출처가 불분명하는 등 사실상 사업을 시작하지 않을 것으로 판단되는 경우, 명의위장 사실이 확인되는 경우, 인·허가 대상 업종으로 인·허가 없이 사업 중인 경우, 법률상 인·허가가 불가능한 경우 등이 이에 해당한다.

바. 사업자등록 정정

공동사업자의 구성원 또는 출자지분이 변경되는 경우에는 부가가치세법 시행령에서 규정하는 사업자등록 정정사유에 해당하므로, 이 경우 당해 사업자는 공동사업자의 변동을 입증하는 서류를 첨부하여 사업자등록 정정신고를 하여야 한다.

사. 폐업신고와 사업자등록의 말소

(1) 폐업신고

사업자등록을 폐업한 경우에는 폐업신고서와 사업자등록증을 제출하여야 한다.

인·허가 등 사업인 경우에는 폐업신고확인서와 사업자등록증을 제출하여야 한다. 한편, 부가가치세 확정신고 시 폐업일자와 사유를 기재하고 사업자등록증과 폐업신고확인서를 첨부하는 방법으로 폐업신고를 할 수 있다.

병·의원 및 약국 등 의료기관은 폐업 시 의료비 소득공제 증명자료를 반드시 제출하여야 한다.

(2) 사업자등록 직권 말소

사업자로 등록한 자가 사업을 폐업하는 경우, 사업자가 사업자등록을 한 후 정당한 사유 없이 6개월 이상 사업을 개시하지 아니한 경우, 사업자가 부도발생, 고액체납 등으로 도산하여 소재가 불분명한 경우, 사업자가 인가, 허가의 취소 또는 그 밖의 사유로 사업을 사실상 행사할 수 없어 사실상 폐업상태에 있는 경우, 사업자가 정당한 사유 없이 계속하여 둘 이상의 과세기간에 걸쳐 부가세 신고를 하지 아니하고 사실상 폐업상태에 있는 경우 등에 사업자등록을 말소시킬 수 있다.

아. 다단계판매원의 사업자등록

다단계판매원이 방문판매에 관한 법률 제15조의 규정에 의하여 다단계 판매업자에게 등록을 하고 도·소매업을 영위할 목적으로 다단계 판매업자에게 도·소매업자로 신고하고 다단계판매업자가 그 신고일이 속하는 달의 다음달 10일까지 사업장 관할 세무서장에게 다단계판매원 현황 신고서를 신고한 때에는 당해 다단계판매원이 사업자등록 등을 신청한 것으로 본다.

자. 사업자 단위 과세제도

(1) 의의

사업자가 2개 이상의 사업장을 가지고 있는 경우 해당 사업자의 본점 또는 주사무소를 관할하는 세무서장에게 등록하면 사업자는 그 사업자의 본점 또는 주사무소에서 총괄하여 부가가치세를 신고·납부하는 제도를 말한다.

이때에는 본점 또는 주사무소만 사업자등록번호가 부여되며, 종된 사업장은 사업자등록번호가 부여되지 않는다.

신규사업자는 사업개시일로부터 20일 이내에 등록을 하여야 하고, 기존사업자는 적용받으려는 과세기간 개시 20일 전까지 등록하여야 한다.

한편, 사업자 단위과세 적용 사업장을 이전하는 때, 사업자 단위과세 적용 사업장을 변경하는 때, 종된 사업장을 신설 또는 이전하는 때, 종전 사업장의 사업을 휴업하거나 폐업하는 때에는 지체없이 사업자등록 정정신고를 하여야 한다.

(2) 효과

세금계산서는 본점 또는 주사무소에서 하나의 사업자등록번호로 교부되며, 본점 또는 주사무소에서 총괄하여 부가가치세를 신고·납부하므로 종된 사업상은 신고·납부 의무가 없다. 다만, 주세법·개별소비세법·지방세법 등에 사업장별로 신고·납부 규정이 있는 경우에 해당 세법에 따라 신고·납부하여야 한다.

차. 기타 상가건물 확정일자 제도

상가건물 확정일자란 상가건물 관할 세무서장이 임대차계약서의 존재사실을 인정하여 임대차계약서에 기입한 날짜를 말하는 것으로서 강제집행 시 우선변제 여부의 기준일자가 된다.

한편 사업자 단위 과세자는 본점 또는 주사무소 관할 세무서장에게 종된 사업장의 임대차에 대하여 확정일자를 부여한다.

2. 소득세 사업자등록 의무

(1) 의의

새로 사업을 시작하는 사업자, 즉 부가가치세 면세 사업자는 사업 개시일로부터 20일 이내에 사업장 소재지 관할 세무서장에게 등록하여야 한다. 다만, 부가가치세법에 따라 사업자등록을 한 사업자는 사업자등록을 한 것으로 본다.

신규로 사업을 시작하려는 자는 사업 개시일 이전이라도 사업자등록을 신청할 수 있다. 기타 사항은 부가가치세 사업자등록 내용과 동일하다.

(2) 부가가치세 사업자등록과 차이점

한편, 면세 사업자는 부가가치세 신고납부의무가 없으며, 소득세나 법인세만 과세가 된다.

또한 면세사업자는 부가가치세 거래징수를 할 수 없고, 세금계산서가 아닌 계산서를 발급하게 되고, 부가가치세 신고가 아닌 사업장현황신고라고 하여 1년에 한 번 매출 및 매입신고를 하여야 한다.

(3) 주택임대사업자 사업자등록

주택임대사업자는 자치단체장에게 임대주택 등록과 사업자등록신청서를 함께 제출할 수 있고 이 경우에 세무서에는 별도의 사업자등록을 신청할 필요가 없다.

(4) 고유번호 신청 및 부여

법인 아닌 단체 등은 사업자등록신청서에 의하여 단체 등 소재지 관할 세무서장에게 고유번호를 신청할 수 있다.

구체적으로 고유번호를 신청할 수 있는 자로는 근로, 이자, 배당, 연금 소득자 등 종합소득이 있는 자로서 사업자가 아닌 자와 비영리민간단체 지원법에 따라 등록된 단체 등 과세자료의 효율적 처리 및 소득공제 사후검증 등을 위하여 필요하다고 인정되는 단체 등에 대하여 고유번호를 부여할 수 있다.

3. 법인세 설립 신고 및 사업자등록 의무

가. 내국법인 설립신고 의무

(1) 의의

내국법인은 그 설립등기일(사업의 실질적 관리장소를 두게 되는 경우에는 그 실질적 관리장소를 두게 된 날)부터 2개월 이내에 법인설립 신고서와 주주 등의 명세를 첨부하여 본점 또는 주사무소를 관할하는 세무서장에게 신고하여야 한다. 다만, 사업자등록을 한 때에는 법인설립 신고를 한 것으로 본다.

(2) 첨부서류

(가) 법인설립신고서(법인의 명칭, 대표자의 성명, 본점이나 주사무소 또는 사업의 실질적 관리장소와 소재지, 사업목적, 설립일 등 기재).

(나) 주주 등의 명세서.

(다) 본점 등기부등본 1부(등기부에 등재되어 있지 않은 지점법인은 지점설치 사실을 확인할 수 있는 이사회의사록 사본).

(라) 사업장을 임차한 경우 임대차계약서 사본 1부.

(마) 상가건물임대차보호법 제2조 제1항의 규정에 의한 상가건물 일부를 임차한 경우에는 해당 부본의 도면 1부.

(바) 인·허가 등 사업을 영위하는 경우에는 허가증, 등록증, 신고증 사본. 인·허가 전의 경우에는 사업계획서.

(사) 금지금, 도·소매업, 과세유흥장소 영위자, 연료 판매업, 재생용 재료 판매업의 경우에는 자금출처 명세서.

나. 내국법인 사업자등록 의무

(1) 의의

신규로 사업을 시작하는 법인은 사업장마다 당해 사업의 개시일로부터 20일 이내에 사업자등록신청서를 관할 세무서장에게 제출하여야 한다.

한편, 비영리법인이 새로 수익사업을 시작한 때에는 그 개시일로부터 2개월 이내에 그 사업개시일 현재 수익사업과 관련된 재무제표 등의 서류와 법인의 명칭, 법인의 본점이나 주사무소, 대표자 성명과 경영 또는 관리자의 성명, 고유목적사업, 수익사업의 종류, 수익사업 개시일, 수익사업의 사업장 등이 기재된 수익사업 개시 신고를 하여야 한다.

(2) 사업자등록 신청 시 첨부서류

(가) 국내영리법인 본점

    ⓐ 법인설립신고 및 사업자등록신청서

    ⓑ 본점 등기부등본 1부

    ⓒ 주주 또는 출자자명세서 1부

    ⓓ 현물출자법인의 경우에는 현물출자명세서

    ⓔ 사업장을 임차한 경우에는 임대차계약서 사본 1부

    ⓕ 상가건물임대차보호법 제2조 제1항의 규정에 의한 상가건물을 일부 임차한 경우에는 해당 부분의 도면 1부

    ⓖ 인·허가 등 사업을 영위하는 경우에는 허가증, 등록증, 신고증 사본. 인·허가 전의 경우에는 사업계획서

    ⓗ 금지금, 도·소매업, 과세유흥장소 영위자, 연료 판매업, 재생용 재료 판매업의 경우에는 자금출처 명세서

(나) 국내영리법인 지점

    ⓐ 법인설립신고 및 사업자등록신청서

    ⓑ 본점 등기부등본 1부(등기부에 등재되어 있지 않은 지점법인은 지점설치 사실을 확인할 수 있는 이사회의사록 사본)

    ⓒ 사업장을 임차한 경우에는 임대차계약서 사본 1부

    ⓓ 상가건물임대차보호법 제2조 제1항의 규정에 의한 상가건물을 일부 임차한 경우에는 해당 부분의 도면 1부

    ⓔ 인·허가 등 사업을 영위하는 경우에는 허가증, 등록증, 신고증 사본. 인·허가 전의 경우에는 사업계획서

    ⓕ 금지금, 도·소매업, 과세유흥장소 영위자, 연료 판매업, 재생용 재료 판매업의 경우에는 자금출처 명세서

다. 외국법인 설치신고

(1) 개요

국내사업장을 가지게 된 날로부터 2개월 이내에 국내사업장설치신고서와 국내사업장을 갖게 된 날의 재무상태표 및 기타 서류를 첨부하여 당해 국내사업장의 납세지 관할 세무서장에게 신고하여야 한다.

(2) 외국법인 국내사업장 사업자등록 첨부서류

ⓐ 법인설립신고 및 사업자등록신청서 1부

ⓑ 외국기업 국내지사 설치신고서 사본 1부

ⓒ 국내사업장을 가지게 된 날의 재무상태표 1부

ⓓ 본점의 등기에 관한 서류 1부

ⓔ 지점등기부 등본 또는 국내사업장의 사업영위 내용을 입증할 수 있는 서류 1부

라. 법인으로 보는 단체의 승인 신청

법인으로 보는 단체로 승인을 받기 위해서는 법인으로 보는 단체의 승인신청서, 정관 또는 조직의 운영에 관한 규정, 대표자 또는 관리인임을 입증할 수 있는 자료, 사업장을 임차한 경우에는 임대차계약서 사본 등을 첨부하여 관할 세무서장의 승인을 얻어야 한다.

마. 법인의 휴·폐업 신고

(1) 폐업사유

폐업이란 사업자가 당해 사업을 계속할 의사가 없이 사업활동을 영구적으로 종료하는 것을 말한다. 이에 해당하는 것으로 일반적 폐업, 청산, 합병, 개시 전 등록한 자가 6개월이 되

는 날까지 공급실적이 없는 경우 등이 있다.

(2) 구체적인 폐업시기

ⓐ 일반적인 경우: 사업장별로 그 사업을 실질적으로 폐업한 날

ⓑ 합병으로 소멸한 법인: 합병법인의 변경등기일 또는 설립등기일

ⓒ 분할로 폐업하는 경우: 분할법인의 분할변경 등기일

ⓓ 개시 전 등록한 자가 6개월이 되는 날까지 공급실적이 없는 경우: 6개월이 되는 날

ⓔ 폐업일이 분명하지 아니한 경우: 폐업신고서의 접수일

ⓕ 해산으로 청산중인 내국법인 및 채무자회생 및 파산에 관한 법률에 따라 법원으로부터 회생계획인가를 받고 회생절차를 진행 중인 내국법인: 원칙적으로 실질적인 폐업일

다만, 사업을 실질적으로 폐업한 날부터 25일 이내에 신고하여 승인을 받은 경우에는 잔여재산가액 확정일(해산일로부터 365일이 되는 날까지 잔여재산가액이 확정되지 아니한 경우에는 그 해산일로부터 365일이 되는 날)

바. 사업자등록의 말소

폐업신고서를 제출하지 아니하고 폐업한 경우, 사업자등록 후 정당한 사유 없이 등록일부터 6월이 경과할 때까지 사업을 개시하지 않거나 사업목적 없이 허위 또는 부정한 방법으로 사업자등록을 한 경우, 부도발생, 고액 체납 등으로 도산하여 소재불명인 경우, 인·허가의 취소 또는 기타의 사유로 사업목적 수행이 불가능하여 사실상 폐업상태에 있는 경우, 각종 현장확인 시 사업장 방문 결과 임대차 계약 등이 해지되어 무단전출자로 확인되고 연락이 불가능한 법인, 법인세 무신고 또는 무실적 신고자로서 현지확인 방법으로 사업현황을 파악한 결과 실제 사업을 하지 않는다고 판단되는 법인, 각종 우편물을 사업장에 발송한 결과 이사 감 또는 수취인 불명 등으로 표시되어 반송되고 사업장 소재지에 전화 연락하여도 통화가 불가능한 법인, 기타 명의위장으로 판명되거나 정상적으로 사업을 영위하지 아니할 것

으로 인정되는 법인 등.

사. 고유번호 부여

국세청장은 사업자등록번호를 교부하지 아니하는 법인에 대하여는 고유번호를 부여하여야 한다. 부여 대상은 비영리법인, 법인으로 보는 단체로 고유번호에 의하여는 세금계산서를 발행할 수 없고, 수익사업을 개시한 경우에는 사업자등록, 즉 수익사업개시신고를 신청하여야 한다.

법인으로 보는 단체로 승인받은 단체가 수익사업을 영위하는 사실이 확인되는 때에는 사업자등록신청을 권장하거나 직권으로 사업자등록을 한다.

제2절 과세표준 및 세액의 신고의무

1. 납세신고의 의의

납세신고란 세법의 규정에 따라 납세의무자가 과세표준과 세액을 산정하여 과세관청에 그 내역을 제출하는 행위이다. 신고납세방식의 조세에 있어서는 조세채무의 확정의 효과가 있으며, 부과과세방식의 조세에 있어서는 정부의 과세표준 및 세액결정을 위한 참고자료에 불과하다.

2. 주요 세목별 과세표준 및 세액 신고

가. 소득세 신고

소득세 신고는 그 내용에 따라 사업장 현황 신고, 종합소득세 신고, 부동산 매매업자 소득세 신고, 양도소득세 예정신고, 양도소득세 확정신고가 있다.

(1) 사업장 현황 신고

(가) 개념 및 신고의무자

부가가치세가 면제되는 개인사업자의 1년간 수입금액 및 사업장 현황을 신고하는 절차를 말한다.

소득세법상 면세사업자로 병·의원, 학원, 농·축수산물 판매업, 대부업, 주택임대업 등 면세사업자로 등록된 사업자 등이 대상이다.

(나) 신고기한

사업장 현황 신고 대상자는 해당 과세기간의 다음 연도 2월 10일까지 사업장 관할 세무서에 신고서를 제출하여야 한다.

(다) 신고할 사항

사업자 인적사항, 업종별 수입금액 명세, 수입금액의 결제수단별 내역, 계산서 등 수취내역을 신고하여야 한다.

(라) 불성실 신고 시 제재

의료업, 수의업 및 약사업을 영위하는 사업자가 수입금액을 신고하지 않거나 과소신고한 경우에는 가산세를 부담한다. 복식기장의무자가 계산서합계표를 제출하지 않거나 다르게 기재한 경우 일정률의 가산세를 부담한다.

(2) 종합소득세 신고

(가) 개념

이자소득금액, 배당소득금액, 사업소득금액, 근로소득금액, 연금소득금액, 기타소득금액이 있는 사업자 등이 종합소득금액을 합산 등을 하여 과세표준과 세액을 신고하는 절차를 말한다.

(나) 신고의무자

ⓐ 국내외에서 발생한 소득 중 종합소득금액이 있는 거주자 및 단체
ⓑ 근로소득 등과 다른 합산대상 종합소득이 있는 자

ⓒ 2인 이상으로부터 받은 근로소득·공적연금소득·종교인 소득이 있는 자가 연말정산 시 합산신고하지 아니한 경우

ⓓ 2인 이상으로부터 받은 퇴직소득을 합산신고하지 아니한 자

ⓔ 2인 이상으로부터 보험모집인·방문판매원·음료품배달원 사업소득이 있는 자가 합산하여 연말정산하지 않은 경우

ⓕ 납세조합에 의하여 소득세가 징수된 국내원천소득 근로소득과 그 밖의 근로소득이 동시에 있는 자로서 그 소득을 연말정산하여 합산신고하지 않은 경우

ⓖ 근로소득(일용근로소득 제외), 연금소득, 퇴직소득, 종교인소득 또는 연말정산대상 사업소득이 있는 자에 대하여 원천징수의무자가 원천징수 또는 연말정산을 하지 아니한 경우에는 종합소득세 신고 대상이고, 사적 연금 수령액이 연간 1,200만 원을 초과하면 종합과세 대상이다.

ⓗ 국내에서 발생한 원천소득 중 종합소득금액이 있는 비거주자 및 단체. 다만, 외국인 근로자에 대한 과세표준 특례가 적용된 근로소득의 경우에 당해 소득은 종합소득 과세표준에 포함되지 않고 단일세율이 적용된다.

ⓘ 원천징수된 이자·배당소득이 있는 자로 종합금융소득종합과세 기준금액 이상 소득자

ⓙ 기타소득 중 계약의 위약 또는 해약으로 인하여 받은 위약금과 배상금 중 계약금이 위약금·배상금으로 대체되는 경우 그 금액이 있는 경우

ⓚ 기타소득 중 뇌물, 알선수재 및 배임수재에 의하여 받은 금품이 있는 경우

(다) 선택적 신고 대상자

ⓐ 연말정산 시 인적공제, 특별소득공제, 특별세액공제 등을 누락하여 추가 신고하는 경우

ⓑ 연말정산 시 세액공제 등의 누락 및 오류사항이 있을 경우

ⓒ 연말정산 시 중도퇴직자로서 소득공제 사항을 적용받지 아니한 경우

(라) 신고방법에 의한 대상자 분류

① 장부에 의하여 소득금액을 계산하여 신고하여야 하는 경우

이를 분류하면 복식장부에 의하여 신고하여야 하는 자와 간편장부에 의하여 신고하여야 할 자로 구분된다.

복식장부에 의하여 신고하여야 할 자는 다시 (외부)조정계산서 첨부 대상자와 첨부가 필요없는 자, 그리고 성실신고 확인 대상자로 분류할 수 있다.

①-1. 복식기장 의무자 중 자기조정 신고자

복식부기 의무자 중 외부조정계산서 첨부 대상이 아닌 자로 기업회계기준을 준용하여 작성한 ㉠ 재무상태표 ㉡ 손익계산서와 그 부속서류 ㉢ 합계잔액시산표 ㉣ 조정계산서를 첨부하여야 한다.

①-2. 복식기장 의무자 중 외부조정계산서 첨부 대상자

복식부기 의무자 중 기준수입금이 일정금액 이상인 자, 복식부기 의무자 중 직전 과세기간의 소득에 대한 소득세 과세표준과 세액을 추계결정 또는 추계경정을 받은 자로 기업회계기준을 준용하여 작성한 ① 재무상태표 ② 손익계산서와 그 부속서류 ③ 합계잔액시산표 ④ 세무사 등이 작성한 조정계산서를 첨부하여야 한다.

한편, 세무사가 작성한 조정계산서를 첨부하여 과세표준확정신고를 하여야 하는 사업자가 세무사가 작성한 조정계산서를 첨부하지 아니한 때에는 신고를 하지 아니한 것으로 보며, 중소기업특별세액 감면 대상에 해당되지 않는다(조특, 기획재정부 조세특례제도과-335, 2017.3.27.).

①-3. 복식부기 신고자 중 조정계산서 미첨부자

기준수입금액이 일정금액 이상인 자로 기업회계기준을 준용하여 작성한 ① 재무상태표 ② 손익계산서와 그 부속서류 ③ 합계잔액시산표 등을 첨부하여 제출하여야 한다.

한편, 복식장부 신고 대상자가 간편장부 또는 기준경비율에 의하여 추계로 신고할 수

있는데, 이 경우에는 무신고가산세 등을 부과하고 조세특례제한법상의 세액공제, 감면 등 적용이 배제된다(과세기준자문. 법령해석소득-0139, 2016.7.13.).

①-4. 성실신고 확인 대상자
복식장부 신고 대상자 중 일정 수입금액 이상인 자로 종합소득 과세표준확정신고를 할 때 세무사, 공인회계사, 세무법인, 회계법인 등이 작성한 성실신고확인서를 납세지 관할 세무서장에게 제출하여야 한다. 성실신고확인서를 제출하지 않을 경우에는 일정액의 가산세를 부과한다.

①-5. 간편장부 신고자
수입금액이 일정금액 이하인 간편장부 대상자가 기장내용을 간편장부소득금액계산서에 의하여 소득금액을 신고하여야 한다.
확정신고 시 총수입금액 및 필요경비명세서와 간편장부소득금액계산서를 제출하여야 한다.

② 추계에 의하여 소득금액을 신고하는 경우
간편장부 대상자는 기준경비율 또는 단순경비율에 의하여 추계로 소득금액을 신고할 수 있다. 이 경우 기준경비율에 의한 추계의 경우 원칙적으로 무기장가산세가 부과되나 일정한 요건을 충족한 단순경비율 추계신고자는 무신고가산세가 없다.
중소기업특별세액 감면 등 조세특례제한법상 감면 등이 가능하다.

②-1. 기준경비율 신고 대상자
직전 과세기간 수입금액의 합계액이 업종구분에 의한 기준수입금액 이상인 사업자로서 장부를 기장하지 않은 사업자로 단순경비율 신고자가 아닌 사업자. 해당 사업자가 신규로 사업을 개시한 경우에 해당 과세기간의 수입금액이 일정금액 이상인 자
중소기업특별세액 감면 등 조세특례제한법상 감면 등이 가능하다.
확정신고 시 추계소득금액계산서에 매입비용, 인건비, 임차료 등 주요경비 계산명세가

기재되어야 한다,

주요경비 계산명세에는 세금계산서, 계산서, 신용카드매출전표, 현금영수증 등 정규증빙서류 수취금액을 기재하고 정규증빙 이외의 증빙서류를 수취한 경우에는 별도의 수요경비지출명세서를 작성하여 제출하여야 한다. 인건비는 원천징수영수증 또는 지급명세서를 세무서에 제출하거나 지급관련 증빙서류를 비치·보관하여야만 주요경비에 산입된다.

기타 주요경비지출명세서 작성 제외 대상인 정규증빙서류를 수취하지 않아도 되는 경우에는 지출 사실이 확인되는 영수증 등 증비서류를 비치·보관하고 있는 금액에 한하여 주요경비에 산입된다.

②-2. 단순경비율 신고 대상자

직전 과세기간 수입금액의 합계액이 업종구분에 의한 기준수입금액에 미달하는 사업자로서 장부를 기장하지 않은 사업자를 말한다. 해당 과세기간에 신규로 사업을 개시한 사업자로서 해당 과세기간의 수입금액이 일정금액 미만인 사업자로 확정신고 시 추계소득금액 계산서만 제출하면 된다.

다만, 전문직 사업자 등은 기준수입금액 미달 여부와 관계없이 단순경비율 적용이 배제된다. 중소기업특별세액 감면 등 조세특례제한법상 감면 등이 가능하다.

한편, 기준경비율 적용 대상자가 단순경비율을 적용하여 신고하는 경우에는 과소신고분에 대하여 신고 불성실가산세 등이 적용됨

그러나 단순경비율 적용 대상자가 기준경비율을 적용하여 신고하는 경우에는 적은 소득금액으로 선택하여 신고 가능

②-3. 비사업자 등

기타소득 등이 있는 비사업자는 기장 또는 일괄 필요경비 산입방식으로 계산하여 신고한다.

②-4. 확정신고 시 제출할 기타 부속서류

사업소득에 농가부업소득, 작물재배업에서 발생하는 소득이 있는 경우에는 비과세사업소득계산명세서, 소득세를 감면받은 때에는 소득세가 감면되는 소득과 그 밖의 소득을 구분하는 계산서, 법률의 규정에 의하여 충당금, 준비금 등을 필요경비 또는 총수입금액에 산입한 경우에는 그 명세서, 공동사업에 대한 소득금액을 계산한 경우에는 공동사업자별 소득금액 등 분배명세서, 이월결손금을 처리한 경우에는 이월결손금명세 등을 제출하여야 한다.

또한 인적공제, 연금보험료공제, 주택담보노후연금이자비용공제, 특별소득공제, 자녀세액공제, 연금계좌세액공제 및 특별세액공제 대상임을 입증하는 서류, 동거입양자가 있는 경우에는 입양관계증명서 또는 입양증명서, 위탁아동이 있는 경우에는 가정위탁보호확인서, 가족관계증명서 또는 주민등록표 등본, 장애인 공제 대상인 경우에는 장애인 증명서, 일시퇴거자가 있는 경우에는 일시퇴거자 동거가족상황표, 주택담보노후연금이자비용 증명서, 보험료납입증명서 또는 보험료납입영수증, 의료비지급명세서, 교육비납입증명서, 방과후 학교 수업용 도서 구입증명서, 분양계약서 또는 등기사항증명서, 기부금명세서, 기부금영수증 등이 있다.

(마) 종합소득세 신고기한

성실신고확인 대상자가 아닌 사업자는 과세기간 종료일이 속하는 해의 다음 해 5.1~5.31 기간 동안 신고하여야 하고, 성실신고확인 대상 사업자는 과세기간 종료일이 속하는 해의 다음 해 5.1~6.30 기간 동안 신고하여야 한다. 소득세 중간예납을 추계신고하는 경우에는 당해 연도 11.1~11.30 기간 동안 신고하여야 한다.

그리고 거주자가 출국하는 경우에는 출국일 전, 거주자가 사망하는 경우에는 사망한 날이 속하는 달의 말일부터 6개월이 되는 날까지 신고하여야 한다.

(3) 중간예납추계액 신고

종합소득이 있는 거주자가 중간예납 기간의 종료일 현재 그 중간예납 종료일까지의 종합소득금액에 대한 소득세액이 중간예납기준액의 100분의 30에 미달하는 경우에는 중간예납

추계액을 중간예납세액으로 납세지 관할 세무서장에게 신고할 수 있다.

한편, 중간예납기준액이 없는 거주자 중 복식부기 의무자가 해당 과세기간의 중간예납기간 중 사업소득이 있는 경우에는 중간예납추계액을 중간예납세액으로 하여 납세지 관할 세무서장에게 신고하여야 한다.

(4) 부동산매매업자 소득세 신고

(가) 의의

부동산매매업이란 한국표준산업분류에 따른 비주거용 건물을 직접 건설하여 판매하는 경우와 비주거용 건물의 부동산 개발 및 공급업을 말한다.

부동산 개발 및 공급업이란 직접 개발한 농장, 택지, 공업용지 등의 토지와 타인에게 도급을 주어 건설하는 건물 등을 분양·판매하는 산업활동, 구입한 부동산을 임대 또는 운영하지 않고 재판매하는 경우를 말한다.

즉, 부동산 매매업이란 부동산의 매매(건물을 신축하여 판매하는 경우를 포함한다) 또는 그 중개를 사업목적으로 나타내어 부동산(부동산을 취득할 수 있는 권리를 포함한다)을 매매하거나, 사업상의 목적으로 부가가치세법상 1과세 기간 내에 1회 이상 부동산을 취득하고 2회 이상 판매하는 경우에는 부동산매매업으로 본다.

(나) 부동산매매업과 양도소득의 구분

수익을 목적으로 사업활동으로 볼 수 있는 정도의 계속성과 반복성이 있는지에 따라 부동산매매업과 양도소득으로 구분한다.

(다) 소득세 신고기간

부동산매매업자는 토지 등 건물의 매매차익과 그 세액을 매매 일이 속하는 달의 말일부터 2개월이 되는 날까지 관할 세무서장에게 신고하여야 한다.

(라) 소득금액 계산방법

장부나 그 밖의 증명서류에 의하여 소득금액을 계산하여야 하고, 매매가액은 실지거래가액에 의하고 실지거래가액을 알 수 없는 경우에는 매매사례가액, 감정가액, 환산취득가액, 기준시가를 순차적으로 적용한 가액을 적용한다.

(5) 양도소득세 예정신고

(가) 개요

양도소득세는 오랜 기간 동안 형성된 가치의 증가분을 일시에 과세하는 세금임을 감안하여 소득이 발생하는 시점에서 세원을 조기에 확보하고 납세자에게는 자금부담을 분산시켜 주기 위한 목적으로 예정신고납부제도를 운영하고 있다.

(나) 부동산 양도신고 의무자

원칙적으로 1세대 2주택 비과세되는 자산을 양도한 경우 외에는 양도차익이 없거나 양도차손이 발생해도 신고의무가 있으며, 예정신고 미이행 시 가산세가 부과된다.

(다) 예정신고 납부기한

토지 및 건물, 부동산에 관한 권리, 기타자산을 양도한 경우에는 양도일이 속하는 달의 말일부터 2개월 이내. 다만, 토지거래계약 허가구역 안에 있는 토지로서 허가를 받기 전에 대금을 청산한 경우에는 토지거래 허가일이 속하는 달의 말일부터 2개월 이내, 허가를 받기 전에 허가구역 지정해제 시에는 해제일이 속하는 달의 말일부터 2개월 이내에 신고를 하여야 한다.

부담부 증여의 채무액에 해당하는 부분을 양도로 보는 경우에는 그 양도일이 속하는 달의 말일부터 3개월 이내에 신고하여야 한다.

대주주 주식, 비상장주식 등 양도소득은 양도일이 속하는 반기의 말일부터 2개월 이내에, 그리고 부동산과다보유법인 주식 등 특정주식의 양도는 양도한 날이 속하는 달의 말일부터 2개월 이내에 신고하여야 한다.

(라) 신고 시 제출할 서류

양도소득세과세표준신고 및 자진납부계산서, 신고서와 해당 자산의 취득과 양도에 관한 계약서 사본, 대주주의 주식거래내역서 등을 제출하여야 한다.

(6) 양도소득세 확정신고

(가) 확정신고 의무자

㉠ 양도소득세 예정신고를 하지 아니한 자 ㉡ 예정신고를 한 자 중 확정신고 대상자. 이에 해당하는 자로는 연간 2회 이상 자산을 양도하고 예정신고를 한 자가 이미 신고한 양도소득 금액과 합산하여 신고하지 않은 경우 ㉢ 2회 이상 자산을 양도한 경우로서 양도소득기본공제를 할 경우 산출세액이 달라지는 경우 ㉣ 코스피200, 선물, 옵션 등 파생상품 거래에서 발생하는 양도소득 등이다.

(나) 확정신고 납부기한

해당 과세기간의 양도소득 과세표준과 세액을 양도한 다음연도 5월 1일부터 5월 31일까지 관할 세무서장에게 자진 신고납부하여야 한다.

(다) 법인세법상 소득처분에 의한 양도소득세 신고

확정신고 기한이 지난 후에 법인세법에 따라 법인이 과세표준신고를 하거나 세무서장이 법인세과세표준신고를 결정 또는 경정할 때 익금에 산입한 금액이 배당·상여 또는 기타소득으로 처분됨으로써 확정신고를 한 자가 양도소득금액에 변동이 발생한 경우에는 소득금액변동통지서를 받은 날이 속하는 달의 다음 달 말일부터 추가신고 납부(환급신고를 포함한다)한 때에는 법정신고 기한까지 신고납부한 것으로 본다.

(라) 행정소송으로 인한 토지 등의 수용으로 수용보상가액의 변동에 의한 양도소득 신고

양도소득과세표준 확정신고를 한 자가 공익사업을 위한 토지 등의 취득 및 보상에 관한 법률이나 그 밖의 법률에 따른 토지 등의 수용으로 인한 수용보상가액과 관련하여 제기한

행정소송으로 인하여 보상금이 변동됨에 따라 당초 신고한 양도소득금액이 변동된 경우로서 소송 판결 확정일이 속하는 달의 다음 달 말일까지 추가신고 납부한 때에는 법정신고 기한까지 신고납부한 것으로 본다.

(마) 확정신고 시 제출할 서류

양도소득세과세표준 및 자진납부계산서, 당해 자산의 매입·매도에 관한 계약서 사본, 자본적 지출액 증빙자료, 중개수수료, 신고서 작성비용, 법무사수수료 등 양도비 증빙자료 등을 제출하여야 한다.

나. 부가가치세 신고

(1) 부가가치세 예정신고

부가가치세 예정신고는 확정신고에 앞서 사업자가 소비자로부터 징수한 부가가치세를 거두어 들이는 중간 예납 성격이 강하다.

(가) 예정신고 기간 및 신고기한

제1기 1.1.~3.31. 제2기 7.1~9.30. 예정신고 기간이 끝난 후 25일 이내에 신고기간에 대한 과세표준과 납부세액 또는 환급세액을 납세지 관할 세무서장에게 신고하여야 한다.

(나) 예정신고 대상자

법인사업자, 개인사업자 중 휴업 또는 사업부진 등으로 인하여 각 예정신고 기간의 공급가액 또는 납부세액이 직전 과세기간의 공급가액 또는 납부세액의 3분의 1에 미달하는 자, 예정신고 기간분에 대하여 조기환급을 받으려는 자.

(다) 개인사업자에 대한 예정고지

개인사업자의 경우 납세자의 편의를 도모하기 위하여 예정신고를 생략하고 관할 세무서장이 당해 사업자의 직전과세기간 실적을 기준으로 일정액을 고지하고 그 금액을 납부하도록 하는 제도를 말한다.

직전 과세기간에 대한 납부세액의 50%를 계산한 금액이 20만 원 이상인 경우 1월 1일부터 6월 30일(예정부과기간)까지의 납부세액으로 결정하여 예정부과기간이 끝난 후 25일 이내에 징수한다.

(2) 부가가치세 확정신고

(가) 확정신고 기간
제1기 1.1.~6.30., 제2기 7.1.~12.31.

(나) 확정신고 기한
확정신고 기간이 끝난 후 25일 이내에 신고기간에 대한 과세표준과 납부세액 또는 환급세액을 납세지 관할 세무서장에게 신고하여야 한다. 다만, 간이과세자는 1.1.~12.31.까지 1년을 과세기간으로 하여 다음 해 1월 25일까지 신고하여야 한다.

(다) 제출서류
신고서 제출 시 매출·매입처별 세금계산서합계표를 제출하여야 한다. 다만, 간이과세자의 경우에는 매입처별 세금계산서합계표만 제출한다.

한편, 부가가치세가 과세되는 사업자뿐만 아니라 부가가치세가 면제되는 사업자 중 소득세 또는 법인세의 납세의무가 있는 자, 민법 제32조에 따라 설립된 법인, 특별법에 따라 설립된 법인, 각급 학교, 기성회, 후원회 또는 이와 유사한 단체는 예정신고 또는 확정신고 시 세금계산서합계표를 제출하여야 한다.

영세율 적용 사업자는 수출실적명세서 등, 부동산 임대업은 부동산공급가액명세서.

그 밖에 부동산업, 변호사업, 심판변론인업, 변리사업, 법무사업, 공인회계사업, 세무사업, 경영지도사업, 기술지도사업, 감정평가사업, 손해사정인업, 통관업, 기술사업, 건축사업, 도선사업, 측량사업, 공인노무사업, 의사업, 한의사업, 약사업, 한약사업, 수의사업 등을 영위하는 사업자는 현금명세서를 추가로 제출하여야 한다.

기타 의제매입세액 공제금액이 있는 경우에는 의제매입세액 공제신고서를 제출하여야
한다.

다. 개별소비세 신고

(1) 일반적인 경우

과세물품을 제조하여 반출하는 자, 과세물품을 제조장 안에서 사용·수익하는 자, 과세유
흥장소 경영자 등은 과세물품을 반출 등을 하는 분기의 다음달 25일까지 개별소비세를 신
고·납부하여야 한다.

다만, 과세물품을 보세구역으로부터 반출하는 자는 세관장에게 수입신고를 한 때에 과세
표준을 신고한 것으로 본다.

(2) 기타 개별소비세 신고의무

유류를 반출하는 경우에는 반출하는 날이 속하는 날의 다음달 말까지 개별소비세를 신
고·납부하여야 한다.

과세영업장소를 경영하는 자는 영업행위를 한 날이 속하는 해의 다음해 3월 말일까지 개
별소비세를 신고·납부하여야 한다.

라. 법인세 신고

(1) 법인세 중간예납 신고

(가) 의의

법인세 중간예납이란 각 사업연도 기간 중 별도로 중간예납 기간을 두어 당해 사업연도의
법인세 추산액의 일부를 예납하는 제도를 말한다.

(나) 중간예납 대상 법인

영리내국법인, 수익성 있는 비영리내국법인, 국내사업장이 있는 외국법인 등으로서 사업연도가 6월을 초과하는 법인은 원칙적으로 중간예납 의무가 있다.

다만, 당해 연도 중에 새로 설립한 법인, 중간예납 기간 중 휴업 등의 사유로 사업수입금액이 없는 법인, 청산법인, 법인세가 전액 면제되는 외국인 투자기업, 이자소득만 있는 비영리법인, 고등교육법에 따른 사립학교를 경영하는 학교법인, 산학협력단, 산출세액이 일정금액이하인 영세중소기업 등은 중간예납 신고납부의무가 없다.

(다) 중간예납세액 산출 방법

중간예납세액은 직전 사업연도의 납부실적을 기준으로 하는 방법과 당해 사업연도의 중간예납 기간의 실적을 기준으로 하는 방법으로 선택하여 적용할 수 있다.

(라) 신고 시 첨부서류

법인세 중간예납 신고납부계산서 및 법인세 과세표준 및 세액조정계산서, 중간결산에 의하여 작성한 대차대조표, 손익계산서, 세무조정계산서 및 기타 참고서류. 이익잉여금처분계산서·결손금처리계산서는 제출하지 않는다.

(마) 신고납부기한

중간예납기간(사업연도가 1.1~12.31인 경우의 중간예납기간은 1.1~6.30)이 지난 날부터 2개월 이내 신고납부하여야 한다.

(2) 법인세 신고

국내에 본점이나 주사무소 또는 사업의 실질적 장소를 둔 내국법인은 국내외에서 발생하는 모든 소득에 대하여 법인세 신고납부의무가 있다. 외국에 본점 또는 주사무소를 둔 외국법인은 국내에서 발생하는 소득 중 일정한 국내원천소득에 대하여 법인세 신고납부의무가 있다.

(가) 신고기한

법인세는 사업연도 종료일이 속하는 달의 말일부터 3월 이내에 관할 세무서장에게 신고납부하여야 한다.

(나) 신고 시 첨부서류

ⓐ 기업회계기준을 준용하여 작성한 개별 재무상태표, 포괄손익계산서

ⓑ 기업회계기준을 준용하여 작성한 이익잉여금처분(결손금처리)계산서

ⓒ 세무조정계산서

ⓓ 기타 부속서류 및 현금흐름표, 표시통화재무제표, 원환재무제표

ⓔ 합병, 분할의 경우 피합병법인의 재무상태표, 합병·분할로 승계한 자산, 부채 명세서

ⓕ 법인세법 및 조세특례제한법에 의한 각종 공제, 감면 신청서

(다) 주식 등 변동상황명세서의 작성·제출

사업연도 중에 주식 등의 변동상황이 있는 법인(주식회사, 유한회사, 합명회사, 합자회사, 조합 등)은 주식 등 변동상황명세서를 법인세 과세표준 신고기한 내에 납세지 관할 세무서장에게 제출하여야 한다.

주식 등의 변동이라 함은 매매, 증자, 감자, 상속·증여 및 출자 등에 의하여 주주 등 지분비율, 보유주식 액면총액, 보유출자 총액 등이 변동되는 경우를 말한다.

① 제출 대상 법인

주식회사 등 사업연도 중에 주식 또는 출자지분의 변동이 있는 내국법인

② 제출 제외 법인

ⓐ 새로 설립한 법인은 신규설립 시 주주명부가 입력되므로 주식변동상황명세서를 제출할 필요가 없다. 다만, 당해 설립일이 속하는 사업연도 중에 주식 변동이 있었다면 주식변동상황명세서를 제출하여야 한다.

ⓑ 농업협동조합, 소비자생활협동조합, 수산업협동조합, 산림조합, 중소기업협동조합,

신용협동조합 등 조합법인. 다만, 그 중앙회 및 연합회는 제출 대상이다.

ⓒ 자본시장과 금융투자업에 관한 법률에 따른 투자회사, 투자유한회사, 투자합자회사 및 투자전문회사(사모투자 전문회사는 제외)

ⓓ 자본시장과 금융투자업에 관한 법률 제6조 제5항 각호의 규정에 의한 법인

ⓔ 해당 법인의 주주 등이 공공기관 또는 기관투자자와 주권상장법인의 소액주주로 구성된 법인

③ 주식변동상황명세서 작성이 제외되는 경우

ⓐ 주권상장법인으로 해당 사업연도 중 주식의 명의개서 또는 변경을 취급하는 자를 통해 1회 이상 주주명부를 작성하는 법인의 지배주주 외의 주주 등이 소유하는 주식 지배주주란 발행주식 총수의 100분의 1이상의 주식을 소유한 주주로서 그와 특수관계자와의 소유주식의 합계가 가장 많은 경우의 해당 주주

ⓑ 주권상장법인으로 해당 사업연도 중 주식의 명의개서 또는 변경을 취급하는 자를 통해 1회 이상 주주명부를 작성하는 법인이 아닌 경우에는 일정한 소액주주가 소유하는 주식. 소액주주란 발행주식 총수 또는 출자가액의 100분의 1에 미달하는 주식 또는 출자 주주

④ 제출기한

법인세 과세표준신고 기한 내에 제출하여야 한다.

마. 상속세 신고

(1) 상속세 신고의 의의

상속개시에 의하여 납세의무가 성립되면 납세의무자는 납세의무가 성립된 상속에 관계되는 사항을 정부에 신고하여야 하고, 정부는 그 신고내용을 기초로 하여 구체적으로 상속세 납세의무를 확정시키고 그 결과를 통지한다. 즉, 상속세 신고행위는 상속세에 관한 사항을

정부에 보고하는 협력의무이다.

(2) 신고의무자

상속인 또는 수유자 등이 납세의무자이다.

(3) 신고기한

상속세 납세의무가 있는 상속인 또는 수유자는 상속개시일이 속하는 달의 말일부터 6개월 (피상속인이나 상속인이 외국에 주소를 둔 경우에는 9개월) 이내에 상속세의 과세가액 및 과세표준을 상속세 과세표준신고 및 자진납부계산서에 의하여 관할 세무서장에게 신고하여야 한다.

신고기한까지 상속인이 확정되지 아니한 경우 상속인이 확정된 날로부터 30일 이내에 확정된 상속인의 상속관계를 적어 납세지 관할 세무서장에게 제출하여야 한다.

(4) 신고 시 첨부서류

ⓐ 상속세 과세표준신고 및 자진납부계산서
ⓑ 상속재산명세서 및 그 평가명세서
ⓒ 피상속인 및 상속인의 가족관계증명서
ⓓ 공과금, 장례비, 채무사실을 입증하는 서류
ⓔ 상속재산을 감정평가 의뢰한 경우 감정평가 수수료 지급서류
ⓕ 상속재산을 분할한 경우에는 상속재산 분할명세서 및 그 평가명세서
ⓖ 그 밖에 상속세 및 증여세법에 의하여 제출하는 서류 등

바. 증여세 신고

(1) 신고의무자

증여세 납세의무가 있는 자는 증여받은 날이 속하는 달의 말일부터 3개월 이내에 증여세 과세가액 및 과세표준을 증여세 신고서에 의하여 납세지 관할 세무서장에게 신고하여야

한다.

(2) 신고기한

증여받은 날이 속하는 달의 말일부터 3개월 이내에 신고하여 하고 기한 내 미신고시 신고 및 납부불성실가산세를 부담하여야 한다.

(3) 신고 시 첨부서류

증여자 및 수증자 관계를 알 수 있는 가족관계등록부, 증여재산 및 평가명세서, 채무사실을 입증할 수 있는 서류, 기타 세액공제 관련 서류.

제3절 원천징수와 지급명세서 제출의무

1. 원천징수 제도

가. 원천징수의 의의

원천징수란 소득 또는 수입금액을 지급하는 자(원천징수의무자)가 그 금액을 지급할 때, 상대방(원천납세의무자)이 내야 할 세금을 국가를 대신하여 징수하고 납부하는 조세징수방법을 말한다.

즉, 원천징수는 납세자 이외의 제3자에게 납세자에게 지급할 소득으로 해당 조세를 징수하여 국가에 납부하도록 하는 절차를 말한다.

나. 원천징수의무자

원천징수의무자란 국내에서 거주자, 비거주자 및 법인에 세법에 따른 원천징수대상 소득금액이나 수입금액을 지급하는 개인이나 법인으로서 세무서에 사업자등록이나 고유번호등록 여부에 관계없이 지급받는 자로부터 소득세 또는 법인세를 원천징수하여 국고에 납부하여야 할 의무가 있는 자를 말한다. 그 밖에 청산인, 합병법인, 채권 등 매수법인 등이다.

다. 원천징수의 기능

소득 지급 시에 미리 소득세 등을 원천징수함으로써 조세수입을 조기에 확보하고, 원천징수한 소득에 대해 지급명세서 제출을 강제함으로써 소득자료를 확보하여 과세누락을 방지하고 근거과세를 확립한다.

또한 납세의무자가 개별적으로 소득세 등을 세무서에 신고·납부하여야 하는 번거로움을 덜어줌으로써 납세편의를 도모할 수 있다.

라. 원천징수의 구분

원천징수는 납세 및 신고의무의 종결 시점에 따라 예납적 원천징수와 완납적 원천징수로 구분할 수 있다.

(1) 예납적 원천징수

예납적 원천징수는 원천납세의무자가 나중에 확정신고를 통해 세액을 정산하여야만 모든 의무가 종결된 것을 말하며, 이 경우 미리 원천징수된 세액은 기납부세액으로 공제받는다.

이에 해당되는 것으로는 종합과세 대상이 되는 이자소득 및 배당소득, 기타소득, 원천징수 대상 사업소득, 법인세법에 따른 원천징수대상이 되는 이자소득 및 배당소득이 있다.

(2) 완납적 원천징수

완납적 원천징수는 원천징수만으로 납세 및 신고의무가 완결된 것을 말하며, 일용근로자의 근로소득, 분리과세이자소득, 분리과세배당소득, 분리과세배당소득의 합계액이 종합과세 기준금액 이하인 거주자 및 그 배우자의 이자소득과 배당소득, 분리과세기타소득 등에 대한 원천징수가 이에 해당된다.

마. 원천징수 대상 소득

(1) 개요

이자소득, 배당소득, 일정한 사업소득, 근로소득, 연금소득, 기타소득, 퇴직소득, 일정한 봉사료, 법인세 등이다.

원천징수 대상 소득이 농어촌특별세 과세대상에 해당하는 경우 농어촌특별세를 징수·납부하여야 하며, 일정한 소득에 대하여는 지방소득세를 특별징수하여야 한다.

(2) 소득세 원천징수

(가) 이자·배당소득

① 원천징수 대상 이자·배당소득

일반적인 이자소득과 배당소득, 분리과세를 신청한 장기채권의 이자와 할인액, 비영업대금이익, 직장공제회 초과반환금, 실지 명의가 확인되지 아니하는 이자· 배당소득 등이 있다.

한편, 대부업을 영위하는 금융기관 등으로부터 대출받은 자가 금융기관 등에 이자를 지급하는 경우에는 이자소득세를 원천징수·납부하지 않는다. 이는 금융기관 등이 수령하는 이자는 대부업자의 사업소득에 해당하기 때문이다.

② 원천징수 시기

원천징수의무자가 이자소득 또는 배당소득을 지급할 때에는 그 지급금액에 원천징수세율을 적용하여 계산한 소득세를 원천징수한다.

배당소득의 경우 법인이 이익 또는 잉여금의 처분에 따른 배당 또는 분배금을 그 처분을 결정한 날로부터 3개월이 되는 날까지 지급하지 아니한 경우에는 그 3개월이 되는 날에 배당소득을 지급한 것으로 보아 소득세를 원천징수한다.

신고 또는 경정 등에 의하여 배당으로 소득처분된 경우에는 법인세 과세표준을 신고하는 경우에는 그 신고일 또는 수정신고일, 법인세 과세표준을 결정 또는 경정하는 경우에는 소득금액변동통지서를 받은 날을 지급시기로 하여 원천징수한다.

출자공동사업자의 배당소득으로서 과세기간 종료 후 3개월이 되는 날까지 지급하지 아니한 소득은 과세기간 종료 후 3개월이 되는 날.

의제배당의 경우에는 배당사유별로 정한 일정한 날.

③ 원천징수영수증 발급

이자소득 또는 배당소득을 지급하는 원천징수의무자는 이를 지급할 때 소득을 받는 자에게 그 이자소득 또는 배당소득의 금액과 그 밖에 필요한 사항을 적은 원천징수영수증을 발급하여야 한다.

다만, 원천징수의무자가 지급한 날이 속하는 과세기간의 다음 연도 3월 말까지 이자소득 또는 배당소득을 받는 자에게 금융회사 등이 이자소득이나 배당소득을 받은 자의 통장 또는 금융거래명세서에 그 지급내용과 원천징수의무자의 사업자등록번호 등을 기재하여 통보하거나, 금융회사 등이 이자소득이나 배당소득을 받은 자로부터 신청을 받아 그 지급내용과 원천징수의무자의 사업자등록번호 등을 우편, 전자계산조직을 이용한 정보통신 또는 모사전송으로 통보하여 주는 경우에는 해당 원천징수영수증을 발급한 것으로 본다.

한편, 원천징수의무자는 이자소득 또는 배당소득의 지급금액이 일정한 금액 이하인 경우 원천징수영수증을 발급하지 아니할 수 있다.

(나) 근로소득

① 원천징수 대상 근로소득

매월분 근로소득과 연말정산 근로소득이 대상 소득이다.

② 원천징수시기 및 방법

②-1. 일반적인 경우

원천징수의무자가 매월분의 근로소득을 지급할 때에 근로소득 간이세액표에 따라 소득세를 원천징수한다.

근로소득을 지급하여야 할 원천징수의무자가 1월부터 11월까지의 근로소득을 해당 과세기간의 12월 31일까지 지급하지 아니한 경우에는 그 근로소득을 12월 31일에 지급한 것으로 보아 소득세를 원천징수한다.

원천징수의무자가 12월분의 근로소득을 다음 연도 2월 말까지 지급하지 아니한 경우에는 그 근로소득을 다음 연도 2월 말에 지급한 것으로 보아 소득세를 원천징수한다.

종교인 소득을 근로소득으로 원천징수하는 경우에는 종교단체가 종교인에게 소득을 지급할 때 근로소득 간이세액표에 따라 근로소득세를 원천징수한다.

일용근로자의 원천징수는 별도의 계상방법에 의하여 이루어지고, 연말정산이 필요없이 원천징수로 납세의무가 종결된다.

②-2. 상여 등의 경우

상여 등을 지급한 경우에는 일정한 방법에 의하여 지급 시 근로소득 간이세액표에 의하여 원천징수하여야 한다. 구체적으로 지급대상 기간이 있는 상여 등은 그 상여 등의 금액을 지급대상 기간의 월수로 나누어 계산한 금액과 그 지급대상 기간의 상여 등 외의 월평균 급여액을 합산한 금액에 대하여 간이세액표에 따라 계산한 금액을 지급대상 기간의 월수로 곱하여 계산한 금액에서 그 지급대상 기간의 근로소득에 대하여 이미 원천징수하여 납부한 세액을 공제한 것을 그 세액으로 한다.

또한 지급대상 기간이 없는 상여 등은 그 상여 등을 받은 과세기간의 1월 1일부터 그 상여 등의 지급일이 속하는 달까지를 지급대상 기간으로 하여 지급대상 기간이 있는 상여 등 방법에 의한다.

법인이 이익 또는 잉여금의 처분에 따라 지급하여야 할 상여를 처분을 결정한 날로부터 3개월이 되는 날까지 지급하지 아니한 경우에는 3개월이 되는 날에 상여를 지급한 것으로 보아 소득세를 원천징수한다.

②-3. 인정상여의 경우

법인세법에 따라 상여로 처분된 근로소득은 법인이 법인세 과세표준을 신고하는 경우에는 법인세과세표준 및 세액의 신고일 또는 수정신고일, 세무서장 또는 지방국세청장이 법인세 과세표준을 결정·경정하는 경우에는 해당 법인이 소득금액변동통지서를 받은 날에 원천징수 하여야 한다.

③ 원천징수이행상황신고서 제출

원천징수의무자는 원천징수한 소득세를 징수일이 속하는 달의 다음달 10일까지 원천징수세액을 납부하고 원천징수이행상황신고서를 관할 세무서장에게 제출하여야 한다.

④ 원천징수영수증 발급

근로소득을 지급하는 원천징수의무자는 해당 과세기간의 다음 연도 2월 말일까지 그 근로소득의 금액과 그 밖에 필요한 사항을 적은 원천징수영수증을 근로소득자에게 발급하여야 한다.

해당 과세기간 중도에 퇴직한 사람에게는 퇴직한 날이 속하는 달의 근로소득의 지급일이 속하는 달의 다음 달 말일까지 발급하여야 한다.

일용근로자에 대하여는 근로소득의 지급일이 속하는 분기의 마지막 달의 다음 달 말일까지 발급하여야 한다. 다만, 4분기에 지급한 근로소득의 경우에는 다음 연도 2월 말까지 원천징수영수증을 발급하여야 한다.

⑤ 인정상여에 의한 원천징수

(다) 연금소득

① 원천징수 대상 연금소득

매월분 공적연금소득, 연말정산 공적연금소득, 사적연금소득

② 원천징수 시기

원천징수의무자가 공적연금소득 등을 지급할 때 연금소득 간이세액표에 따라 소득세를 원천징수한다.

공적연금 원천징수의무자는 매월분 공적연금을 지급할 때에 연금소득간이세액표에 의하여 소득세를 원천징수하고 해당 과세기간의 다음 연도 1월분 공적연금소득을 지급할 때에는 공적연금소득세액의 연말정산에 따라 소득세를 원천징수한다.

사적연금 원천징수의무자는 사적연금은 연금을 수령한 날에 연금소득자의 나이에 따라 일정액의 소득세를 원천징수하여야 한다.

③ 원천징수영수증 발급

원천징수의무자는 연금소득을 지급할 때 연금소득의 금액과 그 밖에 필요한 사항을 적은 원천징수영수증을 연금소득자에게 발급하여야 한다.

(라) 사업소득

① 원천징수의무자의 범위

사업자, 법인세 납부의무자, 국가·지방자치단체 또는 지방자치단체조합, 민법 기타 법률에 의하여 설립된 법인, 국세기본법에 의하여 법인으로 보는 단체

② 원천징수 대상 사업소득

②-1. 일정한 의료보건용역 소득

소득세법에 열거된 의료보건 용역과 수의사 용역. 다만 약사법에 따른 약사가 제공하는 의약품의 조제용역 등 일정한 의료보건용역은 제외한다.

②-2. 개인이 공급하는 일정한 인적용역

개인이 물적시설 없이 근로자를 고용하지 아니하고 독립된 자격으로 용역을 공급하고 대가를 받는 일정한 인적용역

ⓐ 저술가·작곡가나 그 밖의 자가 직업상 제공하는 인적용역

ⓑ 연예에 관한 감독·각색·연출·촬영 등 이와 유사한 용역

ⓒ 건축감독·학술 용역 또는 이와 유사한 용역

ⓓ 음악·재단·무용·요리·바둑의 교수 또는 이와 유사한 용역

ⓔ 보험가입자의 모집, 저축의 장려 또는 집금 등을 하고 실적에 따라 보험회사 또는 금융기관으로부터 모집수당·장려수당·집금수당 또는 이와 유사한 용역

ⓕ 저작자가 자작권에 의하여 사용료를 받는 용역

ⓖ 교정·번역·고증·속기·필경·타자·음반취입 또는 이와 유사한 용역

ⓗ 고용관계 없는 사람이 다수인에게 강연을 하고 강연료·강사료 등의 대가를 받은 용역

ⓘ 라디오·텔레비전 방송 등을 통하여 해설·계몽 또는 연기를 하거나 심사를 하고 사례금 또는 이와 유사한 성질의 대가를 받는 용역

ⓙ 작명·관상·점술 또는 이와 유사한 용역

ⓚ 개인이 일의 성과에 따라 수당이나 이와 유사한 성질의 대가를 받는 용역

②-3. 개인, 법인 또는 법인격 없는 사단, 재단, 그 밖의 단체가 독립된 자격으로 용역을 공급하고 대가를 받은 용역 중 일정한 용역

ⓐ 형사소송법 및 군사법원법 등에 따른 국선변호인의 국선변호와 법률구조법과 변호

사법에 따른 법률구조 용역

ⓑ 일정한 학술연구용역과 기술연구용역

ⓒ 직업소개소가 제공하는 용역 및 인생상담, 직업재활상담, 중소기업창업지원법에 따른 중소기업상담회사가 제공하는 창업상담 용역

ⓓ 장애인복지법 제40조에 따른 장애인보조견 훈련 용역

ⓔ 국제금융기구로부터 받은 차관자금으로 국가 또는 지방자치단체가 시행하는 국내사업을 위하여 공급하는 용역

②-4. 봉사료에 대한 원천징수

음식·숙박용역·안마시술소·이용원·스포츠마사지업소 및 그 밖에 이와 유사한 장소에서 제공하는 용역, 과세유흥장소에서 제공하는 용역 등과 관련한 봉사료로 봉사료를 계산서·세금계산서·영수증 또는 신용카드 매출전표 등에 그 공급가액과 구분하여 적은 경우로서 그 구분하여 적은 봉사료금액이 공급가액의 100분의 20을 초과하는 경우의 봉사료를 원천징수한다.

이때 사업자는 봉사료지급대장을 작성하여야 하며, 지급대장에는 봉사료를 수령하는 자가 직접 수령사실을 확인하고 서명하여야 하며, 수령자 본인의 서명임을 확인할 수 있도록 봉사료 수령인별로 주민등록증 등 신분증사본 등이 첨부되어야 한다.

③ 원천징수시기 및 원천징수영수증 발급

③-1. 일반적인 경우

원천징수의무자가 원천징수 대상 사업소득을 지급할 때에는 그 지급금액에 원천징수세율을 적용하여 계산한 소득세를 원천징수하고, 그 사업소득의 금액과 그 밖에 필요한 사항을 적은 원천징수영수증을 사업소득자에게 발급하여야 한다.

③-2. 연말정산 사업소득자에 대한 원천징수

보험모집인, 방문판매원, 음료품 배달원 등에게 사업소득을 지급하는 원천징수의무자

는 해당 과세기간의 다음 연도 2월분의 사업소득을 지급할 때(2월분의 사업소득을 2월 말까지 지급하지 아니하거나 2월분의 사업소득이 없는 경우에는 2월 말) 연말정산 시 과세기간에 이미 원천징수하여 납부한 소득세를 공제하고 남은 금액을 원천징수한다.

한편, 연말정산 사업소득을 지급하여야 할 원천징수의무자가 1월부터 11월까지의 사업소득을 해당 과세기간의 12월 31일까지 지급하지 아니한 경우에는 12월 31일에 사업소득을 지급한 것으로 보아 소득세를 원천징수한다.

한편, 연말정산 사업소득을 지급하는 원천징수의무자는 연말정산일이 속하는 달의 다음달 말일까지 원천징수영수증을 해당 사업자에게 발급하여야 한다.

(마) 기타소득

① 원천징수 대상 기타소득

상금, 경품 당첨금, 승마 및 승자투표권 등, 저작권이나 각종 권리 등의 양도 및 대여, 사용의 대가, 계약 위약 배상금 및 보상금 등의 우발적 소득, 인적용역을 일시적으로 제공하고 받는 대가, 서화, 골동품 등의 양도소득, 종교인 소득 등

② 원천징수 시기

원천징수의무자가 기타소득을 지급할 때에 그 기타소득 금액에 일정율의 원천징수세율을 적용하여 계산한 소득세를 원천징수한다.

기타소득 금액은 일반적인 경우 기타소득에서 수입금액을 얻기 위하여 실제로 지출한 비용인 필요경비를 차감한 금액으로 하며, 영업권 등의 소득에 대하여는 일정비율의 필요경비를 일괄적으로 차감한 금액으로 한다.

③ 원천징수영수증 발급

기타소득을 지급하는 원천징수의무자는 이를 지급할 때 원천징수영수증을 그 소득을 받는 사람에게 발급하여야 한다.

(바) 퇴직소득

① 원천징수 대상 소득

　　퇴직소득

② 원천징수 시기

　　원천징수의무자가 퇴직소득을 지급할 때에는 퇴직소득과세표준에 원천징수세율을 적용하여 계산한 소득세를 징수한다. 다만, 퇴직일 현재 연금계좌에 있거나 연금계좌로 지급되는 경우, 퇴직하여 지급받은 날부터 60일 이내에 연금계좌에 입금되는 경우에는 제외한다.

③ 원천징수영수증 발급

　　퇴직소득을 지급하는 자는 그 지급일이 속한 달의 다음달 말일까지 원천징수영수증을 퇴직소득을 지급받는 사람에게 발급하여야 한다.

(3) 법인세 원천징수

(가) 원천징수의무자

내국법인에 이자소득 또는 투자신탁의 이익을 지급하는 자는 법인세를 원천징수하여 그 징수일이 속하는 달의 다음달 10일까지 납부하여야 한다.

법인세법상 원천징수의무자는 내국법인에 원천징수 대상 소득을 지급하는 자를 말한다.

(나) 원천징수 대상 소득

원천징수 대상 소득은 이자소득과 투자신탁의 이익이며, 법인세가 비과세되거나 면제되는 소득은 원천징수대상 소득에서 제외된다.

비영업대금의 이익, 채권자가 불분명한 사채이자. 공탁금의 이자는 원천징수대상 이자소득에 포함되나 금융보험업을 영위하는 법인이 지급받는 채권이자를 제외한 이자소득은 원천징수 대상 이자소득에 포함되지 않는다.

(다) 납부기한

원천징수의무자는 법인에 원천징수대상 소득을 지급하는 때에 법인세를 원천징수하여 징수일이 속하는 달의 다음달 10일까지 납부하여야 한다. 다만, 반기별 납부의 승인을 얻은 경우에는 그 징수일이 속하는 반기의 마지막 달의 다음달 10일까지 납부할 수 있다.

(4) 납세조합의 원천징수 의무

(가) 대상소득

외국기관 또는 우리나라에 주둔하는 국제연합군(미군은 제외)으로부터 받는 근로소득, 국외에 있는 비거주자 또는 외국법인(국내지점 또는 국내영업소는 제외한다)으로부터 받는 근로소득, 농·축·수산물 판매자(복식부기의무자 제외), 노점상인, 기타 국세청장이 필요하다고 인정하는 사업자로 구성된 조합으로 납세의무자가 일정인원 이상인 조합.

(나) 원천징수방법

각 조합원의 매월분 소득에 12를 곱한 금액에 종합소득공제를 적용한 금액에 기본세율을 적용하여 계산한 세액의 12분의 1을 매월분의 소득세로 하여 세액공제와 납세조합공제를 적용한 금액을 징수한다.

(5) 비거주자의 국내원천소득에 대한 원천징수

(가) 원천징수 대상 소득

국내원천소득 중 이자소득, 배당소득, 선박 등 임대소득, 사업소득, 인적용역소득, 사용료소득, 유가증권양도소득, 기타소득, 양도소득, 근로소득, 부동산소득, 퇴직소득.

(6) 원천징수 위반에 대한 제재

원천징수의무자가 정당한 사유없이 그 세금을 징수하지 아니하였을 때에는 1천만 원 이하의 벌금에 처한다(조세범처벌법 제13조). 이 경우 징수하지 않은 세액은 벌금으로 부과한다.

2. 연말정산

가. 의의

근로소득·연금소득 및 일정한 사업소득의 경우 다른 종합소득과 합산하기 전에 먼저 매월분의 급여액 및 수입금액의 일정금액을 원천징수하여 납부하게 하는 한편, 다음 연도 2월분 근로소득을 지급하는 때 또는 퇴직하는 때에 다시 연간 총급여액 및 총수입금액에 대한 종합소득과세표준에 기본세율을 적용하여 종합소득 산출세액을 계산하고 종합소득산출세액에서 세액공제 등과 이미 납부한 원천징수세액을 차감하여 그 차액을 추가로 원천징수하거나 환급하는 절차를 연말정산이라 한다.

이는 납세의무자에게 과세표준확정신고의무를 면제하여 납세편의를 제공하면서 징세비를 절감하는 효과가 있다.

나. 근로소득 연말정산

(1) 계속 근로소득이 있는 경우(내국인 거주자의 경우)

근로소득을 지급하는 자(원천징수의무자)가 해당 과세기간의 다음 연도 2월분의 근로소득을 지급한 때에 연말정산을 한다. 다만, 2월분 근로소득을 2월 말까지 지급하지 아니하거나 2월분의 근로소득이 없는 경우에는 2월 말에 연말정산을 한다.

(2) 연중에 퇴직하는 근로자의 경우

근로자가 중도에 퇴직하는 경우에는 퇴직하는 달의 근로소득을 지급하는 때에 연말정산을 한다.

(3) 연말정산 이후 근로소득을 추가로 지급하는 경우

해당 과세기간의 근로소득을 추가로 지급하는 때에 근로소득 연말정산을 다시 하여야 한다.

한편, 법원 판결에 의하여 근로소득을 추가 지급하는 경우 해당 소득은 당초에 근로를 제공한 날에 귀속되며, 판결일의 다음달 말일까지 소득세를 원천징수하여 그 다음달 10일까지 납부하여야 한다.

(4) 내국인 비거주자의 연말정산

비거주자의 국내원천소득에 해당하는 근로소득에 대한 소득세의 과세표준과 세액계산은 거주자에 관한 내용을 준용한다. 다만, 인적공제 등 공제내용에 차이가 있다.

(5) 외국인 거주자와 비거주자의 연말정산

원천징수의무자는 외국인근로자에게 매월분의 근로소득을 지급할 때 근로소득 간이세액표에도 불구하고 외국근로자에게 매월분의 근로소득을 지급할 때 근로소득 간이세액표에 불구하고 해당 근로소득에 100분의 19를 곱한 금액을 원천징수할 수 있다. 이 경우 비과세, 공제 등에 관한 규정은 적용되지 않는다.

다. 사업소득 연말정산

(1) 연말정산 대상 사업소득

간편장부 대상자로서 ㉠ 독립된 자격으로 보험가입자의 모집 및 이에 부수되는 용역을 제공하고 그 실적에 따라 모집수당 등을 받은 사업자(보험모집인) ㉡ 방문판매 등에 관한 법률에 의하여 방문판매업자를 대신하여 방문판매업을 수행하고 그 실적에 따라 판매수당 등을 받거나 후원방문판매조직에 판매원으로 가입하여 후원방문판매업을 수행하고 후원수당 등을 받는 자(방문판매원) ⓒ 독립된 자격으로 일반 소비자를 대상으로 사업장을 개설하지 않고 음료품을 배달하는 계약배달 판매 용역을 제공하고 판매실적에 따라 판매수당 등을 받는 자(음료품 배달원).

(2) 연말정산 시기

원천징수의무자가 다음 연도 2월분의 사업소득을 지급하는 때에 연말정산한다.

다만, 12월분의 사업소득을 다음 연도 2월 말일까지 지급하지 아니한 경우에는 다음 연도 2월 말일에 사업소득을 지급하는 것으로 보아 연말정산한다.

(3) 연말정산용 사업소득 원천징수영수증 제출

연말정산 대상 사업소득을 지급하는 원천징수의무자는 연말정산일이 속하는 달의 다음 달 말일까지 사업소득세 연말정산에 대한 사업소득 원천징수영수증(연말정산용)을 해당 사업자에게 발급하여야 하고, 관할 세무서에는 사업소득지급명세서(연말정산용)를 제출하여야 한다.

라. 공적연금 연말정산

(1) 연말정산 대상 연금소득

국민연금법에 따라 받는 각종 연금, 공무원연금법, 군인연금법, 사립학교교직원 연금법 또는 별정우체국법에 따라 받는 각종 연금, 국민연금과 직역연금의 연계에 관한 법률에 따라 받는 연계노령연금·연계퇴직연금.

(2) 연말정산 시기

공적연금 소득 지급자가 해당 과세기간의 다음 연도 1월분 공적연금 소득을 지급할 때 연금소득금액에 일정한 공제와 산출세액을 계산한 후 기납부한 원천징수세액을 공제하고 남은 금액을 원천징수하여야 한다.

(3) 연말정산용 연금소득 원천징수영수증 제출

연말정산 대상 연금소득을 지급하는 원천징수의무자는 해당 과세기간의 다음 연도 2월 말일까지 연금소득 원천징수영수증(연말정산용)을 해당 연금소득을 받은 사람에게 발급하여야 하고, 관할 세무서에는 연금소득 지급명세서(연말정산용)를 제출하여야 한다.

3. 지급명세서 제출의무

가. 개념

지급명세서란 원천징수의 대상이 되는 소득금액을 지급받는 자의 인적사항·소득금액의 종류와 금액·소득금액의 지급시기와 귀속사업연도 등을 기재한 과세자료를 말한다.

지급명세서에는 이자·배당소득 지급명세서, 기타소득 지급명세서, 연금소득 지급명세서, 사업소득 지급명세서, 근로소득 지급명세서, 유가증권양도소득 지급명세서, 연금계좌 지급명세서, 퇴직소득 지급명세서, 의료비 지급명세서, 기부금 지급명세서, 일용소득 지급명세서 등이 있다.

나. 제출의무자

소득세 납세의무가 있는 개인에게 이자소득, 배당소득에 해당하는 소득금액 또는 수입금액을 국내에서 지급하는 개인 또는 법인.

지급명세서는 개인의 소득금액 산정의 중요한 기초 자료가 되어 근로장려금 지급, 국민연금, 건강보험료 책정 등에 활용된다.

다. 제출대상 소득

이자소득, 배당소득, 원천징수대상 사업소득, 근로소득 또는 퇴직소득, 연금소득, 기타소득, 일정한 봉사료, 일정한 장기저축성보험의 보험차익.

국민건강보험법에 의한 국민건강보험공단 또는 산업재해보상보험법에 의한 근로복지공단이 의료법에 의한 의료기관 또는 약사법에 의한 약국에 요양급여비용 등을 지급하는 경우.

방문판매 등에 관한 법률에 의하여 다단계판매업자가 다단계판매원에게 후원수당을 지급하는 경우.

금융회사 등이 연간 계좌별로 거주자에게 지급한 일정금액의 이자소득금액.

한편, 봉사료에 대한 지급명세서 제출은 음식·숙박, 안마시술소, 이용원, 스포츠마사지 업소 및 과세유흥장소 등에서 용역을 제공하고 용역제공자의 봉사료를 공급가액과 구분하여 기재하는 경우로서 그 구분 기재한 봉사료금액이 공급가액의 20/100을 초과하여야 한다.

라. 지급명세서 제출의무가 면제되는 경우

비과세되는 기타소득, 복권·경품권 기타 추첨권에 의해 받는 당첨금 중 건당 10만 원 이하, 비과세 근로소득 및 퇴직소득과 실비변상적 급여 중 일부, 승마투표권, 승자투표권, 소싸움 경기투표의 구매자 받은 환급금이 500만 원 미만, 체육진흥투표권의 구매자 받는 환급금이 10만 원 미만, 봉사료수입금액 중 안마시술소가 소득세를 원천징수하는 소득.

마. 제출기한

(1) 이자·배당소득

소득세 납세의무가 있는 개인에게 이자소득, 배당소득에 해당하는 소득금액 또는 수입금액을 국내에서 지급하는 개인 또는 법인은 그 지급명세서를 지급일이 속하는 연도의 다음연도 2월 말일까지 원천징수 관할 세무서장 등에게 제출하여야 한다.

(2) 근로소득

지급명세서를 다음연도 3월 10일까지 관할 세무서장에게 제출하여야 한다.

근로소득 중 일용근로자의 근로소득의 경우에는 그 지급일이 속하는 분기의 마지막 달의 다음 달 10일까지 지급명세서를 제출하여야 한다.

지급명세서를 제출할 때에는 일용근로자의 성명, 전화번호, 주민등록번호, 지급월, 근무일수, 비과세소득, 소득세, 지방소득세 및 지급내역에 대한 집계 등을 기재하여야 한다.

(3) 연금소득

공적연금 외 연금소득을 지급하는 자는 연금소득지급명세서를 지급일이 속하는 연도의 다음연도 3월 10일까지 원천징수 관할 세무서장에게 제출하여야 한다.

(4) 사업소득(봉사료 포함)

지급명세서를 다음연도 3월 10일까지 관할 세무서장에게 제출하여야 한다.

(5) 퇴직소득

소득세 납세의무가 있는 개인에게 퇴직소득을 국내에서 지급하는 자는 퇴직소득 지급명세서를 그 지급일이 속하는 과세기간의 다음연도 3월 10일까지 원천징수 관할세무서장 등에게 제출하여야 한다.

(6) 지급명세서 제출 간주

사업자가 소득세법에 의한 매출·매입처별 계산서 합계표(전자계산서 발급명세를 국세청장에게 전송한 경우를 포함한다)와 부가가치세법에 의한 매출·매입처별 세금계산서합계표(전자세금계산서 발급명세를 국세청장에게 전송한 경우를 포함한다) 중 지급명세서에 해당하는 것이 있으면 그 제출한 부분에 대하여 지급명세서를 제출한 것으로 본다.

제4절 기타 과세자료 제출의무

1. 특정 업종 영위 사업자 과세자료 제출의무

가. 대상 사업자

골프장사업자, 병원사업자, 직업소개업자 등과 관련 사업자에게 사업장을 제공하거나 그 용역을 알선·중개하는 자.

나. 과세자료 제출 대상 용역 내역

대리운전용역, 소포배달용역, 간병용역, 골프장경기보조용역, 파출용역, 중개차판매원, 수하물판매원, 욕실종사원.

다. 과세자료 제출기한

수입금액 또는 소득금액이 발생하는 과세기간의 다음연도 2월 말까지 사업장 소재지 관할 세무서장 등에게 용역제공기간, 용역제공대가 등을 기재한 과세자료제출 명세서를 제출하여야 한다.

라. 기타 과세자료 제출의무

① 손해보험회사는 소송 결과에 따라 보험금을 지급한 경우 해당 손해보험금 지급자료를 지급일이 속하는 과세기간의 다음연도 2월 말까지 손해보험회사의 관할 세무서장에게 제출하여야 한다.

② 금융투자업자는 파생상품 등의 거래내역 등 양도소득세 부과에 필요한 자료 등을 거래 또는 행위가 발생한 날이 속하는 분기의 종료일의 다음 달 말일까지 관할 세무서장에게 제출하여야 한다.

2. 상속세 및 증여세법상 특정 과세자료 제출의무

가. 특정시설물 이용권

(1) 내용

특정시설물을 이용할 수 있는 권리 등의 명의개서 또는 변경을 취급하는 자는 본점(또는 주된 사무소) 법인을 관할하는 세무서장에게 특정시설물이용권 명의개서 명세서를 제출하여야 한다.

특정시설물을 이용할 수 있는 권리란 회원제 골프장 회원권, 회원제 휴양콘도미니엄 회원권, 회원제 체육시설 이용권, 승마이용권 등을 말한다.

(2) 제출기한

특성시설물을 이용할 수 있는 권리 등의 명의개서일 또는 변경일이 속하는 분기 종료일의 다음 달 말일.

나. 생명보험·손해보험의 보험금 지급 자료

생명보험·손해보험의 보험금(해약환급금 및 중도인출금을 포함)을 지급한 경우 보험금을 지급하는 자는 본점(또는 주된 사무소) 법인을 관할하는 세무서장에게 보험금지급명세서를 분기별로 제출하여야 한다.

다. 타익신탁자료

타익신탁재산의 수탁계약을 체결하거나 변경하는 경우 신탁업무를 취급하는 자는 본점(또는 주된 사무소) 법인을 관할하는 세무서장에게 타익신탁재산수탁명세서를 제출하여야 한다.

라. 특정채권자료

금융거래 및 비밀보장에 관한 법률에 따라 발행된 특정채권(고용안정채권, 중소기업 구조조정채권, 증권금융채권, 외화표시 외국환평형기금채권)이 만기 상환된 경우.

특정채권을 취급한 금융기관은 본점(또는 주된 사무소) 법인을 관할하는 세무서장에게 만기 상환자료를 제출하여야 한다.

제5절 세금계산서 또는 계산서 작성·교부 의무

1. 세금계산서 작성 및 발급의무

가. 개요

세금계산서는 사업자가 재화 또는 용역을 공급하는 때에 부가가치세를 거래징수하고 이를 증명하기 위하여 그 공급을 받은 자에게 발급하는 세금영수증을 말한다. 일반과세자는 재화 또는 용역을 공급한 때에 일정한 사항을 기재한 세금계산서를 공급받은 자에게 발급하여야 한다.

나. 발급의무자

일반과세자는 원칙적으로 재화 또는 용역을 공급하는 때에 공급받는 자에게 공급하는 사업자의 등록번호와 성명 또는 명칭, 공급받는 자의 등록번호, 공급가액과 부가가치세액, 작성 연월일 등을 기재한 세금계산서를 발급하여야 한다. 한편 법인사업자와 공급가액이 일정규모 이상인 사업자는 의무적으로 전자세금계산서를 발급하여야 한다.

다. 발급의무 면제 거래

소매업 또는 미용, 욕탕 및 유사 서비스업, 택시운송사업자, 노점·행상을 하는 사람이 공급하는 재화 또는 용역, 재화의 수출, 공급의제에 의한 재화의 공급 등의 경우에는 세금계산서 발급의무가 면제된다.

다만, 소매업의 경우 공급받는 자가 세금계산서 발급을 요구하는 경우에는 세금계산서를 발급하여야 한다.

2. 계산서 작성 및 발급의무

가. 소득세 사업자

(1) 개요

사업자등록을 한 사업자가 재화 또는 용역을 공급하는 경우에는 공급자의 상호, 사업자등록번호, 성명, 공급받는 자의 상호, 사업자등록번호, 성명 등이 기재된 계산서 또는 영수증을 교부하여야 한다.

한편, 농산물 등의 위탁판매나 대리인에 의한 판매의 경우 위탁자 또는 본인 명의 계산서를 발급하는 경우를 제외하고는 수탁자 또는 대리인이 재화를 공급한 것으로 보아 계산서 등을 작성하여 해당 재화를 공급받는 자에게 발급하여야 한다.

(2) 계산서 발급의무 면제

노점상인, 행상인 또는 무인판매기 등을 이용하여 사업을 영위하는 자가 공급하는 재화 또는 용역의 공급, 시내버스에 의한 용역, 국내사업장이 없는 비거주자 또는 외국법인과 거래되는 재화 또는 용역은 계산서 또는 영수증 발급의무가 면제된다.

(3) 전자계산서 발급

직전 총수입금액이 3억 원 이상인 사업자는 전자적 방법에 의한 전자계산서를 발급하여야 한다. 복식부기 의무자가 계산서 발급의무 등을 위반한 경우에는 가산세가 부과된다.

나. 법인사업자

(1) 의의

법인이 재화나 용역을 공급하면 계산서나 영수증을 작성하여 공급받은 자에게 발급하여야 한다. 계산서는 전자적 방법으로 작성한 전자계산서를 발급하여야 한다.

(2) 계산서 발급의무자

재화 또는 용역을 공급하는 법인이다. 다만, 법인이 부동산을 매각하는 경우 등에는 계산서를 발급하지 않는다.

한편, 부가가치세법에 따라 세금계산서 또는 영수증을 작성·발급하였거나 매출·매입처별 세금계산서 합계표를 제출한 분에 대하여는 계산서 등을 작성·발급하거나 매입·매출처별 합계표를 제출한 것으로 본다.

(3) 위탁판매 등의 경우 계산서 발급

부가가치세가 면제되는 농산물·축산물·수산물과 임산물의 위탁매매 또는 대리인에 의한 판매의 경우에는 수탁자나 대리인이 재화를 공급한 것으로 보아 계산서를 작성하여 해당 재화를 공급받은 자에게 교부하여야 한다. 다만, 위탁자 또는 본인 명의로 계산서 등을 발급할 수도 있다.

제6절 신용카드와 현금영수증 가맹점 가입 등 의무

1. 신용카드 가입 및 발급의무

가. 가입 대상 사업자

주로 사업자가 아닌 소비자에게 재화 또는 용역을 공급하는 사업자로서 업종·규모 등을 고려하여 일정한 요건에 해당하는 사업장에 대해서 납세관리를 위하여 필요하다고 인정되는 경우 여신전문금융업법 제2조에 따른 신용카드가맹점으로 가입하도록 지도할 수 있다.

(1) 개인사업자
　ⓐ 직전 과세기간의 수입금액(결정 또는 경정에 의하여 증가된 수입금액을 포함한다) 합계액이 2천400만 원 이상인 사업자
　ⓑ 의료법에 따른 의료업, 수의사업에 따른 수의업 및 약사법에 따라 약국을 개설하여 약사에 관한 업을 행하는 사업자
　ⓒ 변호사업, 심판변론인업, 변리사업, 법무사업, 공인회계사업, 세무사업, 경영지도사업, 기술지도사업, 감정평가사업, 손해사정인업, 통관업, 기술사업, 건축사업, 도선사업, 측량사업, 공인노무사업 등 사업서비스업
　위에 해당하는 사업을 영위하는 사업자로 사업장 관할 세무서장 또는 지방국세청장으로부터 신용카드가맹점 가입대상자로 지정 받은 자

(2) 법인사업자

사업자가 아닌 소비자에게 재화나 용역을 공급하는 법인으로 업종 등을 고려한 일정한 요건에 해당되는 법인에 대하여 납세관리를 위하여 필요하다고 인정되면 신용카드가맹점에 가입하도록 지도할 수 있다.

나. 신용카드 가맹점 의무위반에 대한 제재

(1) 발급거부, 사실과 다른 신용카드 발행에 대한 제재

일정한 가산세 및 과태료 부과.

(2) 신용카드 위장가맹점에 대한 제재

(가) 정의

실제로 재화, 용역을 공급한 사업자가 자신의 신용카드 매출자료를 노출시키지 않기 위해 다른 신용카드가맹점 명의로 매출전표를 발행한 경우 그 명의상 이용된 신용카드 가맹점을 위장가맹점이라고 한다.

또는 부가가치세법상 각 과세기간별 신용카드 총 매출금액 대비 재화, 용역의 공급이 없는 신용카드 매출금액 비율이 50% 이상인 가맹점과 매출전표 허위 교부금액 과다 등 관서장이 판단하여 위장가맹점 확정이나 고발이 필요한 가맹점을 말한다.

한편, 카드깡이란 카드매출을 가장하여 현금 융통 및 대출 등에 이용한 경우를 말한다.

(나) 위장가맹 등에 대한 제재

위장가맹점, 카드깡은 여신협회에 자동 통보되어 대금지급중지, 가맹점해지 등으로 조치하고, 실사업자가 확인 후 재화, 용역의 공급이 없는 신용카드 매출금액 비율이 50% 이상인 가맹점인 경우 명의자와 실사업자를 여신전문금융업법 위반으로 고발한다. 그 밖에 확정 전 보전압류와 실사업자에 대한 수시부과 등의 조치가 따른다.

2. 현금영수증 가맹 및 발급의무

가. 현금영수증 개념

현금영수증이란 현금영수증 가맹점이 재화 또는 용역을 공급하고 그 대금을 현금으로 받는 경우 해당 재화 또는 용역을 공급받는 자에게 현금영수증 발급장치에 의해 발급하는 것으로, 거래일시, 금액 등 결제내용이 기재된 영수증을 말한다.

나. 현금영수증가맹점 가입 의무 사업자

(1) 개인사업자

주로 사업자가 아닌 소비자(소매업, 숙박업 및 음식점업, 운전학원 등 교육서비스업, 일반병원 등 보건업 등)에게 재화 또는 용역을 공급하는 사업자로서 직전 과세기간의 수입금액(결정 또는 경정에 의하여 증가된 수입금액을 포함한다) 합계액이 2천400만 원 이상인 사업자.

의료법에 따른 의료업, 수의사업에 따른 수의업 및 약사법에 따라 약국을 개설하여 약사에 관한 업을 행하는 사업자.

변호사업, 심판변론인업, 변리사업, 법무사업, 공인회계사업, 세무사업, 경영지도사업, 기술지도사업, 감정평가사업, 손해사정인업, 통관업, 기술사업, 건축사업, 도선사업, 측량사업, 공인노무사업 등 사업서비스업 등 전문직 사업자.

현금영수증 의무발행업종에 따른 업종을 영위하는 사업자.

(2) 법인사업자

주로 사업자가 아닌 소비자 상대 업종을 영위하는 법인사업자

다만, 국가 및 지방자치단체, 항공운송업을 영위하는 법인이 항공기에서 재화를 판매하는 경우, 판매시점 정보관리시스템을 설치·운영하는 대규모 점포, 체육시설을 운영하는 사업자 등은 가입대상에서 제외한다.

(3) 현금영수증가맹점 가입시기

(가) 개인사업자

현금영수증가맹 대상 사업자는 수입금액이 2천400만 원 이상이 되는 해의 다음 연도 3월 31일까지 현금영수증가맹점으로 가입하여야 한다.

한편 현금영수증가맹점 가입 방법은 신용카드가맹점에 가입하면서 동시에 현금영수증가맹점으로 가입하는 방법과 현금영수증 사업자 홈페이지에 접속하여 회원가입을 통한 현금영수증가맹점으로 가입하는 방법이 있다.

(나) 법인사업자

소비자 상대 업종을 영위하는 날이 속하는 달의 말일부터 3개월 이내에 현금영수증가맹점으로 가입하여야 한다.

다만, 공익법인은 수익사업을 개시하고 현금영수증가맹점 가입 대상 업종에 해당할 경우 현금영수증가맹점으로 등록하여야 한다.

(4) 현금영수증 발행 금액

일반업종은 건당 1원 이상의 거래금액, 의무발행 업종의 경우에는 건당 거래금액이 10만 원 이상인 재화 또는 용역을 공급하고 그 대금을 현금으로 받은 경우에는 상대방이 현금영수증 발급을 요청하지 않더라도 현금영수증을 발급하여야 한다.

(5) 현금영수증 발급의무 등 위반에 대한 제재

(가) 현금영수증 의무 가입 대상자가 가맹점에 가입하지 않은 경우
일정액의 미가맹가산세를 부과한다.

(나) 현금영수증 가입 사업자가 미발급 또는 발급거부와 사실과 다른 발급인 경우
최초 발급거부 등에 대하여는 가산세를 부과하고 2회 이상 발급 거부 등의 경우에는 가산세(과태료)를 부과한다.

다만, 의료급여법에 따른 의료급여, 국민건강보험법에 따른 보험급여, 자동차손해배상보장법에 따른 보험금, 긴급복지지원법에 따른 긴급의료지원비, 응급의료에 관한 법률에 따른 응급대지급금액에 대하여는 미발급 가산세를 부과하지 않는다.

(6) 대금을 현금으로 받은 경우의 의미

소비자로부터 인터넷뱅킹·폰뱅킹 및 무통장입금 등을 통하여 은행계좌로 대금을 입금받는 것은 현금을 수수하는 방법에 불과하므로 소득세법에 규정된 대금을 현금으로 받은 경우에 포함된다고 보아야 한다.

(7) 현금거래 확인 신청 제도

현금영수증 발급을 요청하지 않아 현금영수증을 발급받지 못한 경우, 거래증명을 갖춰 신고하면 세무서의 확인을 거쳐 현금영수증을 발급받은 것으로 간주하여 소득공제를 인정하여 주는 제도이다. 즉, 소득공제를 받을 수 있는 재화나 용역을 공급받은 사업자로부터 현금영수증을 발급받지 못한 경우 현금거래 사실 확인을 신청할 수 있다.

제7절 성실납세 담보를 위한 기타 의무

1. 사업용 계좌 개설 의무

가. 의의

거래의 투명성을 확보하기 위해 복식부기 의무자 등이 사업과 관련하여 재화 또는 용역을 공급받거나 공급하는 거래의 경우에 일정한 계좌를 의무적으로 신고하고 이를 사용하도록 하는 제도를 말한다.

나. 대상자

복식부기 의무자, 전문직 사업자, 법인사업자.

다. 계좌 개설 신고기한

전문직 사업자와, 사업개시와 동시에 복식부기 의무자에 해당하는 경우에는 사업개시연도의 다음연도 6월 말까지, 복식부기 의무자에 해당하는 경우에는 복식부기 의무자에 해당하는 과세기간 개시일로부터 6월 말까지 신고하여야 한다. 사업용 계좌는 1개의 계좌를 2 이상의 사업장에 대한 사업용 계좌로 신고할 수 있으며, 사업장별로 2개 이상의 계좌를 신고

할 수도 있다.

라. 대상 거래

사업과 관련하여 재화 또는 용역을 공급받거나 공급하는 거래대금을 금융회사 등을 통하여 결제하거나 결제받은 경우로 송금 및 계좌 간 자금이체, 수표로 이루어진 거래대금의 지급 및 수취, 어음으로 이루어진 거래대금의 지급 및 수취, 신용카드, 직불카드, 기명식 선불카드, 직불전자지급수단, 기명식선불전자지급수단, 기명식전자화폐를 통하여 이루어진 거래대금의 지급 및 수취, 인건비 및 임차료를 지급하거나 지급받은 경우.

마. 미이행 시 제재

사업용 계좌 대상자 미신고 시 미사용가산세 및 미신고가산세 부과와 조특법상 중소기업 특별세액 감면 적용을 배제한다.

2. 성실신고 확인 제도

가. 의의

성실신고 확인 제도란 수입금액이 일정규모 이상인 사업자에 대해서 세무사 등에게 장부의 기장내용의 정확성 여부를 확인받아 종합소득과세표준 확정신고 또는 법인세를 신고하는 제도를 말한다.

사업자의 성실신고를 장려하여 과세표준을 양성화하고 세무조사에 따른 행정력의 낭비를 방지하는데 그 취지가 있다.

나. 대상 업종 및 기준금액

(1) 개인사업자인 경우

  ⓐ 농업·임업 및 어업, 광업, 도매 및 소매업 등: 15억 원.

  ⓑ 제조업, 숙박업 및 음식점업, 전기·가스·증기 및 수도사업, 폐기물처리·원료재생 및 환경복원업, 건설업, 운수업 등: 7억 5천만 원

  ⓒ 부동산 임대업, 부동산 관련 서비스업, 임대업, 전문·과학 및 기술 서비스업, 사업시설 관리 및 사업지원 서비스업, 교육 서비스업, 보건업 및 사회복지 서비스업 등: 5억 원

(2) 법인사업자인 경우

① 부동산임대업 등 영위 법인

해당 사업연도의 상시근로자 수가 5명 미만이고 주업이 부동산임대업 또는 부동산 등 권리의 대여, 이자·배당소득금액 합계가 매출액의 70% 이상이고, 해당 사업연도 종료 일 현재 내국법인의 지배주주 등이 보유한 주식 등의 합계가 해당 내국법인의 발행주 식총수 또는 출자총액의 100분의 50을 초과하는 법인이 대상이다.

다만, 종중은 성실신고확인서 제출 대상에 해당하지 않는다(사전답변, 법령해석법인-0847, 2019.2.8.).

한편, 주업의 판단기준은 둘 이상의 서로 다른 사업을 영위하는 경우 사업별 사업수입 금액이 큰 사업을 주된 사업으로 본다. 외감법에 의하여 감사인에 의한 감사를 받은 내 국법인은 이를 제출하지 아니할 수 있다.

② 성실신고확인대상 사업자가 사업용 고정자산을 현물출자하거나 사업의 양도·양수 등의 방법에 의하여 내국법인으로 전환된 법인

적용범위는 사업연도 종료일 현재 법인으로 전환한 후 3년 이내의 내국법인으로 한정한다. 또한 해당 내국법인의 설립일이 속하는 연도 또는 직전 연도에 소득세법에 따른 성실신고확인대상 사업자에 해당하는 경우로 한정하다.

따라서 주식회사의 외부감사에 관한 법률에 따른 감사를 받지 않는 내국법인이 지점을 설립하여 소득세법에 따른 성실신고확인 대상 사업자로부터 사업을 포괄적으로 양수한 경우 해당 내국법인은 법인세법에 따른 성실신고확인서 제출대상에 해당한다.(질의회신 법령해석법인-0771, 2018.8.13.).

다. 중점 검토 사항

수입금액의 적정성 검토뿐만 아니라 각종 경비의 가공 여부와 업무 관련성 여부를 검토하는데, 매출누락, 가족이나 지인을 직원으로 올려 인건비가 있는 경우 그들의 실제 근무 여부 및 가족·개인 경비의 회사경비 계상 여부와 사업과 관련 없는 차입금 이자의 계상 여부 등이 중점적인 확인 대상이 될 수 있다.

그 밖에 사업장 현황, 주요 사업내역 현황, 수입금액 검토, 필요경비에 대한 적격증빙 수취 여부 검토, 배우자 및 직계존속 등과의 거래 검토, 업무용차량운영 현황, 사업용 계좌별 잔액 현황, 업무무관경비 및 가공경비, 사업용 계좌 사용내역 등이 중점 검토될 수 있다.

라. 성실신고 확인 세무사 등 신고

성실신고 확인 대상 사업자는 성실신고를 확인하는 세무사 등을 선임하여 해당 과세연도 4월 30일까지 관할 세무서장에게 신고하여야 한다.

거주자가 사망하는 경우에는 상속개시일이 속하는 달의 말일부터 4개월이 되는 날까지 성실신고를 확인하는 세무사 등을 선임하여 납세지 관할 세무서장에게 신고하여야 한다.

거주자가 출국하는 경우에는 출국일 전날까지 성실신고를 확인하는 세무사 등을 선임하여 납세지 관할 세무서장에게 신고하여야 한다.

마. 성실신고 확인 대상 사업자 지원

세무대리인에 대한 성실신고 확인비용은 전액 필요경비로 인정하여 주며, 성실신고 확인에 직접 사용한 비용의 60%를 최대 120만 원 한도 내에서 사업소득에 대한 소득세에서 공제하여 준다.

또한 성실신고 대상자가 성실신고 확인서를 제출한 경우에는 의료비세액공제와 교육비세액공제를 받을 수 있다.

법인 사업자는 신고기한이 1개월 연장되며, 성실신고 확인비용은 세액공제된다.

바. 미이행 시 제재

성실신고 확인대상임에도 확인받을 의무를 이행하지 않은 사업자에게는 가산세 제재가 가해진다.

3. 외부세무조정 제도

가. 의의

외부세무조정은 감면 적용 등 일정한 조건에 해당하는 납세자에게 기업회계와 세무회계의 차이를 정확하게 조정하고 감면소득 계산 등을 정확하게 하도록 하기 위하여 외부전문가인 세무사 등에게 정확하고 객관성이 확보된 세무조정을 강제한 것이다.

나. 외부조정 대상 사업자의 범위

(1) 직전 과세기간의 수입금액이 업종별 기준수입금액 이상인 사업자

ⓐ 도매 및 소매업(상품중개업 제외), 부동산매매업: 6억 원

ⓑ 제조업, 숙박 및 음식점업, 건설업, 상품중개업: 3억 원

ⓒ 부동산임대업, 교육서비스업, 보건업: 1억 5천만 원

(2) 복식부기의무자 중 일정한 사업자

ⓐ 직전 과세기간의 소득에 대한 소득세 과세표준과 세액을 추계결정 또는 추계경정을 받은 자

ⓑ 직전 과세기간 중에 사업을 시작한 사업자

ⓒ 조세특례제한법에 따라 소득세 과세표준과 세액에 대한 세액공제, 세액감면 또는 소득공제를 적용받은 사업자

다. 외부세무조정 절차

외부세무조정 신고 대상 사업자는 세무사법에 따라 등록한 세무사 중 지방국세청장의 지정을 받은 조정반에 소속된 세무사가 작성한 조정계산서를 첨부하여야 한다.

4. 공익법인의 의무

가. 개요

공익법인이란 법인세법상 비영리법인이면서 상속세 및 증여세법상 일정한 공익사업을 영

위하는 법인을 말한다.

　세법에서는 공익사업을 최대한 지원하기 위하여 공익법인에 대하여 각종 혜택을 부여하고 있는 한편, 이러한 조세지원 제도를 탈세나 부의 편법 상속 등으로 악용하는 행위를 규제하기 위하여 공익법인이 지켜야 할 의무를 구체적으로 규정하고 있다.

나. 출연재산 보고서 등 제출의무

　재산을 출연받은 공익법인은 납세지 관할 세무서장에게 결산에 관한 서류로 대차대조표와 손익계산서, 출연받은 재산의 명세, 출연재산의 사용계획 및 진도현황, 운용소득의 직접 공익목적사업 사용명세 등의 보고서를 사업연도 종료일부터 3개월 이내에 납세지 관할 세무서장에게 제출하여야 한다.

　자산가액 또는 수입금액이 일정액 이상인 때에는 결산서류를 홈택스에 공시하여야 한다.

다. 출연재산 등의 사용의무

(1) 출연받은 재산을 3년 이내에 직접 공익목적에 사용의무

　출연받은 재산은 공익사업을 수행하는 재원으로서 공익법인이 이를 장기간 방치하는 것은 조세지원 취지에 부합하지 않으므로 출연일로부터 3년 이내에 전부 사용하도록 하고 있다.

　다만, 법령상 또는 행정상 부득이한 사유 등으로 인하여 3년 이내에 전부 사용하는 것이 곤란한 경우에는 그 사유가 없어진 날부터 1년 이내에 해당 자산을 직접 공익목적사업에 사용할 수 있다.

　한편, 출연받은 재산을 공익목적 외에 사용하거나 3년 이내에 사용하지 아니하는 경우에는 그 재산가액을 증여가액으로 하여 공익법인에 증여세를 부과한다.

(2) 출연받은 재산 운용소득 직접 공익목적에 사용 의무

공익법인은 출연재산을 수익용 또는 수익사업용으로 사용하여 발생한 운용소득을 직접 공익목적사업에 사용하여야 하며, 그 소득이 발생한 과세기간 또는 사업연도 종료일부터 1년 이내에 70%에 상당하는 금액을 직접 공익목적사업에 사용하여야 한다.

(3) 출연재산 매각대금 직접 공익목적사업에 사용의무

공익법인이 출연재산을 매각하는 경우에는 그 매각대금을 공익목적사업에 사용하여야 하며, 매각한 날이 속하는 과세기간 또는 사업연도 종료일로부터 1년 이내 매각대금의 30%, 2년 이내 60%, 3년 이내 90% 이상을 직접 공익목적사업에 사용하여야 한다.

(4) 주식의 취득 및 보유 한도 유지 의무

공익법인 등이 내국법인의 의결권 있는 주식 또는 출자지분을 출연받거나 출연받은 재산으로 내국법인의 의결권 있는 주식 등을 취득하는 데 사용하는 경우 출연받거나 취득한 주식 등과 이미 보유하고 있는 동일 내국법인의 주식 등을 합한 것이 발생주식총수 등의 일정비율을 초과하여서는 안 된다.

이에 따른 비율을 초과할 경우에 그 초과하는 가액은 증여세가 과세된다.

(5) 결산서류 등의 공시의무

공익법인 등은 공익법인 등의 과세기간 또는 사업연도 종료일로부터 4개월 이내에 재무상태표, 운영성과표, 기부금 모집 및 지출 내용, 해당 공익법인 등의 대표자, 이사, 출연자, 소재지 및 목적사업에 관한 사항, 출연재산의 운용소득 사업명세, 회계감사 대상 공익법인의 경우에는 회계감사보고서와 그 감사보고서에 첨부된 재무제표, 주식보유 현황 등을 국세청의 인터넷 홈페이지에 게재하는 방법으로 공시하여야 한다.

(6) 기타 의무

기타 공익법인의 의무로는 전용계좌 개설 사용의무, 일정규모 이상 공익법인의 외부전문가의 세무확인 및 보고의무, 장부의 작성·비치의무, 공익법인 등의 회계기준 적용 의무, 기부금영수증 발급내역 보관·제출의무, 계산서합계표 등 자료 제출의무가 있다.

제8절 장부 보관의무

1. 소득세법상 장부 비치·기록의무

가. 개요

사업자는 소득금액을 계산할 수 있도록 증명서류 등을 갖춰 놓고 그 사업에 관한 모든 거래 사실이 객관적으로 파악될 수 있도록 복식부기에 의하여 장부를 기록·관리하여야 한다.

즉, 사업의 재산상태와 그 손익거래내용의 변동을 빠짐없이 이중으로 기록하여 계산하는 부기형식의 장부를 기록·관리하여야 한다. 장부 또는 전표와 이에 대한 증빙서류를 전산으로 처리된 테이프 또는 디스크 등을 보관한 때에도 장부를 비치·기장한 것으로 본다.

다만, 업종별 일정 규모 미만의 사업자는 간편장부를 갖춰 놓고 그 사업에 관한 거래 사실을 성실히 기재할 수 있다. 간편장부란 회계지식이 없는 중·소규모 사업자를 위해 쉽고 간편하게 작성할 수 있게 만든 장부로 거래가 발생한 날짜순으로 수입·비용·고정자산증감에 관한 내용을 기재한 장부를 말한다.

나. 복식부기의무자

직전 과세기간 수입금액이 일정금액 이상인 사업자, 일정한 전문직 사업자 등이 복식부기 의무자이다.

다. 구분 회계처리

사업소득에 부동산임대업에서 발생한 소득이 포함되어 있는 사업자는 그 소득별로 구분하여 회계처리하여야 하고, 소득별로 구분할 수 없는 공통수입금액과 그 공통수입금액에 대응하는 필요경비는 각 총수입금액에 비례하여 그 금액을 나누어 장부에 기록한다.

둘 이상의 사업장을 가진 사업자가 소득세법 또는 조세특례제한법에 따라 사업장별로 감면을 달리 적용받는 경우에는 사업장별 거래 내용이 구분될 수 있도록 장부에 기록하여야 한다.

라. 경비 등의 지출증빙 수취 및 보관

(1) 내용

사업소득금액 또는 기타소득금액을 계산할 때 필요경비를 계산하려는 경우에는 그 비용의 지출에 대한 증명서류를 받아 이를 확정신고 기간 종료일부터 5년간 보관하여야 한다.

사업소득이 있는 자가 사업과 관련하여 사업자로부터 재화 또는 용역을 공급하고 그 대가를 지출하는 경우에는 원칙적으로 계산서, 세금계산서, 신용카드매출전표, 현금영수증 등 정규증명서류를 받아야 한다.

(2) 경비 등 정규지출증명 수취 및 보관의무 면제

ⓐ 공급받은 재화 또는 용역의 거래건당 금액이 3만 원 이하인 경우

ⓑ 거래상대방이 읍·면지역에 소재하는 사업자로서 신용카드가맹점이 아닌 경우

ⓒ 금융·보험용역을 제공받은 경우

ⓓ 국내사업장이 없는 비거주자 또는 외국법인과 거래한 경우

ⓔ 작물재배업, 축산업, 작물재배 및 축산 복합영농, 임업 또는 어업에 종사하는 개인 농어민으로부터 재화 또는 용역을 직접 공급받은 경우

ⓕ 국가·지방자치단체 또는 지방자치단체조합으로부터 재화 또는 용역을 공급받은

경우

ⓖ 비영리법인으로부터 재화 또는 용역을 공급받은 경우

ⓗ 원천징수대상 사업소득자로부터 용역을 공급받고 원천징수한 경우

ⓘ 부가가치세법상 재화의 공급으로 보지 아니하는 사업의 양도에 의하여 재화를 공급받은 경우

ⓙ 방송용역을 공급받은 경우

ⓚ 전기통신사업자로부터 전기통신역무를 제공받은 경우, 국외에서 재화 또는 용역을 공급받고 세관장이 세금계산서 또는 계산서를 교부하지 아니한 경우, 공매·경매 또는 수용에 의하여 재화를 공급받은 경우, 토지 또는 주택을 구입하거나 주택의 임대업을 영위하는 개인으로부터 주택임대용역을 공급받은 경우, 택시운송용역을 공급받은 경우, 건물을 구입하는 경우로서 거래내용이 확인되는 매매계약서 사본을 과세표준확정신고서에 첨부하여 납세지 관할 세무서장에게 제출하는 경우, 국세청장이 정하여 고시한 전산발매통합관리시스템에 가입한 사업자로부터 입장권·승차권·승선권을 구입하여 용역을 제공받은 경우, 항공기의 항행용역을 제공받은 경우, 부동산임대용역을 제공받은 경우로서 전세금 또는 임대보증금에 대한 부가가치세액을 임차인이 부담하는 경우, 재화공급계약·용역공급계약 등에 의하여 확정된 대가의 지급지연으로 인하여 연체이자를 지급하는 경우, 유료도로를 이용하고 통행료를 지급하는 경우

ⓛ 부가가치세법상 사업자로부터 부동산임대용역을 공급받은 경우, 개인으로부터 임가공용역을 공급받은 경우, 운수업을 영위하는 자가 제공하는 운송용역을 공급받은 경우, 부가가치세법상 사업자로부터 재활용폐자원 등을 공급받은 경우, 광업권, 어업권, 산업재산권, 산업정보, 산업상비밀, 상표권, 영업권, 토사석의 채취허가에 따른 권리, 지하수의 개발·이용권 그 밖에 이와 유사한 자산이나 권리를 공급받은 경우, 부가가치세법에 따른 영세율이 적용되는 상업서류송달용역을 제공받는 경우, 공인중개업자에게 수수료를 지급하는 경우, 전자상거래 등에서의 소비자보호에 관한 법률에 따른 통신판매에 따라 재화 또는 용역을 공급받은 경우, 그 밖에 국세청장이 정하여 고시하는 경우 등으로서 공급받은 재화 또는 용역의 거래금액을 금융회

사 등을 통하여 지급한 경우로서 과세표준신고서에 송금사실을 기재한 경비 등의 송금명세서를 첨부하여 납세지 관할 세무서장에게 제출한 경우

마. 기부금영수증 발급명세서 작성·보관 의무

기부금영수증을 발급하는 거주자 또는 비거주자는 기부자별 발급명세를 작성하여 발급한 날로부터 5년간 보관하여야 한다. 그리고 기부금영수증을 발급하는 자는 거주자별 발급명세서를 국세청장, 지방국세청장 또는 관할 세무서장이 요청하는 경우 제출하여야 한다. 발급명세에는 기부자의 성명, 주민등록번호 및 주소, 기부금액, 기부금 기부일자, 기부금영수증 발급일자 등이 포함되어야 한다.

또한 기부금영수증을 발급하는 자는 해당 과세기간의 기부금영수증 총 발급 건수 및 금액 등을 기재한 기부금영수증 발급명세서를 해당 과세기간의 다음 연도 6월 30일까지 관할 세무서장에게 제출하여야 한다.

바. 금융회사 등의 증명서 발급명세 작성·보관 의무

금융회사 등은 소득세법 또는 조세특례제한법에 따른 소득공제에 필요한 증명서를 발급하는 경우 개인별 발급명세를 작성하여 발급한 날로부터 5년간 보관하여야 한다.

금융회사 등은 보관하고 있는 개인별 발급명세를 국세청장이 요청하는 경우 제출하여야 한다.

개인별 발급명세란 개인의 성명, 주민등록번호 및 주소, 저축의 납입금액 또는 보험료 납입금액, 차입금의 원리금 또는 이자 상환액, 신용카드, 직불카드, 기명식선불카드, 직불전자지급수단, 기명식선불전자지급수단, 기명식전자화폐의 이용금액 등이 포함된 것을 말한다.

2. 법인세법상 장부 비치·기록의무

가. 개요

납세의무가 있는 법인은 장부를 갖추어 두고 복식부기의 방식으로 장부를 기장하여야 하며, 장부와 관계되는 중요한 증명서류를 비치·보존하여야 한다. 다만, 비영리법인은 일정한 수익사업을 영위하는 경우에 장부 비치·보존의무가 있다.

나. 구분경리

비영리법인이 수익사업을 하는 경우에는 자산·부채 및 손익을 그 수익사업에 속하는 것과 수익사업이 아닌 그 밖의 사업에 속하는 것을 각각 다른 회계로 구분하여 기록하여야 한다.

자본시장과 금융투자업에 관한 법률의 적용을 받는 법인은 각 사업연도의 소득금액을 계산할 때 신탁재산에 귀속되는 소득과 그 밖의 소득을 각각 다른 회계로 구분하여 기록하여야 한다.

다. 지출증명서류의 수취 및 보관

법인은 각 사업연도에 그 사업과 관련된 모든 거래에 관한 증명서류를 작성하거나 받아서 법인세 신고기한이 지난 날부터 5년간 보관하여야 한다.

한편, 법인의 직전 사업연도 수입금액이 20억 원 이상으로서 지출증명서류를 수취하여 보관하는 법인은 지출증빙서류 합계표를 작성하여 보관하여야 한다.

(1) 정규증명서류 수취 대상

법인, 부가가치세법상 사업자, 소득세법상 사업자, 소득이 있는 비거주자 등으로부터 재화 또는 용역을 공급받고 그 대가를 지급하는 경우에는 계산서, 세금계산서, 신용카드영수증, 현금영수증, 직불카드, 기명식 선불카드 영수증, 전자금융거래법상 직불 전자지급수단, 기명식 선불 전자지급수단 영수증 중 하나의 증명서류를 받아 보관하여야 한다. 이 경우 건당 거래 금액은 3만 원을 초과하여야 한다.

(2) 정규증명서류 수취 면제 대상

수익사업을 영위하지 않는 비영리법인, 국가 및 지방자치단체, 금융보험업을 영위하는 법인, 국내사업장이 없는 외국법인 등이 재화 또는 용역을 공급받고 그 대가를 지급하는 경우에는 정규증명서류 수취 의무가 면제된다.

또한 공급받은 재화 또는 용역의 건당 거래금액이 3만 원 이하인 경우, 작물재배업, 축산업, 복합영농, 임업 또는 어업 등 개인인 농·어민으로부터 재화 또는 용역을 직접 공급받은 경우, 원천징수대상 사업소득자로부터 용역을 공급받고 원천징수한 것, 항만공사법에 의한 항만공사가 공급하는 화물료 징수용역, 부가가치세법상 재화의 공급으로 보지 아니하는 사업의 양도에 의하여 재화를 공급받은 경우, 방송용역을 제공받은 경우, 전기통신사업자로부터 전기통신용역을 공급받은 경우, 국외에서 재화 또는 용역을 공급받고 세관장이 세금계산서 또는 계산서를 교부하지 아니한 경우, 공매·경매 또는 수용에 의하여 재화를 공급받은 경우, 토지 또는 구축물을 구입하거나 주택의 임대업을 영위하는 개인으로부터 주택임대용역을 공급받은 경우, 택시운송용역을 공급받은 경우, 주택이 아닌 건물을 구입하는 경우로서 거래내용이 확인되는 매매계약서사본을 법인세 과세표준신고서에 첨부하여 납세지 관할 세무서장에게 제출하는 경우, 금융·보험용역을 제공받은 경우, 전산발매통합관리시스템에 가입한 사업자로부터 입장권·승차권·승선권 등을 구입하여 용역을 제공받은 경우, 항공기의 항행용역을 제공받은 경우, 부동산임대용역을 제공받은 경우로서 전세금 또는 임대보증금에 대한 부가가치세세액을 임차인이 부담하는 경우, 재화공급계약·용역제공계약 등에 의하여 확정된 대가의 지급지연으로 인하여 연체이자를 지급하는 경우, 한국철도공사로부터 철도의 여객운송용역을 제공받는 경우, 그 밖에 부동산임대용역, 개인과의 임가공용역, 운송용역, 재활용가능자원, 상업서류 송달용역, 부동산 중개용역, 복권판매 수수료, 통신판매에 따른 재화 또는 용역, 유료도로 통행 용역 등 대가를 금융기관을 통하여 지급한 경우로서 법인세 과세표준신고서에 송금사실을 기재한 경비 등의 송금명세서를 관할 세무서장에게 제출하는 경우 등에는 정규지출증빙서류 수취의무가 면제된다.

3. 부가가치세법상 장부 비치·기록의무

가. 개요

사업자는 납부세액 또는 환급세액과 관계되는 모든 거래사실을 공급한 자와 공급받은 자, 공급한 품목과 공급받은 품목, 공급가액과 공급받은 가액, 매출세액과 매입세액, 공급한 시기와 공급받은 시기 등에 관한 장부를 사업장에 갖추어 두어야 한다.

한편, 수의사업에 따른 수의사가 제공하는 동물 진료용역에 대하여는 별도의 매출대장을 작성하여 사업장에 갖추어 두어야 한다.

다만, 간이과세자는 공급가액과 부가가치세액을 합계한 공급대가를 장부에 기록할 수 있다. 또한 간이과세자는 발급받았거나 발급한 세금계산서 또는 영수증을 보관하였을 때에 장부기록의무를 이행한 것으로 본다.

사업자는 장부 또는 영수증을 정보처리장치, 전산테이프 또는 디스켓 등의 전자적 형태로 보존할 수 있다.

사업자는 발급하거나 발급받은 세금계산서, 수입세금계산서 또는 영수증을 그 거래사실이 속하는 과세기간에 대한 확정신고 기한 후 5년간 보존하여야 한다. 다만, 전자세금계산서를 발급한 사업자가 국세청장에게 전자세금계산서 발급명세서를 전송한 경우에는 그러하지 아니하다.

나. 구분기록

사업자가 부가가치세가 과세되는 재화 또는 용역의 공급과 함께 부가가치세가 면제되는 재화 또는 용역을 공급하는 경우에는 과세되는 공급과 면세되는 공급 및 면세농산물 등을 공급받은 사실을 각각 구분하여 기록하여야 한다.

제3편

과세관청의 권한

국세부과권

제1절 국세부과권의 의의

1. 부과권의 의의

　상속세 및 증여세 등의 부과과세방식의 납세의무를 확정하거나, 부가가치세 등 신고납세
방식의 세목을 납세의무자가 신고하지 않을 경우 이를 확정하거나 또는 이미 행하여진 조세
채무의 확정을 변경하는 권리를 부과권이라 한다.

　부과권에는 당초의 확정을 결정이라고 하고, 이미 확정된 조세채무를 변경하는 것을 경정
이라 한다.

2. 소득세법상 부과권

가. 결정·경정의 원칙

　과세표준과 세액을 결정 또는 경정하는 경우에는 장부나 그 밖의 증명서류를 근거로 하여
야 한다.

　다만, 과세표준 계산에 필요한 장부와 증빙서류가 없는 경우, 중요한 부분이 미비 또는 허위
인 경우, 기장의 내용이 시설규모, 종업원수, 원자재, 상품 또는 제품의 시가, 각종 요금, 원자
재사용량, 전력사용량, 기타 조업상황에 비추어 허위임이 명백한 경우에는 그러하지 않는다.

나. 결정 사유

종합소득세 과세표준 확정신고를 하여야 할 자가 그 신고를 하지 아니한 경우.

다. 경정 사유

ⓐ 신고내용에 탈루 또는 오류가 있는 경우

ⓑ 원천징수 소득세에 탈루 또는 오류가 있고 원천징수의무자의 폐업·행방불명 등으로 원천징수의무자로부터 징수하기 어렵거나 근로소득자의 퇴사로 원천징수의무자의 원천징수 이행이 어렵다고 인정되는 경우

ⓒ 근로소득자 소득세액 공제 신고자가 허위증거자료 또는 허위문서에 의하여 사실과 다르게 기재된 영수증을 받는 등 부당한 방법으로 종합소득공제 및 세액공제를 받은 경우로서 원천징수의무자가 부당공제 여부를 확인하기 어렵다고 인정되는 경우

ⓓ 매출, 매입처별 계산서합계표 또는 지급명세서의 전부 또는 일부를 제출하지 아니한 경우

ⓔ 기타 사업용 계좌, 신용카드가맹, 현금영수증가맹과 관련한 미신고, 미가맹, 미사용, 사실과 다른 발행 등의 경우

ⓕ 사업용 계좌를 신고하지 아니하거나, 신고한 사업용 계좌를 이용하지 않은 경우

ⓖ 정당한 사유없이 신용카드가맹점 미가입, 신용카드 거래 거부, 사실과 다르게 발급한 경우

ⓗ 정당한 사유없이 현금영수증 가맹점 미가입, 현금영수증 미발급, 사실과 다르게 발급한 경우

라. 수입금액 추계 결정 또는 경정

(1) 사유

사업자의 수입금액을 장부 기타 증빙서류에 의하여 계산할 수 없는 경우 그 수입금액은
일정한 방법에 의하여 결정한다.

(2) 방법

① 동업자 권형

기장이 정당하다고 인정되어 기장에 의하여 조사결정한 동일업황의 다른 사업자의 수
입금액을 참작하여 계산하는 방법

② 영업효율

국세청장이 사업의 종류·지역 등을 감안하여 사업과 관련된 인적·물적 시설(종업원·객
실·사업장·차량·수도·전기)의 수량 또는 가액과 매출액의 관계를 정한 영업효율이 있는
때에는 이를 적용하여 계산하는 방법

③ 생산수율

국세청장이 업종별로 투입원재료에 대하여 조사한 생산수율을 적용하여 계산한 생산
량에 당해 과세기간 중에 매출한 수량의 시가를 적용하여 계산하는 방법

④ 원단위투입량

생산에 투입되는 원·부재료 중에서 일부 또는 전체의 수량과 생산량과의 관계를 정한
원단위투입량

⑤ 비용관계비율

인건비·임차료·재료비·수도광열비 기타 영업비용 중에서 일부 또는 전체의 비용과

매출액과의 관계를 정한 비용관계비율

⑥ 상품회전율

일정한 기간 동안의 매출과 매출총이익의 비율을 정한 매매총이익률

⑦ 부가가치율

일정기간 동안의 매출액과 부가가치액의 비율을 정한 부가가치율

⑧ 입회조사 기준

주로 최종소비자를 상대로 거래하는 업종에 대하여는 국세청장이 정하는 입회조사기준에 의하여 계산하는 방법

(3) 수입금액 추계조사결정과 소득금액의 관계

수입금액을 추계조사 결정하였다고 하더라도 필요경비에 관한 장부 또는 증빙에 의하여 소득금액을 결정할 수 있는 경우에는 소득금액은 실지조사 결정할 수 있다(대법원 1990.1.25. 선고 89누5799 판결).

(4) 추계에 의한 수입금액이 정당하기 위한 요건

수입금액의 추계가 정당한 것으로 시인되기 위해서는 수입금액을 추계할 수 있는 요건을 갖추었다는 것만으로 부족하고, 추계의 내용과 방법이 구체적인 사안에서 가장 진실에 가까운 수입금액의 실액을 반영할 수 있도록 합리적이고 타당성 있는 것이어야 하며, 추계방법의 적법 여부가 다투어지는 경우에 합리성과 타당성에 대한 증명책임은 과세관청에 있지만, 과세관청이 관계 규정이 정한 방법과 절차에 따라 추계하였다면 합리성과 타당성은 일단 증명되었고, 구체적인 내용이 현저하게 불합리하여 수입금액의 실액을 반영하기에 적절하지 않다는 점에 관하여는 이를 다투는 납세자가 증명할 필요가 있다(대법원 2010.10.14. 선고 2008두7687 판결).

마. 소득금액 추계 결정 또는 경정

(1) 사유

    ⓐ 과세표준을 계산함에 있어서 필요한 장부와 증빙서류가 없거나 중요한 부분이 미비 또는 허위인 경우

    ⓑ 기장의 내용이 시설규모, 종업원수, 원자재·상품 또는 제품의 시가·각종 요금에 비추어 허위임이 명백한 경우

    ⓒ 기장의 내용이 원자재사용량, 전력사용량, 기타 조업상황에 비추어 허위임이 명백한 경우

(2) 소득금액 추계방법

장부나 그 밖의 증명서류에 의하여 소득금액을 계산할 수 없는 경우 기준경비율에 의하는 방법과 단순경비율에 의하는 방법이 있다. 직전연도 또는 당해연도 수입금액을 기준으로 업종별로 일정금액 이상이면 기준경비율을 일정금액 미만이면 단순경비율을 적용한다.

(3) 기준경비율과 단순경비율

(가) 기준경비율

① 의의

    장부 기장 능력이 없는 영세 사업자들이 납세과정에서 겪는 애로를 덜어주기 위해 시행해 오던 표준소득률 제도가 축소신고로 인해 세금을 적게 내는 수단으로 전용됨에 따라 마련된 제도이다.

② 적용방법

    소득금액 = 수입금액 - 주요경비(매입비용+임차료+인건비) - 수입금액 × 기준경비율

    다만, 기준경비율 제도에 의하더라도 물품 및 재료 구입비, 인건비, 임대료 등 주요경비

에 대하여는 증빙서류가 필요하다.

한편, 복식부기기장의무자가 기준경비율에 의한 추계로 소득금액을 신고하는 경우에는 기준경비율의 50%만 적용한다.

③ 주요경비 증빙서류

③-1. 매입비용 증빙서류

세금계산서, 계산서, 신용카드매출전표(현금영수증 포함), 정규지출서류를 수령하지 않아도 되는 경우에는 지출 사실이 확인되는 영수증 등, 주요경비지출명세서상 매입비용

③-2. 임차료

세금계산서, 계산서, 신용카드매출전표(현금영수증 포함), 정규지출서류를 수령하지 않아도 되는 경우에는 지출 사실이 확인되는 영수증 등, 주요경비지출명세서상 매입비용

③-3. 인건비(퇴직금) 지급 서류

관할세무서에 제출한 근로소득원천징수영수증 또는 지급명세서상의 기재금액

관할세무서에 제출한 퇴직소득원천징수영수증 또는 지급명세서상의 퇴직급여액

다만, 급여와 임금 및 퇴직급여에 대한 원천징수영수증 또는 지급명세서를 제출할 수 없는 부득이한 사유가 있는 경우에는 소득을 지급받은 자의 주소, 성명, 주민등록번호 등 인적사항이 확인되고 소득을 지급받은 자가 서명 날인한 증명서류

(나) 단순경비율에 의한 방법

소득금액 = (수입금액 × 단순경비율)

바. 양도소득세 결정·경정

양도소득세 예정신고 또는 확정신고를 하여야 할 자가 그 신고를 하지 아니한 경우에는 양도소득세 과세표준과 세액의 결정을, 예정신고 또는 확정신고 내용에 탈루 또는 오류가 있는 경우에는 양도소득세 과세표준과 세액의 경정을 한다.

또한 양도가액 및 취득가액을 실지거래가액에 따라 양도소득 과세표준 예정신고 또는 확정신고를 한 경우로서 그 신고가액이 사실과 달라 납세지 관할 세무서장 또는 지방국세청장이 실지거래가액을 확인한 경우 그 확인된 가액을 양도가액 또는 취득가액으로 하여 양도소득세 과세표준과 세액을 경정한다.

3. 법인세법상 부과권

가. 결정 사유

법정신고기한내 법인세를 신고하지 않은 경우, 기한 후 과세표준신고서를 제출한 경우, 수시부과 사유 발생 시 결정하며, 무신고자에 대한 경정은 법정신고기한으로부터 1년 이내에 기한 후 신고자에 대한 결정은 신고일로부터 3개월 이내에 하여야 한다.

나. 결정 방법

(1) 장부 등에 의하여 결정

법인이 비치한 장부 기타 증빙서류에 의하여 소득금액을 계산할 수 있는 경우에는 당해 사업연도의 과세표준과 세액은 실지조사에 의하여 결정 또는 경정하여야 한다.

(2) 추계에 의한 결정

(가) 결정사유

장부·증빙서류가 없거나 중요한 부분이 미비 또는 허위인 때, 기장내용이 시설규모, 종업원수, 원자재·상품·제품·각종 요금의 시가 등에 비추어 허위임이 명백한 때. 기장내용이 원자재사용량·전력사용량, 기타 조업 상황에 비추어 허위임이 명백한 때에 추계 결정할 수 있다.

한편 1사업연도 중 일정기간의 장부와 증빙서류가 미비 또는 불비로 소득금액 계산이 불가능한 경우 사업연도 전체기간을 추계결정하며, 사업장이 2 이상인 법인의 1개 사업장이 추계사유에 해당하는 경우 사업장 전체를 추계 결정한다.

(나) 추계결정 방법

① 사업수입금액 추계

    ⓐ 기장에 의하여 조사결정한 동일업종의 업황이 유사한 다른 법인의 사업 수입금액을 참작하여 계산

    ⓑ 국세청장이 정한 영업효율을 적용하여 계산

    ⓒ 국세청장이 업종별로 조사한 생산수율을 적용하여 계산한 생산량에 당해 사업연도 중에 매출된 수량의 시가를 적용하여 계산

    ⓓ 국세청장이 사업의 종류별·지역별로 정한 원단위투입량, 비용의 관계비율, 상품회전율, 매매총이익률, 부가가치율 등에 의하는 방법

    ⓔ 주로 최종소비자를 대상으로 거래하는 업종에 대하여는 국세청장이 정하는 입회조사기준에 의하여 계산하는 방법

② 소득금액 추계 방법

기준경비율 또는 단순경비율과 동업자 권형에 의한 방법이 있다.

소기업의 경우에는 단순경비율에 의한 소득금액과 기준경비율에 의한 소득금액, 직전 사업연도 소득률에 의한 소득금액 중 적은 금액으로 할 수 있다.

소기업 이외의 법인은 기준경비율이 있는 법인의 경우에는 기준경비율에 의하고 기준경비율이 결정되지 않았거나 천재지변 기타 불가항력으로 장부 기타 증빙서류가 멸실된 경우에는 동일업종의 경우에는 다른 법인의 소득률을 참작하여 결정하고, 기타의 경우에는 직전 사업연도의 소득률에 의하여 결정한다.

(다) 추계결정 시 불이익

각종 감면 또는 세액공제 적용이 배제된다.

(라) 추계결정 시 소득처분

법인의 대차대조표상의 당기순이익과 추계결정에 의한 과세표준의 차액은 대표자에게 상여로 소득처분한다.

다. 경정 사유

ⓐ 신고내용의 오류 또는 누락이 있는 경우
ⓑ 지급명세서, 매출·매입처별 계산서 합계표의 전부 또는 일부를 제출하지 아니한 경우
ⓒ 소비자에게 재화나 용역을 공급하는 법인으로서 소비자 상대 업종 영위 법인으로 정당한 사유 없이 여신전문금융업법에 따른 신용카드가맹점으로 가입하지 아니한 경우, 신용카드가맹점이 정당한 사유 없이 신용카드에 의한 거래를 거부하거나 신용카드 매출전표를 사실과 다르게 발급한 경우로, 시설규모나 영업현황으로 보아 신고 내용이 불성실하다고 판단되는 경우
ⓓ 소비자 상대 업종을 영위하는 법인 및 납세관리에 필요하다고 인정하여 현금영수증 결제를 승인하고 전송할 수 있는 시스템을 갖춘 사업자 등이 정당한 사유 없이 현금영수증가맹점으로 가입하지 아니한 경우, 현금영수증가맹점이 정당한 사유 없이 현금영수증 발급을 거부하거나 사실과 다르게 발급한 경우로 시설규모나 영업현황으로 보아 신고 내용이 불성실하다고 판단되는 경우

4. 부가가치세법상 부과권

가. 의의

납세지 관할 세무서장은 사업자가 예정신고 또는 확정신고를 하지 않거나, 신고내용에 오류가 있거나 누락된 경우 등의 사유에 해당되는 경우 예정신고기간 및 과세기간에 대한 부가가치세의 과세표준과 납부세액 또는 환급세액을 조사하여 결정 또는 경정한다.

나. 결정사유

예정신고 또는 확정신고를 하지 아니한 경우

다. 경정사유

① 예정신고 또는 확정신고 한 내용에 오류 또는 누락된 경우

② 확정신고를 할 때 매출처별 세금계산서합계표 또는 매입처별 세금계산서합계표를 제출하지 아니하거나 제출한 매출처별 세금계산서합계표 또는 매입처별 세금계산서합계표 기재사항의 전부 또는 일부가 적혀 있지 아니하거나 사실과 다르게 적혀 있는 경우.

③ 부가가치세를 포탈할 우려가 있는 경우
    ⓐ 사업장의 이동이 빈번한 경우
    ⓑ 사업장의 이동이 빈번하다고 인정되는 지역에 사업장이 있을 경우
    ⓒ 휴업 또는 폐업 상태에 있을 경우
    ⓓ 신용카드가맹점 또는 현금영수증가맹점 가입 대상자로 지정받은 사업자가 정당한

사유 없이 신용카드가맹점 또는 현금영수증가맹점으로 가입하지 아니한 경우로서 사업 규모나 영업 상황으로 보아 신고 내용이 불성실하다고 판단되는 경우

ⓔ 조기환급 신고의 내용에 오류가 있거나 내용이 누락된 경우

(1) 소비자 상대 업종 경정

소매업, 음식점업, 다과점업, 숙박업, 미용, 욕탕 및 유사 서비스업, 여객운송업 등 소비자를 상대하는 업종을 경영하는 사업자로 같은 장소에서 계속하여 5년 이상 사업을 경영한 자에 대해서는 객관적인 증명자료로 보아 과소하게 신고한 것이 분명한 경우.

라. 추계 결정 및 경정 방법

① 장부의 기록이 정당하다고 인정되고 신고가 성실하여 경정을 받지 아니한 같은 업종과 같은 현황의 다른 사업자와 권형에 따라 계산하는 방법

② 국세청장이 업종별로 투입원재료에 대하여 조사한 생산수율이 있을 때에는 생산수율을 적용하여 계산한 생산량에 그 과세기간 중에 공급한 수량의 시가를 적용해 계산하는 방법

③ 국세청장이 사업의 종류별·지역별로 정한 일정한 기준에 따라 계산하는 방법
　　ⓐ 생산에 투입되는 원재료, 부재료 중에서 일부 또는 전체의 수량과 생산량과의 관계를 정한 원단위 투입량
　　ⓑ 인건비, 임차료, 재료비, 수도광열비, 그 밖의 영업비용 중에서 일부 또는 전체의 비용과 매출액의 관계를 정한 비용관계비율
　　ⓒ 일정기간 동안의 평균재고금액과 매출액 또는 매출원가의 관계를 정한 상품회전율
　　ⓓ 일정기간 동안의 매출과 매출총이익의 비율을 정한 매매총이익률
　　ⓔ 일정기간 동안의 매출액과 부가가치액의 비율을 정한 부가가치율

④ 주로 최종소비자를 대상으로 거래하는 음식 및 숙박업과 서비스업에 대해서는 국세청장이 정하는 입회조사기준에 따라 계산하는 방법

⑤ 한편, 추계에 따라 납부세액을 계산할 때 공제하는 매입세액은 사업자가 발급받은 세금계산서를 관할 세무서장에게 제출하고 그 기재내용이 분명한 부분에 한한다. 다만, 재해 또는 그 밖의 불가항력으로 인하여 발급받은 세금계산서가 소멸되어 세금계산서를 제출하지 못하게 되었을 때에는 해당 사업자에게 공급한 거래상대방이 제출한 세금계산서에 의하여 확인되는 것을 납부세액에서 공제하는 매입세액으로 한다.

5. 상속세 및 증여세법상 부과권

가. 신고기한 전 결정

납기 전 징수사유에 해당되면 신고기한 전이라도 수시로 상속세 또는 증여세를 결정할 수 있다.

나. 신고기한 후 결정

상속세 또는 증여세는 신고에 의하여 납세의무가 확정되지 않고 정부의 결정에 의하여 납세의무가 확정된다. 즉 납세의무자가 신고한 내용을 기초로 하여 정부가 이를 조사하여 납세의무가 확정된다.

세무서장 등은 신고를 받은 날로부터 상속세는 과세표준 신고기한으로부터 6월, 증여세는 과세표준 신고기한으로부터 3월 이내에 과세표준과 세액을 결정하여야 한다.

다만, 상속재산 또는 증여재산의 조사, 가액의 평가 등에 장기간이 걸리는 등 부득이한 사

유가 있어 그 기간 이내에 결정할 수 없는 경우에는 그 사유를 상속인·수유자 또는 수증인에게 알려야 한다.

다. 경정결정

세무서장 등은 과세표준과 세액을 결정할 수 없거나 결정 후 그 과세표준과 세액에 탈루 또는 오류가 있는 것을 발견한 경우에는 즉시 그 과세표준과 세액을 조사하여 결정하거나 경정한다.

6. 수시부과권

가. 수시부과권 의의

과세관청은 과세기간이 종료되고 법정신고 기한이 경과한 후에 조세채권의 확정권을 행사하여야 하나, 일정한 사유가 있는 경우에는 과세기간 경과 전 또는 신고기한 도래 전에 과세관청이 과세표준과 세액을 결정할 수 있는데 이것이 수시부과이다. 수시부과는 신고납세제 세목이든 정부과세 세목이든 관계 없이 가능하다.

수시부과는 원칙적으로 장부 기타 증빙서류에 의한 실지조사 방법으로 결정하거나 추계조사 결정방법에 의할 수 있다.

나. 수시부과 사유

(1) 소득세 수시부과

ⓐ 사업부진이나 그 밖의 사유로 장기간 휴업 또는 폐업 상태에 있는 때로서 소득세를 포탈할 우려가 있다고 인정되는 경우

ⓑ 조세를 포탈할 우려가 인정되는 상당한 이유가 있는 경우

ⓒ 주소·거소 또는 사업장의 이동이 빈번하다고 인정되는 지역의 납세의무 있는 자

ⓓ 사업자가 주한 국제연합군 또는 외국기관으로부터 수입금액을 외국환은행을 통하여 외환증서 또는 원화로 영수하는 때에 그 영수한 금액에 대한 과세표준을 결정하는 경우

(2) 법인세 수시부과

ⓐ 신고를 하지 아니하고 본점 등을 이전한 경우

ⓑ 사업부진 기타의 사유로 인하여 휴업 또는 폐업상태에 있는 경우

ⓒ 조세를 포탈할 우려가 있다고 인정되는 상당한 이유가 있는 경우

ⓓ 부도발생 및 채무누적으로 채권자의 신청에 의해 소유 부동산이 법원 경매가 예상되는 경우

제2절 **국세부과의 원칙**

1. 의의

국세를 부과하는 과정에서 국민의 재산권이 부당하게 침해될 소지가 있어 국세 부과 시 준수하여야 할 원칙이 있는데 이를 국세부과의 원칙이라 하며, 실질과세 원칙, 신의성실의 원칙, 근거과세의 원칙, 조세감면의 사후관리가 있다.

2. 실질과세의 원칙

가. 의의

어떤 거래 행위의 형식과 당사자가 의도한 실질이 다른 경우 실질에 의하여 조세를 부과하여야 한다는 원칙이다.

나. 존재의미

이는 조세회피에 적절히 대응하고 조세회피 행위의 방지를 통하여 과세의 형평을 기하기 위한 것이다.

조세회피를 목적으로 비합리적이고 비정상적인 형식을 취하였음에도 외관이 그렇다는 이유만으로 납세의무를 면할 수 있고, 반면 실질에 부합하는 정상적인 거래형식을 취하는 경우에는 납세의무를 부담할 수밖에 없다고 하는 것은 매우 부당하다.

실질과세원칙은 바로 그러한 불합리를 제거하는 수단이 되는 조세법의 기본원리이다(대법원 2012.1.20. 선고 2008두8499 판결).

한편, 납세의무자가 경제활동을 함에 있어서는 동일한 경제적 목적을 달성하기 위하여서도 여러 법률관계 중 하나를 선택할 수 있으므로 그것이 과중한 세금의 부담을 회피하기 위한 행위라고 하더라도 가장행위에 해당한다고 볼 수 없으면 유효하다고 보아야 한다(대법원 2011.5.13. 선고 2010두3916 판결).

다. 실질과세 원칙의 목적

국세기본법 제14조가 천명하고 있는 실질과세 원칙은 헌법상의 기본 이념인 평등의 원칙을 조세법률관계에 구현하기 위한 실천적 원리로서, 조세의 부담을 회피할 목적으로 과세요건 사실에 관하여 실질과 괴리되는 비합리적인 형식이나 외관을 취하는 경우에 그 형식이나 외관에 불구하고 실질에 따라 담세력이 있는 곳에 과세함으로써 부당한 조세회피 행위를 규제하고 과세의 형평을 제고하여 조세정의를 실현하고자 하는 데 주된 목적이 있다(대법원 2012.1.19. 선고 2008두8499 판결).

라. 실질과세 원칙의 한계

불확정 개념인 실질과세 원칙을 내세워 납세의무자가 선택한 거래형식을 함부로 부인하고 법 문언에 표현된 과세요건의 일반적 의무를 일탈하여 그 적용 범위를 넓히게 되면 조세법률주의가 형해화 되어 이를 통해 실현하고자 하는 법적 안정성과 예측가능성이 무너지게 된다.

마. 조세법률주의와의 관계

다양하게 변화하는 경제생활관계에 적용함에 있어 예측가능성과 법적안정성이 훼손되지 않는 범위 내에서 합목적적이고 탄력적으로 해석함으로써 조세법률주의의 형해화를 막고 실효성을 확보한다는 점에서 조세법률주의와 상호 보완적이고 불가분적인 관계에 있다.

바. 내용

(1) 사실상 귀속자에 대한 과세

과세의 대상이 되는 소득, 수익, 재산, 행위 또는 거래의 귀속이 명의일 뿐이고 사실상 귀속되는 자가 따로 있을 때에는 사실상 귀속되는 자를 납세의무자로 하여 세법을 적용한다.

자산이나 사업에서 생기는 수입의 전부 또는 일부가 법률상 귀속되는 법인과 사실상 귀속되는 법인이 서로 다른 경우에는 그 수입이 사실상 귀속되는 법인에 대하여 이 법을 적용한다.

국세기본법 제14조 제1항에서 규정하는 실질과세 원칙은 소득이나 수익, 재산, 거래 등의 과세대상에 관하여 그 귀속 명의와 달리 실질적으로 귀속되는 자가 따로 있는 경우에는 형식이나 외관을 이유로 그 귀속명의자를 납세의무자로 삼을 것이 아니라 실질적으로 귀속되는 자를 납세의무자로 삼겠다는 것이므로, 재산의 귀속명의자는 이를 지배 관리할 능력이 없고, 그 명의자에 대한 지배권 등을 통하여 실질적으로 이를 지배 관리하는 자가 따로 있으며, 그와 같은 명의와 실질의 괴리가 조세를 회피할 목적에서 비롯된 경우에는, 그 재산에 관한 소득은 그 재산을 실질적으로 지배 관리하는 자에게 귀속된 것으로 보아 그를 납세의무자로 삼아야 할 것이나, 그러한 명의와 실질의 괴리가 없는 경우에는 소득의 귀속명의자에게 그 소득이 귀속된 것으로 보아야 한다(대법원 2016.7.14. 선고 2015두2451 판결).

(2) 실질 내용에 대한 과세

세법 중 과세표준의 계산에 관한 규정은 소득, 수익, 재산, 행위 또는 거래의 명칭이나 형식에 관계없이 그 실질 내용에 따라 적용한다.

법인세의 과세소득이 되는 금액의 계산에 관한 규정은 소득·수익 등의 명칭이나 형식에도 불구하고 그 실질내용에 따라 적용한다.

실질내용의 해석과 관련하여 실질의 의미를 법적실질로 파악하는 입장과 경제적 실질로 파악하는 입장이 있다.

(3) 우회 행위 또는 거래 부인

제3자를 통한 간접적인 방법이나 둘 이상의 행위 또는 거래를 거치는 방법으로 국세기본법 또는 세법의 혜택을 부당하게 받기 위한 것으로 인정되는 경우에는 그 경제적 실질 내용에 따라 당사자가 직접 거래를 한 것으로 보거나 연속된 하나의 행위 또는 거래를 한 것으로 보아 국세기본법 또는 세법을 적용한다.

사. 신탁재산에 대한 세법상 취급

(1) 신탁의 정의

신탁법상 신탁이란 신탁을 설정하는 자와 신탁을 인수하는 자 간의 신임관계에 기하여 위탁자가 수탁자에게 특정의 재산을 이전하거나 담보권의 설정 또는 그 밖의 처분을 하고 수탁자로 하여금 일정한 자의 이익 또는 특정의 목적을 위하여 그 재산의 관리, 처분, 운용, 개발, 그 밖에 신탁 목적의 달성을 위하여 필요한 행위를 하게 하는 법률관계를 말한다.

(2) 명의신탁과 신탁의 구분

명의신탁과 신탁은 대내적으로 권리가 유보되어 대내외 권리관계가 분리되는지 여부를 가장 큰 차이점으로 한다. 명의신탁에서 수탁자는 대외적으로 명의신탁재산에 대한 권리자로서의 지위를 가지지만 대내적으로는 명의신탁자에게 그 권리가 유보되어 대내외 관계가 분리된다. 그러나 신탁법상 신탁에 있어서는 대내외 관계가 분리되지 않고 신탁재산은 수탁자에게 절대적으로 권리가 이전되어 위탁자의 재산으로부터 분리될 뿐만 아니라 수탁자의 고유재산으로부터 구별되어 관리되는 독립성을 가진다(대법원 2002.12.6. 선고 2002마2754 결정).

(3) 신탁재산에 대한 세법의 태도

현행 세법은 신탁재산을 단순히 수익자에게 신탁수익을 분배하기 위한 수단 또는 도관으로 보아 신탁소득에 대한 과세는 분배하기 전의 운용 단계에서 발생한 소득의 내용에 따라 세법을 적용해야 한다는 입장이다.

즉, 현행 세법은 신탁도관설에 입각하여 납세의무의 내용을 규율하고 있으며, 이는 실질과세 원칙에도 부합한다.

(4) 법인세법상 신탁소득의 귀속

신탁재산에 귀속되는 소득은 그 신탁의 수익자를 해당 신탁재산의 소유자로 보고 법인세를 과세한다. 그러나 수익자가 특정되지 않거나 존재하지 않는 경우에는 신탁의 위탁자 또는 그 상속인을 신탁재산의 소유자로 보고 법인세를 과세하여야 한다.

아. 외국법인의 국내원천소득에 대한 원천징수 적용 가능 여부

국내 배당원천소득을 지급하는 자는 특별한 사정이 없는 한 그 소득에 관하여 귀속명의와 달리 실질적으로 귀속되는 자가 따로 있는지를 조사하여 실질적인 귀속자를 기준으로 그 소득에 대한 법인세를 원천징수할 의무가 있다. 다만, 국내 원천배당소득을 지급하는 자가 거래 또는 소득금액의 지급과정에서 성실하게 조사하여 확보한 자료 등을 통해서도 그 소득의 실질적인 귀속자가 따로 있다는 사실을 알 수 없었던 경우에는 그 소득에 대한 법인세를 원천징수할 의무가 있다고 볼 수 있다(대법원 2013.4.11. 선고 2011두3159 판결).

3. 신의성실의 원칙

가. 의의

납세자가 그 의무를 이행할 때에는 신의에 따라 성실하게 하여야 하며, 세무공무원이 직무를 수행할 때에도 또한 같다.

세법의 해석이나 국세행정의 관행이 일반적으로 납세자에게 받아들여진 후에는 그 해석이나 관행에 의한 행위 또는 계산은 정당한 것으로 보며, 새로운 해석이나 관행에 의하여 소급하여 과세되지 아니한다는 내용이다.

나. 적용요건

과세관청의 행위에 대하여 신의성실의 원칙이 적용되는 요건으로는 ① 과세관청이 납세자에게 공적인 견해표명을 하고 ② 납세자가 그 견해표명이 정당하다고 신뢰함에 있어 귀책사유가 없으며 ③ 납세자가 신뢰에 기한 어떤 행위를 하고 ④ 과세관청이 위 견해표명에 반하는 처분을 하여 납세자의 이익이 침해되어야 한다.

납세의무자의 행위에 대하여 신의성실 원칙이 적용되는 요건으로는 ① 객관적으로 모순되는 행태가 존재하고 ② 그 행태가 납세의무자의 심한 배신행위에 기인하였으며 ③ 그에 기하여 야기된 과세관청의 신뢰가 보호받을 가치가 있는 것이어야 한다.

다. 신의성실 원칙 위반 효과

신의성실 원칙에 위반된 과세처분은 무효 또는 취소가 될 수 있다.

4. 근거과세의 원칙

가. 의의

납세자가 세법에 따른 장부와 증빙자료를 비치, 기장하고 있는 경우 과세표준의 조사, 결정은 그 장부와 증빙자료에 의하여야 한다는 원칙을 말한다.

예외적으로 장부와 증빙자료가 없거나 그 내용이 허위임이 명백하거나 중요부분이 미비한 경우에는 장부 등에 의하지 않고 추계방식에 의하여 과세표준 등을 결정할 수 있다.

나. 내용

과세표준의 조사와 결정은 납세의무자가 세법에 따라 장부를 갖추어 기록하고 있는 경우에는 해당 국세는 그 장부와 이에 관계되는 증거자료에 의하여야 한다.

국세를 조사·결정할 때 장부의 기록 내용이 사실과 다르거나 장부의 기록에 누락된 것이 있을 때에는 그 부분에 대해서는 정부가 조사한 사실에 따라 결정할 수 있다.

제3절 국세부과 제척기간

1. 의의

　국세부과 제척기간이란 국세를 부과할 수 있는 일정한 법정기간이다. 국세부과권에 대하여 국세기본법에서는 제척기간을 설정하고 그 기간 내에 조세의 부과처분이 없으면 조세채무 자체가 소멸하는 것으로 규정하고 있다. 이는 법률관계가 언제까지나 불확정한 상태로 놓이는 것은 바람직하지 않기 때문에 이를 신속히 확정하기 위한 것이다.

　국가가 내부적으로 계산하여 정한 세액의 납부를 납세자에게 고지하여 해당 금액의 구체적 조세채무를 발생시키는 경우 이는 행정처분에 해당하고, 이러한 행정처분은 세금을 부과하는 것을 내용으로 하는 것이라는 점에서 이를 '부과처분' 또는 '과세처분'이라고 부른다. 또한 이러한 부과처분을 할 수 있는 국가의 권력을 보통 '부과권'이라고 부른다. 국세부과 제척기간이 만료되면 과세표준이나 세액을 변경하는 어떠한 결정 또는 경정도 할 수 없다. 또한 제척기간에는 소멸시효와 달리 시효의 중단·정지가 없다.

2. 제척기간 기산일

(1) 일반적인 제척기간 기산일

　제척기간의 기산일은 해당 국세를 부과할 수 있는 날이다. 부과할 수 있는 날이란 과세표준과 세액을 신고하는 국세의 경우 해당 국세의 과세표준과 세액에 대한 신고기한 또는 신고서 제출기한의 다음 날, 과세표준 신고기한이 연장되는 경우에는 그 연장된 기한의 다음 날이 된다.

원천징수의무자 또는 납세조합에 대하여 부과하는 국세의 경우 해당 원천징수세액 또는 납세조합징수세액의 법정 납부기한의 다음 날, 법정 납부기한이 연장되는 경우에는 그 연장된 기한의 다음 날이 기산일이 된다. 종합부동산세 및 인지세의 경우에는 해당 국세의 납세의무가 성립한 날이 된다.

(2) 특수한 제척기간

이의신청, 심사청구, 심판청구, 감사원법에 따른 심사청구 또는 행정소송법에 따른 소송에 대한 결정이나 판결이 확정된 경우, 과세표준 또는 세액과 연동된 다른 과세기간의 과세표준 또는 세액의 조정이 필요한 경우는 결정 또는 판결이 확정된 날로부터 1년.

여기서 판결이란 당해 부과처분에 납세자가 불복하여 제기한 소송에 따라 당해 처분을 변경할 것을 명하는 이행판결을 의미하고, 불법행위로 인한 손해배상청구를 인용하는 민사판결은 이에 해당하지 아니한다(질의회신, 법령해석기본-0438, 2019.4.15.).

최초의 신고·결정 또는 경정에서 과세표준 및 세액 계산의 근거가 된 거래 또는 행위 등이 그 거래·행위 등과 관련된 소송에 대한 판결(판결과 같은 효력을 가지는 화해나 그 밖의 행위를 포함한다)에 의하여 다른 것으로 확정된 경우에는 그 판결이 확정된 날로부터 1년.

상속 또는 증여가 있음을 안 날로부터 1년, 상속 또는 증여가 있음을 안 날이란 ① 제3자 명의로 된 피상속인 또는 증여자의 재산을 상속인 또는 수증자가 보유하거나 그 명의로 실명전환되는 경우 ② 국외 소재 상속재산 또는 증여재산을 상속인 또는 수증인이 취득하는 경우 ③ 계약이행기간 중 상속이 개시되어 피상속인이 생략되고 상속인이 직접 취득하는 경우 ④ 등기, 등록, 명의개서가 필요하지 아니한 유가증권, 서화, 골동품 등을 상속인 또는 수증인이 취득하는 경우, 다만 이 경우에도 재산가액이 50억 원을 초과하여야 하고, 상속인이나 증여자 및 수증자가 사망한 경우에는 적용하지 않는다.

3. 구체적인 제척기간

(1) 5년에 해당하는 경우

납세자가 법정신고 기한까지 과세표준신고서를 제출하였으나 그 신고내용에 탈루 또는 누락이 있는 경우.

(2) 7년에 해당하는 경우

납세자가 법정신고 기한까지 과세표준신고서를 제출하지 않은 경우(상속세 및 증여세 제외)

납세자가 특수관계자에게 부동산을 무상으로 사용하도록 제공하고 그에 따른 종합소득세 과세표준 및 세액을 전혀 신고하지 않아 부당행위계산 부인규정을 적용하여 과세하는 경우 부과제척기간은 7년이다(대법원 2010.9.30. 선고 2008두12160 판결).

(3) 10년(장기부과제척기간)에 해당하는 경우

납세자가 사기 기타 부정한 행위로 상속세 및 증여세를 제외한 국세를 포탈하거나 환급·공제받는 경우에는 제척기간이 10년에 해당한다.

장기부과제척기간이 적용되기 위해서는 납세자의 부정행위뿐만 아니라 납세자가 국세를 포탈하거나 환급·공제받는 등의 조세포탈 결과가 발생하여야 한다. 또한 납세자에게 허위의 세금계산서에 의하여 매입세액의 공제 또는 환급을 받는다는 인식 외에 납세자가 매입세액의 공제를 받은 것이 결과적으로 국가의 조세수입 감소를 가져오게 될 것이라는 점에 대한 인식이 필요하다(대법원 2014.2.27. 선고 2013두19516 판결).

다만, 국세기본법 제26조의2 제1항 제1호의 규정형식, 입법취지 및 엄격해석의 원칙상 법정신고 기한 내에 과세표준신고서를 제출한 납세자가 사기 기타 부정한 행위를 하였다고 하더라도 그로 인하여 국세를 포탈하거나 환급·공제받지 아니하는 경우에는 그 부과제척기간은 5년이 된다(대법원 2009.12.24. 선고 2007두16974 판결).

법인세법에 따라 상여 등으로 처분된 금액에 대한 소득세 또는 법인세에 대해서도 그 소득세 또는 법인세를 부과할 수 있는 날로부터 10년이 된다.

한편, 소득이 사외유출되어 그 귀속자가 밝혀지지 않음에 따른 대표자로서 인정상여처분을 받을 것까지 모두 예상하여 그로 인해 부과될 소득세를 포탈하기 위하여 행한 것으로 보기 어려우므로 그 인정상여처분은 "납세자가 사기 기타 부정한 행위로써 국세를 포탈한 경우"에 해당한다고 볼 수 없으므로 부과제척기간은 5년이 된다(대법원 2010.4.29. 선고 200/두 11382 판결).

(4) 15년에 해당하는 경우

납세자가 사기 기타 부정한 행위로 상속세 및 증여세를 포탈하거나 환급·공제받은 경우, 상속세 및 증여세에 대하여 법정신고 기한까지 과세표준신고서를 제출하지 않은 경우, 상속세 및 증여세에 대하여 법정신고 기한까지 과세표준신고서를 제출한 자가 거짓신고 또는 누락신고를 한 경우.

4. 제척기간 만료의 효과

부과제척기간이 만료되면 과세권자로서는 새로운 결정이나 증액 경정결정은 물론 감액 경정결정 등 어떠한 처분도 할 수 없음이 원칙이다(대법원 2002.9.24. 선고 2000두 6657 판결). 다만, 납세의무자는 후발적 사유에 의한 경정청구는 가능하다.

제4절 부당행위 계산 부인권

1. 의의

부당행위계산 부인이란 개인이 특수관계에 있는 자와의 거래에 있어 정상적이고 경제적인 합리적 방법에 의하지 아니하고 소득세법에 열거된 여러 거래행태를 빙자하여 남용함으로써 조세부담을 부당하게 회피하거나 경감시켰다고 하는 경우에 과세관청이 이를 부인하고 법령에 정하는 방법에 의하여 객관적이고 타당하다고 보이는 소득이 있는 것으로 의제하는 제도를 말한다.

2. 적용요건

경제인의 입장에서 볼 때 부자연스럽고 불합리한 행위계산을 함으로 인하여 경제적 합리성을 무시하였다고 인정되는 경우에 한하여 적용되는 것이고, 경제적 합리성 유무에 대한 판단은 거래행위의 여러 사정을 구체적으로 고려하여 과연 그 거래행위가 건전한 사회통념이나 상 관행에 비추어 경제적 합리성을 결한 비정상적인 것인지의 여부에 따라 판단하되, 비 특수관계인 간의 거래가격, 거래 당시의 특별한 사정 등도 고려하여야 한다(대법원 2010.5.13. 선고 2007두14978 판결).

3. 개별세법상 부당행위 계산 부인

가. 소득세법상 부당행위 계산 부인권

(1) 소득세 부당행위 유형

ⓐ 특수관계인으로부터 시가보다 높은 가격으로 자산을 매입하거나 특수관계인에게 시가보다 낮은 가액으로 자산을 양도한 경우

ⓑ 특수관계인에게 금전이나 그 밖의 자산 또는 용역을 무상 또는 낮은 이율 등으로 대부하거나 제공한 경우. 다만, 직계존비속에게 주택을 무상으로 사용하게 하고 직계존비속이 그 주택에 실제 거주하는 경우는 제외한다.

ⓒ 특수관계인으로부터 금전이나 그 밖의 자산 또는 용역을 높은 이율 등으로 차용하거나 제공받는 경우

ⓓ 특수관계인으로부터 무수익자산을 매입하여 그 자산에 대한 비용을 부담하는 경우

ⓔ 그 밖에 특수관계인과의 거래에 따라 해당 과세기간의 총수입금액 또는 필요경비를 계산할 때 조세의 부담을 부당하게 감소시킨 것으로 인정되는 경우

(2) 양도소득의 부당행위 계산 부인

(가) 내용

양도소득이 있는 거주자의 행위 또는 계산이 그 거주자의 특수관계인과의 거래로 인하여 그 소득에 대한 조세 부담을 부당하게 감소시킨 것으로 인정되는 경우에는 그 거주자의 행위 또는 계산과 관계없이 해당 과세기간의 소득금액을 계산할 수 있다.

(나) 조세의 부담을 부당하게 감소시킨 것으로 인정되는 때

ⓐ 특수관계인으로부터 시가보다 높은 가격으로 자산을 매입하거나 특수관계인에게 시가보다 낮은 가격으로 자산을 양도한 때

ⓑ 특수관계인과의 거래로 해당 연도의 양도가액 또는 필요경비 계산 시 조세의 부담

을 부당하게 감소시킨 것으로 인정되는 때

(다) 시가에 의한 양도차익 계산

조세의 부담을 부당하게 감소시킨 것으로 인정되는 때에는 상속세 및 증여세법상 등의 시가에 의하여 그 취득가액 또는 양도가액을 계산한다.

나. 법인세법상 부당행위 계산 부인권

(1) 의의

부당행위 계산 부인이란 법인의 행위 또는 소득금액의 계산이 특수관계인과의 거래로 인하여 그 법인의 법인세를 부당하게 감소시킨 것으로 인정되는 경우, 그 행위 또는 소득금액의 계산을 부인하고 그 법인의 행위 또는 소득금액의 계산에 관계없이 그 법인의 각 사업연도의 소득금액을 계산할 수 있는 제도를 말한다.

이는 경제인의 입장에서 볼 때 부자연스럽고 불합리한 행위계산을 함으로써 경제적 합리성을 무시하였다고 인정되는 경우에 한하여 적용되고, 경제적 합리성의 유무에 대한 판단은 거래행위의 여러 사정을 구체적으로 고려하여 과연 그 거래행위가 건전한 사회통념이나 상관행에 비추어 경제적 합리성을 결한 비정상적인 것인지의 여부에 따라 판단하되, 비특수관계자 간의 거래가격, 거래 당시의 특별한 사정 등도 고려하여야 한다(대법원 2018.10.25. 선고 2016두39563 판결).

한편, 법인세법에서 부당행위 계산 부인 규정을 두고 있는데 조세회피 행위를 부인하기 위한 일반규정을 두는 것이 과세요건 명확주의에 위반되는 것이 아닌가에 관하여는 논란이 있다.

(2) 적용요건

(가) 행위 또는 계산의 이상

법인세법에서 규정한 부당행위 계산 부인은 법인이 특수관계에 있는 자와의 거래에서 정상적인 경제인의 합리적인 방법에 의하지 아니하고 법인세법 시행령에 열거된 여러 거래형태를 빙자하여 남용함으로써 조세부담을 부당하게 회피하거나 경감시킨 경우에 과세권자가 이를 부인하고 법령에 정하는 방법에 의하여 객관적이고 타당하다고 보이는 소득이 있는 것으로 의제하는 제도로서, 경제인의 입장에서 볼 때 부자연스럽고 불합리한 행위계산을 하여 경제적 합리성을 무시하였다고 인정되는 경우에 적용된다.

(나) 경제적 합리성

경제적 합리성 유무는 거래행위의 여러 사정을 구체적으로 고려하여 그 거래행위가 건전한 사회통념이나 상 관행에 비추어 경제적 합리성을 결여한 비정상적인 것인지의 여부에 따라 판단하여야 한다(대법원 2018.3.15. 선고 2017두63887 판결).

(다) 시가의 의미

부당행위 계산 부인 대상의 하나로 법인이 주주 등 특수관계에 있는 자에게 자산을 시가보다 낮은 가액으로 양도한 경우를 들고 있다. 여기에서 시가란 일반적이고 정상적인 거래에 의하여 형성된 객관적인 교환가치를 말하고, 그 판단은 거래 당시를 기준으로 한다(대법원 2010.5.27. 선고 2010두1484 판결).

(라) 부당행위 계산의 유형

    ⓐ 자산을 시가보다 높은 가액으로 매입 또는 현물출자 받았거나 그 자산을 과대상각한 경우

    ⓑ 무수익 자산을 매입 또는 현물출자 받거나 그 자산에 대한 비용을 부담한 경우

    ⓒ 자산을 무상 또는 시가보다 낮은 가액으로 양도 또는 현물출자한 경우

    ⓓ 불량자산을 차환하거나 불량채권을 양수한 경우

ⓔ 출연금을 대신 부담한 경우

ⓕ 금전, 그 밖의 자산 또는 용역을 무상 또는 시가보다 낮은 이율 또는 요율이나 임대료로 대부하거나 제공한 경우

금전의 무상대여액은 가지급금에 해당되고, 특수관계인에게 금전을 무상으로 대부하거나 낮은 이율로 대부하는 행위는 인정이자 계산 대상이 된다.

한편, 업무무관 가지급금은 명칭 여하에 불구하고 법인의 업무와 관련이 없는 자금의 대여액으로 판례는 실질과세를 중요시하여 법인이 특수관계자로부터 지급받아야 할 공시대금 등의 회수를 정당한 사유 없이 지연시키는 경우 이를 업무무관 가지급금으로 보고 있다(대법원 2010.1.14. 선고 2007두5646 판결).

ⓖ 금전, 그 밖의 자산 또는 용역을 시가보다 높은 이율 또는 요율이나 임차료로 차용하거나 제공받은 경우

ⓗ 일정한 자본거래로 인하여 주주 등인 법인이 특수관계인의 다른 주주 등에게 이익을 분여한 경우

ⓘ 위에 준하는 행위 또는 계산 및 그 외에 법인의 이익을 분여하였다고 인정되는 경우

국세징수권

제1절 국세징수권 행사 일반

1. 의의

이미 확정된 국세채무의 이행을 납세자에게 요구하여 그 징수를 도모하는 권리를 국세징수권이라고 한다. 이러한 국세징수권은 납세고지를 통하여 행사된다.

2. 납세고지에 의한 징수

가. 납세고지의 의의

납세고지란 확정된 조세채권을 납부기한까지 징수하기 위하여 세입징수관이 납세자에게 그 금전급부 의무의 이행을 청구하는 행위로 일종의 재정하명이다. 이러한 납세의 고지는 과세권자가 납세자에게 그 조세의 과세연도, 세목, 세액 및 그 산출근거, 납부기한과 납부장소를 명시한 고지로서 행하여야 한다.

나. 납세고지서의 발부 절차

본래의 납세의무자인 납세자에게 국세의 과세기간, 세목 및 세액, 산출근거, 납부기한과 납부장소를 적은 납세고지서를 발부하여야 한다.

연대납세 의무를 지는 자에게 납세고지를 하는 경우에는 연대납세 의무자 전원을 고지서에 기재하여야 하며 각자에게 모두 고지서를 발부하여야 한다.

또한 제2차 납세의무자로부터 징수하려면 징수하려는 체납액의 과세기간, 세목, 세액 및 그 산출근거, 납부장소와 제2차 납세의무자로부터 징수할 금액 및 그 산출근거, 그 밖에 필요한 사항을 적은 납부통지서로 고지하여야 한다.

그 밖에 양도담보권자, 납세보증인에 대한 납세고지는 제2차 납세의무자의 납세고지와 동일하다.

다. 납세고지의 효력

납세고지는 상속세 및 증여세 등 정부부과 방식의 세목에 대해서는 국세채권을 확정시키는 부과처분의 효력을 가지며, 신고납세 방식의 세목은 이행청구의 효력을 갖는다.

납세고지는 고지서가 납세자에게 도달함으로써 효력이 발생하며 국세징수권 소멸시효 중단사유이다.

3. 납기 전 징수

가. 납기 전 징수의 의의

일정한 사유에 의하여 납부기한까지 기다려서는 해당 국세를 징수할 수 없다고 인정되는 경우에는 납부기한 경과 전에 징수할 수 있는데 이를 납기 전 징수라 한다.

나. 납기 전 징수 사유

  ⓐ 국세의 체납으로 체납처분을 받을 때

  ⓑ 지방세 또는 공과금의 체납으로 체납처분을 받을 때

  ⓒ 강제집행을 받을 때

  ⓓ 어음법 또는 수표법에 따른 어음교환소에서 거래정지처분을 받은 때

  ⓔ 경매가 시작된 때

  ⓕ 법인이 해산한 때

  ⓖ 국세를 포탈하려는 행위가 있다고 인정될 때

  ⓗ 납세관리인을 정하지 아니하고 국내에 주소 또는 거소를 두지 아니하게 된 때

다. 납기 전 징수 가능 세목

  ⓐ 납세고지를 한 국세

  ⓑ 과세표준 결정을 통지한 국세

  ⓒ 원천징수한 국세

  ⓓ 납세조합이 징수한 국세

  ⓔ 중간예납하는 법인세

4. 징수유예

가. 의의

납세자가 일정한 사유로 국세를 납부기한까지 납부할 수 없다고 인정되는 경우 고지를 유

예하거나 결정세액을 분할고지하며, 고지·독촉의 납부기한을 다시 정하여 징수를 일시적으로 유예하여 주는 제도이다.

징수유예 기간 중에는 지연납부 가산세 등을 징수하지 않으며, 최장 9개월 범위 내에서 징수유예가 가능하다.

나. 징수유예 사유

ⓐ 재해 또는 도난으로 재산에 심한 손실을 입은 경우

ⓑ 사업에 현저한 손실을 입은 경우

ⓒ 납세자 또는 그 동거가족이 질병이나 중상해로 장기치료가 필요한 경우

ⓓ 국제조세조정에 관한 법률에 따른 상호합의 절차가 진행 중인 경우

ⓔ 동거가족 이외의 납세자로 친족, 기타 납세자와 특수관계에 있는 자의 질병으로 그 납세자가 비용의 부담을 하지 아니하면안 되는 때

ⓕ 사업을 영위하지 아니하는 납세자의 소득이 현저히 감소하거나 전혀 없을 때

ⓖ 납세자의 거래처 등이 파산선고, 회사정리 절차의 개시결정, 어음교환소에서 거래정지처분, 사업의 부진 또는 실패로 인하여 휴·폐업을 하여 매출채권 등이 회수곤란하게 된 때

5. 납부의무 간접강제

가. 관허사업 제한 요구

납세자가 법령이 정하는 일정한 부득이한 사유가 없이 국세를 3회 이상 체납한 경우로서 체납액이 5백만 원 이상일 때에는 그 주무관서에 사업의 정지 또는 허가 등의 취소를 요구할 수 있다.

나. 체납자료의 제공

체납자가 1년에 3회 이상 체납하고 체납액이 500만 원 이상인 자의 체납자료를 신용정보 회사 또는 신용정보집중기관에 제공할 수 있다.

다. 출국금지 요청

정당한 사유 없이 5천만 원 이상의 국세를 체납한 자로서 압류 등으로 조세채권을 확보할 수 없고 체납처분을 회피할 우려가 있다고 인정되는 자에 대하여는 출국금지를 요청하여야 한다.

라. 납세증명서 제출 제도

(1) 의의

납세증명서란 조세징수를 확보하기 위한 납세보전제도로 납세자가 법령이 정하는 일정한 특정행위 시에 제출하는 납세에 관한 사실을 증명하는 문서를 말한다.

(2) 제출사유

    ⓐ 국가, 지방자치단체 또는 감사원의 검사 대상이 되는 법인 또는 단체로부터 대금을 지급받을 경우

    ⓑ 국세를 납부할 의무(징수하여 납부할 의무를 포함한다)가 있는 외국인이 출국할 경우

    ⓒ 내국인이 외국으로 이주하거나 1년을 초과하여 외국에 체류할 목적으로 외교부장관에게 거주목적의 여권을 신청하는 경우

제2절 국세강제징수권(체납처분)

1. 의의

체납처분이란 납세자가 임의로 조세채무를 이행하지 아니하는 경우에 납세자의 재산으로부터 조세채권을 강제적으로 실현하기 위한 일련의 행정절차를 말한다. 일련의 절차로는 압류와 매각, 청산이 있다.

2. 압류

가. 개념

압류란 체납자 소유 특정재산의 법률상 또는 사실상 처분을 금지하고 그 재산을 환가할 수 있는 상태로 두는 행정처분을 말한다. 압류 대상 재산은 대한민국의 영토 등에 있는 재산에 한한다.

나. 압류의 요건

ⓐ 납세자가 독촉장(납부최고서)을 받고 지정된 기한까지 국세 등을 완납하지 아니한

경우

ⓑ 국세의 체납으로 체납처분을 받을 때, 지방세 또는 공과금의 체납처분으로 체납처분을 받을 때, 강제집행을 받을 때, 어음법 및 수표법에 따른 어음교환소에서 거래정지처분을 받은 때, 경매가 시작된 때, 법인이 해산한 때, 국세를 포탈하려는 행위가 있다고 인정될 때, 납세관리인을 정하지 아니하고 국내에 주소 또는 거소를 두지 아니하게 된 때 등 납기 전 징수 사유에 해당됨에 따라 납세자가 납기 전에 납부 고지를 받고 지정된 기한까지 완납하지 아니한 경우

ⓒ 납기 전 징수 사유가 있어 국세가 확정된 후에는 그 국세를 징수할 수 없다고 인정할 때에는 국세로 확정되리라고 추정되는 금액의 한도에서 납세자의 재산을 압류할 수 있다. 이 때에는 미리 지방국세청장의 승인을 받아야 한다.

다. 압류 대상 재산

체납자에게 권리가 귀속된 것으로 금전적 가치가 있는 재산으로 양도 또는 추심이 가능한 것이어야 한다. 압류할 수 있는 재산은 동산, 부동산, 채권, 무체재산권, 유가증권 등이 있다. 다만, 절대적으로 압류할 수 없는 재산과 조건부 압류금지 재산이 있다.

라. 재산 종류별 압류 절차

(1) 동산

세무공무원이 그 재산을 점유함으로써 효력이 발생한다. 체납자 등은 동산을 사용·수익할 수 없는 것이 원칙이다. 예외적으로 그 동산의 사용·수익을 허가할 수 있다.

(2) 부동산

부동산, 공장재단, 광업재단, 등기된 입목 등을 압류할 때 세무서장이 압류조서를 첨부하

여 압류등기를 소관 등기소에 촉탁하는 방법에 의한다.

체납자는 압류한 부동산 등을 사용·수익할 수 있다. 다만 일정한 사유가 있는 경우 세무서장은 그 사용 또는 수익을 제한할 수 있다.

부동산 압류 후 소유권이 이전된 경우에는 해당 압류재산의 소유권이 이전되기 전에 법정기일이 도래한 국세의 체납액에 대해서 그 효력이 미친다.

제3자 소유 부동산을 압류한 경우 제3자는 매각 5일 전까지 소유자로 확인할 만한 증거서류를 세무서장에게 제출하면서 소유권 주장과 반환을 청구하여야 한다.

(3) 선박, 항공기, 건설기계 또는 자동차의 압류

세무서장이 압류조서를 첨부하여 압류등기를 소관 등록기관에 촉탁하는 방법에 의한다.

(4) 채권

채권은 확정된 채권이 압류의 대상이나 장래 발생하는 채권이라도 압류 당시에 그 원인이 확정되어 있고 그 발생이 확실하다고 인정하는 것도 가능하다.

또한 당사자 간 압류금지 특약이 있어도 압류가 가능하다.

채권압류의 효력은 채권압류 통지서(갑)가 제3채무자에게 송달된 때 발생한다. 제3채무자가 채권의 압류통지서를 받은 때에는 그 범위에 있어서 채권자에 대한 이행이 금지된다.

제3채무자가 최고한 기한 내에 그 채무를 이행하지 아니할 때에는 체납자인 채권자를 대위하여 제3채무자를 상대로 민사소송, 즉 추심청구의 소를 제기하여야 한다.

(5) 무체재산권

무체재산권이란 소유권이나 전세권 등 권리의 객체가 동산이나 부동산 같이 일정한 형태가 있는 것이 아니라 무형인 사상의 산물을 권리객체로 하여 이를 배타적으로 지배할 수 있는 권리를 말한다.

등기·등록을 요하는 무체재산권은 등기·등록이 완료된 때에 압류의 효력이 발생된다.

압류의 등기·등록을 요하지 아니하는 무체재산권은 재산압류통지서가 제3채무자에게 송달된 때 압류의 효력이 발생한다.

(6) 유가증권

유가증권이란 재산권을 표시하는 증권으로서 그 권리의 행사 또는 이전을 증권으로써 하는 것을 말하는 것으로 어음, 수표, 국채증권, 지방채증권, 사채권, 주권, 출자증권, 창고증권, 화물상환증, 선화증권, 상품권 등이 있다.

유가증권은 세무공무원이 그 재산을 점유함으로써 효력이 발생하며, 추심 또는 매각의 방법을 통하여 체납액을 징수한다.

한편, 주식은 발행 후 6개월 경과 전과 후가 다른데 주식 발행 후 6개월 경과 전 주권압류의 경우에는 주권교부청구권을 압류하고 제3채무자는 회사가 된다.

이후 회사가 주권을 발행한 후 법원의 인도명령에 따라 집행관이 주권을 인도받은 후 유체동산 현금화의 방법으로 현금화한다.

주식 발행 후 6개월이 경과된 경우에는 주식을 압류한 후 법원으로부터 양도명령이나 매각명령 등 특별현금화 방법의 결정을 받아 그 밖의 재산권에 대한 집행방법에 의한다.

마. 압류의 해제

(1) 당연해제

납부, 충당, 공매의 중지, 부과의 취소 또는 그 밖의 사유로 압류할 필요가 없게 된 경우, 공매처분을 하여도 우선채권 및 체납처분비에 충당하고도 잔여가 생길 여지가 없는 것으로 판명된 때, 제3자의 소유권 주장이 상당한 이유가 있다고 인정하는 경우, 제3자가 체납자를 상대로 소유권에 관한 소송을 제기하여 승소 판결을 받고 그 사실을 증명한 경우에는 당연히 압류를 해제하여야 한다.

(2) 필요 시 해제

압류 후 재산가격이 변동하여 체납액 전액을 현저히 초과한 경우(압류한 재산의 개량 등으로 가액이 현저하게 증가되거나 압류에 관련하는 국세보다 우선하는 채권이 소멸한 경우 등의 사유가 있어 과다 압류된 경우).

압류에 관계되는 체납액의 일부가 납부되거나 충당된 경우, 부과의 일부를 취소한 경우, 체납자가 압류할 수 있는 다른 재산을 제공하여 그 재산을 압류한 경우.

바. 압류 효력의 상실

매매계약의 가등기가 된 재산을 압류한 후에 그 가등기에 기한 소유권 이전의 본등기가 되는 때에는 압류의 효력이 상실된다.

3. 공매

가. 의의

공매란 압류재산의 매각에 있어서 불특정 다수인의 매수희망자로 하여금 자유경쟁을 하게 하여 그 결과 형성되는 최고가격에 의하여 매각가격을 정하여 매수인이 될 자를 결정하는 매각절차를 말한다.

나. 처분금지가처분 재산에 대한 공매

처분금지가처분이 된 재산을 압류한 경우로서 가처분권자가 본안소송에서 승소하여 자기 앞으로 소유권이전을 하는 경우에는 가처분 이후에 이루어진 체납처분에 의한 압류등기를 말소 신청할 수 있으므로 세무서장은 당해 가처분에 대한 본안소송의 확정판결을 기다려 그 결과에 따라 공매 여부를 결정하여야 한다.

다. 공매중지 사유

매각결정 기일 전에 체납자 또는 제3자가 그 체납액을 완납한 때, 해당 재산에 대하여 국세징수법에 따른 압류해제 사유가 발생한 때, 행정소송법에 따라 법원이 체납처분에 대한 집행정지의 결정을 한 때, 국세징수법에 따라 체납처분을 유예한 때, 국세징수법에 따라 제3자가 압류재산의 소유권을 주장하고 반환을 청구한 때, 채무자회생 및 파산에 관한 법률에 따라 체납처분의 중지를 명한 때, 같은 법에 따라 정리계획에서 징수유예 또는 환가의 유예가 인가된 때, 체납자 및 이해관계자로부터 이의신청, 심사청구, 심판청구, 감사원심사청구 및 행정소송이 진행 중인 때.

라. 공매의 제한

국세기본법에 따른 이의신청·심사청구 또는 심판청구 절차가 진행 중이거나 행정소송이 계속 중인 국세의 체납으로 압류한 재산은 그 신청 또는 청구에 대한 결정이나 소에 대한 판결이 확정되기 전에는 공매할 수 없다.

국세확정 전 보전압류에 따라 압류한 재산은 그 압류에 관계되는 국세의 납세의무가 확정되기 전에는 공매할 수 없다.

4. 수의계약

가. 의의

압류재산의 수의계약이라 함은 매매계약을 함에 있어서 일반의 경쟁에 붙이지 않고, 매각예정가격을 우선 결정하여 그 업무에 경험이 있고 신용이 확실한 자를 임의로 선택하여 이

특정인을 상대자로 하여 체결하는 계약을 말하며, 이는 특수한 압류재산일 경우에 그 매각에 있어서 조세채권확보 또는 체납자의 재산상의 손실을 최소한도로 방지하는 데에 그 목적이 있다.

나. 사유

수의계약으로 매각하지 아니하면 매각대금이 체납처분비에 충당하고 남을 여지가 없는 경우, 부패·변질 또는 감량되기 쉬운 재산으로서 속히 매각하지 아니하면 그 재산가액이 줄어들 우려가 있는 경우, 압류한 재산의 추산가격이 1천만 원 미만인 경우, 법령으로 소지 또는 매매가 규제된 재산인 경우, 제1회 공매 후 1년간 5회 이상 공매하여도 매각되지 아니한 경우, 공매하는 것이 공익을 위하여 적절하지 아니한 경우에는 수의계약에 의한다.

5. 세무서장이 직접 매각하는 경우

국세징수법에 의한 수의계약에 해당하는 재산, 집합물 또는 공유물의 일부로서 소유권 이전이 곤란한 경우, 재산의 성질상 공매가 곤란한 재산, 세무서장이 직접 공매하는 것이 효율적이라고 판단되는 재산은 세무서장이 직접 매각한다.

6. 청산(매각대금의 배분)

가. 의의

청산이란 압류, 매각 등에 의하여 취득한 금전을 국세채권과 기타 채권에 배분하는 절차를 말한다.

나. 배분 방법

금전을 배분하려면 체납자, 제3채무자 또는 매수인으로부터 해당 금전을 받은 날로부터 30일 이내에 배분기일을 정하여 배분하여야 한다.

금전을 배분할 때에는 배분계산서 원안을 작성하고, 이를 배분기일 7일 전까지 갖추어야 한다.

배분기일에 출석한 체납자 등은 배분기일이 끝나기 전까지 자기의 채권에 관계되는 범위에서 배분계산서 원안에 기재된 다른 채권자의 채권 또는 채권의 순위에 대하여 이의를 제기할 수 있다.

다. 배분순서

㉠ 압류에 관계되는 체납액 ㉡ 교부청구를 받은 체납액·지방채 또는 공과금 ㉢ 압류에 관계되는 전세권·질권 또는 저당권에 의하여 담보된 채권 ㉣ 주택임대차보호법 또는 상가건물임대차보호법에 따라 우선변제권이 있는 임차보증금 반환 채권 ㉤ 근로기준법 또는 근로자퇴직급여 보장법에 따라 우선변제권이 있는 임금, 퇴직금, 재해보상금 및 그 밖에 근로관계로 인한 채권 ㉥ 압류재산에 관계되는 가압류채권 ㉦ 집행력 있는 정본에 의한 채권 순서로 한다.

라. 남은 금액의 처리

금전을 배분하거나 충당하고 남은 금액이 있을 때에는 체납자에게 지급하여야 한다. 배분한 금전 중 채권자 또는 체납자에게 지급하지 못한 것은 한국은행법에 따라 한국은행에 예탁하여야 한다.

7. 체납처분의 중지

체납처분의 목적물인 총재산의 추산가액이 체납처분비에 충당하고 남을 여지가 없을 때에는 체납처분을 중지하여야 한다. 또한 체납처분의 목적물인 재산이 국세기본법에 따른 채권의 담보가 된 재산인 경우에 그 추산가액이 체납처분비와 해당 채권금액에 충당하고 남을 여지가 없을 때에도 체납처분을 중지하여야 한다.

또한 제3자가 압류재산에 대하여 소유권을 주장하고 반환을 청구하는 경우에는 그 재산에 대한 체납처분의 집행을 정지하여야 한다.

청구의 이유가 정당하다고 인정하면 지체 없이 압류를 해제하여야 하고 그 청구의 이유가 부당하다고 인정하면 지체 없이 그 뜻을 청구인에게 통지하며, 제3자가 통지받은 날로부터 15일 이내에 체납자를 상대로 그 재산에 대하여 소송을 제기한 사실을 증명하지 아니하면 체납처분을 속행한다.

8. 체납처분의 유예

국세청장이 성실납세자로 인정하는 기준에 해당하는 경우, 재산의 압류나 압류재산의 매각을 유예함으로써 사업을 정상적으로 운영할 수 있게 되어 체납액의 징수가 가능하다고 인정되는 경우에는 체납처분을 유예할 수 있다.

9. 교부청구

가. 의의

체납자의 재산에 대하여 이미 다른 징세기관의 공매절차 또는 그 외의 강제환가절차가 개시되어 있는 경우에 그 집행기관(해당관서, 공공단체, 집행법원, 집행공무원, 강제관리인, 파산관재인, 청산인)에 대하여 환가대금에서 체납액의 배당을 구하는 절차를 말한다. 민사집행에 있어서 배당요구에 대응된다.

교부청구할 수 있는 국세는 본래 납세의무자의 국세, 제2차 납세의무자의 국세, 납세보증인의 국세, 확정 전 보전 압류에 관련된 국세, 징수유예를 한 국세, 체납처분유예를 한 국세 등이다.

나. 교부청구의 사유

국세·지방세 또는 공과금의 체납으로 체납처분을 받을 때, 강제집행을 받을 때, 어음법 및 수표법에 따른 어음교환소에서 거래정지처분을 받을 때, 경매가 시작된 때, 법인이 해산한 때.

다. 교부청구의 시기

(1) 부동산에 대한 강제집행 또는 경매 등의 경우

첫 매각기일 이전까지 배당요구를 하여야 한다. 즉 부동산에 관하여는 첫 경매개시결정 등기 후에 체납처분에 의한 압류등기나 국세징수법에 의한 참가압류등기가 된 경우 집행법원에 배당요구의 종기까지 배당요구로서 교부청구를 하여야 배당을 받을 수 있다(대법원 2001.11.27. 선고 99다22311 판결).

(2) 유체동산에 대한 강제집행 또는 경매의 경우

경매기일의 종료 시.

(3) 유체동산에 관한 청구에 대한 강제집행의 경우

동산의 매각대금을 집행관이 영수한 때.

(4) 체납처분의 경우

관계기관의 배분계산서 작성 시.

라. 별도의 교부청구가 필요없는 경우

민사집행법상 압류가 이루어지기 이전에 국세징수법상 압류가 먼저 행해진 경우에는 세무공무원 등이 별도의 교부청구를 하지 않더라도 조세채권에 대하여 배당을 받을 수 있다(대법원 2001. 5. 8. 선고 2000다21154 판결).

10. 국세우선징수의 원칙

가. 의의

국세채권과 다른 공과금 및 기타 채권이 동시에 납세자의 재산에서 강제징수절차에 의하여 징수되는 경우에 국세채권을 다른 공과금 및 기타 채권에 우선하여 징수하는 것을 말한다. 즉, 민법상 채권자평등주의의 적용을 배제하고 조세의 공익성을 감안하여 국세, 가산금, 체납처분비를 원칙적으로 다른 모든 채권에 우선하여 징수하는 것을 말한다.

국세는 일정한 요건에 따라 일률적·무선택적·필연적으로 성립한다는 점에 있어서 일반채권과 근본적으로 그 성질을 달리하고, 한편으로는 그 공익성으로 말미암아 그 징수확보를 위하여 채권평등의 원칙에 예외적 효력이 부여되는 것이다(대법원 1983.11.22. 선고 83다카1105 판결).

공과금이라 함은 국세징수법에서 규정하는 체납처분의 예에 따라 징수할 수 있는 채권 중 국세, 관세, 임시수입부가세, 지방세와 이에 관계되는 가산금 및 체납처분비를 제외한 것을 말한다.

기타 채권은 사법상의 채권 중 금전채권에 한하고, 특정물의 급부를 목적으로 하는 채권은 해당되지 않는다.

나. 취지 및 한계

국세채권에 우선권을 부여하는 이유는 국세는 국가존립의 경제적 기초이며, 활동을 위한 비용으로서 공공성과 공익성을 가지기 때문이다. 그러나 국세우선징수권은 채권자평등권에 반하고 거래의 안전을 해치므로 강제집행 등에 소요된 비용, 임차인의 소액보증금, 임금채권, 법정기일 전에 담보된 채권 등의 경우에는 국세우선징수권에 대한 예외를 인정하고 있다.

다. 내용

(1) 법정기일

법정기일이란 조세채권과 담보권 사이의 우선순위를 가리는 기준시점을 말하는 것으로 조세채권의 존부 및 범위를 확인할 수 있고, 과세관청 등에 의하여 임의로 변경될 수 없는 시기이다.

구체적으로는 신고납세하는 방식의 국세(중간예납하는 법인세와 예정신고납부하는 부가가치세 및 소득세 포함)의 경우에는 그 신고일, 정부부과방식의 국세, 수시부과 결정을 하는 경우 그 납세고지서의 발송일, 원천징수의무자나 납세조합으로부터 징수하는 국세, 인지세의 경우에는 그 납세의무 확정일, 가산금의 경우 그 가산금을 가산하는 고지세액의 납부기한이 지난 날, 제2차 납세의무자(보증인을 포함한다)의 재산에서 국세를 징수하는 경우에는 납부통지서의 발송일, 양도담보재산에서 국세를 징수하는 경우에는 납부통지서 발송일, 국세확정 전 보전압류에 따라 납세자의 재산을 압류한 경우에는 그 압류와 관련하여 확정된 세액에 대해서는 그 압류등기일 또는 압류등록일.

(2) 국세의 법정기일 이후 설정된 전세권·임차보증금·질권·저당권의 피담보채권에 대한 국세의 우선

국세의 법정기일 이후에 설정된 전세권·질권 또는 저당권 등의 피담보채권은 국세가 우선한다.

한편, 법정기일을 기준으로 저당권 등 설정등기일과의 선후에 따라 국세채권과 담보권 사이의 우선순위를 정하고 있는 것은 공시를 수반하는 담보물권과 관련하여 거래의 안전을 보장하려는 사법적 요청과 조세채권의 실현을 확보하려는 공익적 요청을 적절하게 조화시키기 위한 것이다(대법원 2005.11.24. 선고 2005두 9088 판결).

(3) 당해세 우선

상속세 및 증여세 등 담보물권의 목적인 재산에 대하여 부과된 국세나 지방세는 비록 그 담보권이 법정기일 전에 설정된 경우라도 담보물권의 피담보채권에 우선한다. 따라서 상속인이 설정한 저당권 등에 담보된 채권보다는 법정기일에 관계없이 상속세 및 증여세 등이 항상 우선한다.

(4) 압류선착주의에 의한 우선

국세체납처분에 의하여 납세자의 재산을 압류한 경우에 다른 국세·가산금·체납처분비 또는 지방세의 교부청구가 있으면 압류에 관계되는 국세·가산금 또는 체납처분비는 교부청구된 다른 국세·가산금 또는 체납처분비에 우선하여 징수한다.

또한 지방세 체납처분에 의하여 납세자의 재산을 압류한 경우에 국세·가산금 또는 체납처분비의 교부청구가 있으면 교부청구된 국세·가산금과 체납처분비는 압류에 관계되는 지방세의 다음 순위로 징수한다.

한편 공과금과 국세의 관계에 있어서 공과금 채권이 먼저 압류된 경우에는 공과금의 가산금과 체납처분비만 국세에 우선한다. 기타의 경우에는 모두 국세가 우선한다.

(5) 담보목적 가등기 재산에 대한 국세의 우선

담보의 목적으로 된 가등기가 되어 있는 재산을 압류하는 경우에 그 가등기에 따른 본등기가 압류 후에 행하여진 때에는 국세의 법정기일이 가등기일보다 앞선 경우 국세가 우선한다.

가등기권리자에 대하여 조세의 우선권이 인정되는 것은 채권담보의 목적으로 경료된 담보가등기에 한하고, 소유권이전등기청구권의 보전을 위한 가등기는 포함되지 않는다.

라. 국세의 우선권 예외

(1) 체납처분비 등 공익비용 우선

강제집행·경매 또는 파산절차에 따라 재산을 매각할 때 그 매각금액 중에서 국세·가산금 또는 체납처분비를 징수하는 경우의 그 강제집행·경매 또는 파산절차에 든 비용은 국세에 우선한다.

또한 지방세나 공과금의 체납처분을 할 때 그 체납처분금액 중에서 국세·가산금 또는 체납처분비를 징수하는 경우의 그 지방세나 공과금의 체납처분비가 우선한다.

(2) 소액임차보증금과 최종 3개월분의 임금 등의 우선

주택임대차보호법 제8조 또는 상가건물임대차보호법 제14조가 적용되는 임대차관계에 있는 주택 또는 건물을 매각할 때 그 매각금액 중에서 국세 또는 가산금을 징수하는 경우 임대차에 관한 보증금 중 일정 금액으로서 같은 조에 따라 임차인이 우선하여 변제받을 수 있는 금액에 관한 채권은 국세에 우선한다.

또한 최종 3개월분의 임금, 최종 3년간의 퇴직금, 재해보상금은 국세보다 우선한다.

(3) 근로관계 채권 우선

그리고 사용자의 재산을 매각하거나 추심할 때 그 매각금액 또는 추심금액 중에서 국세나 가산금을 징수하는 경우에 「근로기준법」 제38조 또는 「근로자퇴직급여 보장법」 제11조에 따라 국세나 가산금에 우선하여 변제되는 임금, 퇴직금, 재해보상금, 그 밖에 근로관계로 인한 채권에 대해서는 국세·가산금 또는 체납처분비는 우선하여 징수하지 아니한다. 다만, 국세 등이 저당권 등 담보권이 설정된 채권보다 우선하는 경우에는 국세가 우선한다.

(4) 국세의 법정기일 전 설정된 전세권·임차보증금·질권·저당권의 피담보채권 우선

국세의 법정기일 전에 전세권·질권 또는 저당권 설정을 등기하거나 등록한 사실이나 주택임대차보호법 제3조의2 제2항 또는 상가건물임대차보호법 제5조 제2항에 따른 대항요건과 확정일자를 갖춘 사실이 부동산등기부 등본, 공증인의 증명, 질권에 대한 증명으로서 세무서장이 인정하는 것, 공문서 또는 금융회사 등의 장부상의 증명으로서 세무서장이 인정하는 것에 따라 증명되는 재산을 매각할 때 그 매각금액 중에서 국세를 징수하는 경우에는 그 전세권, 질권 또는 저당권에 의하여 담보된 채권이나 확정일자를 갖춘 임대차계약증서 또는 임대차계약서상의 보증금이 우선한다.

한편, 법정기일을 기준으로 저당권 등 설정등기일과의 선후에 따라 국세채권과 담보권 사이의 우선순위를 정하고 있는 것은 공시를 수반하는 담보물권과 관련하여 거래의 안전을 보장하려는 사법적 요청과 조세채권의 실현을 확보하려는 공익적 요청을 적절하게 조화시키기 위한 것이다(대법원 2005.11.24. 선고 2005두9088 판결).

(5) 담보목적 가등기 재산의 국세 우선권

납세의무자를 등기의무자로 하고 채무불이행을 정지 조건으로 하는 대물변제의 예약에 의하여 권리이전 청구권의 보전을 위한 가등기(가등록을 포함한다. 이하 같다)나 그 밖에 이와 유사한 담보의 목적으로 된 가등기가 되어 있는 재산을 압류하는 경우에 일반 국세 또는 가산금의 법정기일 전에 가등기된 재산에 관한 피담보채권은 국세보다 우선한다.

(6) 매매예약에 의한 가등기 재산의 국세 우선권

압류등기 이전에 소유권이전청구권 보전의 가등기가 경료되고 그 후 본등기가 이루어진 경우에, 그 가등기가 매매예약에 기한 순위보전의 가등기라면 그 이후에 경료된 압류등기는 효력을 상실한다. 따라서 이 경우에는 국세 우선권을 주장할 수 없다.

마. 국세와 기타 사법상 채권의 우선순위 문제

(1) 공과금과 국세의 우선

공과금보다 국세가 우선 압류된 경우에는 전액 국세가 우선하나, 공과금보다 국세가 나중에 압류된 경우에는 체납처분비 등을 제외하고 공과금에 대해서만 우선한다.

(2) 가압류된 채권과 국세의 우선

조세채권에 기한 압류가 가압류된 채권의 양도통지 이전에 이루어진 경우 국세가 우선하고, 그 압류가 채권양도통지 이후에 이루어진 경우 국세가 우선하지 못한다.

(3) 전부명령 채권과 국세의 우선

조세채권에 기한 압류가 전부명령 이전에 이루어진 경우 국세가 우선하고, 그 압류가 전부

명령 이후에 이루어진 경우 압류 자체가 무효가 되므로 국세가 우선하지 못한다.

11. 국세징수권 소멸시효

가. 소멸시효 의의

국세징수권을 일정기간 행사하지 아니한 경우에 그 기간만료로 국세징수권은 소멸하는 바, 이를 국세징수권의 소멸시효라고 한다.

나. 소멸시효 기산일

국세의 징수를 목적으로 하는 국세징수권을 행사할 때란 ① 신고에 의하여 납세의무가 확정되는 국세의 경우에 그 신고한 세액은 그 법정 신고납부기한의 다음 날 ② 정부가 결정, 경정 또는 수시부과하는 경우 납세고지한 세액에 대해서는 그 고지에 따른 납부기한의 다음 날 ③ 원천징수의무자 또는 납세조합으로부터 징수하는 국세의 경우 납세고지한 원천징수세액 또는 납세조합징수세액에 대해서는 그 고지에 따른 납부기한의 다음 날 ④ 인지세의 경우 납세고지한 인지세액에 대해서는 그 고지에 따른 납부기한의 다음 날 ⑤ 법정 신고납부기한이 연장되는 경우에는 그 연장된 기한의 다음 날이 된다.

다. 소멸시효 기간

5억 원 이상의 국세는 10년이고, 그 밖의 국세는 5년이다.

라. 소멸시효 기간의 중단

납세의 고지, 독촉, 교부청구, 압류, 참가압류 등의 사유가 있는 경우에는 시효가 중단된다. 신고주의 세목으로서 납세의무자의 신고행위에 의하여 조세채권이 확정되었으나 납세의무자가 그 신고세액을 자진납부하지 아니하여 조세채권자가 신고하였으나 납부하지 않은 세액을 납세고지에 의하여 징수하는 경우에 적용된다. 납부 최고는 최초의 독촉에 한하여 소멸시효가 중단된다.

마. 소멸시효 기간의 정지

세법에 따른 분납기간, 세법에 따른 징수 유예기간, 세법에 따른 체납처분 유예기간, 세법에 따른 연부연납기간, 사해행위 취소소송이나 채권자 대위소송을 제기하여 그 소송이 진행 중인 기간, 체납자가 국외에 6개월 이상 계속 체류하는 경우 해당 국외 체류 기간이 해당된다.

바. 소멸시효 완성의 효과

소멸시효가 완성되면 과거로 소급하여 납세의무가 소멸하여 그 국세의 가산금, 체납처분비 및 이자상당액 세액에도 그 효력이 미친다.

제3절 기타 국세 우선징수 확보를 위한 권한

1. 통정허위에 의한 담보권 설정계약 취소권

세무서장은 납세자가 제3자와 짜고 거짓으로 재산에 전세권·질권 또는 저당권의 설정계약, 가등기 설정계약, 양도담보 설정계약을 하고 그 등기 또는 등록을 함으로써 그 재산의 매각금액으로 국세나 가산금을 징수하기가 곤란하다고 인정할 때에는 그 행위의 취소를 법원에 청구할 수 있다.

이 경우 납세자가 국세의 법정기일 전 1년 내에 친족관계, 경제적 연관관계, 일정한 경영지배관계에 있는 자와 전세권·질권 또는 저당권 설정계약, 가등기 설정계약 또는 양도담보 설정계약을 한 경우에는 짜고 한 거짓계약으로 추정한다.

2. 조세채권 보전 제도

가. 채권자대위권

채권자대위권이란 채권자가 자기의 채권을 보전하기 위하여 그 채무자에게 속하는 권리를 행사할 수 있는 권리를 말한다.

세법에 명문의 규정이 없어도 국세의 체납처분절차에서는 부동산 등에 대한 보존등기, 상속·증여, 매매에 의한 소유권 이전등기, 채권 추심 등이 채권자대위권의 행사 대상이 될 수 있다.

나. 채권자취소권(사해행위취소권)

체납처분을 집행할 때 납세자가 국세의 징수를 피하기 위하여 재산권을 목적으로 한 법률행위를 한 경우에는 민법을 준용하여 사해행위의 취소 및 원상회복을 법원에 청구할 수 있다.

즉, 체납자가 조세의 징수를 해함을 알고 재산권을 목적으로 한 법률행위를 한 때에 세무공무원은 그 취소 및 원상회복을 법원에 청구할 수 있다. 그러나 그 수익자 등이 그 행위 당시 조세의 징수를 해함을 알지 못하는 경우에는 그러하지 아니한다.

가산세
부과권

제1절 가산세 일반

1. 가산세의 의의

가. 개념

가산세란 국세기본법 또는 개별세법에서 규정하는 의무의 성실한 이행을 확보하기 위하여 세법에 따라 산출한 세액에 가산하여 징수하는 금액을 말한다.

즉, 세법상 가산세는 과세권의 행사 및 조세채권의 실현을 용이하게 하기 위하여 납세자가 정당한 이유 없이 법에 규정된 신고, 납세 등 각종 의무를 위반한 경우에 법에 정하는 바에 따라 부과되는 행정상 제재이다. 따라서 가산세 부과시 납세자의 고의 또는 과실은 고려되지 않는다.

나. 세법상 가산세 규정

현행 세법상 가산세 관련 규정은 국세기본법, 개별 세법 등에 각각 규정되어 있다. 2007년 세법 개정 시, 세법상 의무위반 정도에 따라 가산세를 차등 부과하고, 정당한 사유가 있는 경우에는 가산세를 부과하지 아니하는 등 납세자의 이해가능성을 높이기 위하여 모든 세목에 공통적으로 적용될 수 있는 가산세에 관한 사항을 국세기본법에 통일적이고 체계적으로 규정한 바 있다.

다. 가산세 부과방법

정부는 세법에서 규정한 의무를 위반한 자에게 국세기본법 또는 개별세법에서 정한 바에 따라 가산세를 부과할 수 있다. 가산세는 해당 의무가 규정된 세법의 해당세목으로 하며, 해당 국세를 감면하는 경우에는 가산세는 그 감면대상에 포함시키지 않는다. 가산세는 납부할 세액에 가산하거나 환급받을 세액에서 공제한다.

2. 가산세의 면제와 감면

가. 가산세 면제

가산세를 부과하는 경우 그 부과의 원인이 되는 사유가 일정한 경우에는 해당 가산세를 부과하지 않는다.

(1) 기한연장 사유에 해당하는 경우
ⓐ 천재지변
ⓑ 납세자가 화재, 전화, 그 밖의 재해를 입거나 도난을 당한 경우
ⓒ 납세자 또는 동거가족이 질병이나 중상해로 6개월 이상의 치료가 필요하거나 사망하여 상중인 경우
ⓓ 납세자가 그 사업에서 심각한 손해를 입거나, 그 사업이 중대한 위기에 처한 경우
ⓔ 정전, 프로그램의 오류, 그 밖의 부득이한 사유로 한국은행 및 체신관서의 정보통신망의 정상적인 가동이 불가능한 경우
ⓕ 금융회사 등 또는 체신관서의 휴무, 그 밖의 부득이한 사유로 정상적인 세금납부가 곤란하다고 국세청장이 인정하는 경우
ⓖ 권한 있는 기관에 장부나 서류가 압수 또는 영치된 경우

ⓗ 장부 작성을 대행하는 세무사 또는 공인회계사가 화재, 전화, 그 밖의 재해를 입거나 도난을 당한 경우

(2) 의무위반에 정당한 사유(세법규정 및 과세실무)

ⓐ 국세기본법에 따른 세법해석에 관한 질의·회신 등에 따라 신고·납부하였으나 이후 다른 과세처분을 하는 경우

ⓑ 공익사업을 위한 토지 등의 취득 및 보상에 관한 법률에 따른 토지 등의 수용 또는 사용, 국토의 계획 및 이용에 관한 법률에 따른 도시·군계획 또는 그 밖의 법령 등으로 인해 세법상 의무를 이행할 수 없게 된 경우

가산세 감면의 정당한 사유는 단순한 법률의 부지나 오해의 범위를 넘어 세법 해석상 견해의 대립이 있는 등으로 인해 납세의무자가 그 의무를 알지 못하는 것이 무리가 아니었다고 할 수 있어서 그를 정당시할 수 있는 사정이 있을 때 인정되는 것이다(질의회신, 법령해석기본-3484, 2019.2.8.).

(3) 의무위반에 정당한 사유(판례인정)

ⓐ 세금계산서의 필요적 기재사항의 전부 또는 일부가 사실과 다른 세금계산서라도 명의위장거래에서 공급받는 자가 거래 상대방이 명의 위장사업자인 점을 알지 못하고, 그 사실을 알 수 없던 데에 과실이 없는 경우에는 가산세 면제의 정당한 사유가 된다(대법원 1985.7.9. 선고 86누775 판결).

ⓑ 내부 전산시스템의 운영상의 기술적 오류로 종된 사업장 중 전략본부의 매출액을 과소신고하고, 마케팅부분의 매출을 과다신고한 과소신고분에 대해 가산세를 부과할 수 없다(서울고법 2010.07.16. 선고2009누41112 판결).

ⓒ 증여세를 신고·납부하는 과정에서 비교대상아파트의 거래가액을 시가로 보고 증여세를 신고·납부할 것을 기대하는 것은 무리라 할 것이므로 증여세의 신고·납부의무 해태를 탓할 수 없는 정당한 사유가 있어서 납부불성실가산세의 부과처분은 위법함(서울고법 2013.09.11. 선고2013누6079 판결).

ⓓ 그 의무의 이행을 납세의무자에게 기대하는 것이 무리인 사정이 있을 때 등 그 의

무해태를 탓할 수 없는 정당한 사유가 있는 경우에 이를 부과할 수 없다(대법원 2005.11.25. 선고2004두930 판결).

ⓔ 단순한 법률의 부지나 오해의 범위를 넘어 세법해석상 의의에 대한 견해의 대립이 있는 등으로 납세의무자가 의무를 알지 못하는 것이 무리가 아니었다고 할 수 있어서 그를 정당시 할 수 있는 사정이 있을 때(대법원 2016.10.27. 선고2016두44711 판결)

ⓕ 단순한 법률의 부지나 오해의 범위를 넘어 세법 해석상 견해가 대립하는 등으로 납세의무자가 그 의무를 알지 못하는 것에 책임을 귀속시킬 수 없는 합리적인 이유가 있을 때 등 정당한 사유가 있는 경우 가산세를 부과할 수 없다(대법원 2017.7.11. 선고 2017두36885 판결).

나. 가산세 감면

일정한 사유가 있는 경우에는 가산세의 일부를 감면할 수 있다. 가산세를 감면받으려는 자는 일정한 방식에 의하여 감면 등을 신청할 수 있다.

(1) 무신고가산세의 감면

법정신고기한이 지난 후 일정한 기한 내에 기한 후 신고를 한 경우, 예정신고기한 또는 중간신고기한까지 예정신고 및 중간신고를 하지 아니하였으나 확정신고기한까지 과세표준신고를 한 경우. 다만, 과세표준과 세액을 결정할 것을 미리 알고 기한 후 과세표준신고서를 제출한 경우에는 감면을 배제한다.

(2) 과소신고·초과환급신고가산세의 감면

법정신고기한이 지난 후 일정한 기한 내에 수정신고를 한 경우, 예정신고기한 또는 중간신고를 하였으나 과소신고하거나 초과신고한 경우로서 확정신고기한까지 과세표준을 수정하여 신고한 경우. 다만, 과세표준과 세액을 결정할 것을 미리 알고 수정신고 과세표준신고서를 제출한 경우에는 감면을 배제한다.

(3) 납부지연가산세의 감면

과세적부심사 결정·통지기간에 그 결과를 통지하지 아니한 경우.

(4) 제출 등 의무위반에 따른 가산세의 감면

세법에 따른 제출, 신고, 가입, 등록, 개설의 기한이 지난 후 1개월 이내에 해당 세법에 따른 제출 등의 의무를 이행한 경우.

다. 가산세 한도

중소기업의 경우 원칙적으로 고의적인 의무위반이 아닌 경우에는 개별 세법에서 규정한 가산세별로 각각 5천만 원을 한도로 한다. 중소기업이 아닌 경우에는 한도가 1억 원이다.

제2절 가산세 분류

1. 국세기본법상 가산세

가. 무신고 가산세

납세의무자가 법정신고기한까지 세법에 따른 국세의 과세표준 신고(예정신고 및 중간신고 포함)를 하지 아니한 경우에는 그 신고로 납부하여야 할 세액에 일정한 비율을 곱한 금액을 가산세로 부과한다. 다만, 종합부동산세법, 농어촌특별세법, 교육세법 중 금융·보험업자가 아닌 자의 무신고, 일정한 전자적 용역을 공급하는 국외사업자의 용역에 대하여 대리납부하는 경우, 납부의무 면제 기준에 해당하는 간이과세자에 대하여는 적용하지 않는다.

부정행위로 법정신고기한까지 세법에 따른 국세의 과세표준신고를 하지 아니한 경우에는 100분의 40의 중한 가산세를 부과한다.

병원에서 근로자로 근무하면서 근로소득을 얻었음에도 자신이 직접 병원을 운영하여 사업소득을 얻은 것처럼 법정신고기한 내에 신고서를 제출하였더라도 이는 자신이 얻은 근로소득을 사업소득에 포함하여 종합소득 과세표준을 신고한 것으로 볼 수 있으므로 과세관청이 종합소득 과세표준을 무신고하였음을 전제로 한 무신고 가산세 부과처분은 위법하다(대법원 2019.5.16. 선고, 2018두34848 판결).

나. 과소신고·초과환급신고 가산세

납세의무자가 법정신고기한까지 세법에 따른 국세의 과세표준 신고를 한 경우 신고하여야 할 세액보다 납부할 세액을 적게 신고거나 신고하여야 할 금액 보다 환급할 세액을 많이 신고한 경우에는 과소신고한 납부세액과 초과신고한 환급세액을 합한 금액에 일정한 비율을 적용하여 계산한 금액의 가산세를 부과한다.

부정행위로 인한 과소신고 또는 초과환급신고에 대하여는 과소신고 납부세액등의 금액에 100분의 40의 중한 가산세를 부과한다.

다. 납부지연 가산세

납세의무자가 국세기본법 및 세법에 따른 납부기한까지 국세의 납부를 하지 아니한 경우 또는 과소납부하거나 초과환급받은 경우에는 일정한 산식에 의하여 계산한 금액을 납부지연 가산세로 부과한다.

한편, 납부불성실 가산세는 납세의무자로 하여금 성실하게 세액을 납부하도록 유도하여 그 납부의무의 이행을 확보함과 아울러 신고납부기한까지 미납부한 금액에 대하여 금융혜택을 받은 것으로 보아 그 납부의무 위반에 대하여 가하는 행정상의 제재이다(대법원 2015.8.27. 선고 2013다212639 판결).

라. 원천징수납부 등 불성실 가산세

국세를 징수하여 납부할 의무를 지는 자가 징수하여야 할 세액을 세법에 따른 납부기한까지 납부하지 아니하거나 과소납부한 경우에는 납부하지 아니한 세액 또는 과소납부한 세액의 100분의 10에 상당하는 금액을 한도로 하여 일정한 금액을 합한 금액을 가산세로 부과한다.

2. 개별세법상 주요 가산세

가. 소득세 가산세

ⓐ 지급명세서 제출 불성실 가산세: 지급명세를 미제출 또는 불분명, 사실과 다른 경우

ⓑ 무기장 가산세: 소규모사업자를 제외한 사업자의 무기장, 미달기장

ⓒ 계산서 관련 가산세: 복식부기의무자가 계산서 미발급, 계산서에 전부 또는 일부 미기재, 사실과 다르게 기재된 경우, 가공계산서 발급, 위장계산서 발급, 가공계산서 수취, 위장계산서 수취

ⓓ 계산서합계표 관련 가산세: 복식부기의무자가 매입·매출처별계산서합계표 미제출, 지연제출, 부실기재

ⓔ 매입처별 세금계산서합계표 관련 가산세: 복식부기의무자 매입처별세금계산서 합계표 미제출, 지연제출, 부실기재

ⓕ 전자계산서 발급명세 미전송·지연전송 가산세

ⓖ 증빙불비 가산세: 소규모와 일정요건 추계과세자를 제외한 사업자가 법정증빙을 미수취, 사실과 다른 증빙 수취

ⓗ 영수증수취명세서 미제출 가산세: 소규모와 일정요건 추계과세자를 제외한 사업자가 영수증수취명세서 미제출, 부실기재

ⓘ 사업장 현황신고 불성실 가산세: 의료업, 수의업, 약사업을 경영하는 사업자가 수입금액 무신고, 미달신고

ⓙ 공동사업자 등록 불성실 가산세: 공동사업자등록 미등록, 거짓 등록, 손익분배비율 등의 무신고, 거짓 신고

ⓚ 사업용계좌 미신고 등 가산세: 복식부기의무자가 사업용 계좌 미신고, 미사용

ⓛ 신용카드 거부 가산세: 면세사업자가 신용카드 거래 거부, 사실과 다른 발급

ⓜ 현금영수증 미가맹 등 가산세: 가입대상인 면세사업자 현금영수증가맹점 미가맹, 발급거부, 사실과 다른 발급

ⓝ 기부금영수증 불성실 가산세: 사실과 다르게 기재한 기부금영수증 발급, 기부금영

수중 발급내역 작성·보관의무 불이행

ⓞ 성실신고확인서 미제출 가산세: 성실신고확인서 미제출

나. 법인세 가산세

ⓐ 무기장 가산세

ⓑ 주주명세서 제출 불성실 가산세: 주주명세서 미제출·제출누락·내용불분명

ⓒ 지출증빙서류 수취 불성실 가산세: 지출증빙 미수취, 사실과 다른 금액

ⓓ 주식 등 변동상황명세서 제출 불성실 가산세: 미제출, 제출누락, 내용불분명

ⓔ 지급명세서 제출 불성실 가산세: 미제출, 불분명한 지급금액

ⓕ 계산서 불성실 가산세: 미발급, 가공계산서 발급, 가공계산서 수취, 위장(타인명의) 계산서 발급, 위장(타인명의) 계산서 수취, 필요적 기재사항 미기재, 부실기재, 합계표 미제출, 불분명분 제출

ⓖ 매입처별 세금계산서합계표 관련 가산세: 복식부기의무자 매입처별세금계산서 합계표 미제출, 지연제출, 부실기재

ⓗ 전자계산서 발급명세 미전송·지연전송 가산세

ⓘ 기부금영수증 불성실 가산세: 사실과 다르게 발급한 기부금영수증, 기부금영수증 발급내역 작성·보관의무 불이행

ⓙ 신용카드발급 불성실 가산세: 발급거부, 신용카드매출전표 사실과 다른 발급

ⓚ 현금영수증 불성실 가산세: 미가맹, 발급거부, 사실과 다른 발급금액

ⓛ 소규모법인 등의 성실신고확인서 미제출 가산세

ⓜ 특정외국법인의 유보소득계산명세서 제출불성실 가산세

다. 소득세와 법인세 가산세의 유사점과 차이점

무기장 가산세, 지급명세서 제출 불성실 가산세, 계산서 불성실가산세, 매입처별 세금계산서합계표 관련 가산세, 증빙불비(지출증빙서류 수취 불성실) 가산세, 기부금영수증 불성실 가산세, 신용카드 발급 불성실 가산세, 현금영수증 미가맹·발급 불성실 가산세, 성실신고확인서 미제출 등 가산세 등은 기본적으로 소득세와 법인세 간 유사하고 가산세 부과 대상 사업자의 범위와 가산세 비율에서만 차이가 있다.

다만, 개인 사업자에게만 해당되는 공동사업자 등록 불성실 가산세는 소득세에만 적용되고, 주주 관련 가산세는 당연히 법인에만 적용되는 차이가 있다. 또한 법인은 면세사업에 관한 사업장 현황 신고의무가 없으므로 개인의 사업장 현황 신고 불성실 가산세는 적용될 여지가 없다.

라. 부가가치세 가산세

ⓐ 사업자 미등록 및 타인명의 등록 가산세: 사업자 미등록, 타인명의 등록

ⓑ 세금계산서 발급 불성실 가산세: 미발급, 지연발급, 세금계산서 부실기재

ⓒ 세금계산서 및 신용카드매출전표 관련 가산세: 가공세금계산서 등 또는 위장세금계산서 등 발급, 가공세금계산서 등 또는 위장세금계산서 등 수취

ⓓ 자료상 등에 대한 세금계산서 가산세: 사업자가 아닌 자가 가공세금계산서 발급

ⓔ 전자세금계산서 가산세: 발급명세서 미전송, 지연전송

ⓕ 신용카드매출전표 매입세액 공제 관련 가산세: 경정기관의 확인을 거친 신용카드매입세액 공제

ⓖ 매출처별세금계산서 합계표 가산세: 세금계산서 합계표 미제출, 지연제출, 부실기재

ⓗ 매입처별세금계산서 합계표 가산세: 세금계산서 합계표 미제출, 지연수취, 부실기재, 과다기재

ⓘ 현금매출명세서 가산세: 미제출, 사실과 다른 기재

ⓘ 부동산임대공급가액 가산세: 미제출, 사실과 다른 기재

마. 상속세 및 증여세 가산세

ⓐ 공익법인 등 보고서 미제출 가산세: 미제출, 내용 불분명

ⓑ 공익법인 등 주식 보유비율 초과 가산세: 일정기한 경과 후 주식 등의 보유기준 초과하여 보유

ⓒ 공익법인 등의 외부전문가 세무확인에 대한 보고의무 등 미이행 가산세

ⓓ 공익법인 등의 장부 작성·비치 의무 미이행 가산세

ⓔ 공익법인 등 회계감사 미이행 가산세

ⓕ 공익법인에 대한 출연자 등의 이사 취임기준 초과 가산세

ⓖ 계열기업 주식보유기준 초과가산세: 공익법인 등이 특수관계 있는 내국법인의 주식 등을 초과보유하는 경우

ⓗ 공익법인 등의 특수관계기업 광고·홍보 가산세: 특수관계 내국법인의 이익을 증가시키기 위하여 정당한 대가를 받지 아니하고 광고·홍보하는 경우

ⓘ 공익법인 운영소득 또는 매각대금 미사용 가산세: 출연받은 재산을 수익용 등으로 운용하는 경우 운용소득 사용기준금액에 미달 사용, 출연받은 재산 매각대금 일정기준 공익목적 미달 사용

ⓙ 성실공익법인 등의 출연재산 의무 사용 위반 가산세: 성실공익법인 등이 기준금액을 직접 공익목적사업에 미달하게 사용

ⓚ 공익법인 등 전용계좌 개설 등 가산세: 전용계좌 미개설, 미신고, 미사용

ⓛ 공익법인 등 공익의무 불이행 가산세: 결산서류 등 공시의무 불이행, 공시내용 오류

ⓜ 지급명세서 등 미제출 가산세: 상속재산 및 증여재산에 포함되는 생명보험이나 손해보험의 보험금을 지급하거나 명의변경을 취급하는 자, 상속재산에 해당하는 퇴직금, 퇴직수당, 공로금 또는 그 밖에 이와 유사한 금액을 지급하는 자, 주식 등의 명의개서 또는 변경을 취급하는 자, 수탁재산 중 위탁자와 수익자가 다른 신탁업무를 취급

하는 자, 전환사채 등을 발행하는 법인 등이 지급명세서를 미제출, 누락, 불분명

바. 양도소득세 가산세

법인의 대주주가 양도하는 주식 등에 대하여 거래명세 등을 기장하지 아니하였거나 누락하였을 때에는 일정한 가산세를 부과한다.

3. 일반가산세와 중가산세

부정행위로 무신고나 과소신고 또는 초과환급신고를 한 경우에는 가중세율이 적용된다. 부정행위란 조세포탈의 목적을 위해 과세요건 사실의 발견을 곤란하게 하거나 허위의 사실을 작출하는 등 적극적인 행위를 하는 것을 의미한다.

한편, 부당과소신고가산세를 신설하게 된 취지는 개정 전 가산세 제도로는 악의적 의무위반에 대한 가산세 제재 수준이 선진국보다 낮아 탈세 억제 및 성실신고 유도에 미흡하다는 문제점 보완을 위해 신고의무 위반 정도에 따라 불성실한 신고에 대한 가산세율을 악의적 의무위반인 경우, 단순한 무신고의 경우, 단순한 과소신고의 경우 등으로 구분하고 차등을 두어 규정하도록 한 것이다.

즉, 국세의 과세표준 또는 세액계산의 기초가 되는 사실의 전부 또는 일부를 은폐하거나 가장하는 경우에 조세의 부과와 징수가 불가능하거나 현저히 곤란하므로 납세의무자로 하여금 성실하게 과세표준을 신고하도록 유도하기 위해 부당한 방법에 의하지 아니한 일반 과소신고의 경우보다 훨씬 높은 세율의 가산세를 부과하는 제재를 가하려는 것으로 이해된다 (대법원 2016.2.18. 선고 2015두1243 판결).

명의위장으로 사기, 그 밖의 부정한 행위에 해당하여 부당과소신고가산세를 부과하기 위하여는 명의위장이 조세포탈의 목적에서 비롯되고 나아가 여기에 허위계약서의 작성과 대

금의 허위지급, 과세관청에 대한 허위의 조세신고, 허위의 등기·등록, 허위의 회계장부 작성, 비치 등과 같은 적극적인 행위가 부가되어야 한다(대법원 2017.4.13. 선고, 2015두44158 판결).

제4장

세무조사권
(질문·검사권)

제1절 일반세무조사

1. 세무조사의 의의

　세무조사는 세무공무원이 질문검사권을 행사하여 과세요건을 충족하는 사실의 조사·확인 및 과세에 필요한 직접 또는 간접의 자료를 수집하는 행위라고 할 수 있다. 즉 세무조사는 행정조사의 일종으로 통상 결정 또는 경정 등 부과처분을 위한 조사라고 말할 수 있다.

　즉, 세무조사는 국가의 과세권을 실현하기 위한 행정조사의 일종으로서 국세의 과세표준과 세액을 결정 또는 경정하기 위하여 질문을 하고 장부·서류, 그 밖의 물건을 검사·조사하거나 그 제출을 명하는 일체의 행위를 말하며, 부과처분을 위한 과세관청의 질문검사권이 행하여지는 세무조사의 경우 납세자 또는 그 납세자와 거래가 있다고 인정되는 자 등은 세무공무원의 과세자료 수집을 위한 질문에 대답하고 검사를 수인하여야 할 법적 의무를 부담한다(대법원 2017.3.16. 선고 2014두 8360 판결).

　세법상 세무조사란 국세의 과세표준과 세액을 경정 또는 결정하기 위해 질문을 하거나 해당 장부·서류 또는 그 밖의 물건을 검사·조사하거나 그 제출을 명하는 행위를 말한다.

　한편 개별세법상 세무공무원의 질문·조사에 대하여 거짓으로 진술을 하거나, 그 직무집행을 거부 또는 기피한 경우에는 2천만 원 이하의 벌금에 처한다.

　한편 금융실명법에 따른 금융거래정보 제공여부는 국세기본법 등에 의한 세무조사에 해당하지 않는다(대법원 2017.10.26. 선고 2017두42255 판결).

2. 세무조사의 기능

세무조사는 납세자로부터 과세의 기초가 되는 과세요건 사실을 확인하는 절차로서 공평한 과세의 실현을 담보하고, 탈루된 세액을 추징함으로써 성실신고를 유도하는 기능을 수행하고 있다.

즉, 현행 대부분의 세액 확정방식은 신고납세방식으로 신고를 완료한 때에 납세의무가 확정되지만, 납세의무자가 자발적으로 성실하게 신고하는 데는 한계가 있으므로 세무조사를 통해 이러한 한계를 극복할 수 있기 때문에 세무조사는 성실신고를 담보하는 기능으로서의 역할이 크다고 할 수 있다.

3. 세무조사 대상자 선정

가. 정기 조사 대상자 선정

(1) 개요

국세청장이 납세자의 신고내용에 대하여 정기적으로 성실도를 분석하여 불성실혐의가 있다고 인정되는 납세자를 조사대상자로 선정한다.

또한 최근 4과세기간 이상 같은 세목의 세무조사를 받지 아니한 납세자에 대하여 업종, 규모, 경제력 집중 등을 고려하여 납세자의 이력이나, 세무정보 등을 감안하여 국세청장이 정하는 기준에 따라 신고내용이 적정한지를 검증할 필요가 있는 경우, 그 밖에 무작위추출방식으로 표본조사를 하는 경우가 이에 해당된다.

(2) 주요 세목별 조사 대상자 선정

(가) 법인세

법인세·부가가치세 및 원천제세 등의 신고상황과 각종 세원정보 등을 반영하여 전산시스템에 따라 평가한 신고성실도 전산평가 자료에 의하여 법인의 성격, 사업규모 및 업무량, 미조사연도 등을 감안하여 선정한다.

(나) 부가가치세

세무정보, 탈세정보, 가공혐의자료 등 각종 과세자료 처리 또는 세원정보수집 과정에서 무자료 거래, 자료상 혐의 등 세금계산서 수수의무 위반 혐의가 있는 자, 전자세금계산서, 조기경보시스템 등에 의한 자료상 혐의자 중에서 사업실태, 신고상황, 자료내용, 세금계산서 수수내역 등을 분석하여 조사 대상자를 선정한다.

(다) 소득세

신고자료와 과세자료 등을 활용한 전산시스템에 의하여 평가한 성실도 평가결과와 미조사 연도 수 등 일정한 기준에 의하여 조사 대상자를 선정한다.

(라) 양도소득세 실지조사

양도소득세 실지조사 대상자 선정은 지방청·세무서별 특성을 고려한 후 엔티스 등을 활용하여 누락유형별 분석범위를 정해 비정기 선정 방법에 의한다.

(마) 상속세 조사

상속재산가액이 상속세 및 증여세법상 공제액 등을 초과한 자료 중 납세자가 해명자료 제출을 거부하거나 제출된 해명자료의 내용만으로는 과세자료를 처리할 수 없는 경우로서 조사실익이 있는 경우 조사 대상자로 선정한다.

한편, 상속세 과세자료 처리대상 중 원칙적으로 기준금액 10억 원 미만인 경우에는 서면확인에 의한다.

(바) 증여세 조사

① 일반 증여세 조사

증여세 과세대상자료로서 증여재산가액의 평가 및 부담부증여 등 과세요건의 확인에 조사가 필요한 자료, 일감몰아주기 과세의 경우 법인세 및 부가가치세 신고자료와 주식자료 등을 통해 과세요건 확인에 조사가 필요한 자료가 있는 경우 조사 대상자로 선정한다.

한편, 등기원인이 증여이거나 법률상 간주증여 등으로 증여사실이 확인되고 실지조사 없이 과세가 가능한 경우에는 서면결정에 의한다.

② 자금출처 조사

자금출처 조사는 증여혐의가 있는 자를 대상으로 증여사실을 확인하기 위하여 실시하는 것으로 부동산을 취득한 경우 관할 세무서장 등의 서면검토 등에 의하여 그 재산을 취득한 자의 직업·성별·연령·소득 및 재산상황 등으로 보아 자력으로 취득하였다고 인정하기 어려운 때 자금출처 조사를 하는 것을 말하는 것으로 일정한 분석과 기준에 의하여 대상자를 선정한다.

분석대상자에 대하여 서면검토한 결과 서면확인 대상자와 실지조사 대상자로 분류한다.

(사) 주식변동 조사

탈세제보, 세무조사 파생자료, 정보자료 등에 따라 주식변동조사가 필요한 경우, 법인세 조사 중 해당 법인의 주주 등에 대한 주식변동 조사가 필요한 경우, 상속세 및 증여세를 조사 결정할 때 상속 또는 증여받은 주식과 관련하여 해당 법인의 주주에 대한 주식변동 조사가 필요한 경우, 주식변동과 관련한 각종 세금을 누락한 혐의가 발견되어 해당 법인의 주주에 대한 주식변동 조사가 필요한 경우 등이다.

나. 비정기 조사 대상자 선정

납세자의 일정한 사유에 의하여 탈루 혐의가 있다고 인정되는 경우에는 조사 대상자를 수시로 선정하여 조사를 실시할 수 있다.

(1) 일반적인 사유

일정한 사유에 해당되는 것으로는 ㉠ 납세자가 세법에서 정하는 신고 등을 하지 아니한 경우 ㉡ 성실신고확인서를 제출하지 않은 경우 ㉢ 세금계산서 또는 계산서의 작성·교부·제출의무를 이행하지 않은 경우 ㉣ 무자료거래, 위장·가공거래 등 거래 내용이 사실과 다른 혐의가 있는 경우 ㉤ 납세자에 대한 구체적인 탈세 제보가 있는 경우. 다만, 제보내용이 구체적이라고 하더라도 그 탈세제보가 객관성과 합리성이 있는 자료가 뒷받침되어 조세탈루의 개연성이 상당한 정도로 인정되어야 한다(대법원 2011.5.26. 선고 2008두 1146 판결). ㉥ 신고 내용에 탈루나 오류의 혐의를 인정할 만한 명백한 자료가 있는 경우 등이다.

(2) 특별한 사유

조사전담부서에서 취약업종, 호황업종, 지하경제 양성화 대상 업종 등에 대한 분석결과 탈루혐의가 명백한 경우, 감사지적에 따라 명백한 탈루혐의가 있는 경우, 법인세법 또는 소득세법에 의한 긴급조사 사유가 있는 경우, 국세청의 기획조사계획 등에 의한 경우, 검찰 경찰 등 수사기관에서 탈세혐의 정보를 제공하는 경우, 납세자가 세무공무원에게 직무와 관련하여 금품을 제공하거나 금품제공을 알선한 경우, 차명계좌 제보 처리 과정에서 사업장 방문이 필수적이거나 탈루혐의가 명백하고 중대한 경우, 그 밖에 세원관리 과정에서 명백한 탈루혐의가 발견되어 조사가 필요한 경우 등이다.

(3) 중요탈루 유형에 해당하는 사유

회계장부를 조작하여 세금을 탈루하는 수법으로 기업자금을 변칙적으로 유출, 기업주 등의 재산증식 또는 사적용도에 사용하는 경우, 국제거래를 이용한 세금탈루행위와 국내 탈루소득을 변칙적으로 해외유출한 경우, 세금계산서 수수질서 문란 및 신용카드 변칙거래

혐의자, 허위계약서 작성, 미등기전매 등 투기성 부동산거래 및 그 조장업소, 변칙적인 상속·증여 행위, 현금거래 비중이 높은 신종 호황업종 등이 이에 해당된다.

(4) 부가가치세 등 신고내용 확인 중 조사 대상자 선정

해명자료를 제출하지 않거나 수정신고를 하지 않은 경우로서 탈루 혐의가 명백하여 세무조사가 필요하다고 판단되는 경우 조사 대상자로 선정할 수 있다.

4. 세무조사 기간

가. 원칙

조세대상 세목, 업종, 규모, 조사난이도 등을 고려하여 세무조사 기간이 최소한이 되도록 하여야 한다.

나. 중소규모 납세자에 대한 세무조사 기간

연간 수입금액 또는 양도가액이 가장 큰 과세기간의 연간 수입금액 또는 양도가액이 100억 원 미만인 납세자에 대한 세무조사 기간은 20일 이내로 한다.

다. 세무조사 기간 연장

납세자가 장부, 서류 등을 은닉, 제출지연, 거부하는 등 조사기피 행위가 명백한 경우, 거래처 조사, 거래처 현장확인 또는 금융거래 현장확인이 필요한 경우, 조사과정에서 조세범칙조사로 전환되는 경우, 천재지변 또는 노동쟁의로 조사가 중단되는 경우, 조사대상자가 조사기간의 연장을 신청한 경우에는 조사기간을 연장할 수 있다.

5. 세무조사 범위

가. 통합조사의 원칙

세무조사는 납세자의 사업과 관련하여 세법에 따라 신고·납부의무가 있는 세목을 통합하여 실시하는 것을 원칙으로 한다.

나. 특정 세목에 대한 조사

세목의 특성, 납세자의 신고유형, 사업규모 또는 세금탈루 혐의 등을 고려하여 특정 세목만은 조사할 필요한 있는 경우, 조세채권의 확보 등을 위하여 특정 세목만 긴급히 조사할 필요가 있는 경우, 그 밖에 세무조사의 효율성 및 납세자의 편의 등을 고려하여 특정 세목만은 조사할 필요가 있는 경우 등에는 통합조사를 실시하지 않을 수 있다.

다. 특정 사항에 대한 부분조사

경정 등의 청구에 대한 처리 또는 국세환급금의 결정을 위하여 확인이 필요한 경우, 불복 등의 재조사 결정에 따라 사실관계 확인 등이 필요한 경우, 거래상대방에 대한 세무조사 중에 거래 일부의 확인이 필요한 경우, 납세자에 대한 구체적인 탈세 제보가 있는 경우로서 해당 탈세 혐의에 대한 확인이 필요한 경우, 명의위장, 차명계좌의 이용을 통하여 세금을 탈루한 혐의에 대한 확인이 필요한 경우, 법인이 주식변동 등을 통해 특수관계인에게 이익을 분여한 구체적인 혐의를 확인하기 위한 조사, 무자료, 위장·가공거래 등 거래내용이 사실과 다른 경우로서 조세채권 확보 등을 위한 긴급한 조사 등의 경우에는 특정 사항에 대하여 부분적으로 조사할 수 있다.

6. 세무조사 절차

가. 준비조사

개인통합조사 대상자에 대하여는 조사 착수 전에 사전통지 생략여부, 장부일시보관 여부, 금융조사 여부, 간편장부 실시 여부 등을 사전에 검토한 후 검토결과에 의하여 본조사에 착수한다.

법인 정기조사 대상자에 대하여는 탈세제보 등 과세인프라를 적극 활용하여 조사의 실효성을 확보하는 한편, 구체적인 탈루혐의가 확인된 법인에 대하여 금융거래현장확인 실시 가능성, 성실한 것으로 인정되는 법인에 대해서는 간편조사 실시 여부 등을 검토한다.

나. 세무조사 사전통지

사전통지 후 실시하는 세무조사는 조사착수 10일 전까지 납세자에게 도착하도록 등기우편에 의하여 송달하거나 교부송달에 의하여 통지한다.

주요 통지 내용으로는 정기 선정의 경우에는 성실도 분석결과 불성실 혐의가 있다고 인정된다는 내용과 비정기 선정의 경우에는 신고내용의 탈루 또는 오류 혐의를 인정할 만한 명백한 자료가 있다는 내용 등이다.

다만, 조세범칙조사, 거짓세금계산서 수수 또는 무자료 거래, 이중장부, 허위계약, 차명계좌 이용, 현금거래를 누락하는 방법을 통한 세금 탈루 등 증거인멸 우려가 있어 조사목적을 달성할 수 없다고 인정될 경우에는 사전통지를 생략할 수 있다.

다. 금융거래 현장확인

(1) 법적근거

금융거래 및 비밀보장에 관한 법률 제4조, 과세자료의 제출 및 관리에 관한 법률 제6조, 국세징수법 제7조의3, 상속세 및 증여세법 제83조 등.

(2) 사유

조세탈루 혐의를 인정할 만한 명백한 자료의 확인을 위하여 요구할 수 있는데 구체적으로는 매출누락, 가공거래 등으로 기업자금유출, 재산 또는 소득의 은닉, 명의신탁혐의가 있는 경우, 소득원이 없음에도 재산 보유, 제3자 명의로 위장하여 탈루한 혐의가 있는 경우, 자료상 혐의가 있는 자, 부동산 거래와 관련한 소득, 법인세의 탈루혐의가 인정되는 자의 거래 정보, 상속, 증여재산의 확인, 상속·증여세 결정을 위한 조사 등의 사유가 있는 경우에는 금융거래 현장확인을 실시할 수 있다.

(3) 대상자 및 대상 자료

납세자 및 조세탈루와 직접적으로 관련되는 자의 계좌개설 자료 및 입·출금 자료, 현금출금, 대체지급에 관한 금융거래의 정보 또는 자료 확인이 대상이다.

대상 은행은 일반은행, 특수은행, 우체국, 상호저축은행, 증권회사, 생명보험회사 등과 그 밖의 금융기관이다.

확인범위는 본점일괄 조회, 특정점포 조회, 특정계좌 확인, 금융정보분석원의 의심거래 정보 조회 등이다.

(4) 현장확인 시기

원칙적으로 세무조사 사전통지 후 가능한데 예외적으로 준비조사 기간 중 서면분석 과정에서 구체적인 탈루혐의가 확인되는 경우에는 세무조사 착수 전에도 현장확인이 가능하다.

라. 장부·서류의 일시 보관

(1) 원칙

세무공무원은 원칙적으로 세무조사의 목적으로 납세자의 장부 등을 세무관서에 임의로 보관할 수 없다.

(2) 일시보관 사유

납세자가 세법에서 정하는 신고, 성실신고확인서의 제출, 세금계산서 또는 계산서의 작성·교부·제출, 지급명세서의 작성·제출 등의 납세협력의무를 이행하지 아니한 경우, 무자료 거래, 위장·가공거래 등 거래 내용이 사실과 다른 혐의가 있는 경우, 납세자에 대한 구체적인 탈세 제보가 있는 경우, 신고내용에 탈루나 오류의 혐의를 인정할 만한 명백한 자료가 있는 경우, 납세자가 세무공무원에게 직무와 관련하여 금품을 제공하거나 금품제공을 알선한 경우 등 일정한 사유가 있는 경우에는 납세자 등의 동의를 받아 세무관서에 일시 보관할 수 있다.

(3) 장부 등의 보관 절차

조사 목적에 필요한 최소한의 범위에서 납세자, 소지자 또는 보관자 등 정당한 권한이 있는 자가 임의로 제출한 장부 등을 납세자의 동의를 받아 세무관서에 일시 보관한다. 이 경우 일시 보관증을 교부하여야 한다.

(4) 장부 등의 반환

일시 보관하고 있는 장부 등에 대하여 납세자가 반환을 요청한 경우에는 그 반환을 요청한 날로부터 14일 이내에 장부 등을 반환하여야 한다. 세무조사에 지장이 없다고 판단될 때에는 즉시 반환하여야 한다.

다만, 조사 목적 달성을 위하여 필요한 경우에는 납세자보호위원회의 심의를 거쳐 한 차례만 14일 이내의 범위에서 보관기간을 연장할 수 있다.

마. 조사범위의 확대

구체적인 세금탈루 증거자료가 다른 과세기간, 세목 또는 항목에도 있는 것으로 확인된 경우, 조사대상 과세기간의 특정 항목이 다른 과세기간에도 있어 동일하거나 유사한 세금탈루 혐의가 있을 것으로 의심되어 다른 과세기간의 그 항목에 대한 조사가 필요한 경우, 조세범처벌법에 따라 조세범칙조사로 전환하는 경우에는 조사범위를 확대할 수 있다.

바. 세무조사 종결

세무조사를 마쳤을 때에는 세무조사 결과를 납세자에게 설명하고 그 조사를 마친 날로부터 20일 이내에 세무조사 내용, 결정 또는 경정할 과세표준, 세액 및 산출근거를 기재한 서면을 통지하여야 한다.

한편 세무조사 종결 시 확인서를 작성하는데 이는 특정 사실의 확인 또는 법률관계 존부를 인정하는 내용으로 납세자 또는 거래상대방, 종업원, 대리인 등이 작성한다. 그 밖에 필요에 따라 진술서, 전말서 등이 작성될 수도 있다.

7. 위법한 세무조사

가. 세무조사의 남용

(1) 의의

세무조사의 주요기능을 적정한 절차에 의하여 조사대상자로 선정된 납세의무자에 대하여 세법이 규정한 대로 과세표준과 세액을 정확히 신고하였는지 여부를 확인하기 위하여 조세채권·채무관계를 명확하게 확정하며, 불성실한 납세자에 대하여는 제재를 가함으로써 성실신고를 담보하는 것이다. 따라서 과세관청이 세무조사를 행함에 있어서는 그 목적의 정당성이 인정되어야 한다.

따라서 세무공무원은 적정하고 공평한 과세를 실현하기 위하여 필요한 최고한의 범위에서 세무조사를 하여야 하며, 다른 목적 등을 위하여 조사권을 남용하여서는 아니 되는 바, 세무조사가 그 본연의 목적이 아니라 부정한 목적을 위하여 행하여진 것이라면 이는 세무조사에 중대한 위법사유가 있는 경우에 해당한다(대법원 2016.12.15. 선고 2016두47659 판결).

(2) 세무조사 남용 사례

국세기본법에서 정한 세무조사대상 선정사유가 없음에도 세무조사 대상으로 선정하여 과세자료를 수집하고 그에 기하여 과세처분을 하는 것은 적법절차의 원칙을 어기고 국세기본법을 위반한 것으로 그 과세처분은 위법하다(대법원 2014.6.26. 선고 2012두911 판결).

나. 중복조사 금지 위반

(1) 원칙

원칙적으로 같은 세목 같은 과세기간에 대하여 세무조사를 다시 할 수 없다. 세무조사는 기본적으로 적정하고 공평한 과세의 실현을 위하여 필요한 최소한의 범위 안에서만 행하여져야 하고, 더욱이 같은 세목 및 같은 과세기간에 대한 재조사는 납세자의 영업상 자유나 법적 안정성을 심각하게 침해할 뿐만 아니라 세무조사권의 남용으로 이어질 우려가 있으므로 조세공평의 원칙에 현저히 반하는 예외적인 경우를 제외하고는 금지할 필요가 있다(대법원 2017.12.13. 선고 2016두55421 판결).

(2) 예외

조세탈루의 혐의를 인정할 만한 명백한 자료가 있는 경우, 거래상대방에 대한 조사가 필요한 경우, 2개 이상의 과세기간과 관련하여 잘못이 있는 경우, 납세자가 세무공무원에게 직무와 관련하여 금품을 제공하거나 금품제공을 알선한 경우, 부분조사를 실시한 후 해당 조사에 포함되지 아니한 부분에 대하여 조사하는 경우, 부동산 투기, 매점매석, 무자료거래 등 경제질서 교란 등을 통한 세금탈루 혐의가 있는 자에 대하여 일제조사를 하는 경우, 국세환급금 결정을 위한 확인조사, 조세범칙사건으로 조세범칙혐의를 인정할 만한 명백한 자료가 있는 경우로 조세범칙심사위원회가 조세범칙행위의 혐의가 있다고 인정하는 경우, 과세적부심사청구 결과 청구가 이유 있다고 인정되어 구체적인 채택의 범위를 정하기 위하여 사실관계 확인 등 추가적으로 조사가 필요한 경우에 하는 재조사 결정, 이의신청, 심사청구, 심판청구가 이유 있다고 인정될 때에는 그 청구의 대상이 된 처분의 취소·경정 결정을 하거나 필요한 처분의 결정을 하기 위하여 사실관계 확인 등 추가적으로 조사가 필요한 경우 하는 재조사 결정, 각종 과세자료의 처리를 위한 재조사(과세관청 외의 기관이 직무상 목적을 위하여 작성하거나 취득하여 과세관청에 제공한 자료의 처리를 위한 재조사에 한한다)의 경우 등에는 중복조사 금지 원칙을 적용받지 않는다.

한편 각종 과세자료란 세무조사권을 남용하거나 자의적으로 행사할 우려가 없는 과세관청 외의 기관이 그 직무상 목적을 위하여 작성하거나 취득하여 과세관청에 제공한 자료로서 국세의 부과·징수와 납세의 관리에 필요한 자료를 의미하고, 이러한 자료에는 과세관청이 종전 세무조사에서 작성하거나 취득한 과세자료는 포함되지 않는다(대법원 2015.5.28. 선고 2014두43257 판결).

(3) 중복조사 해당 사례

(가) 2개 이상의 사업연도와 관련한 조사의 중복조사에 해당하는지 여부

완결적인 하나의 행위가 원인이 되어 같은 잘못이 2개 이상의 사업연도에 걸쳐 자동적으로 반복되는 경우뿐만 아니라 하나의 행위가 그 자체로 완결적이지는 아니하더라도 그로 인해 과세표준 및 세액의 산정에 관한 오류 또는 누락의 원인이 되는 원칙이 결정되고, 이후에 2개 이상의 사업연도에 걸쳐 그 내용이 구체화되는 후속조치가 이루어진 때에 그 후속조치는 그 행위당시부터 예정된 것이므로 하나의 행위가 원인이 된 것으로 이에 해당한다고 볼 수 있다.

따라서 과세관청이 하나의 원인으로 인하여 2개 이상의 사업연도에 걸쳐 과세표준 및 세액의 산정에 관한 오류 또는 누락이 발생한 경우임을 뒷받침할 만한 구체적인 자료에 의하여 재조사를 개시한 경우에는 적법한 재조사에 해당한다(대법원 2017.4.27. 선고 2014두 6562 판결).

(나) 현장확인이 세무조사에 해당되어 중복조사에 해당하는지 여부

세무공무원의 조사행위가 사업장의 현황 확인, 기장 여부의 단순 확인, 특정한 매출사실의 확인, 행정민원서류의 발급을 통한 확인, 납세자 등이 자발적으로 제출한 자료의 수령 등과 같이 단순한 사실관계의 확인이나, 통상적으로 이에 수반되는 간단한 질문조사에 그치는 것이어서 납세자 등으로서도 손쉽게 응답할 수 있을 것으로 기대되거나 납세자의 영업의 자유 등에도 큰 영향이 없는 경우에는 원칙적으로 재조사가 금지되는 세무조사로 보기 어렵지만, 조사행위가 실질적으로 과세표준과 세액을 결정 또는 경정하기 위한 것으로서 납세자 등의 사무실·사업장·공장 또는 주소지 등에서 납세자 등을 직접 접촉하여 상당한 시일에 걸쳐 질문하거나 일정한 기간 동안의 장부·서류·물건 등을 검사·조사하는 경우에는 특별한 사정이 없는 한 재조사가 금지되는 세무조사로 보아야 한다(대법원 2017.3.16. 선고 2014두 8360 판결).

(4) 위법한 중복조사에 기한 과세처분의 효력

금지되는 재조사에 기한 과세처분은 그 자체로 위법하고, 이는 과세관청이 그러한 재조사로 얻은 과세자료를 과세처분의 근거로 삼지 않았다거나 이를 배제하고서도 동일한 과세처분이 가능한 경우라고 하더라도 중대한 절차적 하자가 존재한다고 보아야 한다(대법원 2017.12.13. 선고 2016두55421 판결).

제2절 조세범칙조사

1. 조세범칙조사의 의의

조세범칙조사는 조세범처벌법에 따라 형벌을 적용시킬 목적으로 조세범처벌절차법에 근거하여 범칙혐의 사실을 조사하고 범칙사실을 확정하기 위하여 행하는 세무공무원의 조사활동을 말한다. 조세범칙조사는 조세포탈 범칙조사와 세금계산서 범칙조사로 구분할 수 있고, 조세포탈 범칙조사는 모든 세목에 대한 통합조사를 원칙으로 하며, 세금계산서 범칙조사는 부가가치세 세목별 조사를 원칙으로 한다.

2. 조세범칙조사 대상자의 선정

가. 개요

조세범칙 조사대상은 탈세제보 또는 신고내용 분석결과 등에 의하여 일정한 유형의 사기, 기타 부정한 방법으로 조세를 탈루한 혐의 또는 범칙행위의 혐의가 구체적이고 명백한 자로서 탈루세액의 규모, 탈루수법, 그 밖에 범칙혐의의 정황 등을 감안하여 세법질서의 확립을 위하여 처벌할 필요가 있는 경우에 선정할 수 있다.

나. 일반조사 진행 중 조세범칙조사 전환

일반조사 진행 중 일정한 조세범칙 혐의가 발견되어 심의위원회의 심의를 거쳐 조세범칙조사로 전환하여 실시할 수 있다.

조세범칙조사로 전환할 수 있는 사유로 ① 조세범칙혐의 물건을 발견하였으나, 납세자가 장부·서류 등의 임의제시 요구에 동의하지 아니하는 경우 ② 사업장 등에 이중장부 등 범칙증빙 물건이 은닉된 혐의가 뚜렷하여 압수·수색 또는 일시보관이 필요한 경우 ③ 탈세사실을 은폐할 목적으로 장부·서류 등을 파기하여 증거를 인멸하거나 조사기피·방해 또는 거짓진술을 함으로써 정상적인 조사가 불가능하다고 판단되는 경우 ④ 조세범처벌법 제10조에 따른 세금계산서 발급의무 위반 등의 사실을 발견한 경우 ⑤ 그 밖에 세법질서의 확립을 위하여 조세범으로 처벌할 필요가 있다고 판단되는 경우 등이다.

다. 조세범칙조사심의위원회 심의

지방청에 두는 조세범조사심의위원회에서 사기나 그 밖의 부정한 행위로서 일정금액 이상의 조세를 포탈하거나 조세의 환급·공제를 받은 자에 대한 조세범칙처분, 조세범칙조사를 실시한 조세범칙조사에 대한 조세범칙처분의 결정, 조세범칙조사기간의 연장 및 조세범위 확대, 행위자와 그 법인 또는 개인에 대한 벌금형을 과하는 양벌규정의 적용 여부 등을 심의한다.

다만, 조세범칙행위가 진행 중인 경우 또는 조세범칙행위 혐의자가 도주하거나 증거를 인멸할 우려가 있어 압수·수색영장을 발부받을 시간적 여유가 없는 경우에는 심의회의를 생략할 수 있다.

3. 조세포탈범

가. 조세포탈죄의 구성요건

조세포탈범으로 형사처벌하기 위해서는 납세자의 고의, 사기, 기타 부정한 행위, 조사포탈이 있어야 한다.

(1) 행위주체

국세기본법에 정한 소정의 납세의무자와 법인의 대표자, 법인 또는 개인의 대리인, 기타의 종업원 등이 해당된다(대법원 2006.6.29. 선고 2004도817 판결). 납세의무자에는 연대납세의무자, 제2차납세의무자, 납세보증인이 포함된다.

그러나 원천징수의무자는 조세포탈죄의 주체가 될 수 없다. 다만 공범이 될 수 있다(대법원 1998.5.8. 선고 97도2429 판결).

공동상속인의 경우 상속인이 각자가 받았거나 받을 재산을 한도로 하여 연대납세의무를 지므로 자신의 지분에 대하여 조세포탈죄의 주체가 될 수 있다.

법인의 경우 법인의 대표자에는 그 명칭 여하에도 불구하고 당해 법인을 실질적으로 경영하면서 사실상 대표하고 있는 자도 포함된다(대법원 1997.6.13. 선고 96도1703 판결). 또한 법인은 자연인인 행위자가 처벌되는 경우에 양벌규정에 의하여 벌금형의 처벌이 가능하다. 법인으로 보는 단체도 마찬가지이다.

한편, 2명 이상이 범죄에 공동 가공하는 공범관계에선 공모는 2인 이상이 공모하여 어느 범죄에 가공하여 그 범죄를 실현하려는 의사의 결합만 있으면 된다. 이러한 공모가 이루어지면 실행행위에 직접 관여하지 아니한 자로도 다른 공모자의 행위에 대하여 공동정범으로서의 형사책임을 진다(대법원 2008.4.24. 선고 2007도11258 판결).

(2) 고의

납세자의 행위가 사기 기타 부정한 행위에 해당하는 것을 인식하고 그 행위로 인하여 조세포탈의 결과가 발생한다는 사실은 인식하면서 부정행위를 하는 경우 범의가 있다고 하고,

납세자가 조세를 회피하거나 포탈할 목적까지 가질 것을 요구하는 것은 아니다.

법의가 있다라고 함은 납세의무를 지는 사람이 자기의 행위가 사기 기타 부정한 행위에 해당하는 것을 인식하고 그 행위로 인하여 조세포탈의 결과가 발생한다는 사실을 인식하면서 부정행위를 감행하거나 하려고 하는 것이다(대법원 2013.9.26. 선고 2013도5214 판결). 고의의 판단기준 시기는 기수시기이다.

(3) 사기 기타 부정한 행위

(가) 개념

조세범처벌법에서 규정된 조세포탈죄에 있어서 사기 기타 부정한 행위라 함은 조세의 포탈을 가능하게 하는 행위로서 사회통념상 부정이라고 인정되는 행위, 즉 조세의 부과와 징수를 불가능하게 하거나 현저히 곤란하게 하는 위계 기타 부정한 적극적인 행위를 말한다(대법원 2014.2.21. 선고 2013도13829 판결). 즉, 일정한 유형의 행위로서 조세의 부과와 징수를 불가능하게 하거나 현저히 곤란하게 하는 적극적인 행위를 말한다.

(나) 조세범처벌법상 사기 기타 부정한 행위 유형

이중장부의 작성 또는 거짓 문서의 작성 및 수취, 거짓 증빙 또는 거짓 문서의 작성 및 수취, 장부와 기록의 파기, 재산의 은닉, 소득·수익·행위·거래의 조작 또는 은폐, 고의적으로 장부를 작성하지 아니하거나 비치하지 아니하는 행위 또는 계산서, 세금계산서 또는 계산서합계표, 세금계산서합계표의 조작, 전사적 기업자원 관리설비의 조작 또는 전자세금계산서의 조작, 그 밖에 위계에 의한 행위 또는 부정한 행위로서 조세의 부과와 징수를 불가능하게 하거나 현저히 곤란하게 하는 적극적 행위를 말한다.

(4) 사기 기타 부정한 행위 사례

(가) 장부의 고의적 미작성, 미비치, 세금계산서 미발행

ⓐ 부동산을 개발하여 전매하는 사업을 하는 법인이 상당한 양도차익을 얻음에도 매

입, 매출에 관한 장부를 기장, 비치하지 아니하고 세금계산서도 수수하지 않고 법인세 신고도 하지 않은 경우(대법원 2013.9.12. 선고 2013도865 판결)

ⓑ 합성수지 중간도매상을 하면서 사업자등록을 하지 않고 장부를 비치, 기장하지도 않고 세금계산서도 수수하지 않은 채 부가가치세 확정신고를 하지 않은 경우(대법원 1988.2.9. 선고 84도1102 판결)

ⓒ 세금계산서 미발급 매출액을 고의로 신고 누락하고 부가가치세 확정신고를 한 경우(대법원 2000.2.8. 선고 99도5191 판결)

ⓓ 대부업을 영위하는 사업자가 아무런 장부를 작성하지 않고 이자소득에 대한 종합소득세 등을 신고하지 않은 경우(대법원 2015.10.15. 선고 2013도9906 판결)

(나) 거짓(허위) 기장에 의한 장부 또는 이중장부의 작성

ⓐ 허위기재 판매일보에 경리장부 작성(대법원 1981.7.28. 선고 81도154 판결)

ⓑ 허위의 생산일계표, 월말잔액시산표 작성(대법원 1984.2.28. 선고 83도214 판결)

ⓒ 노임대장 및 출장여비정산서 허위작성(대법원 1985.7.23. 선고 85도1003 판결)

ⓓ 리베이트 명목 지출 비용을 복리후생비 등 여러 항목에 허위 분산하여 비용 계상(대법원 2015.1.29. 선고 2011도13730 판결)

ⓔ 실제거래상항이 기재된 장부인 일기장을 작성, 보관하는 외에 그보다 매출액을 적게 기재한 허위의 매입·매출장을 작성하여 이에 의하여 신고를 함으로써 매출액을 실제보다 과소신고한 경우(대법원 2002.9.24. 선고 2002도 2569 판결)

(다) 거짓 증빙 또는 거짓 문서의 작성 및 수취

ⓐ 상가분양회사가 노점임대계약서 등 관계서류를 허위로 작성하고 부가가치세를 신고한 경우(대법원 1984.4.24. 선고 83도892 판결)

ⓑ 양도소득세 감면을 위해 허위의 매매계약서를 작성한 경우(대법원 1998.12.27. 선고 86도998 판결)

ⓒ 허위의 주식양수도계약서를 작성하고 양도소득세를 신고한 경우(대법원 2006.6.29. 선고 2004도817 판결)

ⓓ 적극적으로 허위의 이중계약서 등을 작성, 사용한 경우(대법원 1998.5.8. 선고 97도2429 판결)

ⓔ 세금계산서 작성일자를 허위로 기재하여 세금계산서를 수취한 경우(대법원 1996.6.14. 선고 95도1301 판결)

ⓕ 가공세금계산서를 교부받아 부가가치세를 환급받은 경우(대법원 2005.9.30. 선고 4736 판결)

(라) 재산의 은닉, 소득, 수익, 행위, 거래의 조작 또는 은폐

① 명의신탁 또는 명의위장에 의한 거래 등의 조작 등

명의위장 사실만으로는 사기 기타 부정한 행위에 해당한다고 할 수 없으나, 명의위장이 누진세율 회피, 수입의 분산, 감면특례의 적용, 세금납부를 하지 아니할 무자력의 명의 사용 등과 같이 명의위장이 조세회피의 목적에서 비롯되고 나아가 여기에 허위 매매계약서의 작성과 대금의 지급, 허위의 양도소득세 신고, 허위의 등기, 등록, 허위의 회계장부의 작성, 비치 등과 같은 적극적인 행위까지 부각되는 경우에는 사기 기타 부정한 행위에 해당한다(대법원 2013.12.12. 선고 2013두7667 판결).

② 차명계좌를 이용한 소득 등의 은폐

차명계좌에 1회의 예입이라도 그 명의자와의 특수한 관계 때문에 은닉의 효과가 현저해지는 등 적극적인 은닉의도가 나타나는 사정이 있는 경우, 여러차례 분산입금한다거나 순차적으로 다른 차명계좌에 입금을 반복하는 경우에는 부정행위에 해당한다(대법원 2015.6.11. 선고 2015도1504 판결).

명의를 빌려 사업자등록을 하고 차명계좌를 통해 매출금을 입금받았는데도 세무사에게 세금계산서를 발급하지 아니한 매출액과 지출한 급여 일부를 누락한 자료를 건네 그로 하여 실제 매출과 다른 내용의 장부를 작성하고 부가가치세 및 종합소득세 신고를 하게 한 것은 적극적인 은닉의도가 드러난 사기 기타 부정한 행위에 해당한다(대법원 2011.3.24. 선고 2010도13345 판결).

그룹회장이 임직원들 명의로 1,000개가 넘는 차명계좌를 개설, 이용하여 주식, 현금, 채권 등을 분산, 하나의 차명계좌에서 다른 계좌로 이전할 때 현금출급의 방법을 사용하는 등으로 그 차명주식 양도소득을 신고하지 않은 경우 부정행위에 해당한다(대법원 2009.5.29. 선고 2008도9436 판결).

③ 다른 사람들의 명의를 빌려 3개의 위장 사업체를 설립하여 매출을 분산하는 등 매출을 과소신고한 경우(대법원 2009.5.28. 선고 2008도7210 판결)

④ 자동차 대여회사가 회사 명의로 등록된 사실상 개인 승용차에 대하여 사업용 승용차인 것처럼 가장하여 부가가치세를 환급받은 행위(대법원 2003.6.27. 선고 2002도6088 판결)

⑤ 기타 거래의 조작

ⓐ 법인 매출금액을 적자누적으로 인하여 법인세가 부과되지 않는 다른 법인에 익금산입처리하는 방법으로 매출누락한 경우(대법원 1996.12.10. 선고 96도2398 판결)

ⓑ 차명주식을 자녀들에게 증여하였음에도 불구하고 차명주주로부터 주식을 직접 매입한 것처럼 보이기 위하여 허위매매계약서를 작성하고 차명주주들로 하여금 양도소득세를 신고납부하게 한 경우(대법원 2011.6.30. 선고 2010도10968 판결)

ⓒ 피상속인이 매수하여 대금 지급을 완료한 토지를 상속받은 후, 이를 타인에게 미등기전매하고 등기명의인인 전소유자로부터 매수인 앞으로 소유권이전등기를 한 경우(대법원 1992.4.24. 선고 91도1609 판결)

ⓓ 웨이터들에게 지급하기로 약정한 매출액의 일정비율을 초과한 금액을 신용카드매출전표와 봉사료지급대장에 봉사료인 것처럼 허위로 기재하는 등의 방법으로 매출액을 감액하여 신고한 경우(대법원 2007.3.15. 선고 2006도8690 판결)

ⓔ 미리 지급한 선수금을 상환한 것처럼 허위로 예금과 상계처리한 다음 이에 따라 세무조정계산서 작성 시 대차대조표, 계정별원장, 조정 후 수입금액명세서 등을 허위로 작성하여 이를 과세관청에 제출한 경우(대법원 2004.9.24. 선고 2003도1851 판결)

(마) 장부와 기록의 파기

부가가치세 포탈 의도 아래 실제의 거래현황이 기재된 일계표 등 장부를 소각한 후 세금계산서 미교부 및 허위의 매입·매출장을 제출하여 매출을 과소신고한 경우(대법원 1988.3.8. 선고 85도1518 판결)

(바) 기타 부정행위

① 과세대상의 미신고 또는 과소신고

과세대상을 미신고 또는 과소신고하면서 수입이나 매출을 고의로 장부를 기재하지 않는 행위 등은 적극적 은닉의도가 있어 사기 기타 부정한 행위에 해당한다(대법원 2013.9.12. 선고 2013두865 판결).

그러나 적극적 행위가 없는 단순한 미신고, 허위신고 그 자체는 부정행위에 해당하지 않는다(대법원 2011.3.24. 선고 2010도13345 판결)

② 자료상 등으로부터 받은 가공세금계산서에 의하여 매입세액을 공제받은 경우

세금계산서의 수수 없이 소위 무자료 거래를 통하여 재화나 용역을 공급받음으로써 원래 매입세액을 공제받을 수 없는 경우에도 속칭 자료상 등으로부터 허위의 세금계산서를 구입하여 마치 세금계산서의 가공의 공급자로부터 재화나 용역을 공급받은 것처럼 가장하여 매입세액을 공제받았다면, 이러한 행위는 조세의 부과와 징수를 현저히 곤란하게 하는 적극적인 행위에 해당하여 조세포탈죄를 구성한다(대법원 2005.9.30. 선고 2005도4736 판결).

(5) 포탈결과의 발생

(가) 개요

조세포탈에 해당되기 위해서는 사기 기타 부정한 행위로서 세수의 감소를 초래하는 결과가 발생하여 국가의 과세권이 현실적으로 침해되어야 한다. 따라서 부정한 행위가 있더라도

세수의 감소를 초래하지 아니한 경우에는 조세포탈에 해당하지 아니한다.

다만, 예외적으로 금지금 사건과 관련하여 과세표준을 제대로 신고하는 등으로 조세의 확정에 아무런 지장을 초래하지 아니하지만 포탈죄의 기수시기에 그 조세의 징수를 불가능하게 하거나 현저히 곤란하게 하는 경우 조세포탈죄의 성립이 가능하다는 판례가 있다(대법원 2007.2.15. 선고 2005도9546 판결).

매입세액이 가공이라고 하더라도 이러한 경우에는 가공의 매출세액을 초과하는 부분에 한하여 그 가공거래와 관련된 부가가치세의 포탈이나 부정환급, 공제가 있다고 보아야 한다(대법원 2009.12.14. 선고 2007두16974 판결).

(나) 포탈세액의 계산

포탈세액은 개별세법에 따라 포탈금액을 반영하여 정당하게 계산된 납부할 세액과 포탈금액을 반영하지 않고 계산한 세액과의 차액을 말한다.

가산세는 반영하지 않으며, 농어촌특별세 등 본세에 부가하는 세액은 가산하고 기타 공제·감면 등을 반영하고 소득처분에 의한 금액은 제외하고 계산한다.

(다) 포탈시기

신고납세방식의 세목은 신고납부 기한이 경과한 때, 부과과세방식의 세목은 결정 또는 경정 후 그 납부기한이 경과한 때에 기수가 된다.

수정신고나 기한 후 신고는 기수에 영향을 미치지 않는다(대법원 2011.6.30. 선고 2010도10968 판결).

상속세는 원칙적으로 결정 후 납부기한이 경과한 때에 기수가 되고, 상속세에 대한 연부연납의 허가가 있다고 하더라도 원래의 상속세 부과처분에 의하여 정하여진 납부기한 자체를 변경하는 것은 아니므로 부과처분의 납부기한이 경과한 때에 기수에 이른다(대법원 1994.8.9. 선고 93도3014 판결).

나. 처벌내용

(1) 양벌규정

법인은 원칙적으로 조세범처벌법 제18조에 의한 양벌규정이 적용되므로 대표이사 등 행위자와 동시 처벌이 원칙이다. 다만, 법인 또는 개인이 그 위반행위를 방지하기 위하여 해당 업무에 관하여 상당한 주의와 감독을 게을리하지 아니한 경우에는 처벌하지 않을 수 있다.

(2) 양형기준

2년 또는 3년 이하의 징역 또는 포탈세액, 환급·공제 받은 세액의 2~3배 이하에 상당하는 벌금에 처한다.

조세포탈 세액이 연간 5억 이상에 해당되어 특가법이 적용될 경우에는 징역 3년 이상, 연간 10억 이상에 해당될 경우에는 징역 5년 이상 또는 무기징역, 그리고 포탈세액 등의 2배 이상 5배 이하의 벌금을 병과한다.

4. 세금계산서 수수위반범

가. 의의

정상적인 세금계산서를 수수하지 않는 목적은 다양한데, 부가가치세 부담을 줄이거나 부당환급을 받기 위하여 매입세금계산서를 과다로 수취하는 경우, 매입세금계산서를 과다 수취함으로써 필요경비 등을 과다 계상하여 법인세 또는 소득세를 포탈하기 위한 경우, 일정 수준의 외형을 유지하기 위하여 매출세금계산서를 과다 발급하는 경우, 기타 금융거래 등을 위한 목적이다.

나. 위반행위 유형

(1) 허위(가공) 세금계산서 등 수수 또는 미제출 행위

가공세금계산서 수수, 가공계산서 수수, 허위매출처별 세금계산서 합계표 제출, 허위매입처별 세금계산서 합계표 제출, 허위매출처별 계산서 합계표 제출, 허위매입처별 계산서 합계표 제출 행위 등이다.

한편, 국세청장에게 전송된 전자세금계산서 발급분은 부가가치세법에 따른 매출·매입처별 세금계산서 합계표를 거짓으로 기재하여 정부에 제출한 경우에 해당한다고 볼 수 없다 (대법원 2017.12.28. 선고 2017도11628 판결).

가령 갑이 재화 또는 용역을 을에게 공급하고 세금계산서는 병에게 발행한 경우 갑은 병에 대하여 가공 발급죄에 해당한다.

또한 갑이 재화 또는 용역을 을로부터 공급받고 병으로부터 세금계산서를 과다 발급받은 경우에 갑은 병에 대하여 세금계산서 가공 수취죄에 해당한다.

실제 거래 없이 허위 세금계산서를 수취하여 매입세액 공제를 받으려는 목적은 영리목적에 해당한다(대법원 2014.9.24. 선고 2013도5758 판결).

(2) 사실과 다른 세금계산서 등의 수수 또는 제출하는 행위

세금계산서 미발급, 허위기재 세금계산서 발급, 허위기재 매출처별세금계산서 합계표 제출, 통정에 의한 매입세금계산서 미수취, 통정에 의한 허위기재 매입세금계산서 수취, 통정에 의한 허위기재 매입세금계산서 합계표 제출 등이다.

가령 갑이 재화 또는 용역을 을에게 공급하고 세금계산서를 과다 발급한 경우에 갑은 세금계산서 거짓(허위) 기재 발급죄에 해당한다. 갑이 재화 또는 용역을 을에게 공급하고 세금계산서는 병에게 과다 발행한 경우에는 갑은 을에 대하여 세금계산서 미발급죄에 해당한다.

또한 갑이 재화 또는 용역을 을로부터 공급받고, 세금계산서는 병으로부터 받은 경우에 갑이 통정한 경우 갑은 세금계산서 미수취죄에 해당한다.

(3) 명의대여자가 있는 경우

명의대여자가 일정한 이익을 받고 재화 또는 용역의 공급없이 세금계산서를 교부하거나 교부받은 경우에는 가공발급, 가공수취에 해당한다(대법원 2013.1. 10. 신고 2002도4520 판결).

명의대여자가 실제로 도급인과 공사에 관한 도급계약을 체결하고 타인으로 하여금 공사를 하게 하고 세금계산서는 명의대여자로 발행 교부한 경우에는 가공발급에 해당하지 않는다(대법원 2008.8.11. 선고 2008도4930 판결).

제3자 명의의 세금계산서를 발행했다고 하더라도 실질적으로 재화 등이 기재되고 실제로 공급된 이상 제3자 명의의 세금계산서를 발급받은 상대방은 가공수취에 해당하지 않는다(대법원 2015.2.26. 선고 2014도14990 판결).

한편 세금계산서 교부행위는 정보통신망에 의해 세금계산서를 전송한 행위도 포함된다(대법원 2008.9.25. 선고 2008도6288 판결).

다. 세금계산서 수수위반 범죄행위 시기

거짓 세금계산서 수수는 수취하는 때, 교부한 때, 세금계산서 미교부, 미수취는 부가가치세법상 공급시기, 거짓 세금계산서합계표는 합계표를 정부에 제출하는 때에 범죄가 성립한다.

라. 처벌내용

실무거래가 없는 거짓 세금계산서 수수의무 위반은 3년 이하의 징역 또는 그 세금계산서 및 계산서 등에 기재된 공급가액에 부가가치세의 세율을 적용하여 계산하는 세액의 3배 이하에 상당하는 금액으로 처벌하며, 실물거래가 있는 거짓 세금계산서 수수의무 위반에 대하여는 1년 이하의 징역 또는 공급가액에 부가가치세의 세율을 적용하여 계산한 세액의 2배 이하에 상당하는 벌금에 처한다.

그리고 영리를 목적으로 세금계산서 및 계산서에 기재된 공급가액이나 매출처별세금계산서합계·매입처별세금계산서합계표에 기재된 공급가액 또는 매출·매입금액의 합계액이 30억 원 이상 50억 원 미만인 경우에는 유기징역에 처하고, 50억 원 이상인 경우에는 3년 이하의 유기징역에 처한다. 이 경우 공급가액 등의 합계액에 부가가치세의 세율을 적용하여 계산한 세액의 2배 이상 5배 이하의 벌금을 병과한다.

한편, 세금계산서 수수의무 위반 혐의자뿐만 아니라 이러한 행위를 알선, 중개한 자도 처벌되며, 특히 세무대리인이 알선, 중개한 경우에는 형이 가중된다.

5. 계산서 발급의무 위반범

소득세법 또는 법인세법에 따라 계산서를 발급하여야 할 자가 계산서를 발급하지 아니하거나 거짓으로 기재하여 발급하는 행위, 소득세법 또는 법인세법에 따라 계산서를 발급받아야 할 자가 통정하여 계산서를 받지 아니하거나 거짓으로 기재한 계산서를 발급받은 행위에 대하여는 징역 또는 벌금에 처한다.

6. 기타 조세질서범

가. 원천징수 미이행 및 징수 세액 불납부

원천징수의무자가 정당한 사유 없이 세금을 징수하지 아니하였을 때에는 1천만 원 이하의 벌금에 처한다.

원천징수의무자가 정당한 사유 없이 징수한 세금을 납부하지 아니하였을 때에는 2년 이하의 징역 또는 2천만 원 이하의 벌금에 처한다.

나. 명의대여 관련 처벌

(1) 명의대여자 처벌

조세의 회피 또는 강제집행의 면탈을 목적으로 자신의 성명을 사용하여 타인에게 사업자등록을 할 것을 허락하거나 자신 명의의 사업자등록을 타인이 이용하여 사업을 영위하도록 허락한 자는 1년 이하의 징역 또는 1천만 원 이하의 벌금에 처한다.

(2) 명의차용자 처벌

조세의 회피 또는 강제집행의 면탈을 목적으로 타인의 성명을 사용하여 사업자등록을 하거나 타인 명의의 사업자등록을 이용하여 사업을 영위한 자는 2년 이하의 징역 또는 2천만 원 이하의 벌금에 처한다.

조세의 회피 또는 강제집행의 면탈 유형으로는 무능력자, 무재산가 등 담세능력이 없는 자의 명의를 사용하여 재산이 없는 상태를 허위로 드러내거나 결손처분을 받아 조세의 납부를 면탈하는 경우, 소득을 타인 명의로 분산함으로써 종합소득세 누진세율 또는 합산과세를 회피하는 경우 등이다.

다. 근로소득 원천징수영수증 허위기재 발급

타인이 근로장려금을 거짓으로 신청할 수 있도록 근로를 제공받지 아니하고 근로소득 원천징수영수증을 거짓으로 기재하여 타인에게 발급하거나, 근로소득 지급명세서를 거짓으로 기재하여 세무서에 제출한 행위를 한 자는 2년 이하의 징역 또는 그 원천징수영수증 및 지급명세서에 기재된 총급여·총지급액의 100분의 20 이하에 상당하는 벌금에 처한다.

7. 범칙조사 방법

조사공무원이 조세범칙조사를 하기 위하여 필요한 경우에는 조세범처벌절차법에 따라 조세범칙행위 혐의자 또는 참고인을 불러 심문하거나 압수 또는 수색할 수 있으며, 국세기본법에 따라 장부·서류 등을 일시보관할 수 있다.

원칙적으로 압수 또는 수색을 할 때에는 검사의 청구에 의한 판사가 발부한 압수·수색영장이 있어야 한다. 다만, 조세범칙행위가 진행 중이거나, 조세범칙 혐의자가 도주하거나 증거를 인멸할 우려가 있는 경우에는 영장 없이 압수 또는 수색할 수 있다. 이 경우 압수 또는 수색한 때로부터 48시간 이내에 압수·수색영장을 청구하여야 한다.

8. 범칙조사 후 처분

가. 통고처분

(1) 의의

조세범칙사건에 관하여 조세범칙행위의 확증을 얻었을 때 그 대상이 되는 자에게 벌금 등을 납부할 것을 통고하고 이를 이행한 조세범칙자에 대하여는 고발하지 아니하고 조세범칙사건을 신속, 간이하게 처리하는 절차로서 형사절차의 사전절차 성격을 갖는다.

통고처분은 범칙의 심증이 있는 경우 일정한 고발 사유가 없는 한 반드시 하여야 하며 범칙조사를 실시한 조사관서장이 포탈세액에 대하여 통고처분한다.

(2) 효력

통고처분 이행 시 확정판결과 같은 효력이 발생하고 동일한 사건으로 다시 소추되지 않는다. 또한 불복의 대상이 될 수 없으며, 강제적 집행력이 없다.

나. 고발

(1) 개념

검사 등 수사기관에 범죄사실을 신고하여 형사사건으로 처리할 것을 요구하는 의사표시이다.

(2) 고발전치주의

조세범처벌법에 따른 범칙행위에 대해서는 국세청장, 지방국세청장 또는 세무서장의 고발이 없으면 공소를 제기할 수 없다. 다만 특가법 제8조(조세포탈가중처벌)의 죄에 대한 공소는 고발이 없는 경우에도 제기할 수 있다.

(3) 고발사유

(가) 정상에 따라 징역형에 처할 것으로 판단되는 경우

특가법상 조세범, 연간포탈세액이 5억 이상인 경우, 영리목적으로 실물거래 없이 가공의 세금계산서, 계산서와 세금계산서 합계표 등을 합한 금액이 30억 원 이상인 경우, 신용카드 카드깡, 거짓 기부금영수증, 근로소득지급조서를 통한 포탈행위, 기타 범칙자의 죄질을 감안하여 고발이 필요하다고 판단되는 경우

(나) 통고내용대로 이행할 자력이나 납부능력이 없다고 인정되는 경우

(다) 거소가 분명하지 아니하거나 서류의 수령을 거부하여 통고처분을 할 수 없는 경우

(라) 도주하거나 증거를 인멸할 우려가 있는 경우

(마) 통고처분을 받은 자가 통고서를 송달받은 날부터 15일 이내에 통고를 이행하지 아니한 경우

(4) 고발의 효력

조세범칙사건에 대하여 고발한 경우에는 지방국세청장 또는 세무서장에 의한 조세범칙사건의 조사 및 처분절차는 원칙적으로 모두 종료된다.

(5) 공소시효

조세범처벌법이 적용되는 범칙행위의 공소시효는 기수시기가 2015.12.28 이전이면 5년, 기수시기가 2015.12.29 이후이면 7년이 된다.

제5장

기타 과세관청의
권한

제1절 차명계좌 사용에 대한 제재

　개인사업자 중 복식부기의무자와 법인사업자가 차명계좌를 사용할 경우 수입금액 탈루 사실이 확인될 경우에는 부과제척기간 이내의 기간에 대하여 계좌 내역을 조회할 수 있다.

　탈루 수입금액이 일정금액 이상인 경우에는 금융거래 현장확인 또는 세무조사 대상자로 선정될 수 있다.

　한편, 회사명의 계좌가 아닌 배우자나 임직원 명의로 된 여러 개의 차명계좌를 이용하여 수입과 지출내역을 허위 기재하고 그 장부에 기초하여 과세표준과 세액을 과소신고하는 경우 사기 기타 부정한 행위로 보아 조세포탈죄가 성립될 수 있다(대법원 2012.8.23. 선고 2010도 5411판결).

제2절 **사업장 현황의 조사·확인**

사업장 현황신고를 받은 사업장 소재지 관할 세무서장은 사업자가 사업장 현황신고를 하지 아니한 경우, 사업장 현황신고서 내용 중 시설현황, 인건비, 수입금액 등 기본사항의 중요부분이 미비하거나 허위로 인정되는 경우, 매입·매출에 관한 계산서 수수내역이 사실과 현저하게 다르다고 인정되는 경우, 사업자가 그 사업을 휴업 또는 폐업한 경우에는 사업장의 현황을 조사확인하거나 이에 관한 장부, 서류, 물건 등의 제출 등을 명할 수 있다.

조사확인할 사항으로는 수입금액 결제수단별 내역, 계산서·세금계산서·신용카드매출전표 및 현금영수증 수취내역, 임차료, 매입세액 및 인건비 등 비용 내역 등이다.

제3절 현장확인·서면확인·신고내용 확인

1. 현장확인

현장확인이란 특정한 사실관계 확인을 위하여 납세자의 사업장 등을 방문하여 특정 사업장 및 특정의 재고자산과 고정자산 등의 존재 여부, 특정한 매입과 매출 등 실제 기장 여부, 거래사실 등에 대한 실제 여부, 세금계산서 등 증빙서류, 자료 등의 실제 존재 여부 등을 확인하기 위한 절차를 말한다.

2. 서면확인

특정한 거래 등의 사실관계 확인을 위하여 납세자의 사업장 등을 방문하지 아니하고 납세자에게 우편질문에 의한 해명자료 제출 안내를 통하여 해명을 요구하는 절차로 차명계좌, 탈세제보 등에 의한 서면 확인 시 금융조회도 가능하다.

3. 신고내용 확인

가. 부가가치세 신고내용 확인

부가가치세 신고내용 중 신고 전 안내자료 반영여부 및 특정 항목의 오류나 누락 여부에 대해 서면으로 해명 및 수정신고를 안내하여 신고내용의 적정 여부를 확인하는 것을 말한다.

나. 소득세 신고내용 확인

종합소득세 신고기한 종료 후 신고내용 중 특정 항목의 오류 또는 탈루혐의에 대해 서면으로 해명 및 수정신고를 안내하여 신고내용의 적정 여부를 확인하는 것을 말한다.

다. 법인세 신고내용 확인

납세자의 자발적인 성실신고를 유도할 수 있도록 신고 안내자료의 반영 여부 등 법인세 신고내용을 검토하여 특정 항목이나 유형의 오류 또는 누락 혐의가 있는 법인을 확인 대상자로 선정하고, 서면으로 해명 및 수정신고를 안내하는 방법으로 신고내용의 적정 여부를 확인하는 업무를 말한다.

한편, 서면분석이란 각종 세원관리 과정에서 법인세 과세표준 및 세액계산의 탈루혐의가 있다고 인정되는 법인과 동일한 업종·항목 또는 동일한 신고유형의 법인, 자영법인 등에 대하여 기획분석하거나 탈루혐의가 있는 개별 법인에 대한 신고내용 전반에 걸쳐 서면에 따른 방법으로 법인세 등 과세표준 신고내용의 적정 여부를 분석 확인하는 것을 말한다.

제4절 과세자료 수집 및 제출 요구권

1. 과세자료 제출기관

ⓐ 국가재정법 제6조에 따른 중앙관서(중앙관서의 업무를 위임받거나 위탁받은 기관을 포함한다)와 그 하급행정기관 및 보조기관

ⓑ 지방자치단체(지방자치단체의 업무를 위임받거나 위탁받은 기관과 지방자치단체조합을 포함한다)

ⓒ 금융위원회 설치 등에 관한 법률 제24조에 따른 금융감독원 및 금융실명거래 및 비밀보장에 관한 법률 제2조에 따른 금융회사 등

ⓓ 공공기관 및 정부의 출연·보조를 받는 기관이나 단체

ⓔ 지방공기업법에 따른 지방공사·지방자치단체 및 지방자치단체의 출연·보조를 받은 기관이나 단체

2. 제출대상 자료

국세의 부과·징수와 납세의 관리에 직접적으로 필요한 자료로 법률에 따라 인가·허가·특허·등기·등록·신고 등을 하거나 받은 경우 그에 관한 자료, 법률에 따라 실시하는 조사·검사 등의 결과에 관한 자료, 법률에 따라 보고받은 영업·판매·생산·공사 등의 실적에 관한 자료, 부가가치세법과 소득세법 또는 법인세법에 따라 교부하거나 교부받은 세금계

산서 및 계산서 합계표, 과세자료제출기관이 지급하는 각종 보조금·보험급여·공제금 등의 지급 현황 및 기관이나 단체의 회원·사업자 등의 사업실적에 관한 자료 등

3. 금융거래에 관한 과세자료 제출 요구권

명백한 조세탈루 혐의를 확인하기 위하여 필요한 경우로서 금융거래 관련 정보나 자료에 의하지 아니하고는 조세탈루 사실을 확인할 수 없다고 인정되면 다른 법률의 규정에도 불구하고 금융실명거래 및 비밀보장에 관한 법률 제2조 제1호에 따른 금융회사 등의 장에게 조세탈루의 혐의가 있다고 인정되는 자의 문서에 의하여 금융거래정보의 제출을 요구할 수 있다.

이 경우 그 목적에 필요한 최소한의 범위에서 금융거래정보의 제출을 요구하여야 한다. 금융거래정보의 제출을 요구받은 금융회사 등의 장은 지체없이 그 요구받은 자료를 국세청장에게 제출하여야 한다.

한편, 상속세 조사 시 상속재산가액이 일정금액 이상인 경우 피상속인과 상속에 대하여 금융재산 일괄조회를 실시한다.

4. 기타 과세자료 수집

가. 오픈마켓 및 결제대행업체 등으로부터 매출자료 수집

오픈마켓이란 인터넷에서 상거래를 할 수 있는 개방형 사이버 쇼핑몰을 말한다. 이러한 오픈마켓에서 통신판매업자의 매출금액을 관리하기 위하여 오픈마켓 사업자 등으로부터 매출자료를 수입하여 세원관리 업무 등에 활용하고 있다.

오픈마켓 사업자란 오픈마켓을 운영하면서 수수료를 받는 사업자를 말하고, 통신판매업

자란 오픈마켓 등 사이버 쇼핑몰에서 입점업체로 등록하여 소비자에게 물품 등을 온라인으로 판매하는 사업자를 말한다.

나. 차명재산 관리

국세공무원은 과세자료, 조사, 서면확인, 불복청구 등 모든 업무처리 과정에서 차명재산을 확인하여야 한다.

다. 서화·골동품 등 미술품

국세공무원은 각종 조사와 자료처리 등 업무처리 과정에서 파악된 미술품 구매, 소장 내역을 관리한다.

찾아보기

558